Rolf Zick · Der letzte Zeitzeuge

Lebensberichte – Zeitgeschichte

Georg Olms Verlag
Hildesheim · Zürich · New York
2021

Rolf Zick

Der letzte Zeitzeuge

Ein halbes Jahrhundert
hinter der landespolitischen Bühne

Herausgegeben vom
Presse Club Hannover e.V.

Georg Olms Verlag
Hildesheim · Zürich · New York
2021

Umschlagmotiv:
Karikatur von Ralf Siede
(Rolf Zick „im Kreise" der ersten
zehn niedersächsischen Ministerpräsidenten),
im Besitz des Verfassers

Gefördert mit freundlicher Unterstützung durch die
Calenberg-Grubenhagensche Landschaft

Die Deutsche Nationalbibliothek verzeichnet diese Publikation
in der Deutschen Nationalbibliographie; detaillierte bibliographische
Daten sind im Internet über http://dnb.d-nb.de abrufbar.

1. Auflage 2021
Gedruckt auf säurefreiem und alterungsbeständigem Papier
Umschlagentwurf: Anna Braungart, Tübingen
Satz: Vollnhals Fotosatz, Neustadt a. d. Donau
Printed in Hungary
© Georg Olms Verlag AG, Hildesheim 2021
Alle Rechte vorbehalten
www.olms.de
ISSN 1861-4698
ISBN 978-3-487-08635-4

Inhalt

Einleitung

Kurz nach seinem 100. Geburtstag meldet sich Rolf Zick, der Altvater der Journalisten in Niedersachsen, noch einmal zu Wort. Rund 60 Jahre hat der ehemalige Chefredakteur des *Nord-Report* in Hannover die niedersächsische Landespolitik journalistisch begleitet und beobachtet, in Tausenden Artikeln beschrieben, kommentiert und kritisiert. Er ist der einzige und letzte Zeitzeuge, der alle Ministerpräsidenten Niedersachsens der vergangenen 70 Jahre, elf an der Zahl, sieben von der SPD, drei von der CDU und einen von der DP, kennengelernt hat: vom legendären ersten „Landesvater" Hinrich Wilhelm Kopf über Heinrich Hellwege, Dr. Georg Diederichs, Alfred Kubel, Dr. Ernst Albrecht, Gerhard Schröder, Gerhard Glogowski, Sigmar Gabriel, Christian Wulff, David McAllister bis zu Stephan Weil. Jeder war auf seine Weise ein Original, allerdings nicht immer originell. Rolf Zick hat mit allen Interviews geführt, mit allen Kaffee oder Bier getrunken, mit einigen auch gesoffen, vor allem viele Pressekonferenzen, Gespräche und Veranstaltungen mit ihnen erlebt. Viele hat er auf oft tagelangen Delegationsreisen in das In- und Ausland begleitet und sie dabei auch „privat" kennengelernt. Mit den einen gab es Nähe, mit den anderen, und das waren die meisten, Distanz. Dabei kam ihm seine über 50-jährige Mitgliedschaft in der Landespressekonferenz Niedersachsen (LPK) sehr zustatten, vor allem seine Zeit von 30 Jahren im Vorstand, davon 20 Jahre als Vorsitzender oder Präsident. Dessen Nähe wurde gerade von Politikern immer gern gesucht. So war er mit seinen Regierungschefs durchweg „auf Augenhöhe", wie man heutzutage zu sagen pflegt – allerdings mit geziemender Distanz, um seine journalistische Unabhängigkeit zu bewahren. Es wird auch nicht verwundern, dass in seinen Betrachtungen das Verhältnis der Ministerpräsidenten besonders zur Presse, zu den Journalisten, beschrieben und charakterisiert wird.

Nun hat Rolf Zick zum ersten Male in einem Buch alle niedersächsischen Ministerpräsidenten der Reihe nach porträtiert und charakterisiert. Er beschreibt sie so, wie er sie als Journalist im Parlament und im Leben im wahrsten Sinne des Wortes „erlebt" hat, von Angesicht zu Angesicht, von Mensch zu Mensch; er bilanziert und dokumentiert, wie sie das Geschehen in ihrer Regierungszeit gestaltet, beeinflusst und geprägt haben, mit allen Höhen und Tiefen. So erfährt man die herausragenden Ereignisse ihrer jeweiligen Regierungszeit, ihre politischen Leistungen für das Land, ihre Verdienste ebenso wie Affären und Skandälchen, Pleiten, Pech und Pannen, vor denen niemand, gerade auch in der Politik, gefeit ist. Dazu fließen in die Eindrücke und Ereignisse auch weithin unbekannte Geschichten und viele nette Anekdoten ein.

Darüber hinaus hat Rolf Zick in dieser Publikation das Verhältnis der Politik zur Presse von den ersten Anfängen der Nachkriegszeit anhand persönlicher Erlebnisse und Erfahrungen aus der „Steinzeit des Journalismus" ebenso dokumentiert wie die Besonderheiten und Einmaligkeiten der niedersächsischen Landespolitik, beispielsweise die Protestbewegungen mit dem bundesweiten Synonym Gorleben oder den in Niedersachsen begonnenen Extremismus. Wer weiß denn noch, dass die „grüne" Bewegung mit dem einst belächelten Pionier Herbert Gruhl in Niedersachsen begann, oder dass Adolf von Thadden, einst als jüngster Bundestagsabgeordneter „Bubi" genannt, in Hannovers Döhrener Maschpark die Nationaldemokratische Partei (NPD) gründete?

Allerdings hat der Autor aus der Erfahrung eines hundertjährigen Menschenlebens und 70-jährigen Journalistenlebens dem geneigten Leser dringend ans Herz gelegt, die Geschichte, die Ereignisse und Begebenheiten, Worte und Taten nicht mit unseren Maßstäben von heute zu messen. Wenn das Wort aus der Bibel „Alles hat seine Zeit" (Prediger Salomo, Kapitel 3 Vers 14) seine Berechtigung hat, dann bei der Betrachtung der Vergangenheit. Nur im Kontext zur jeweiligen Zeit ist sie zu beurteilen, nicht aus heutiger Sicht. Das gilt gerade auch für Menschen, für die Politik und für ungewöhnliche, heute unvorstellbare Zeiten. Politiker, Historiker, Literaten mögen das anders sehen.

Mehr zufällig als geplant hatte Rolf Zick nach einem Dutzend Jahren als Lokalreporter und Sportredakteur in Göttingen den Wechsel zum landespolitischen Journalismus in Hannover gewagt. Über ein halbes Jahrhundert hielt er ihn in seinem Bann. Als Chef vom Dienst einer Nachrichtenagentur bzw. anschließend als Chefredakteur eines landespolitischen Korrespondenz- und Informationsdienstes, zunächst als Angestellter, ab 1974 als selbstständiger Herausgeber und weiterhin als Chefredakteur, war die niedersächsische Landespolitik der Schwerpunkt seiner beruflichen Tätigkeit.

Nach dem Ende der jahrzehntelangen tagesaktuellen Berichterstattung, als er sein Pressebüro und seine Redaktion beruhigt seiner Tochter Anne-Maria Zick übergeben konnte, führte der dann 70-jährige Pensionär, dessen journalistischer Lebensinhalt die niedersächsische Landespolitik war, sein Leben mit der Schriftstellerei fort. Er verfasste eine Reihe landespolitischer Bücher, Dokumentationen und Chroniken, um als Zeitzeuge sein Wissen der Nachwelt mitzuteilen. Dieses Buch, das der nun 100-jährige einmalige letzte Zeitzeuge vorlegt, soll, wie er versichert, das Schlusskapitel sein, zumal es sein jahrzehntelanges eigenes politisches Journalistenleben hinter der landespolitischen Bühne dokumentiert.

Vorwort

Es ist eigentlich schade, dass Politiker nicht auch einfach mal aufschreiben können, was sie im Laufe ihrer mehr oder minder erfolgreichen Karrieren mit den verschiedensten Vertreterinnen und Vertretern der Medien so alles erlebt haben. Umgekehrt ist das durchaus üblich. So soll es auch sein, denn es ist die vornehmste Aufgabe von Journalisten in einer Demokratie, Politikern auf die Finger zu schauen. Unser Autor Rolf Zick saß als kritischer Beobachter über lange Jahrzehnte hinweg oft mittendrin im Getümmel der niedersächsischen Landespolitik. Als Journalist mit kritischer Feder (Füller, Kugelschreiber, Schreibmaschine, Computer) hat er als einziger alle Ministerpräsidenten Niedersachsens kommen und gehen gesehen. Alle gehen gesehen? Nicht ganz, mich noch nicht. Allerdings dürfte es nur dem Ausscheiden von Rolf Zick vor einigen Jahren aus dem aktiven Berufsleben geschuldet sein, dass der amtierende „MP" noch vergleichsweise milde davon kommt in seinen Beobachtungen. Meine zehn Vorgänger beschreibt er sehr viel genauer. Bei der Lektüre schwankt der geneigte Leser zwischen amüsierter Zustimmung (häufiger) und verständnislosem Kopfschütteln (seltener). Politik bietet ebenso allerlei Buntes, hier ist es kenntnisreich und pointiert aufgeschrieben. Für kommende Generationen im Niedersächsischen Landtag und in der Landespressekonferenz wird dieses Buch wohl Pflichtlektüre: Wie es richtig funktionieren oder eben dramatisch schieflaufen kann und wie unberechenbare Zufälle oder aber brillante Strategien die politischen Geschicke unseres schönen Bundeslandes bestimmen.

Vielen Dank dafür.
Ihr Stephan Weil

Kapitel I

DIE MINISTERPRÄSIDENTEN NIEDERSACHSENS

1. Hinrich Wilhelm Kopf

Niedersachsens erster Ministerpräsident und gleichzeitig „Gründungs-vater" des Landes Niedersachsen, das aus den ehemaligen Ländern Hannover, Braunschweig, Oldenburg und Schaumburg-Lippe im Jahre 1946 entstanden ist, war Hinrich Wilhelm Kopf. Persönlich habe ich ihn, im Gegensatz zu allen seinen Nachfolgern, nicht von Anfang an, sondern nur in seinen letzten Jahren näher kennengelernt, weil ich bis 1948 noch in russischer Kriegsgefangenschaft hinter Stacheldraht der Arbeits- und Straflager der weiten Sowjetunion schmachtete. So war meine beruflich und persönlich bedeutendste und gleichzeitig interes-santeste Begegnung mit ihm zweifellos eine Nacht im Frühjahr 1961. Darüber möchte ich gleich mit einer Anekdote beginnen:

Hinrich Wilhelm Kopf pflegte die Gesellschaft einzuteilen in die zu Fuß und die zu Pferde. In der Politik waren die Abgeordneten die zu Fuß und die Minister die zu Pferde. Bei den Journalisten zählte er die Chefredakteure zu denen zu Pferde, die übrigen waren das Fußvolk, es sei denn, man hatte „die höheren Weihen" be-kommen: eine Nacht lang mit ihm Doppelkopf spielen und Doornkaat saufen. Ich war damals Chef vom Dienst einer Nachrichtenagentur in Hannover. Als mein Chefredakteur Dr. Kurt Ihlefeld eine Einladung des Ministerpräsidenten zum jährlichen Treffen der Chefredakteure im Gästehaus der Landesregierung nicht annehmen konnte, wollte er mich als Vertreter in die Runde der Auserwählten schicken. Aber das gab einen Aufstand in der Protokollabteilung der Staatskanzlei. Nur Chefredakteure seien erwünscht. Erst nach vielen Hin und Her und einem persönlichen Telefongespräch von Dr. Ihlefeld mit Kopf sagte der Ministerpräsi-dent: „Schicken Sie den jungen Man ruhig mal her." Es wurde eine harte Nacht. Erst wurde gegessen, dann Doppelkopf gespielt und dabei schrecklich viel Doorn-kaat getrunken. Üblicherweise werden nach einer bestimmten Anzahl von Spielen die Tische gewechselt. So spielte ich im Laufe der Nacht wohl dreimal mit bzw. gegen den Ministerpräsidenten (und ließ ihn gewinnen). Und weil ich neu war in der Runde, sprach er mit mir offensichtlich länger als mit den altbekannten Ge-sichtern. Als wir uns morgens gegen vier Uhr verabschiedeten, gab mir Hinrich Wilhelm Kopf die Hand und sagte jovial: „So junger Mann, jetzt zu Pferde!" Ich schlug die Hacken zusammen und sagte: „Jawoll, Herr Ministerpräsident". Ich hatte die „höheren Weihen" bekommen.

So war er, unser Hinrich Wilhelm Kopf. Er war wirklich das, was man sich unter einem Landesvater vorstellt. Schon seine mächtige Statur, sein imponierendes Äußeres, sein strahlendes, Herzlichkeit und Humor erahnendes Auftreten ließen ihn die Menschen gewinnen. Kopf identifizierte sich mit Niedersachsen, die Fürsorge für das Land und die Liebe zur Heimat nahm man ihm ab.

Hinrich Wilhelm Kopf ist ein echter Niedersachse. Er ist 1893 in Otterndorf im Landkreis Hadeln geboren. Dort war er Landrat, später im Staatsdienst in Schlesien, nach dem Krieg in die Heimat zurückgekehrt und von der britischen Besatzungsmacht als Oberpräsident von Hannover eingesetzt, dann zum ersten Ministerpräsidenten des neuen Landes Niedersachsen ernannt und 1947 auch gewählt.

Kopf sagte von sich selbst, er sei kein Politiker und auch kein Diplomat. Er sei in der SPD, weil er nach dem Zweiten Weltkrieg zum christlichen Sozialisten zurückgefunden habe, und jeder Christ müsse auch Sozialist sein. In seiner Partei war er kein Doktrinär, eher Pragmatiker. Und nie vergaß er, dass zu Niedersachsen auch das 1866 von den Preußen zu Unrecht vertriebene Herrscherhaus der Welfen gehört. In weiten Kreisen der Bevölkerung wurde er der „rote Welfe" genannt. Doch als Ministerpräsident verstand er sich als Landesvater für alle Niedersachsen.

Hinrich Wilhelm Kopf und die Presse

Zur Beurteilung des Verhältnisses von Ministerpräsident Kopf zur Presse müssen schon deshalb andere Maßstäbe angelegt werden, weil zu seiner Zeit vor allem das Fernsehen noch in den Kinderschuhen steckte und für die Kommunikation keine Rolle spielte. Es beherrschte erst viel später mit seinem täglichen Millionenpublikum die Politik. Von Kopf weiß man, dass er kaum Rundfunk hörte, höchstens mal Nachrichten. Zeitungen zählten in relativ geringem Umfang zu seiner Pflichtlektüre. Journalisten, die Kopf näher kannten oder ihm gar näherstanden („zu Pferde"), wussten, dass sie bei jeglicher Repräsentation „vor Mitarbeitern, Verbandspräsidenten, Gewerkschaftsführern, bisweilen sogar vor Bischöfen" rangierten. Journalisten bekamen von Kopf an jedem Tisch – außer am Kabinettstisch – und bei jedem Empfang einen Platz. Für sie hatte er auch Geduld, Wichtiges zu erklären. Staatssekretäre mussten oft warten, Journalisten nicht. Manchmal wurden sie sogar in den Rang von Eingeweihten erhoben.

Faksimile: Ansichtskarte aus China. Ein Beweis für die Wertschätzung, die Hinrich Wilhelm Kopf der Landespressekonferenz zuteilwerden ließ, ist dieser Gruß aus China an den Vorsitzenden Karl Höpfner auf einer Ansichtskarte vom 9. 1. 1957.

Es war kein Geheimnis, dass der körperliche Verfall Hinrich Wilhelm Kopfs wegen seiner Zuckerkrankheit und vor allem wegen seines Leberleidens Ende der 50er und Anfang der 60er Jahre unaufhaltsam fortschritt. Doch Niedersachsens Journalisten hielten sich aus Respekt vor der Persönlichkeit Kopfs und vor seinen großen Verdiensten um das Land und seine Menschen in der kommentierenden Berichterstattung in diesem Bereich vornehm zurück. Am 21. Dezember 1961 ist Hinrich Wilhelm Kopf gestorben.

Das Verhältnis Kopfs zur Politik und zur Presse zu Beginn seiner Zeit als Ministerpräsident kenne ich zwar nicht aus eigenem Erleben, aber aus späteren sehr intensiven, oft geführten Gesprächen mit Gründungsmitgliedern und langjährigen landespolitischen Korrespondenten der Landespressekonferenz Niedersachsen. So konnte ich mir ein repräsentatives Bild des Ministerpräsidenten machen, das ich später, als ich ihn kennengelert hatte, bestätigt fand. Bezeichnend sind dafür sicher auch die Unterhaltungen und Schilderungen von Kopfs erstem Regierungssprecher, dem Botschafter a. D. Dr. Walter Zechlin. Er war bereits in der Weimarer Republik Chef der Presseabteilung der deutschen Reichsregierung und hatte jeden Morgen dem damaligen Reichskanzler sowie den Reichspräsidenten Ebert und später Hindenburg die Presseschau vorzutragen. Nach dem Krieg wurde Dr. Zechlin nach Niedersachsen verschlagen. Er ließ sich in Lüneburg nieder, wo er als Junge von 1896 bis 1899 Schüler des Johanneums gewesen war und dort anschließend studiert hatte. 1947 gründete er in Hannover gemeinsam mit einem Dutzend Journalisten die erste Landespressekonferenz der Nachkriegszeit nach altem Berliner Muster der Reichspressekonferenz der „Weimarer" Regierungszeit. Sie wurde Vorbild für die Landespressekonferenzen aller anderen Bundesländer und auch der Bundespressekonferenz 1949 nach der Gründung der Bundesrepublik Deutschland. Es war spannend, vom Regierungssprecher als engem Vertrauten des Regierungschefs Hinrich Wilhelm Kopf dessen Umgang mit Politikern und Journalisten der ersten Nachkriegsjahre zu erfahren. Denn eins war damals klar: An Kopf als Ministerpräsident kam keiner vorbei. Bis zum 75. Lebensjahr diente Dr. Zechlin seinem Herrn und Meister Kopf und schied 1954 aus dem Staatsdienst aus. Als Nachfolger berief der Ministerpräsident den früheren Pressesprecher des Landwirtschaftsministeriums, Dr. Theodor Parisius, unter der Beförderung zum Ministerialdirigenten zum neuen Regierungssprecher. Zu ihm hatte ich einen guten Draht, besonders als sich herausstellte, dass der ehemalige Pastorensohn Theodor Parisius und meine Mutter, die ehemalige Pastorennichte, in ihrer Jugendzeit bei dem Pastor Karl Eiselen in Nienstedt (Kreis Osterode/Harz), einem Bruder meiner Großmutter, vierhändig Klavier gespielt haben. 1960 verabschiedete sich Dr. Parisius in den Ruhestand. Sein Nachfolger wurde Dr. Ehrhard Herzig.

Zuerst ein All-Parteien-Kabinett

Das erste All-Parteien-Kabinett regierte 1947 kein Jahr lang. Im März des nächsten Jahres trat es wegen Uneinigkeit in der Bodenreform, die letztlich im Sande verlief, zurück. Die Ernährungslage war zu katastrophal, um Experimente zu gestatten. Selbst bei der Entnazifizierung wurden die Landwirte von den Engländern glimpflich behandelt. Es dauerte volle drei Monate, ehe Hinrich Wilhelm Kopf wieder eine neue Regierung gebildet hatte. Die KPD schied auf Befehl von Moskau aus, die FDP und die DP traten nicht wieder ein. Niedersachsen hatte einen „Weltrekord" in der Dauer einer Kabinettskrise auf die Beine gestellt. Kopf, schon damals sturmfest und erdverwachsen, wie es so schön im Niedersachsen-Lied heißt, überstand alles mit Ruhe und Geschick. Die dauernde Krisis gab in der Landespressekonferenz lohnenden Stoff zu Debatten, zu Kombinationen und ständigen Prophezeiungen. Die Regierung selbst war geschützt vor Misstrauensvoten, denn sie war schon gestürzt. Ihr konnte also nichts mehr passieren, entsprechend dem Satz: „Ist der Ruf erst ruiniert, lebt man gänzlich ungeniert." Und was eine geschäftsführende Regierung tun oder nicht tun darf, stand nirgends geschrieben. Sie tat, was sie wollte. „Wenn Euch das nicht passt", sagte der Ministerpräsident, „bitte, dann wählt Euch endlich doch eine andere Regierung." Das geschah aber nicht, und es wäre diese „kaiserlose Zeit" noch weitergegangen, wenn sie nicht wirklich schrecklich gewesen wäre, nicht wegen der Regierungskrise, sondern wegen des Hungers und der bevorstehenden Währungsreform, die schließlich eine Leitung erforderte, die im Landtag eine Mehrheit hinter sich hatte. Ein Jahr später trat dann auch die CDU aus dem, wie sie sagte, „sterbenden Kabinett" aus. Aber Totgesagte leben lange, und so blieb Hinrich Wilhelm Kopf auch nach der Landtagswahl im Mai 1951 weiterhin Ministerpräsident mit einer SPD, die verstärkt durch den im Jahr zuvor gegründeten Gesamtdeutschen Block/BHE (Bund der Heimatvertriebenen und Entrechteten) Niedersachsens Geschicke lenkte.

Aber so wichtig diese Vorgänge für die politische Neugestaltung auch waren, für das Leben, besonders in den ersten Jahren nach Kriegsende 1945, waren sie von untergeordneter Bedeutung und erregten kaum tieferes Interesse, ja, bei der Papierknappheit, welche die zwei- oder dreimal wöchentlich erscheinenden Zeitungen auf ein paar Seiten reduzierte, wurden sie zum Teil gar nicht erwähnt oder fanden nur geringere Beachtung. Das wirkliche Interesse, oder besser gesagt, der Kampf galt allein dem Hunger. Denn wenn die Menschen hungern, interessiert es sie einen Schmarrn, was die Politiker machen. Es sei denn, es geht um Hilfe für das Überleben.

Hinrich Wilhelm Kopf, der Landesvater

Ein weiterer intimer Kenner des Ministerpräsidenten Kopf in seiner Anfangszeit war zweifellos Dr. Josef Nowak, mein Mentor und Kollege, mit dem ich später jahrelang in der Redaktion Schreibtisch an Schreibtisch gesessen habe. Er war Journalist und Schriftsteller, Chefredakteur des Hintergrunddienstes *Kulisse*, Vorgängerin des späteren landespolitischen Informations- und Hintergrunddienstes *rundblick*. Dr. Nowak war ein eingefleischter Katholik und politisch „schwarz wie die Nacht". Wir haben viel diskutiert und ebenso viel gestritten. Er verstand es trefflich, Menschen zu charakterisieren. Seine Beschreibung eines „Landesvaters" fand meine volle Zustimmung:

Da, wie sich bei einem Streit um den Stander am Dienstwagen herausstellte, der Ministerpräsident als erster Mann im Staate angesehen werden muss, erbte er den Titel „Landesvater", den bis zur Revolution von 1918 große und kleine Landesfürsten mit mehr oder weniger Verdiensten getragen hatten. Es war nicht der Landtag, der dem Ministerpräsidenten diesen Titel ehrenhalber verlieh. Wahrscheinlich wurde er von den sogenannten Massenmedien aufgebracht. Nun ist gewiss nicht jeder Ministerpräsident so zum Führen des Titels prädestiniert wie Hinrich Wilhelm Kopf. Sein Ruhm als solcher reichte bis ins letzte ostfriesische Dorf hinein. War er doch wegen seiner großen Liebe zum Doornkaat so bekannt, dass diesem Spiritus der Name „Kopf-Wasser" verliehen worden war. Kopfs Nachfolger Dr. Diederichs trank auch bei offiziellen und festlichen Gelegenheiten lieber ein Glas Bier. Schnaps lehnte er grundsätzlich ab mit dem Bemerken, sein Anteil sei schon von seinem Vorgänger Kopf getrunken worden.

In parlamentarischen Kreisen stieß der Begriff des Landesvaters auf kühle Reserve, selbst in seiner eigenen Partei. Vielleicht hat sie ihn eben darum nicht zum Vorsitzenden der Partei oder der Fraktion promoviert. Schon im Jahr 1950 schwang sich der Vorsitzende seiner Landtagsfraktion zu folgender kritischer Bemerkung auf: „Wir sind uns im Parlament wohl alle einig darin, dass es manches Mal schon schwerhält, unserem jetzigen Landesvater immer wieder klarzumachen, dass wir da sind!" Und ein anderes Mal, als sich Kopf den Zwischenruf erlaubte: „Sollte die Vernunft nur beim Parlament sein?", erwiderte der Fraktionsvorsitzende Hoffmeister schnell und klar: „Soweit ich es bisher beurteilen konnte, Herr Ministerpräsident, ist die Vernunft weitgehend beim Parlament gewesen. Wenn es sich in diesen Tagen ändern sollte, würde ich das sehr bedauern." Noch härter und deutlicher formulierte die Abgeordnete Frau Sehlmeyer ihr Urteil so: „Ich finde, dass die Landesväter fürstlichen und parlamentarischen Geblüts sich in ihrer Souveränitätsgloriole herzlich ähnlich sehen." Aber das Volk pflegte seine Landesväter, wie die Geschichte lehrt, sowohl um ihrer Tugenden als auch um ihrer Laster willen zu lieben.

Der Landesvater.

Wer ist der erste Mann im Staat?

Aber Hinrich Wilhelm Kopf wollte sich ja nicht nur mit der Gloriole eines Landesvaters schmücken, sondern er wollte auch der erste Mann im Lande sein. Dass er beim Empfang hoher Potentaten oder bei der Begrüßung prominenter Gäste, bei der Eröffnung der Messe oder der Landesgartenschau immer dabei ist, das ist selbstverständlich, denkt man im Volke. Er ist unser Repräsentant. Und was ist mit dem Landtagspräsidenten? Vor dem selbst der Ministerpräsident den Eid ablegen muss, der dem Regierungschef im Parlament das Wort erteilt und dem er seine Reverenz erweist?

Auf der Bundesebene ist das von vornherein in der Verfassung geregelt. Staatsoberhaupt und erster Mann im Staate ist der Bundespräsident. Nach ihm kommt der Bundesratspräsident, im jährlichen Wechsel einer der Ministerpräsidenten der Bundesländer, der den Bundespräsidenten gegebenenfalls vertritt. Dann folgt der Bundestagspräsident und erst an vierter Stelle der „Thronfolge" der Bundeskanzler. Und auf Landesebene? Es hängt in der Praxis heutzutage vom gegenseitigen Verhältnis des jeweiligen Ministerpräsidenten und Landtagspräsidenten ab und wie sie sich arrangieren, jeder auf seinem Feld.

Dazu passt eine Anekdote:

Von einem offenen Streit hat man zumindest in letzter Zeit nichts gehört, im Gegensatz zur ersten Nachkriegszeit. So gab es beispielsweise im Jahre 1954 eine heftige Kontroverse zwischen Ministerpräsident Hinrich Wilhelm Kopf und Landtagspräsident Karl Olfers, den beiden knorrigen und selbstbewussten SPD-Politikern aus dem Hadelner und Cuxhavener Land. Der Landtagspräsident glaubte, zumindest auf gleicher Höhe wie der Ministerpräsident stehen zu müssen. Und dass sollte auch am Stander seines Dienstwagens nach außen sichtbar sein und sich dokumentieren. Der Ministerpräsident hatte nämlich an seinem Automobil eine quadratische Flagge mit dem Landeswappen, dem springenden roten Niedersachsen-Ross, auf goldfarbenem Grund und schwarzem Rand in der Größe von 28 x 28 cm. Ähnliche Stander hatten die Minister in der Größe von 24 x 24 cm. Die Staatssekretäre und Regierungspräsidenten mussten sich mit noch kleineren Standern begnügen.

Nun verlangte Landtagspräsident Karl Olfers für seinen Dienstwagen ebenfalls eine Flagge von 28 x 28 cm wie der Ministerpräsident. Die Landtagsvizepräsidenten sollten diesbezüglich den Ministern gleichgestellt werden. Das wiederum passte Hinrich Wilhelm Kopf gar nicht. Er berief sein Landeskabinett ein, das beschloss: Der Stander des Ministerpräsidenten wird auf 30 x 30 cm vergrößert. Prompt trommelte Karl Olfers das Landtagspräsidium zusammen, und das beschloss: Auch der Stander des Landtagspräsidenten wird auf 30 x 30 cm vergrößert. Sollte das so weitergehen? Nach langen Gesprächen hinter den Kulissen siegte die Vernunft: Bei 30 x 30 cm ist Schluss! Aber einen Unterschied sollte es doch geben, wenn nicht in der Größe, dann wenigstens in der Farbe der Umrandung der Dienstwagenflagge.

À propos Dienstwagen: Damit hat auch die 2013 ins Amt gekommene rot-grüne Landesregierung gleich zu Beginn ihre schmerzlichen Erfahrungen machen müssen und peinliche Schlagzeilen produziert, als zwei hochgestellte Politiker, aus welchen Gründen auch immer, Dienstwagen haben wollten, die ihnen dienstgradmäßig nicht zustanden. Staatssekretär Paschedag ist sogar darüber gestolpert und musste statt des Audi seinen Hut nehmen. Über dem Braunschweiger Regionalbeauftragten Matthias Wunderling-Weilbier, vorher Helmstedter Landrat, schwebte das Damoklesschwert des Audi, nachdem er das Land schon 180.000 Euro wegen „verkorkster" Pensionsteilung gekostet hatte.

Doch die Herren und die Landesregierung mögen sich trösten. In Niedersachsen ist alles schon mal dagewesen. So verdanken wir eine nette Dienstwagen-Geschichte dem damaligen Landtagsabgeordneten Kurt Rißling aus Ringelheim im Landkreis Goslar, der dort das Rittergut bewirtschaftete, 1946 in die Politik und in die CDU eingetreten war,

Mitglied des ernannten und ersten gewählten Landtags wurde und jahrelang dem Ausschuss für Haushalt und Finanzen sowie bis 1963 dem Ausschuss für Ernährung und Landwirtschaft vorstand. Kurt Rißling war nicht nur ein Unikum, wie es in den Anfangsjahren der Nachkriegsparlamentsgeschichte einige, unvergessene Typen gegeben hat, sondern auch als „normaler" Landtagsabgeordneter mit einem der höchsten deutschen Orden, dem Großen Verdienstkreuz mit Stern des Verdienstordens der Bundesrepublik Deutschland, ausgezeichnet worden.

Er erzählte einmal im Freundeskreis, zu dem auch Journalisten gehörten, von einer Sitzung seines Ausschusses, die sieben Stunden dauerte:

Sechs Stunden lang hatten sich die Mitglieder nur mit einem Thema beschäftigt: dem Kurbeldach des Dienstwagens des Ministerpräsidenten Kopf. Er hatte dieses beim Haushalts- und Finanzausschuss beantragt und war beim Ausschussvorsitzenden Rißling auf Verständnis gestoßen. Denn ein Auto mit Kurbeldach für die Zufuhr von frischer Luft sei für den klaren Kopf des Regierungschefs besonders wichtig und gereiche deshalb auch dem Land zum Wohle. Doch im Ausschuss gab es Widerspruch. Viele Mitglieder, die sich ihrer Verantwortung für die Bewilligung von Geld bewusst waren, meinten: Wehret den Anfängen! Wenn wir beim Ministerpräsidenten anfangen, wollen doch auch die Minister, Staatssekretäre, Regierungspräsidenten einen kühlen Kopf bekommen und ein Kurbeldach für ihren Dienstwagen haben. Das läppert sich dann bald auf 30 Kurbeldächer zusammen.

So wurde in der Sitzung heftig gestritten. Um zehn Uhr hatte sie begonnen, nach sechs Stunden, ohne Mittagspause, waren die Mitglieder immer noch beim ersten Tagesordnungspunkt. Doch als sie sich, wie ein Beobachter später sagte, „alle Zähne und Prothesen ausgebissen" hatten und des Streitens müde waren, wurde das Kurbeldach bewilligt, egal, was der Präzedenzfall noch auslösen würde. In dieser Stimmung peitschte der listige Ausschussvorsitzende Rißling die übrigen Tagesordnungspunkte im Minutentakt durch, wobei die Kollegen alle fünf Minuten einen Titel von teilweise 15 Millionen Mark und mehr nach dem anderen einfach abnickten.

Wie sagte Kurt Rißling später in seiner trockenen, bauernschlauen Art über diese Sitzung: „In den meisten Sitzungen triumphiert der A… über den Kopf."

Hinrich Wilhelm Kopf und seine nationalsozialistische Vergangenheit

Ein halbes Jahrhundert nach seinem Tod und nach seiner Regentschaft als niedersächsischer Ministerpräsident hat Hinrich Wilhelm Kopf noch einmal monatelang für Schlagzeilen gesorgt. Der Grund war die Dissertation von Teresa Nentwig, wissenschaftliche Mitarbeiterin des Instituts für Demokratieforschung der Georg-August-Universität Göttingen. Ihre Doktorarbeit war von der Historischen Kommission für Niedersachsen und Bremen als rund 900 Seiten umfassendes Buch unter dem Titel *Hinrich Wilhelm Kopf (1893–1961). Ein konservativer Sozialdemokrat* veröffentlicht und vom niedersächsischen Ministerpräsidenten Stephan Weil (SPD) am 6. Juni 2013 in Hannover präsentiert worden. Die Studie löste in der politischen Landschaft Niedersachsens eine Erschütterung aus, die einem mittleren politischen Erdbeben gleichkam. Ungläubigkeit und Fassungslosigkeit waren ebenso Reaktionen wie schonungslose (Vor-)Verurteilung oder trotzige, demonstrative Verteidigung Kopfs. Denn die junge Politikwissenschaftlerin hatte den ersten Ministerpräsidenten nicht nur als einen unvergessenen Gründer des Landes Niedersachsen und langjährigen beliebten und verehrten Landesvater sowie als herausragenden Politiker der Nachkriegszeit präzise beschrieben, sondern auch seine Rolle im „Dritten Reich" akribisch herausgearbeitet, die einen großen Schatten auf seine Leistungen warf. Kopf war im letzten Krieg unter anderem ein effizienter Mitarbeiter einer national-sozialistischen Behörde, der Haupttreuhandstelle Ost (HTO), die eine zentrale Rolle bei der „Germanisierung" Polens spielte und für die Verwaltung des enteigneten Vermögens von Juden und Polen verantwortlich war. Als Polen 1948 die Auslieferung von Kopf verlangte, stritt er im Niedersächsischen Landtag alle Beschuldigungen ab: „Die gegen mich erhobenen Anschuldigungen sind unwahr. Ich bin niemals Enteignungskommissar oder Treuhänder polnischer und jüdischer Güter gewesen." Alle Fraktionen des Landtags, außer der KPD, sprachen ihm das Vertrauen aus. Kopf wurde auf Geheiß der britischen Besatzungsmacht nicht ausgeliefert.

Ministerpräsident Weil dankte 2013 bei der Buchvorstellung der Autorin für die sehr differenzierte Aufarbeitung des Lebens von Hinrich Wilhelm Kopf und betonte seine Verdienste als hoch engagierter Landesvater, „der jovial, stets allen Freuden des Lebens zugewandt und perfekt dem Bedürfnis seiner Zeit nach einer Vaterfigur entsprochen hat". Neben den herausragenden Verdiensten bei der Gründung des Landes Niedersachsen gebe es jedoch deutliche Risse im Denkmal von Kopf, sagte Weil weiter. Frau Nentwig habe sehr detailliert herausgearbeitet, dass die beruflichen Tätigkeiten Kopfs zwischen 1933 und 1945 auf der zunehmenden Notlage seiner jüdischen Mandantenschaft beruhten. Er habe als Geschäftsmann an der „Arisierung" jüdischer Unternehmen und dem Verkauf jüdischer Häuser kräftig verdient. Außerdem habe er

Grabsteine eines jüdischen Friedhofs in Polen verkauft, die anschließend für den Straßenbau missbraucht worden seien.

Zu Kopfs Aussagen vor dem Landtag sagte Ministerpräsident Weil, der damalige Ministerpräsident habe „Parlament und Öffentlichkeit in aller Form angelogen über seine Tätigkeit im Zweiten Weltkrieg". Er fügte die Fragen hinzu: „Wie sollen wir damit umgehen? Diese Risse verleugnen und weiter das Denkmal verehren? Den Stab über Kopf brechen und seine historischen Verdienste in den Hintergrund treten lassen?" Er selbst sei sich nach längerem Nachdenken noch nicht recht schlüssig, welches seine persönliche Antwort auf dieses Dilemma ist. Und dann fragte Weil noch, welche Folgen das problematische Verhalten Kopfs in der NS-Zeit für die vielen Straßen und Schulen habe, die nach ihm benannt sind. Weil wollte deshalb die Historische Kommission bitten, eine Empfehlung abzugeben. Schließlich forderte der Ministerpräsident die SPD, seine eigene Partei, aber auch alle Niedersachsen zu einer kritischen öffentlichen Debatte über das Lebenswerk von Hinrich Wilhelm Kopf auf.

Teresa Nentwig selbst sagte bei der Präsentation, nachdem sie Kopfs herausragende Persönlichkeit und seine großen Verdienste in der Nachkriegszeit geschildert hatte, „einen Schatten auf sein politisches Wirken werfen jedoch die Tätigkeiten, die Kopf während des Dritten Reiches ausgeübt hat und die der breiten Öffentlichkeit bisher weitestgehend nicht bekannt sind. Kopf selbst beschrieb die Tätigkeiten, die er zwischen 1933 und 1945 ausgeübt hatte, nach dem Zweiten Weltkrieg kurz und bündig mit vier Worten ‚selbständiger Kaufmann und Landwirt‘. Doch ein Blick in die Akten vermittelt ein anderes Bild." Ihr scheine jedoch Kopf kein fanatischer Nazi und Hitler-Verehrer gewesen zu sein. Auch der NSDAP habe er nicht angehört. Doch das nationalsozialistische Regime habe sich letztlich nur etablieren und seine Politik des Terrors und der Gewalt durchführen können, weil Funktionsträger auf allen Ebenen von Staat und Gesellschaft das System stabilisierten und sich aktiv für es einsetzten – auch und gerade solche, die der NSDAP eigentlich fernstanden und das national-sozialistische Gedankengut nicht verinnerlicht hatten, die dem Staat treu blieben, auch als er ein Unrechtsstaat wurde, die das letzte oder vorletzte Glied am Ende der Befehlskette bildeten. Kopf sei eher eines dieser vielen kleinen Rädchen im Getriebe der NS-Vernichtungsmaschinerie gewesen. Doch gerade ohne sie hätte das nationalsozialistische Unrechtsregime nicht funktionieren können. Die Autorin sprach abschließend die Hoffnung aus, dass ihre Studie in den folgenden Wochen eine sachliche Diskussion und Bewertung der Biografie Hinrich Wilhelm Kopfs ermögliche.

Die Historische Kommission legte Empfehlungen vor

Schon nach zwei Wochen beschloss das Präsidium des Niedersächsischen Landtags in einer Sondersitzung, die Historische Kommission für Niedersachsen und Bremen unter Vorsitz von Prof. Dr. Thomas Vogtherr zu bitten, „auf der Basis von vergleichbaren Fällen des Umgangs mit früheren Tätigkeiten und/oder Äußerungen während der Zeit des Nationalsozialismus belasteter Personen einen Katalog von Kriterien zu erarbeiten, der eine ausreichend differenzierte geschichtspolitische Bewertung der Lebensleistung dieser Personen erlaubt und der für die entscheidungsbefugten öffentlichen Stellen die in dieser Diskussion aus wissenschaftlicher Sicht zu berücksichtigenden Überlegungen zusammenfasst."

Im November 2013 lagen diese „Empfehlungen zum geschichtlichen Umgang mit der Persönlichkeit des ersten Ministerpräsidenten des Landes Niedersachsen, Hinrich Wilhelm Kopf (1893–1961)", in einer achtseitigen Stellungnahme vor. Darin hieß es unter anderem, die vorliegenden Empfehlungen setzten es sich zum Ziel, den politisch Entscheidenden Leitlinien für ihr Handeln zu geben. „Die Empfehlungen sind weder als Vorschläge zu konkreten Beschlüssen gedacht, noch sieht sich die Historische Kommission als die geeignete Institution an, solche Vorschläge zu unterbreiten. Ebenso ist eine denkbare juristische Würdigung des Verhaltens Kopfs während der Zeit des Nationalsozialismus und danach außerhalb des Kompetenzbereichs einer Historischen Kommission." Zum Fall Kopf stellte die Kommission fest, es bestehe nach der derzeitigen Kenntnislage kein vernünftiger Zweifel an der Feststellung, dass Kopf aufgrund seiner Tätigkeiten sowohl in der Privatwirtschaft als auch in der Haupttreuhandstelle Ost (HTO) nach allen denkbaren Maßstäben als moralisch-politisch belastet zu gelten habe. Aus seinen Stellungnahmen nach 1945 werde derzeit eher das Ziel deutlich, die Vorgänge der NS-Zeit zu bestreiten bzw. als unproblematisch hinzustellen. Kopfs unstrittige Lebensleistung als zweimaliger Ministerpräsident, mehrfacher Landesminister und parteiübergreifend anerkannter Landes- wie Bundespolitiker stehe seinen ebenso unstrittigen politisch-moralischen Verfehlungen während der Zeit des Nationalsozialismus markant gegenüber. Wären lediglich Kopfs Leistungen nach 1945 zu würdigen, so würde keinerlei Zweifel bestehen, dass seine Tätigkeit für das Bundesland Niedersachsen jede Form öffentlicher Ehrung und Würdigung verdient gehabt habe und weiter verdient habe. Und weiter stellte die Historische Kommission fest: „Hinrich Wilhelm Kopfs unstreitige Leistung rechtfertigt es trotz aller Bedenken, ihn in dieser Rolle als Gründerfigur des Bundeslandes Niedersachsen auch weiterhin zu würdigen. Eine solche Würdigung muss keineswegs im Widerspruch zur Benennung seiner offenkundigen und nicht zu verleugnenden politischen Schwächen stehen. Ganz im Gegenteil: Die Würdigung auch einer Person wie Kopf eröffnet die Chance, am Beispiel dieses Mannes die denkbaren Umfänge von Verstrickungen wider Willen und Kooperationsbereitschaft mit den Nationalsozialisten zu verdeutlichen und ggf. zu diskutieren. Kopf ist heutzutage angesichts vollständig gewandelter politischer Rahmenbedingungen kein Vorbild für eine politische Tätigkeit mehr. Er ist ein Teil niedersächsischer und bundesdeutscher Vergangenheit, die zu leugnen historisch unredlich wäre." Mit seinem Andenken auf eine differenzierte Weise umzugehen könne unter anderem bedeuten, seine Hervorhebung in der Geschichte des Bundeslandes Niedersachsen als gerechte Einschätzung seiner politischen Nachkriegsleistung zu verstehen, ohne indes ihn unkritisch zu einem Vorbild politischen Verhaltens, weder vor noch nach 1945, zu stilisieren, und deswegen die Benennungen von Straßen, Plätzen und öffentlichen Institutionen mit seinem Namen beizubehalten und durch eine Form kritischer Auseinandersetzung mit seinem Leben und Wirken sich dem Problem zu stellen, anstatt es durch die Tilgung des Namens aus dem öffentlichen Bewusstsein herauszurücken. Eine ständig zugängliche Dokumentation zu Kopfs Tätigkeit an der Stelle seines Wirkens wäre ein prominentes Zeichen einer solchen Auseinandersetzung. „Kopfs Lebensleistung vor 1933 wie nach 1945 verbietet es dagegen, ihn mit jener Form von erklärten Nationalsozialisten und unbelehrbaren Kollaborateuren gleichzusetzen, die es nach 1945 an jeder Form von tätiger Reue fehlen ließen. Kopf hat diese Haltung tätiger Reue – wenngleich auf eine heute womöglich unvollkommen erscheinende Art – eingenommen und sich rückhaltlos in den Dienst der parlamentarischen Demokratie gestellt. Er hat in seiner politischen Tätigkeit nach 1945 eindeutig unter Beweis gestellt, eines durchaus auch kritisch-reflektierenden öffentlichen Andenkens an ihn würdig zu sein", bescheinigte abschließend die Historische Kommission.

Dennoch hat der Ältestenrat des Niedersächsischen Landtags in seiner Sitzung am 4. Dezember 2013 nach einer Aussprache über die Einschätzung der Historischen Kommission einvernehmlich erklärt, „dass er eine Umbenennung des Hinrich-Wilhelm-Kopf-Platzes begrüßen würde. Landtagspräsident Busemann wurde gebeten, mit dem für Straßenbenennungen zuständigen Bezirksrat Hannover-Mitte diesbezüglich ins Gespräch zu treten". Wie zu erfahren war, waren besonders die Vertreter von SPD und Grünen strikt für die Tilgung des Namens Kopf, worauf die CDU-Vertreter keine Veranlassung sahen, sich für einen ehemaligen SPD-Politiker gegen dessen jetzige Genossen einzusetzen.

Der Zeitgeist und Rot-Grün tilgten den Namen Kopf

Monatelang wurde in Hannover in Veranstaltungen, in Leserbriefen, sogar an Stammtischen und auf der Straße heftig diskutiert und gestritten. Der offensichtlich weitaus größere Teil der Beteiligten schloss sich der Devise an: „Straßenschilder löschen ist wie Bücher verbrennen" und plädierte für die Beibehaltung des Namens Hinrich-Wilhelm-Kopf-Platz als Adresse für den Landtag. Aber bei der nachgeborenen Politikergeneration, besonders in der SPD, deren jüngere Mitglieder Kopf weder persönlich kannten noch mit seinem Namen etwas anfangen konnten, überwog der Eindruck, der ehemalige SPD-Ministerpräsident habe in der NS-Zeit zumindest finanziell von der Enteignung der Juden profitiert. Er sei somit als Namensgeber für das Landesparlament als Hort der Demokratie nicht würdig.

Die Kommunalpolitiker des für die Straßenbenennungen zuständigen Stadtteil-Gremiums Bezirksrat Hannover-Mitte, das von SPD und Grünen beherrscht wird, erklärten: „Einen Landtagspräsidenten als Welterklärer braucht der Bezirksrat nicht!" Sie wollten sich lieber an die Richtlinien der ebenfalls rot-grün beherrschten Stadt Hannover halten, dass bei Straßennamen Frauen den Vorzug bekommen müssen. Außerdem betonten die Grünen, ein neuer Straßenname müsse eine Auseinandersetzung mit der Vergangenheit sein. So beschloss das kleine Bezirksratsgremium, den Platz vor dem Niedersächsischen Landtag in Hannah-Arendt-Platz umzubenennen. Die deutsch-jüdische Journalistin und Philosophin ist zwar in Hannover-Linden geboren, aber schon 1937 in die USA ausgewandert und verbindet außer ihrem Geburtsort rein gar nichts mit Hannover, noch weniger mit dem Landtag.

Ehemalige Landtagspräsidenten zum historischen Urteil

Die Begeisterung über diese Entscheidung hat sich jedoch sehr in Grenzen gehalten. Es sind vor allem die ehemaligen Landtagspräsidenten, die mit diesem Beschluss der Namenstilgung, der im Übrigen ohne Beteiligung der Anwohner getroffen worden ist und auch von Teresa Nentwig keinesfalls gefordert wurde, nicht gut leben können. Geradezu empört hat sich Horst Milde (SPD), Landtagspräsident von 1990 bis 1998, zu der Umbenennung geäußert. Wer behaupte, Hinrich Wilhelm Kopf sei ein „Landesvater mit brauner Vergangenheit", der aktiv das nationalsozialistische Regime unterstützt hat, habe „von der Vergangenheit keine Ahnung", sondern entscheide nach den Regeln des heutigen Zeitgeistes. Milde verwies auf die auch von Teresa Nentwig genannten jüdischen Zeitzeugen, nach denen Kopf bereits in der sogenannten „Reichskristallnacht" im November 1938, als die Synagogen und zahllose jüdische Häuser und Geschäfte in Brand gesteckt wurden, den Verfolgten vor dem Pogrom Unterschlupf gewährte. Auch nach Ende des Krieges, als Kopfs Rolle im besetzten Polen bekannt geworden sei, seien alle Zeugen der damaligen Zeit, die den Nationalsozialismus erlebt und vor allem jene, die ihn nach Verfolgung überlebt hätten, zu einer anderen Bewertung seiner Person gekommen „als heutige spätgeborene selbstgerechte Politiker", sagte Milde. Er hält die Umbenennung des Platzes angesichts der großen Verdienste Kopfs um die Demokratie und das Land Niedersachsen schlicht für „schäbig".

Mildes Amtsnachfolger, der frühere Kultusminister Prof. Rolf Wernstedt (SPD), aufgewachsen in der DDR bis zum Verlassen 1958, Landtagspräsident von 1998 bis 2003, hat sich offenbar sehr intensiv mit der Nentwig-Dissertation auseinandergesetzt. Er vermag darin aber keinen Nachweis dafür zu finden, dass sich Kopf während seiner verschiedenen Tätigkeiten während der NS-Zeit persönlich bereichert hat. Auch sei nicht belegt, dass er an der Arisierung aktiv mitgewirkt habe. Wernstedt widersprach auch der These des Politikwissenschaftlers Prof. Dr. Joachim Perels, nach der bereits die Verfügungsgewalt über Eigentum in kriegsbedingten Eroberungen ein Kriegsverbrechen ist. Ob man Hinrich Wilhelm Kopf schuldhaftes, naives oder nur ambivalentes Verhalten vorwerfen könne, sei eine Einschätzungsfrage. „Es ist die alte Frage, wo die Grenzen zwischen Anpassung, Erdulden, Opportunismus, hinhaltendem Widerstand, Gewähren-lassen, Gleichgültigkeit etc. liegen", meinte Wernstedt. An der Umbenennung des Platzes nach Hannah

Arendt stört ihn vor allem der Eindruck, Kopf sei ein Antisemit gewesen, „was er nicht war". Die Stadt Hannover müsse sich fragen lassen, „warum sie der großen Frau nicht schon früher ein repräsentatives oder angemessenes Namens-Ambiente gegeben" habe. „Mit dem Landtag und dem Land Niedersachsen hat sie jedenfalls nichts zu tun", betont der SPD-Politiker. Es entstehe vielmehr der Eindruck, hier gehe es um „wohlfeile Selbstgerechtigkeit von Nachgeborenen, die sich den existenziellen Fragen, die in einem Unrechtsregime auftauchen, nicht differenziert stellen wollen". Er plädierte für den „Platz des Landtags". Für das Verhalten Kopfs in der Nachkriegszeit, als er gegenüber dem Landtag seine Tätigkeit in Polen verschwieg, zeigt Wernstedt ein gewisses Verständnis. Der damalige Ministerpräsident sei im Zeichen des heraufziehenden Kalten Krieges von polnischer Seite mit Vorwürfen diffamiert worden, die als widerlegt galten. „Selbst wenn er sich schuldig gemacht hätte, möchte ich den sehen, der angesichts des drohenden Todesurteils in Polen aus Lauterkeitsgründen sich nicht zur retten versucht", meinte Wernstedt.

Sein Amtsnachfolger Jürgen Gansäuer (CDU), Landtagspräsident von 2003 bis 2008, ist in diesem Punkt weniger nachgiebig. Er hält Kopf vor, „dass er nach dem Krieg nicht die Kraft aufgebracht hat, reinen Tisch zu machen, sondern vor dem Parlament wiederholt die Unwahrheit gesagt hat". Dies sei für ihn am Ende dafür ausschlaggebend gewesen, sich für eine Umbenennung des Platzes auszusprechen, sagte Gansäuer. Gleichwohl habe er sich damit sehr schwergetan. Denn aus dem sicheren Port einer inzwischen als gefestigt geltenden und als selbstverständlich empfundenen freiheitlichen Demokratie gerieten historische Urteile nur allzu leicht in die Sphäre der Überheblichkeit, die den Zwängen und Lebensumständen zwischen 1933 und 1945 nicht gerecht werde. Lieber als die Entscheidung für Hannah Arendt aber wäre ihm die Benennung nach den „Göttinger Sieben" gewesen, weil zum einen das Denkmal dort ohnehin steht und zum anderen „das mutige Handeln der Professoren beispielgebend, insofern gerade für unsere Zeit von großer Bedeutung ist und darüber hinaus auch einen unmittelbaren Bezug zur Geschichte unseres Landes hat".

Nach etlichen anderen prominenten Sozialdemokraten hat sich dann auch der frühere Bundesverfassungsrichter Prof. Dr. Ernst-Gottfried Mahrenholz, SPD-Landtagsabgeordneter und Kultusminister, mit massiver Kritik an seinen Parteifreunden in Hannover gegen die Umbenennung des Hinrich-Wilhelm-Kopf-Platzes in Hannah-

Arendt-Platz gewandt. Mahrenholz, der in jungen Jahren persönlicher Referent Kopfs war, beschrieb ihn als „einen Mann mit einem
ausgeprägten Gerechtigkeitssinn". Nach Mahrenholz' Überzeugung
gibt es nichts, das man Kopf vorwerfen könne; er habe „keine uneh-
renhaften Handlungen begangen". Kopf sei während des Krieges verantwortlich gewesen für die Verwaltung und Verwertung von jüdi-
schem und polnischem Eigentum in der Stadt Königshütte – eine
Aufgabe, zu der er abkommandiert worden sei. Mahrenholz verweist
auf Dokumente, nach denen Kopf beispielsweise von einem Geistli-
chen als jemand gewürdigt wurde, der sich „wohltuend abgehoben hat
von der übrigen deutschen Besatzung". Darüber hinaus gebe es hinreichend Belege, dass Kopf während der NS-Zeit Juden Schutz gewährt
oder sie auch finanziell unterstützt habe. Mahrenholz äußerte sich
„außerordentlich überrascht", dass es in der heutigen SPD-Landtagsfraktion keine ausführliche Debatte über das Pro und Kontra von
Kopfs Tätigkeit gegeben habe; das gelte auch für die anderen Parteien.
Dass der damalige Ministerpräsident nach Kriegsende im Niedersächsischen Landtag über seine frühere Tätigkeit in Polen nicht die volle
Wahrheit gesagt habe, hält Mahrenholz für verständlich vor dem Hintergrund eines drohenden Auslieferungsverfahrens nach Polen, das
durchaus mit einem Todesurteil hätte enden können. „Im Übrigen
passiert im Parlament eine Täuschung durch Weglassen immer wieder.
Leider", meinte Mahrenholz.

Auch die letzte Ehre verweigert

Nachdem also Kopfs Name auf dem Straßenschild vor dem Landtags-
Platz getilgt und eine Schule in Hannover ebenfalls seinen Namen verloren hatte, wurde auch vor seinem Grab nicht Halt gemacht und dem
verstorbenen „roten Welfen" Mitte Juni 2015 die letzte Ehre entzogen:
Das Ehrengrab auf dem Stöckener Friedhof in Hannover. Während bisher ein Ratsbeschluss genügte, um das Grab eines verdienten Bürgers
zum Ehrengrab zu machen, schuf der von Rot-Grün beherrschte Kul-
tusausschuss des Rates der Landeshauptstadt eigens eine Ehrengräber-
satzung. Danach wurde festgestellt, dass Kopf „gemäß § 5 Abs. 1 der
Ehrung unwürdig" ist. Hannovers Kulturdezernentin Marlis Drever-
mann erklärte, es habe ein „Unwohlsein" angesichts der postmortalen
Ehrung Kopfs geherrscht. Das Grab soll jedoch nicht eingeebnet wer-

den, denn die neue Satzung erlaubt, eine Grabstätte als bedeutend einzustufen, damit der Ort als „historisch wichtige Stätte erhalten bleibt, an dem sich Geschichte erzählen lässt". Aber es wird nicht mehr gepflegt und nicht mit Blumen geschmückt. Niedersachsens Landtagspräsident Bernd Busemann (CDU) hat daraufhin an den hannoverschen Oberbürgermeister Stefan Schostock (SPD) appelliert, darauf hinzuwirken, dass das Ehrengrab erhalten bleibt. In einem persönlichen Schreiben an Schostock erinnerte Busemann daran, dass Kopf der eigentliche Gründervater des Landes Niedersachsen gewesen ist, und seine integrative Leistung habe in der Nachkriegszeit die wichtigsten Grundlagen für den Erfolg der Landesgründung durch die britische Militärregierung gelegt. „Die Leistung verdient es in meinen Augen, auch weiterhin gewürdigt zu werden", heißt es in dem Schreiben. Der CDU-Politiker hat dem hannoverschen Oberbürgermeister angeboten, eine Grab-Patenschaft für Kopfs letzte Ruhestätte auf dem Stöckener Friedhof zu übernehmen. Als Teil einer solchen Patenschaft würde er „gern dafür sorgen lassen, dass Hinrich Wilhelm Kopfs Grabmal weiterhin angemessen gepflegt und mit Blumen geschmückt wird".

Mit heutigen Maßstäben nicht zu messen

Zum Abschluss des Kapitels über Hinrich Wilhelm Kopf sei mir eine persönliche Stellungnahme gestattet. Wenn man wie ich in der fraglichen Zeit der NS-Diktatur selbst gelebt hat, in von heutigen Generationen einfach nicht vorstellbaren Zwängen, Unfreiheit und Uninformiertheit, dazu auch noch im Krieg, und wenn man den Zeitgeist von damals und den von heute kennt, vor allem wenn man vor diesem Hintergrund Hinrich Wilhelm Kopf, den ich persönlich kennen und schätzen gelernt habe, beurteilen und charakterisieren soll, dann muss man zwangsläufig zu dem Ergebnis kommen, dass die unwiderlegbaren Fakten über Kopfs Tätigkeit im NS-Staat mit den heutigen Maßstäben nicht zu messen sind, noch weniger zu werten sind. Objektiv, aus heutiger Sicht und nach unseren heutigen Maßstäben, war das, was Kopf getan hat, offensichtlich Unrecht und schändliche Untaten. Aber es muss erlaubt sein, diese Taten auch aus damaliger Sicht, unter heute unvorstellbaren Verhältnissen zu betrachten, beileibe nicht, um sie entschuldigen zu wollen, sondern vielleicht um zu erklären, warum Kopf so gehandelt haben könnte. Darf man oder muss man die heutigen Maßstäbe anlegen? Oder galten in einer Diktatur, in einer völlig uniformierten Gesellschaft und unter den Bedingungen eines totalen Krieges mit Tag für Tag Tausenden Toten, Tragödien, Katastrophen und Überlebenskämpfen an der Front und in der Heimat, nicht ganz andere Vorstellungen?

Kopf selbst hat alle Anschuldigungen bestritten und empört von sich gewiesen. Er glaubte, damals legal gehandelt zu haben, dem damaligen Zeitgeist entsprechend, als der Antisemitismus besonders nach der jahrelang eingehämmerten Propaganda „Die Juden sind unser Unglück!" die Deutschen beherrschte und Gesetze zur Diskriminierung der Juden erlassen worden waren. Erst nach den heute noch unfassbaren und unvorstellbaren grausamen Verbrechen des Holocaust wurden den Deutschen die Augen geöffnet. Glaubte Kopf, der schon gleich nach dem Ende des Ersten Weltkriegs als Freikorpskämpfer kein Judenfreund war, nun dem Vaterland auch wieder dienen zu müssen? Hat Kopf aus Überzeugung gehandelt oder saß ihm die Angst im Nacken, mitmachen zu müssen, um nicht selbst Opfer der NS-Willkür zu werden, um das eigene Leben fürchten zu müssen, überleben oder sterben? Möglicherweise glaubte sich Kopf als Befehlsempfänger im Räderwerk des NS-Systems. Er hat es nie gesagt.

Warum hat es im Januar 1948 in Niedersachsen keinen Aufschrei gegeben, als die Polen die Auslieferung von Hinrich Wilhelm Kopf als Kriegsverbrecher verlangten? Kopf betonte in einer Presseerklärung und sagte am 28. Januar 1948 im Niedersächsischen Landtag, die gegen ihn erhobenen Anschuldigungen seien unwahr. Er sei niemals Enteignungskommissar gewesen oder Treuhänder polnischer oder jüdischer Güter. Im Parlament stellten sich alle Fraktionen bis auf die Deutsche Kommunistische Partei (DKP) hinter den Ministerpräsidenten und lehnten einen Untersuchungsausschuss „entschieden" ab. Der CDU-Fraktionsvorsitzende Adolf Cillien sprach „namens der Fraktionen der SPD, CDU, DP, FDP und DZP (Zentrum) Kopf das Vertrauen aus". Landtagspräsident Karl Olfers (SPD) erklärte, es sei nicht vorstellbar, dass Kopf solche Grausamkeiten und Kriegsverbrechen begangen haben könnte. Doch Teresa Nentwig schreibt, nach ihren Recherchen „ging Kopf an der Wahrheit mutig vorbei". Und Niedersachsens Ministerpräsident Stephan Weil sagte jetzt: „Nach ihren Forschungen müssen wir heute feststellen: Das war eine Lüge." Die höchsten Vertreter der britischen Besatzungsmacht in Niedersachsen, die Kopf schon 1945 ins Amt gehoben hatten, nachdem sie ihn, der nie Mitglied der NSDAP gewesen war, schon im Entnazifizierungsverfahren „carefully" überprüft

Hinrich Wilhelm Kopf, von der Krankheit schon schwer
gezeichnet, kurz vor seinem Tod im Dezember 1961.

hatten, waren von seiner Integrität überzeugt. Sie sahen die ganze Angelegenheit vor dem Hintergrund des gerade aufziehenden, drohenden Kalten Krieges zwischen West und Ost. Ihnen ging es nicht um die Bewältigung der Vergangenheit, sondern der Gegenwart und Zukunft. Der englische Minister Lord Pakenham betonte in einer öffentlichen Erklärung, die politischen Anschuldigungen gegen Kopf seien absurd, man habe größtes Vertrauen in ihn. Und schließlich erklärte Brigadier Lindsay Merritt Inglis, Vorsitzender Richter am Obersten Gerichtshof der Kontrollkommission, Kopf für nicht schuldig, weil die von Polen vorgelegten Beweise nicht ausreichten. Er meinte auch, wenn man die Beschlagnahme und Verwaltung fremden Eigentums im Krieg oder nach dem Krieg als Kriegsverbrechen bezeichnen würde, müssten Tausende britischer Offiziere als Kriegsverbrecher verurteilt werden, dann hätten sich auch die Engländer im letzten Krieg und als Besatzungsmacht in Deutschland einer Vielzahl von Verbrechen gegen die Menschlichkeit schuldig gemacht.

Die UNWCC strich Kopf von der Liste der Kriegsverbrecher. Die Sozialdemokraten hatten damals über den Fall Kopf noch eine andere Sicht der Dinge. Der SPD-Bundesvorstand bezeichnete die Vorwürfe gegen Ministerpräsident Kopf als Beispiel einer allgemeinen Kampagne

Kubel ehrt Hinrich Wilhelm Kopf – Zum 80. Geburtstag des 1961 verstorbenen ersten niedersächsischen Ministerpräsidenten Hinrich Wilhelm Kopf legten SPD-Ministerpräsident Alfred Kubel (Mitte) und Landtagspräsident Wilhelm Baumgarten (SPD) einen Kranz an Kopfs Grab auf dem Stöckener Friedhof in Hannover nieder.

gegen West-Politiker, die im Zuge des beginnenden Kalten Krieges und der Ideologie einer Sozialistischen Einheitspartei dem „Osten" missliebig geworden waren. Kurt Schumacher, Führer der westdeutschen Sozialdemokraten, wetterte: „Der Auslieferungsantrag gegen Kopf ist nichts weiter als die Folge eines Verleumdungsfeldzugs gegen führende Männer der westdeutschen Sozialdemokratie, die sich dem totalen Weltherrschaftsanspruch des Kommunismus entgegenstellen." Und die SPD-Presse schrieb, der Fall Kopf sei ein Vorgeschmack auf die Verleumdungskampagne, die von dem neuen Kominform organisiert wurde und sich gegen alle Demokraten richte.

Als einem der letzten überlebenden Zeitzeugen, der die Ehre und das große Vergnügen hatte, mit dem damaligen Ministerpräsidenten Hinrich Wilhelm Kopf nicht nur Interviews zu führen, sondern auch mit ihm in einer Nacht im Gästehaus der Landesregierung Doppelkopf – den spielte er lieber als Skat – zu dreschen und Doornkaat zu trinken, sei mir die Einschätzung erlaubt, dass wir Journalisten durch die Bank den Landesvater als die größte politische Leitfigur der Nachkriegszeit im Lande Niedersachsen sahen, als integren Politiker, dessen Wort etwas galt. Als Lügner vor dem Parlament war er unvorstellbar. Der heutige Ministerpräsident Stephan Weil fragt, wie wir nach Kenntnis der Arbeit von Teresa Nentwig mit dem rissig gewordenen Denkmal Hinrich Wilhelm Kopf umgehen sollen. Er wünscht sich eine differenzierte und geschichtsbewusste Diskussion, auch mit Beratung der Historischen Kommission. Emotionale politische Schnellschüsse, wie sie bereits jetzt abgefeuert werden, dürften bei den aufgeworfenen Fragen sicher nicht hilfreich sein. Ob sie überhaupt jemals beantwortet werden können?

Für Niedersachsens Sozialdemokraten war es eine Pflicht, ihren verstorbenen ersten Ministerpräsidenten jedes Jahr zu seinem Todestag an seinem Grab auf dem Stöckener Friedhof in Hannover zu ehren.

2. Heinrich Hellwege

Heinrich Hellwege, Niedersachsens zweiter Ministerpräsident, der das Land von 1955 bis 1959 regierte, war einer der „Landesväter", mit denen ich persönlich nicht so viel zu tun hatte wie mit den meisten seiner Nachfolger. Denn zu Beginn seiner Amtszeit war ich noch Redakteur bei der *Göttinger Presse* in Göttingen. Allerdings war meine erste „Beschäftigung" mit Heinrich Hellwege auch gleichzeitig mein erstes großes journalistisches landespolitisches Erlebnis in meiner noch jungen Karriere, die mich danach jahrzehntelang in unmittelbare Berührung mit allen Ministerpräsidenten und maßgeblichen Politikern des Landes brachte. Hellwege war noch nicht einmal als neuer Ministerpräsident im Amt, da hatte er mit der sogenannten „Schlüter-Affäre" schon den ersten Skandal am Hals. Seine Amtszeit stand von Beginn an nicht unter einem guten Stern.

Drei große Ereignisse sind mir von Heinrich Hellweges Regentschaft in guter Erinnerung: Am Anfang die „Schlüter-Affäre" mit dem Kultusminister der 14 Tage, in der Mitte der Amtszeit der Rauswurf eines Teils der bürgerlichen Minister aus der Landesregierung und die Regierungsumbildung mit der SPD sowie dann das Ende seiner Regierungszeit, das gleichzeitig das Ende seiner Deutschen Partei und das Ende seiner politischen Träume war. Dieses Ende habe ich dann in Hannover als Mitglied und im Vorstand der Landespressekonferenz Niedersachsen leibhaftig miterlebt und kommentiert.

Durch Zufall Ministerpräsident

Dass Heinrich Hellwege Ministerpräsident in Niedersachsen wurde, ist eher einem tragischen Zufall zuzuschreiben. Denn die große Schwesterpartei CDU stand ohne einen eigenen Kandidaten für die bevorstehende Landtagswahl 1955 da. Am 29. Oktober 1954 war ganz plötzlich der gerade 50 Jahre alt gewordene, seit 1950 amtierende Präsident des ersten Deutschen Bundestages, der Oldenburger Oberkirchenrat und Bundesvorsitzende des Evangelischen Arbeitskreises, Hermann Ehlers, gestorben. Mit ihm verlor die niedersächsische CDU sowohl für die Bundes- als auch für die Landespolitik einen Hoffnungsträger, der nicht ersetzt werden konnte. Nachdem die Bundestagswahl 1953 für die CDU so hervorragend gelaufen war, ließ Ehlers im Frühjahr 1954 im Freundeskreis und dann auch in der Öffentlichkeit durchblicken, dass er bereit sei, den Sessel des Bundestagspräsidenten in Bonn mit dem des Ministerpräsidenten in Hannover zu tauschen. Er war auch bereit, zur Landtagswahl im Frühjahr 1955 gegen den „allmächtigen Landesvater" Hinrich Wilhelm Kopf zu kandidieren. Die Verbindung zur heimatlichen Landespolitik hatte der Bundestagspräsident nie abreißen lassen.

Hierher passt eine kleine Anekdote:

Als Hermann Ehlers einmal an einem der traditionellen Oldenburger Grünkohl-Essen nicht teilnehmen konnte, hatte ihm Ministerpräsident Kopf ein Telegramm geschickt: „Chance verpasst – bin Kohlkönig geworden!" Ehlers antwortete prompt: „Habe Sie schon immer für einen verkappten Monarchisten gehalten."

Der Tod von Hermann Ehlers kam plötzlich. Am 1. Oktober 1954 war er 50 Jahre alt geworden. Noch kurz vor seinem Tod hatte er an einer Vorstandssitzung der CDU in Niedersachsen teilgenommen. Zwei Tage später sollte er in der hannoverschen Stadthalle bei einer Versammlung sprechen, zu der Landesbischof Hanns Lilje eingeladen hatte. Das Thema hieß: „Das christliche Abendland – eine vergessene Verantwortung". An seiner Stelle sprach der in letzter Minute geholte Leiter der Evangelischen Akademie, Doehring.

Ehlers befand sich, schon schwer krank, auf dem Weg nach Oldenburg. Dort starb er. Eine Mahnung des Bundespräsidenten Professor Theodor Heuss, sich zu schonen, hatte ihn nicht mehr erreicht. Auf dem Friedhof des Heimatdorfes seiner Eltern in Sülze in der Lüneburger Heide wurde er begraben. Die *Cellesche Zeitung* titelte: „Hermann Ehlers in Sülze beigesetzt". Das war schon sehr makaber.

Über den Tod von Hermann Ehlers herrschte in der niedersächsischen CDU große Trauer, tiefe Bestürzung und Fassungslosigkeit. Offensichtlich war nicht nur ein potentieller Nachfolger Adenauers gestorben, sondern auch der einzige Kandidat für den Posten des niedersächsischen Ministerpräsidenten. Denn weder der stellvertretende Vorsitzende der CDU-Landtagsfraktion, Dr. Werner Hofmeister, noch Minister August Wegmann konnten ihn ersetzen. So wurde der Landtagswahlkampf ohne CDU-Spitzenkandidat geführt.

Der Landesbischof der evangelisch-lutherischen Landeskirche Hannover, Hanns Lilje (rechts), der jedes Jahr Silvester zum Neujahrsbesuch zu Heinrich Hellwege kam, im Gespräch mit dem designierten neuen niedersächsischen Ministerpräsidenten Hellwege.

Adenauer als „Königsmacher"

Heinrich Hellwege und seine Deutsche Partei waren vom CDU-Wahlerfolg bei der letzten Bundestagswahl überrascht und auch noch schockiert von dem gerade vorübergegangenen politischen Wirbelsturm wegen der inzwischen vom Bundesverfassungsgericht verbotenen Sozialistischen Reichspartei (SRP), der vor allem über die Dörfer ihres niedersächsischen Stammesgebiets hinweggebraust war und viele Wähler verunsichert hatte. Aber DP und CDU waren sich einig, dass sie künftige Regierungspartner sein wollten. So führten sie ihren Wahlkampf nach der alten Devise „Getrennt marschieren – vereint schlagen". Im Hintergrund stand der Wunsch von Bundeskanzler Adenauer, in Niedersachsen eine Koalition nach Bonner Muster aus CDU, DP, FDP und GB/BHE zu installieren, mit Heinrich Hellwege, der ihn offensichtlich sehr verehrte, als Ministerpräsident. Für Adenauer war das besonders wichtig, weil er damit einerseits eine Zweidrittelmehrheit im Bundesrat hatte und alle wichtigen Gesetze durchbringen konnte, und zum anderen einen „Vertrauten" als verlässliche Stütze seiner Politik in Hannover besaß. Unsicher war eine Teilnahme des noch mit der SPD regierenden BHE (Gesamtdeutscher Block/Block der Heimatvertriebenen und Entrechteten). Während des Osterfriedens hatte Hellwege, der sich schon als Regierungschef sah, vorausgesagt: „Herr von Kessel[1] wird einen unverschämt hohen Preis fordern." Er vermisste beim BHE „Loyalität, menschliche Wärme und überhaupt jede Spur von persönlicher Sympathie" bei jenen Persönlichkeiten, die er in das Kabinett – „mein Kabinett" – würde berufen müssen. Er beneidete Hinrich Wilhelm Kopf, denn „Hinrich hat so viele Freunde und kann auf beispielhafte Disziplin rechnen".

Die große Stunde der bürgerlichen Koalition

Bei der Landtagswahl am 24. April 1955 war aus dem vorausgesagten Kopf-an-Kopf-Rennen der bei-den großen Volksparteien SPD und CDU nichts geworden. Die SPD hatte auf 35,2 % der Stimmen zugelegt und blieb stärkste Fraktion im Landtag. Die CDU mit nur 26,6 % konnte allerdings gemeinsam mit den 12,4 % der DP die SPD doch noch überholen. Zusammen hatten sie 62 Mandate gegenüber 59 der SPD. Weil es noch keine Sperrklausel von 5 % gab, zogen neben dem BHE mit 11,0 % und 17 Sitzen, der FDP mit 7,9 % und 12 Sitzen auch noch die DRP mit 3,8 % und sechs Sitzen, die KPD mit 1,3 % und zwei Sitzen sowie das Zentrum mit 1,1 % und einem Sitz in den neuen Landtag ein. Damit war klar, dass die bisherige SPD/BHE-Koalition keine Mehrheit mehr hatte. Es schlug die große Stunde einer bürgerlichen Koalition, um die SPD erstmals in der Nachkriegszeit auf die harten Bänke der Opposition zu schubsen.

Zeitzeugen erinnern sich noch an die damaligen Wahlabende. Auch diesmal wurde es eine lange Nacht, nachdem die Wahllokale um 18 Uhr ihre Türen geschlossen hatten. Gegen 21 Uhr machte das Funkhaus in Hannover mit dem Fernsehen, in Schwarz-Weiß, zum ersten Male in seiner

---

[1] (Friedrich von Kessel, Mitbegründer des BHE, Vorsitzender des GB/BHE in Niedersachsen von 1955 bis 1958, niedersächsischer Landwirtschaftsminister von 1951 bis 1957 und zugleich stellvertretender Ministerpräsident von 1951 bis 1955, Austritt aus der Partei 1960, gestorben in Göttingen 1975).

Geschichte den Versuch einer Livesendung mit den Vertretern der Parteien und Journalisten im Rahmen einer Berichterstattung. Damals, vor über einem halben Jahrhundert, gab es natürlich noch keine Prognosen oder gar Hochrechnungen, die schon wenige Minuten nach Schließung der Wahllokale bis auf etwa ein Prozent genau das Wahlergebnis prognostizieren können und damit – meistens – schon jede Spannung rauben. 1955 aber musste man auf jedes einzelne Ergebnis der 95 Wahlkreise warten, die im Foyer des Funkhauses auf einer überdimensionalen Niedersachsen-Karte sofort nach dem Eintreffen des Wahlergebnisses eingezeichnet wurden. Das dauerte Stunden, je nachdem, wie schnell die Wahlhelfer in den einzelnen Wahllokalen zählten und abrechneten.

Für die CDU hatte die Landesleitung, fernsehscheu, wie die meisten damals noch waren, den Generalsekretär Arnold Fratzscher ins Funkhaus geschickt. Ähnlich taten es die anderen Parteien. Als sich gegen Mitternacht abzeichnete, dass die SPD wiederum stärkste Partei im Lande würde, erschien, siegesgewohnt und seines Auftritts sicher, Ministerpräsident Hinrich Wilhelm Kopf, zunächst im Funkhaus, dann auch auf dem Bildschirm, um dem Volke zu erklären, dass es wohl wieder der SPD zufallen würde, die Regierung zu bilden. Erst nach langem Warten gelang es der CDU, ihr Vorstandsmitglied Dr. Hofmeister ins Fernsehen zu bringen. Er wies Kopf nicht ungeschickt darauf hin, dass die bisher vorliegenden Wahlergebnisse noch andere Möglichkeiten einer Regierungsbildung offenließen. Klar war nur, dass Kopf mit seiner bisherigen Regierung keine Mehrheit mehr hatte. Klar war aber auch, dass zumindest CDU, DP und FDP untereinander im Wort waren, zuerst alles zu versuchen, ohne oder auch gegen die SPD eine Koalition zustande zu bringen. Ermüdet gingen weit nach Mitternacht die Politiker, die Journalisten, die Rundfunk- und Fernsehleute und die Zuschauer erst einmal schlafen.

Als das vorläufige amtliche Endergebnis der Landtagswahl am nächsten Tag feststand, gab es, wie das bei Wahlen nun einmal so ist, auf der einen Seite Jubel und große Euphorie und auf der anderen Seite tiefe Enttäuschung und Niedergeschlagenheit. Die bürgerlichen Parteien waren sich bald einig, erste Koalitionsgespräche führen zu wollen, obwohl der erfahrene Wahltaktiker Hinrich Wilhelm Kopf noch nicht aufgeben wollte. So gestalteten sich die anfänglichen Gespräche schwieriger als erwartet, zumal sich Bundeskanzler Konrad Adenauer in Bonn persönlich einschaltete. Zeitzeugen erinnern sich, dass des Kanzlers Staatssekretär Hans Globke den Verhandlungsführer der CDU in Niedersachsen,

Generalsekretär Arnold Fratzscher, mitten in einer Sitzung über Telefon anrief und ausrichten ließ, dass nach in Bonn vorliegenden Informationen DP-Bundesminister Heinrich Hellwege bereits in Hannover mit der FDP und dem BHE verhandele. Das Nahziel müsse sein, dass sich die CDU sofort in die Verhandlungen einschalte. Der Bundeskanzler wünsche eine niedersächsische Landesregierung nach dem Muster der Bonner Koalition. Noch in der gleichen Stunde seien die CDU-Vertreter mit fliegenden Rockschößen in das DP-Büro geeilt, wo Hellwege gerade eine erste Besprechung mit der FDP abgeschlossen hatte.

Es war den Vertretern der bürgerlichen Parteien klar, dass an Heinrich Hellwege als zukünftigem Ministerpräsidenten kein Weg vorbeiführen würde. Nach ersten Verhandlungen war Hellwege bereit, der CDU drei und der FDP einen Ministerposten zuzugestehen. Der BHE beharrte, trotz geringer gewordener Fraktionsstärke, weiterhin auf drei Kabinettssitzen. Er wusste, dass er als „Königsmacher" unbedingt gebraucht wurde. Nun forderte die FDP zwei Ministerien, darunter das Kultusministerium, das der Vorsitzende der FDP-Landtagsfraktion, der Göttinger Verleger Leonhard Schlüter, übernehmen sollte. Er ließ durchblicken, dass er bereit sei, einen Staatssekretär von der CDU zu akzeptieren. Die CDU und DP, die diesem Vorschlag zustimmten, ahnten nicht, welche Zeitbombe sie sich mit der Zustimmung zu Schlüter ins Nest legten. Die zähen Koalitionsverhandlungen, bei denen es immer wieder Störversuche von Kopf gab, zogen sich bis Ende Mai hin. Der Ministerpräsident resignierte schließlich und zog sich zu einer längeren Reise nach Japan zurück.

Heinrich Hellwege führt die erste bürgerliche Koalition in Niedersachsen

Als sich der neue Landtag am 26. Mai 1955 konstituierte, wurde der DP-Bundesvorsitzende, Bundesminister Heinrich Hellwege, von der Koalition aus CDU-DP-FDP-GB/BHE gemäß Artikel 20 der Niedersächsischen Verfassung „von der Mehrheit der Abgeordneten ohne Aussprache in geheimer Wahl" mit 89 gegen 61 Stimmen und neun Stimmenthaltungen bei insgesamt 159 Abgeordneten zum neuen Ministerpräsidenten des Landes Niedersachsen gewählt. Hellwege war am Ziel aller Träume, „ein Politiker mit welfischer Gesinnung auf dem politischen Thron in Niedersachsen", wie es der Göttinger Professor Franz Walter später ausdrückte. In seiner Regierungserklärung wies Hellwege darauf hin, dass er mit dem Umweg über Bonn und über die Mitarbeit am europäischen Einigungswerk berufen wurde, die höchste Verantwortung in seiner niedersächsischen Heimat zu übernehmen, nachdem gerade in diesen Tagen die Souveränität und damit die Hoheitsgewalt von der britischen Besatzungsmacht in deutsche Hände zurückgegeben wurde. Am 5. Mai 1955 war nämlich das Besatzungsstatut für beendet erklärt worden, und die bisherigen Hohen Kommissare waren nun Botschafter ihrer Staaten in der Bundesrepublik Deutschland.

Die Wachablösung wollte der neue Ministerpräsident mit aller gebührenden Behutsamkeit vornehmen. Er ernannte drei Minister aus der CDU, drei aus dem GB/BHE, zwei aus der FDP und einen aus der DP. Von der FDP wurde neben Dr. Konrad Mälzig als Aufbauminister Leonhard Schlüter als Kultusminister vereidigt.

Der „Fall Schlüter"

Nach der Vorstellung des neuen niedersächsischen Kabinetts mit Leonhard Schlüter als Kultusminister gab es nicht nur einen Aufschrei und Protest in der Göttinger Universität, sondern auch einen bundesweit Aufsehen erregenden Skandal: die sogenannte „Schlüter-Affäre" des Kultusministers der 14 Tage. Hannover stand plötzlich im Mittelpunkt des politischen Interesses der Republik, und die Medien hatten ihre große Zeit. Der damals 33-jährige Leonhard Schlüter, eine der politisch schillerndsten Figuren der Nachkriegszeit, hatte mehr Aufsehen erregt als andere Altersgenossen in Westdeutschland. Der 1921 in Rinteln an der Weser geborene Schlüter war nach dem Sprachgebrauch der Nationalsozialisten Halbjude. Sein Vater, aktiver Offizier im Ersten Weltkrieg und danach Tanzlehrer, heiratete eine Frau, die im „Dritten Reich" als „Volljüdin" eingestuft wurde. Leonhard Schlüter ging 1939 freiwillig zur Wehrmacht, machte 1940 den Feldzug gegen Frankreich mit, wurde schwer verwundet, erhielt hohe Tapferkeitsauszeichnungen, wurde jedoch wegen seiner jüdischen Abstimmung als Offiziersanwärter abgelehnt und 1941 aus der Wehrmacht entlassen. Nach anschließendem Jurastudium an der Universität Göttingen wollte er bei seinem Doktorvater Rudolf Smend promovieren, fiel aber bei der mündlichen Prüfung durch. Seit der Zeit gab es Spannungen zwischen Schlüter und Göttinger Professoren. Gleich nach Kriegsende setzten die Besatzungstruppen

Schlüter als Chef der Göttinger Kriminalpolizei ein. Er wurde 1947 wieder entlassen, ging in das Verlagsgeschäft und gründete 1951 die *Göttinger Verlagsanstalt für Wissenschaft und Politik*, in der er Bücher nationalsozialistischer Autoren und auch 1945 amtsenthobener Göttinger Professoren verbreitete. Der *Spiegel* charakterisierte Schlüter so:

„Er wünschte weder vor 1945 noch nachher ein ‚Halbjude' zu sein, sondern ein gleichberechtigter deutscher Patriot. Wobei er seine von ihm als Makel empfundene Provenienz dadurch auszubalancieren trachtete, daß er bestrebt war, seine patriotisch gestimmten Landsleute an nationalem Eifer noch zu übertreffen."

Leonhard Schlüters politische Tätigkeit begann 1948, als er von der britischen Besatzungsmacht als Supervisor beim *Public Opinion Research Office (PORO)* angestellt wurde. Dabei hatte er Kontakt mit dem damaligen Göttinger Vorsitzenden der Deutschen Konservativen Partei – Deutsche Rechtspartei (DKP-DRP) Adolf von Thadden, ebenfalls Jahrgang 1921, später, 1967, Bundesvorsitzender der Nationaldemokratischen Partei Deutschlands (NPD). 1948 wurde Schlüter Landesvorsitzender der DKP-DRP und am 28. November 1948 bei den Kommunalwahlen gemeinsam mit Adolf von Thadden in den Göttinger Stadtrat gewählt. Über den von Schlüter organisierten Kommunalwahlkampf in Wolfsburg, wo seine DKP-DRP sensationell eine Zweidrittel-Mehrheit im Rat erreichte, schrieb der *Spiegel*: „Hier geschah es nach 1945 zum ersten Male, dass die Leute – so von Schlüters Rede fasziniert – das Deutschland-Lied sangen." Nach Skandalen um das Verhalten der DKP-DRP in Wolfsburg untersagte die britische Militärregierung 1949 Schlüter jede politische Tätigkeit. 1950 trat er aus der Partei aus.

Als Leonhard Schlüter im Januar 1951 die Nationale Rechte (NR) als Sammelbecken rechtsextremer Kräfte gegründet hatte und deren Vorsitzender wurde, versuchte er, zusammen mit der Deutschen Reichspartei (DRP), eine Gemeinschaftsliste mit den damals politisch sehr weit rechtsstehenden niedersächsischen Freien Demokraten für die Landtagswahl 1951 aufzustellen. Aber die FDP winkte dankend ab. So zog Schlüter als Abgeordneter der DRP 1951 in den Niedersächsischen Landtag ein.

Doch nach Querelen und Machtkämpfen in seiner Fraktion, die ihm im Sommer 1951 alle Parteiämter abgenommen hatte, holte der Vorsitzende der FDP-Landtagsfraktion, der Göttinger Oberbürgermeister Dr. Hermann Föge, Schlüter in die FDP-Fraktion. Auch hier gab es darüber nicht eitel Freude. Doch die „Rechten" in der FDP hofften, dass Schlüter das rechte Profil der Partei stärken würde, die sie als „nationale Sammlungsbewegung" zu etablieren hoffte. Schlüter stieg 1954 als Wortführer des rechten Flügels der FDP zum stellvertretenden Landtagsfraktionsvorsitzenden auf und wurde nach der Landtagswahl 1955, als Dr. Föge in Göttingen dem SPD-Kandidaten Dr. Peter von Oertzen unterlegen war und nicht wiedergewählt wurde, sogar zum Vorsitzenden der neuen FDP-Fraktion im Niedersächsischen Landtag gewählt. Da ging an ihm kein Weg mehr vorbei – Schlüter wurde von seiner Partei gegen alle innerparteilichen und besonders außerparteilichen Proteste als Bewerber für das Amt des Kultusministers im neuen Kabinett Hellwege benannt, gewiss nicht zur Freude des künftigen DP-Regierungschefs Hellwege.

Der Protest der Göttingen Professoren und Studenten

Schon als Schlüter im Mai 1955 zum ersten Male als künftiger Kultusminister ins Gespräch gekommen war, warnte der Rektor der Georg-August-Universität in Göttingen, Professor Emil Woermann, Heinrich Hellwege vor einer Berufung Schlüters, der nicht das Vertrauen der Göttinger Universität besitze, sonst würde möglicherweise der Universitätssenat die akademischen Ehrenämter niederlegen. Aber Hellwege, schon damals als Zauderer – „Heinrich Cunctator" – bekannt, reagierte nicht. Als Schlüter dann am 26. Mai nach der Wahl Hellweges zum Ministerpräsidenten seine Berufung als Kultusminister erhalten hatte, traten der Rektor, der Senat und die Dekane aller Fakultäten der Göttinger Universität aus Protest von ihren Ämtern zurück. Die Studentenschaft unterstützte spontan diesen Protest. Der Allgemeine Studenten-Ausschuss AStA beschloss ebenfalls mit 18 zu 1 Stimmen seinen Rücktritt und veröffentlichte gleichzeitig eine lange Liste der Bücher und Autoren, die in Schlüters *Göttinger Verlagsanstalt für Wissenschaft und Politik* erschienen waren. Der Aufforderung am Morgen des 27. Mai, Vorlesungen und Übungen in der Universität zu boykottieren, kamen die Studenten fast geschlossen nach. Nur 25 der insgesamt fast 5.000 in Göttingen immatrikulierten Studenten sollen bei fünf Vorlesungen in den Hörsälen gewesen sein. Über 3.000 zeigten am Abend bei einem langen Fackelzug durch die Göttinger Innenstadt ihren Protest gegen die Berufung Schlüters zum Kultusminister und ihren Respekt vor dem Mut des Rektors und der Professoren sowie ihre Sympathie und Solidarität mit deren Vorgehen.

Ich hatte damals als Redakteur der *Göttinger Presse* über diese dramatischen Ereignisse zu berichten. Es war die große Stunde für uns wenigen Göttinger Journalisten, die wir zunächst allein die „Weltgeschichte" zu bedienen hatten. Denn außer der noch relativ unterentwickelten *Deutschen Presseagentur (dpa)* gab es nur die drei ausländischen Nachrichtenagenturen, die britischen *Associated Press (ap)* und *Reuters* sowie die amerikanische *United Press International (upi)* mit ihren ebenso unterentwickelten deutschsprachigen Ablegern. Sie wurden in „normalen" Zeiten von uns Göttinger Journalisten mit bedient. Technisch war neben dem fest installierten Telefon mit Vermittlung von Ferngesprächen über das „Fräulein vom Amt" und R-Gesprächen (Rückmeldung auf Kosten des Angerufenen) der gute alte Fernschreiber das modernste Nachrichtenmittel. Dafür musste aber zuerst auf einer besonderen Tastatur ein Lochstreifen produziert werden, der dann in einem am Fernschreiber angeschlossenen Absendekasten eingelegt wurde.

Für mich als damaligem jungen Redakteur war es eine außerordentlich aufregende Zeit. Mit ein paar Göttinger Kollegen waren wir rund um die Uhr im Einsatz. Erst nach und nach, als das bundesweite Interesse am „Fall Schlüter" mehr und mehr zunahm und bekannt wurde, welche politische Brisanz das Thema hatte, kamen immer mehr auswärtige „großkopferte" Journalisten großer überregionaler, sogar ausländischer Zeitungen nach Göttingen. Die Vertreter britischer und französischer Blätter ließen Rückwirkungen im Ausland erwarten.

Bei solch bewegenden Ereignissen wurde dem Göttinger Bürgertum schon immer die enge Verbindung zu seiner Universität und deren Bedeutung und Tradition bewusst. Ich kann mich noch gut an die Stimmung in der Universitätsstadt erinnern, als die Bevölkerung, die ihren Mitbewohner Schlüter zur Genüge kannte, sich mit „ihren" Studenten und Professoren solidarisierte, als der Geist der berühmten *Göttinger Sieben* beschworen wurde, jener sieben Göttinger Professoren, die sich 1837 öffentlich gegen ihren König, Ernst August I. von Hannover, aufgelehnt hatten. Er hatte, unmittelbar nachdem er den Thron des Königreichs Hannover bestiegen hatte, die relativ freiheitliche Verfassung aufgehoben. Sieben Professoren der Göttinger Georgia Augusta, an der Spitze die Gebrüder Jacob und Wilhelm Grimm, protestierten dagegen und wurden vom König am 12. Dezember 1837 entlassen, drei sogar des Landes verwiesen. Aber schon damals hielten die Göttinger Bürger zu ihren Professoren und bezahlten nach der Amtsenthebung deren Gehalt durch Spenden. Bekannt ist die Begründung Jacob Grimms für seine Entscheidung zu seinem Protest in einer Rechtfertigungsschrift:

„Die Geschichte zeigt uns edle und freie Männer, welche es wagten, vor dem Angesicht der Könige die volle Wahrheit zu sagen; das Befugtsein gehört denen, die den Mut dazu haben. Oft hat ihr Bekenntnis gefruchtet, zuweilen hat es sie verderbt, nicht ihren Namen. Auch die Poesie, der Geschichte Widerschein, unterläßt es nicht, Handlungen der Fürsten nach der Gerechtigkeit zu wägen. Solche Beispiele lösen dem Untertanen seine Zunge, da wo die Not drängt, und trösten über jeden Ausgang."

Es zeigte sich damals zum ersten Male, dass der Liberalismus als Massenbewegung nicht mehr länger durch Beschlüsse, Verbote und Verordnungen der Obrigkeit unterdrückt werden konnte. Soweit die Historie, auf die die Göttinger heute noch stolz sind. Viele Straßennamen in der Stadt erinnern an die *Göttinger Sieben*. Vor dem Niedersächsischen Landtag in Hannover ist ihnen Mitte der 90er Jahre des vergangenen Jahrhunderts ein Bronze-Denkmal gesetzt worden.

Der Kultusminister der 14 Tage

Zurück zum „Fall Schlüter". Ministerpräsident Heinrich Hellwege, der sich von der Göttinger Universität nicht erpressen lassen wollte, stand hinter seinem Kultusminister. Auch die rechtsorientierte FDP-Landtagsfraktion stärkte ihrem bisherigen Vorsitzenden Schlüter den Rücken und sprach von einer Hetzkampagne gegen ihn. Die Bundes-FDP distanzierte sich allerdings vom neu ernannten niedersächsischen Kultusminister. Der einzige Landespolitiker, der sich öffentlich mit den Göttinger Professoren solidarisch erklärte, war ausgerechnet der kommunistische Abgeordnete Ludwig Landwehr.

Im Landtag beantragte die SPD-Fraktion die Entlassung Schlüters und die Einsetzung eines Parlamentarischen Untersuchungsausschusses. Erstere wurde abgelehnt, letztere angenommen. Nachdem die Attacken gegen Schlüter immer heftiger wurden, riet Ministerpräsident Hellwege ihm, sich beurlauben zu lassen, bis wieder Ruhe eingekehrt sei. Die FDP schwankte zwischen einem Abschied von Schlüter und weiterer Regierungsbeteiligung. Am 9. Juni 1955 kam für alle die große Erleichterung. Der neu ernannte Kultusminister Leonhard Schlüter bot nach 14-tägiger Amtszeit überraschend seinen Rücktritt an. Im *Spiegel* hieß es:

„Friedrich Leonhard Schlüter saß genau vier Tage im Ministerzimmer des Kultus-
ministeriums. Zu kulturpolitischen Handlungen kam es dabei nicht. Er richtete
seinen Schreibtisch ein, und schon kamen die Proteste, die abzuwarten seine ganze
ministerielle Aufmerksamkeit in Anspruch nahm."

Der Landtag trat am 11. Juni zu einer Sondersitzung zusammen. Noch
stellten sich die Regierungsparteien, besonders die FDP, weiterhin hinter Schlüter. Sie installierten jedoch den Untersuchungsausschuss. Damit war erst einmal Ruhe im Lande. Der Schlüter-Ausschuss nahm seine
Arbeit unter dem Vorsitz des CDU-Abgeordneten, Generalsekretär
Arnold Fratzscher, auf.

Hierzu eine kleine Anekdote, die er selbst erzählte:

„Fratzscher schrieb, einer Eingebung folgend, spontan auf einen Fetzen Papier:
‚Könnten wir uns nicht gegenseitig versprechen, dass wir bei den kommenden Verhandlungen im Untersuchungsausschuss auf unsere jeweiligen politischen Freunde
einwirken, um zu einem einstimmigen Votum zu kommen?' Ein zufällig anwesen-
der Kellner brachte den Zettel unauffällig zu der auf der anderen Seite unter den
Abgeordneten der SPD sitzenden Maria Meyer-Sevenich, die gleichfalls Mitglied
des Untersuchungsausschusses war. Der Zettelschreiber war sichtlich erleichtert,
als die Adressatin nach kurzem Überlegen betont nickte. Dieses Versprechen wurde
dann, ohne dass die beiden weiter darüber zu sprechen brauchten, in den folgenden
sieben Monaten durchgehalten, trotz vieler großer Schwierigkeiten."

Im Februar 1956 kam der Untersuchungsausschuss einstimmig zu dem
Ergebnis, dass eine „objektive Verletzung der gebotenen Sorgfaltspflicht
weder für die Koalitionsparteien noch für den Ministerpräsidenten ausgeschlossen werden" könne, aber der von Hellwege ernannte Kultusminister Schlüter habe sich „durch seine verlegerische Tätigkeit der wichtigsten Voraussetzungen für das Amt des Kultusministers begeben".
Seine Publikationen sollten nach Artikel 18 des Grundgesetzes (Verwir-
kung der Grundrechte) geprüft werden. Der Ausschussvorsitzende
Fratzscher zollte der „Presse aller Schattierungen" Dank, dass sie während der sieben Monate dauernden Arbeit des Ausschusses nicht in dessen Diskussion eingegriffen hatte. So war die Presse damals …

Noch bevor der Abschlussbericht vorlag, war Leonhard Schlüter am
8. Januar 1956 aus der FDP ausgetreten. Er beendete die Legislaturperiode als Fraktionsloser.

Leonhard Schlüter gab allerdings keine Ruhe, wetterte weiter gegen
Göttinger Professoren und wurde vom 3. Senat des Bundesgerichts-

hofes am 30. April 1960 wegen „Staatsgefährdung" und „Staatsbeschimpfung" anstelle einer Gefängnisstrafe zu einer Geldstrafe von 1.200 D-Mark verurteilt. Herbert Grabert, dessen verfassungsfeindliches Werk *Volk ohne Führung* Schlüter als Verleger herausgebracht hatte, wurde im selben Prozess zu neun Monaten Gefängnis auf Bewährung verurteilt. Der *Spiegel* bewertete den „Fall Schlüter" abschließend als einen

„in der ganzen Welt widerhallenden politischen Skandal und als Höhepunkt der erst Ende der fünfziger Jahre langsam abklingenden rechts-radikalen Vergiftung der Freien Demokratischen Partei."

Der „Fall Schlüter" war also erledigt. Der Kultusminister hatte nach 14 Tagen seinen Sessel geräumt. Hellweges Kabinett war ohne Ressortchef, die FDP hatte immer noch das Vorschlagsrecht für einen neuen Kandidaten. Aber innere Schwierigkeiten und Zwist zwischen Fraktion und Partei mit dem Streit zwischen dem nationalen Flügel, der alle wesentlichen Posten besetzt hatte, und dem liberalen Flügel verzögerten den Prozess. Dazu gab es auch Spannungen zwischen Bundes- und Landespartei. Im September 1955 wurde schließlich mit dem ehemaligen Richter und Vorsitzenden des Oldenburger Landesvereins für Geschichte, Natur- und Heimatkunde und Chef des Oldenburger Siedlungsamtes, Richard Tantzen, ein Kompromisskandidat gefunden. Er stieß zwar beim Koalitionspartner CDU auf wenig Gegenliebe, wurde aber dennoch auch von Hellwege akzeptiert und am 14. September 1955 zum niedersächsischen Kultusminister berufen. Doch auch seine Amtszeit war relativ kurz. Nach neun Monaten zog Richard Tantzen die Konsequenzen aus einem Streit mit dem DP-Bundesminister Hans-Christoph Seebohm, der an einem Februar-Sonntag 1956 in Hildesheim in einer seiner berühmt-berüchtigten Sonntagsreden drei niedersächsische Landesminister attackiert und beleidigt hatte: August Wegmann (CDU), Hermann Ahrens (BHE) und Richard Tantzen (FDP). Nach heftigen Debatten im Kabinett und Koalitionsausschuss, in die sich auch die Staatsanwaltschaft eingeschaltet hatte, und nach lahmen Dementis von Seebohm trat der in seinem Stolz verletzte Oldenburger vom Amt des Kultusministers zurück und aus der Landesregierung aus. Nach außen wurde dieser Schritt mit einer Verschlechterung seines Gesundheitszustands begründet, aber ein beteiligter Minister meinte: „Natürlich war es Seebohm."

Als es der FDP nicht gelang, einen geeigneten Nachfolger zu finden, riss dem Ministerpräsidenten Hellwege die Geduld. Er ordnete im

Landeskabinett ein Stühlerücken an. Justizminister Richard Langeheine (DP) übernahm das Kultusministerium, Rechtsanwalt und Notar Dr. Arvid von Nottbeck (FDP) übernahm das Justizministerium. Das Vorschlagsrecht der FDP für den Kultusminister verfiel sang- und klanglos.

Es gab für Heinrich Hellwege aber auch noch angenehme Pflichten. Besonders wenn er hohe Staatsgäste empfangen konnte, machte er als Ministerpräsident eine gute Figur. Das geschah beim Antrittsbesuch des Bundespräsidenten Prof. Dr. Theodor Heuss in Niedersachsen 1955 und 1956 beim Staatsbesuch des Königs Paul von Griechenland mit seiner Gattin Königin Friederike aus dem Welfenhaus.

Hellweges Koalition vor dem Ende

Die auf Drängen des Bundeskanzlers Konrad Adenauer 1955 in Niedersachsen zustande gekommene bürgerliche Koalition aus DP/CDU/FDP/BHE unter dem DP-Ministerpräsidenten Heinrich Hellwege stand von Anfang an unter keinem guten Stern. So war es kein Wunder, dass sie die Legislaturperiode nicht überstehen würde. Dafür gab es schon frühzeitig eine ganze Reihe untrüglicher Anzeichen. Bereits Anfang 1956 wurde über eine, von Hinrich Wilhelm Kopf immer schon erhoffte „Arbeiter- und Bauern-Regierung" spekuliert. Der abgewählte SPD-Ministerpräsident hatte durchblicken lassen, nur weil Adenauer nach der letzten Landtagswahl auch in Hannover unbedingt eine Koalition nach Bonner Muster, also gegen die SPD, haben wollte, sei eine stabile Mehrheit von SPD und DP/CDU gegen die kleineren Parteien FDP und BHE nicht zustande gekommen. Aber in der Regierung Hellwege sei in der kurzen Zeit ihres Bestehens deutlich geworden, dass sie politisch nicht funktionierte und die Zusammenarbeit weder erfreulich noch erfolgreich sei. Der Zusammenhalt basiere allein auf der gemeinsamen Abneigung und Ablehnung der SPD. Unter den Koalitionsparteien regiere ein ausgesprochenes Misstrauen. Vor allem gelinge es den neuen bürgerlichen Ministern nicht, ihre durchweg immer noch von SPD-Angehörigen durchsetzte Ministerialbürokratie in den Griff zu bekommen. Oft genug sei es so gewesen, dass selbst Staatssekretäre nicht die Vertrauten ihrer Minister waren, sondern eher ihre Aufpasser.

Der Eklat um die Konfessionsschulen

Dazu gab es in Hellweges Regierungskoalition immer wieder Auseinandersetzungen und Missstimmungen wegen des Schulrechts. Als der CDU-Innenminister und stellvertretende Ministerpräsident August Wegmann, ein strenggläubiger Oldenburger Katholik und unnachgiebiger Verfechter von Konfessionsschulen, im März 1956 bei einer Rede in Peine erklärte, nach Meinung des Landeskabinetts müssten Lehrer der christlichen Konfession angehören, kam es zum Eklat. Die Lehrerverbände liefen Sturm, die FDP, die das Schulgesetz mit beschlossen hatte, zeigte sich stark beunruhigt, die SPD-Opposition stellte im Landtag eine Große Anfrage und forderte den Ministerpräsidenten Hellwege auf zu erklären, ob die Landesregierung Wegmanns Erklärung wirklich gutheiße. Doch Hellwege, der Zauderer, fuhr erst einmal zur Kur. Die FDP legte sich fest und erklärte: „Die Grundrechte der Lehrer in den niedersächsischen öffentlichen Schulen (christlichen Gemeinschaftsschulen) dürfen nicht durch irgendwie geartete Auslegungen des Schulgesetzes angetastet werden. Über dem niedersächsischen Schulgesetz für das öffentliche Schulwesen stehen die Artikel des Grundgesetzes mit Verfassungskraft." Bei der Landtagssitzung am 17. Mai 1956 beantragte die SPD-Fraktion, dem Innenminister Wegmann wegen seiner Äußerungen „schärfste Missbilligung" auszusprechen. Erst im Hammelsprung wurde der Antrag mit 72 gegen 61 Stimmen bei sieben Stimmenthaltungen der FDP und des BHE abgelehnt. Die beiden kleinen Regierungsparteien hielten an ihrer Auffassung fest, auf die Empfindungen religiöser Minderheiten müsste auch in der Schule Rücksicht genommen werden, und die im Grundgesetz verankerte Gewissensfreiheit müsste oberste Richtschnur sein.

Niedersachsen stand, wie alle anderen Bundesländer, in der zweiten Hälfte des Jahres 1957 ganz im Zeichen der Kampagnen zur Bundestagswahl am 15. September 1957. Hierbei wurde sehr deutlich, dass unter den niedersächsischen Koalitionsparteien CDU, DP, FDP und GB/BHE wesentlich mehr Zwietracht als Eintracht herrschte, während die sich in der Opposition zurückhaltende SPD ihre Schadenfreude nicht verbarg. Die FDP ließ sich von der DP provozieren und konterte ihrerseits mit scharfen Attacken. Heinz Müller, Landrat in Osterode/Harz und Vorsitzender der FDP-Landtagsfraktion, erklärte auf einer FDP-Wahlveranstaltung in Hannover, die bürgerliche Niedersachsen-Koalition sei durch die FDP nicht gefährdet, wohl aber durch die DP. Der neue FDP-Landesvorsitzende Carlo Graaff setzte noch eins drauf: Die DP, die die FDP als eine Linkspartei bezeichnete und dieses durch ein Wahlplakat „FDP + SPD = SED" deutlich gemacht habe, habe das Recht verwirkt, als anständige politische Partei zu gelten. Dabei habe die CDU die DP veranlasst, „die FDP in die Waden zu beißen". Deshalb ging Heinz Müller auch mit der eigenen Landesregierung hart ins Gericht, die er aufforderte, endlich richtige Landespolitik zu machen. Dem DP-Ministerpräsidenten Heinrich Hellwege warf er vor, von der CDU nur deshalb zum Regierungschef gemacht worden zu sein, weil er ihr in der Frage der Konfessionsschulen klare Versprechungen gemacht habe. Und während Hellwege personelle Wünsche der FDP nicht erfüllt habe, habe er alte SPD-Beamte nicht mit der nötigen Härte aus dem Regierungsapparat entfernt. Seine Behauptung, die FDP führe „dicke Verhandlungen" mit der SPD, habe Hellwege nach Androhung gerichtlicher Schritte zurücknehmen müssen.

Bei der Bundestagswahl am 15. September 1957 gab es einen geradezu sensationellen Sieg der Union von CDU/CSU mit der absoluten Mehrheit von 50,2 % der Wählerstimmen (+ 5 %) und damit eine klare Bestätigung des Bundeskanzlers Adenauer mit seinem Wahlslogan „Keine Experimente". Und es gab ein unerwartetes Scheitern des GB/BHE mit 4,6 % der Wählerstimmen an der erstmals eingeführten Fünf-%-Klausel. Die SPD musste mit 31,8 % trotz einer Zunahme von 3 % eine klare Niederlage hinnehmen. Die FDP büßte zwar 1,8 % ein, übersprang aber mit 7,7 % die Fünf-%-Hürde deutlich. Die DP, die nur 3,3 % der Wählerstimmen erhalten hatte, schaffte dennoch den Einzug in den Deutschen Bundestag wegen der Grundmandatsklausel. Weil die CDU in einigen Wahlkreisen, darunter in Göttingen, Celle, Fallingbostel und Rotenburg, auf die Aufstellung eigener Kandidaten verzichtet und für den DP-Kandidaten geworben hatte, erhielt die DP insgesamt sechs Direktmandate. Alle anderen Parteien scheiterten an der Fünf-Prozent-Klausel. Die KPD, die im Jahr zuvor verboten worden war, trat zum ersten Male nach dem Krieg nicht zur Bundestagswahl an. In Niedersachsen war Hellweges DP auf 11,4 % der Wählerstimmen gekommen. Obwohl die Union im Deutschen Bundestag die absolute Mehrheit der Stimmen und auch der Mandate erreicht hatte, bildete sie eine Koalition mit der DP. Das Bündnis wurde jedoch praktisch beendet, als die DP-Minister des neuen Kabinetts Adenauer, Hans-Christoph Seebohm und Hans-Joachim von

Merkatz, am 1. Juli 1960 aus der Regierung ausgetreten und am 20. September 1960 in die CDU eingetreten waren.

Die bürgerliche Koalition war am Ende – Die erste Große Koalition in Niedersachsen

Am 5. November 1957 teilte die inzwischen neu geschaffene FDP-GB/BHE-Fraktion dem Niedersächsischen Landtag mit, dass sie sechs Mitglieder der Fraktion der Deutschen Rechtspartei (DRP) als Hospitanten aufgenommen habe. Das schlug wie eine Bombe ein und bedeutete den Anfang vom Ende der bürgerlichen Koalition in Niedersachsen. Schon seit langem hatte die rechtsextreme DRP, die 1955 mit sechs Abgeordneten in den Landtag eingezogen war, versucht, Kontakte mit dem nationalen Flügel der FDP aufzunehmen. Nachdem sich die DRP-Abgeordneten schriftlich verpflichtet hatten, die Regierungskoalition loyal zu unterstützen, wurden sie als unabhängige Einzelpersonen in die neue FDP-GB/BHE-Fraktion aufgenommen. Der niedersächsische CDU-Chef und Vorsitzende des Koalitionsausschusses, Dr. Otto Fricke, tobte. Er fühlte sich getäuscht, weil er nicht rechtzeitig vorher unterrichtet worden sei. Er bezeichnete es als unerträglich, dass die Rechten, selbst unter dem Deckmantel von Hospitanten, in Regierungsentscheidungen einwirken könnten.

Ministerpräsident Hellwege, sonst als „Heinrich Cunctator", der Zauderer, bekannt, handelte diesmal schnell. Er sprach mit seinem SPD-Vorgänger Hinrich Wilhelm Kopf, was er übrigens öfter tat, dieser sprach mit seiner SPD-Landtagsfraktion, und ehe sich FDP und GB/BHE versahen, wurden sie aus der Landesregierung entlassen. Am 5. November 1957 beauftragten CDU und DP den Ministerpräsidenten Hellwege, neue Koalitionsverhandlungen mit der SPD einzuleiten. Kopf und seine Sozialdemokraten waren im Zwiespalt. Dass sie 1955 als stärkste Partei nicht die Regierung übernehmen konnten, sondern durch Druck aus Bonn ausgebootet worden waren, hatte schmerzliche Wunden hinterlassen. Andererseits wollten sie die Bestätigung, dass in Niedersachsen nicht ohne die SPD regiert werden kann. Allerdings, dass Hinrich Wilhelm Kopf, die Symbolfigur eines Landesvaters, nun unter Heinrich Hellwege der zweite Mann werden sollte, war für viele SPD-Genossen fast unvorstellbar. Doch Gründe der Vernunft und der Machteroberung überwogen. Bei nur acht Gegenstimmen sprach sich die

SPD-Landtagsfraktion für eine Beteiligung an der Regierung Hellwege aus. Schon zwei Tage später, am 7. November 1957, begannen die ersten Koalitionsverhandlungen der Vertreter von CDU und DP mit denen der SPD. Sie gestalteten sich allerdings, vor allem wegen der von der SPD gestellten Personalforderungen, sehr schwierig. Dass am Ende dann die SPD von den sieben Ministerposten allein vier bekam und außer Heinrich Hellwege nur zwei der bisherigen Minister, nämlich August Wegmann (CDU), der vom Innenministerium, das Hinrich Wilhelm Kopf übernahm, ins Finanzministerium wechseln musste, und Richard Langeheine (DP), der Kultusminister blieb, in der neuen Landesregierung weitermachen konnten, war eine riesige Überraschung.

Am 19. November 1957 bestätigte der Niedersächsische Landtag mit seiner neuen Mehrheit die Entlassung der FDP- und BHE-Minister und die neue Landesregierung der Großen Koalition unter DP-Ministerpräsident Heinrich Hellwege. Sein Stellvertreter war jetzt sein Vorgänger: Hinrich Wilhelm Kopf von der SPD. Mit den neuen SPD-Ministern Dr. Georg Diederichs und Alfred Kubel gehörten auch zwei spätere niedersächsische Ministerpräsidenten dem neuen Kabinett Hellwege an.

Wer Heinrich Hellwege kannte, der unter Freunden, aber auch öffentlich vor der Presse, immer wieder betonte, dass er das Amt des Regierungschefs nicht angestrebt, sondern dass man ihn gerufen habe, kann sich vorstellen, wie erleichtert er war, die leidige Vorherrschaft durch den Koalitionsausschuss gegen die erfahrene Hilfe seines Vorgängers im Amt eintauschen zu können. Denn mit dem unter der ersten Hellwege-Regierung eingeführten Koalitionsausschuss war es natürlich vorbei.

Dem Ende entgegen

Die zweite Halbzeit des Kabinetts Hellwege verlief politisch wesentlich ruhiger als die erste, vor allem ohne Skandale. Aber das politische Ende von Hellwege kam schneller als gedacht. Die Landtagswahl am 19. April 1959 stand bevor. Die DP hatte beschlossen, den Wahlkampf in erster Linie und „bis aufs Messer" gegen die CDU zu führen. Zugleich wollte sie jedoch eine allzu große Nähe zur SPD vermeiden, um ihre potentiellen Wähler nicht abzuschrecken. Die CDU konnte natürlich nicht mit Hellwege als Ministerpräsidenten weitermachen. Noch immer beflügelt von dem großen Erfolg bei der letzten Bundestagswahl, wollte sie die Landtagswahl nun mit einem eigenen Kandidaten gewinnen, um endlich auch einmal den Ministerpräsidenten stellen zu können, und das ohne eine Koalition mit der SPD. Die Kandidatensuche gestaltete sich allerdings außerordentlich schwierig, da die einen nicht wollten und die anderen nicht sollten oder konnten. Schließlich blieb der Braunschweiger CDU-Landesvorsitzende, Justizminister Dr. Werner Hofmeister, übrig.

Die Landtagswahl am 19. April 1959 brachte keine klaren Verhältnisse, für die bürgerlichen Parteien jedoch eine Ernüchterung: Die SPD war mit 39,5 % der Stimmen, 4,3 % mehr als vier Jahre zuvor, und 65 Mandaten, sechs mehr als vorher, stärkste Partei im Niedersächsischen Landtag geworden. Die CDU konnte mit nunmehr 30,8 % der Stimmen und 51 Mandaten fast ebenso viel zulegen und acht Sitze mehr als vorher erringen. Doch ihr großes Wahlziel hatte sie nicht erreicht. Die DP konnte ihren Stimmenanteil von 12,4 % genau halten, sie errang 20 Mandate. Aber der BHE rutschte mit 8,3 % und 13 Sitzen ebenso ab wie die FDP mit 5,2 % und acht Sitzen. Wie 1955 hatte keine der großen Parteien eine eindeutige Mehrheit. Keine Partei konnte allein regieren.

Jetzt begann bei den Parteien das Rechnen und Verhandeln, das Feilschen, Schachern und Pokern. Rein rechnerisch wäre das Wiederaufleben der bürgerlichen Koalition nach der Landtagswahl von 1955 möglich gewesen. Das schien auch am Wochenende unmittelbar nach dem Wahltag noch klar zu sein. Es hieß in Hannover, nur die Zahl und die Verteilung der Ministerien sei noch nicht festgelegt. Aber dann kam doch der Widerstand von der DP. Sie hatte große „Bauchschmerzen" bei einem CDU-Ministerpräsidenten, und für Hellwege, der ohnehin kein Ministeramt anstrebte, war es völlig undenkbar, unter seinem bisherigen CDU-Justizminister zu „dienen". Selbst das ihm angebotene Amt des Landtagspräsidenten hatte Hellwege kategorisch abgelehnt, zumal die DP an ihrem Entschluss festhielt, mit der CDU nicht wieder eine Gemeinschaftsfraktion zu bilden. Damit stand der SPD als der stärksten Fraktion der Sessel des Landtagspräsidenten zu.

Die CDU, die mit dem Anspruch auf das Spitzenamt ins Rennen gegangen war, konnte natürlich nicht mit Hellwege als Ministerpräsident weitermachen. Hinrich Wilhelm Kopf war in einer wesentlich günstigeren Position, da er mit weniger Koalitionspartnern auskommen konnte als der CDU-Spitzenkandidat Dr. Hofmeister. Außerdem war der langjährige frühere Landesvater Kopf politisch ein ausgekochter schlauer Fuchs, dem keiner das Wasser reichen konnte. Allerdings deuteten die

Zeichen zunächst immer noch auf das Wiederaufleben der Vierer-Koalition von 1955 hin. Doch die DP scherte endgültig aus, als Kopf, um eine nochmalige bürgerliche Koalition abzuwehren, Hellwege signalisierte, ihn möglicherweise noch weiterhin als Ministerpräsidenten zu akzeptieren, wenn die DP mit der SPD eine Koalition eingehen würde, um seinen alten Traum von der „Arbeiter- und Bauern-Regierung in Niedersachsen" wahr zu machen. Für die CDU sollte die Tür für einen späteren Beitritt offengelassen werden. Aber Hellwege konnte sich hierfür nicht begeistern. Der Zauderer legte sich weder nach der einen noch nach der anderen Seite fest. Da wurde es Kopf zu bunt. Er brach die Verhandlungen ab und bot den beiden kleinen Parteien einfach mehr Ministerposten an, als Dr. Hofmeister bereit und in der Lage war zu geben. Und schon hatte Kopf am 28. April 1959 seine SPD/BHE/FDP-Koalition unter Dach und Fach. Ihm machte es nichts aus, dass die beiden kleinen Parteien zusammen ebenso viele Minister stellen durften wie die große SPD, nämlich je zwei. Er konnte ja als Ministerpräsident die Richtlinien der Politik bestimmen. Für Kopfs Geschicklichkeit sprach auch, dass er sich aus der immer mit sich selbst zerstrittenen FDP keine Minister aus der Reihe der gewählten Landtagsabgeordneten ernannte.

Das Ende der Ära Hellwege und der Zerfall der DP

Am 12. Mai 1959 wurde Hinrich Wilhelm Kopf nach vierjähriger Pause mit 83 gegen 71 Stimmen wieder zum niedersächsischen Ministerpräsidenten gewählt. Die CDU und DP saßen – nunmehr getrennt – auf den gleichen Oppositionsbänken, auf denen sie bis 1955 gesessen hatten. Den „Zünglein-an-der-Waage-Parteien" war das von vielen politischen Beobachtern als unverdient bezeichnete Glück beschieden, trotz aller bitteren Erfahrungen, die die großen Parteien mit ihnen hatten machen müssen, wieder „dabei zu sein" und mitregieren zu können.

Für Heinrich Hellweges DP, die in den 50er Jahren konstant die zweitstärkste bürgerlich-konservative Partei in Niedersachsen gewesen war, begann der Zerfallsprozess. Noch vor dem Ende der gerade begonnenen vierten Wahlperiode des Niedersächsischen Landtags war sie von der Bildfläche verschwunden. Den BHE ereilte das Schicksal, nicht wieder gewählt zu werden, auch schon bei der nächsten Landtagswahl 1963.

So ging es in die 60er Jahre, die noch turbulenter werden sollten als die 50er Jahre des 20. Jahrhunderts und das zweite Jahrzehnt der Nachkriegszeit. Im Juni 1960, zu Beginn der Parlamentsferien, war die Mehrheit der DP-Abgeordneten im Deutschen Bundestag zur CDU übergetreten. Bundesminister Hans-Christoph Seebohm hatte wesentlich dazu beigetragen. Unter diesem Vorzeichen fand dann in Niedersachsen der Wahlkampf für die nächste Bundestagswahl 1961 statt. Bundesminister Dr. von Merkatz, der mit seinen DP-Kollegen auch zur CDU gegangen war, wurde auf einer Wahlversammlung in seinem niedersächsischen Wahlkreis Rotenburg von einem DP-Mitglied, das später selbst zur CDU kam, unter tosendem Beifall der Versammelten vorgehalten, einen Offizier, der in der Schlacht seine Soldaten im Stich gelassen hätte, hätte man früher vor ein Kriegsgericht gestellt. Aber das war schon bald vergessen. Von nun an gings bergab.

Als in Bonn im Juli 1960 zehn der 15 DP-Bundestagsabgeordneten zur CDU übergetreten waren, nicht ohne diese Absicht schon vorher durchblicken zu lassen, war die DP-Fraktion im Niedersächsischen Landtag noch sehr erregt und betroffen. Man überlegte zunächst, ob es nicht auch andere Lösungen geben könne, und verhandelte mit dem BHE. Dem Büro des Landtags lagen bereits Mitteilungen wegen einer Parteineubildung mit dem Namen *Gesamtdeutsche Partei – GDP (DP-BHE)* vor. Heinrich Hellwege hatte diesen Fusionsplänen, die von DP-Kultusminister Richard Langeheine zunächst mit Eifer betrieben worden waren, von Anfang an skeptisch gegenübergestanden. Doch der letzte Rettungsanker wurde ergriffen. Die Gesamtdeutsche Partei trat zur Bundestagswahl 1961 an und scheiterte mit nur 2,8 % der Stimmen an der Fünf-Prozent-Klausel. Das war faktisch und praktisch das Ende der einst so selbstbewussten, eigenständigen, niedersächsischen Welfen-Partei des Heinrich Hellwege.

Er selbst war in seiner Fraktion seit längerer Zeit immer einsamer geworden, während seine Gegner immer zahlreicher wurden. Nach offensichtlichen Phasen der Resignation legte er den Parteivorsitz nieder, gehörte zunächst noch einige Zeit als Unabhängiger dem Landtag an, gönnte sich eine Schamfrist und trat am 1. November 1961 auch zur CDU über. Am 29. und 30. März 1962 folgte ihm die DP-Landtagsfraktion in ihrer großen Mehrheit. Die CDU-Fraktion wurde nunmehr mit 69 Abgeordneten zur stärksten Fraktion im Niedersächsischen Landtag; die SPD zählte 66 Abgeordnete. Ein langer Weg war damit, trotz gelegentlicher Differenzen, für beide Seiten ehrenvoll zu Ende gegangen. Es hatte sich ausgezahlt, dass CDU und DP in vielen Jahren im Landtag, auch in gemeinsamer Fraktion, zusammen beraten und abgestimmt hatten. Man kannte einander und man wusste, was man von einander zu halten hatte. So gab es zum Schluss keine Sieger und keine Besiegten, es gab nur noch eine Fraktion und eine Partei – aber ohne Heinrich Hellwege, ohne den knorrigen Politiker, der konservativ „bis auf die Knochen" war, der sich schon 1933 nach Hitlers Machtübernahme mit den unentwegten Welfen-Anhängern im Hinterzimmer des väterlichen Kolonialwarenladens heimlich getroffen und die illegale „Niedersächsische Freiheitsbewegung" gegründet hatte, nach dem Krieg Gründer der Niedersächsischen Landespartei (NLP), die später auf Bundesebene in Deutsche Partei (DP) umbenannt wurde, jahrzehntelang die Vater- und Identifikationsfigur seiner getreuen welfisch-niedersächsischen Anhänger war.

Nur noch zwei DP-Landtagsabgeordnete, der Wittinger Rechtsanwalt Fritz Winkelmann und der Rotenburger Kaufmann und Landwirt Heinrich Brunckhorst, hielten sozusagen als „Traditionsrotte", wie sie sich selbst in einer Eingabe an den Landtag bezeichneten, den Schatten einer DP-Fraktion bis zum Ende der Legislaturperiode 1963 aufrecht.

1973 konnte Heinrich Hellwege (rechts), von 1955 bis 1959 zweiter Landesvater nach Hinrich Wilhelm Kopf in Niedersachsen und vorher jüngster Minister im Kabinett des CDU-Bundeskanzlers Konrad Adenauer in Bonn, seinen 65. Geburtstag auf seinem Gut in Neuenkirchen im Landkreis Stade feiern. Prominentester Gast war SPD-Ministerpräsident Alfred Kubel, der Hellwege mit den Glückwünschen der niedersächsischen Landesregierung ein Zinngeschirr überreichte.

Nominell war Heinrich Hellwege, der konsequent auf jedes politische öffentliche Amt verzichtete und sich ins Alte Land zurückgezogen hatte, Mitglied der CDU, bis er 1979 überraschend die Partei verließ und dies mit tiefer Enttäuschung über mangelnde innerparteiliche Solidarität begründete – „weil in der CDU mehr nach links von der Mitte geschielt wird, nach Wählern, die der CDU nur Miss- oder Verachtung entgegenbringen". Am 4. Oktober 1991 ist Heinrich Hellwege in seinem Heimatdorf Neuenkirchen gestorben und beigesetzt worden.

Heinrich Hellwege und die Presse

Dies also sind meine Erinnerungen an die drei spektakulären Ereignisse des zweiten niedersächsischen Ministerpräsidenten Heinrich Hellwege. Eine Charakterisierung seines politischen Lebens wäre jedoch nicht vollständig, wenn man als Journalist, zumal als führendes Mitglied der Landespressekonferenz Niedersachsen (LPK), nicht Hellweges Verhältnis zur Presse erwähnen würde. Während die Journalisten für seinen Vorgänger und Nachfolger im Amt, Hinrich Wilhelm Kopf, ein selbstständiger, hoch geachteter Teil der Gesellschaft waren, respektierte sie Hellwege notgedrungen, ohne sie besonders zu mögen. Das hat die Landespressekonferenz beispielsweise 1957 erlebt, als er in einer Pressekonferenz wieder einmal ungeniert die Presse kritisierte. Versammlungsleiter Günter Pipke, mein Vorgänger im Amt des LPK-Vorsitzenden, unterbrach den Ministerpräsidenten in seinem Redefluss, als er nölte und die Berichterstatter in gute und schlechte einteilte. Pipke machte dem Regierungschef deutlich, dass es in der Landespressekonferenz nicht üblich sei, von der Regierung Zensuren für Journalisten erteilt zu bekommen. Der verdutzte Ministerpräsident lenkte schleunigst ein. Pipke hatte das allerdings so elegant und treffsicher gemacht, dass er bei der nächsten Jahresversammlung zum neuen LPK-Vorsitzenden gewählt wurde. Helmut Beyer und Dr. Klaus Müller stellten in ihrem Landtags-Buch fest: „‚Häuptlinge von Verschwörern' sagten ab 1955 Mitglieder der Landespressekonferenz, als deren Berichterstattung wieder und wieder – teilweise in rüder Form – mit Billigung oder auf Verlangen Hellweges von den ‚engsten Mitarbeitern' bei Verlegern etc. beanstandet wurden." Auch die Presse hatte verschiedentlich über Reibungsverluste in der Hellwege-Regierung und auch über Versuche vom „Gehirntrust" des Ministerpräsidenten berichtet, den Pressesprecher der Landesregierung nicht nur zu veranlassen, „ein regierungstreueres Präsidium der Landespressekonferenz durchzudrücken", sondern auch zu erreichen, dass die hannoverschen Korrespondenten einiger großer Tageszeitungen ausgewechselt würden, weil ihre Berichte, vor allem über den Fall Schlüter, der Regierung geschadet hätten. Das ging allerdings voll daneben. Dafür stand plötzlich der Regierungssprecher Dr. Theodor Parisius, den Hinrich Wilhelm Kopf noch in die Staatskanzlei geholt hatte, in der Schusslinie. Aber die Überlegungen, ihn durch einen treuen DP-Mann zu ersetzen, ließen sich nicht verwirklichen.

Ich selbst hatte zu Dr. Parisius einen „guten Draht", besonders als sich herausstellte, dass der ehemalige Pastorensohn aus Eisdorf und meine Mutter, die ehemalige Pastorennichte, in ihrer Jugendzeit bei dem Pastor Karl Eiselen in Nienstedt (Kreis Osterode/Harz), einem Bruder meiner Großmutter, vierhändig Klavier gespielt haben. Nach dem Regierungswechsel 1959 verabschiedete sich Dr. Parisius aus der Pressestelle und wurde Präsident der Klosterkammer.

Allerdings, auch das ist aktenkundig, war Hellwege einer der wenigen Ministerpräsidenten, der sich in einem Brief (vom 24. Januar 1958)

Regierungssprecher Dr. Theodor Parisius (rechts) und sein Nachfolger Dr. Erhard Herzig.

offiziell für die gute Zusammenarbeit und für den Abschiedsempfang bedankt hat, den die Landespressekonferenz gegeben hatte. Er hatte mit mehreren Ministern daran teilgenommen.

Von den besonderen Taten, die die Landespressekonferenz aufmerksam und mit besonderem Interesse in Hellweges Politik verfolgt hat, bleibt die Stiftung der Niedersächsischen Landesmedaille in bester Erinnerung. Er hatte sie am 20. November 1956 zum 10. Jahrestag des Bestehens der niedersächsischen Landesverfassung als „Auszeichnung für Persönlichkeiten, die sich durch außergewöhnliche Leistungen im besonderen Maße um das Land verdient gemacht haben", geschaffen und als ersten Träger Hinrich Wilhelm Kopf am 17. Mai 1957 damit ausgezeichnet. Die Landesmedaille wird bis heute als höchste Auszeichnung des Landes nur an jeweils 30 lebende Persönlichkeiten verliehen.

Abschließend noch eine nette Anekdote:

1959 war die Grundsteinlegung für den Wiederaufbau des im letzten Krieg von alliierten Bombenfliegern in Schutt und Asche gelegten 300 Jahre alten hannoverschen Leineschlosses. Vor den Trümmern der Ruine sagte Ministerpräsident Hellwege bei seinen drei Hammerschlägen: „Möge Gottes Segen auf diesem Werke ruhen – aus alter Erde die neue Saat – aus altem Erbe der neue Staat."

Das Fernsehen des Norddeutschen Rundfunks berichtete in seiner Abendsendung über das Geschehen am Mittag in Hannover. Man wollte es besonders locker und bildgerecht präsentieren, aber Ton und Bild liefen bei dem immer noch in den Kinderschuhen steckenden Medium nicht synchron. Böswillige hatten ja immer schon behauptet, dass „man" in der Hamburger NDR-Zentrale nicht so sorgfältig betreute, was aus der „Provinz" Hannover gesendet wurde. So lief denn an diesem Abend ein Bildbericht, in dem zu sehen war, wie ein kleiner pfiffiger hannoverscher Schüler sich vordrängte, um alles besser sehen zu können. Funkhausdirektor Günter Pipke persönlich kommentierte die Szene. Doch als dann Ministerpräsident Heinrich Hellwege in stattlicher Würde und majestätisch ins Bild kam, hinkte der Begleittext hinterher, und statt seiner staatsmännischen Rede zum Bau des neuen Parlaments hörte man den Text des vorhergehenden Schüler-Bildes: „... vielleicht träumt dieser pfiffige Blondschopf davon, einmal Politiker zu werden ..." Der Vorfall war dem Landtagspräsidenten Paul Oskar Schuster (CDU) peinlicher als dem Ministerpräsidenten. Schuster protestierte telegraphisch bei der Sendezentrale in Hamburg, und der Intendant musste sich entschuldigen.

3. Dr. Georg Diederichs

Der dritte Ministerpräsident Niedersachsens war Dr. Georg Diederichs. Nur eine Woche war die Landesregierung nach der Beisetzung des nach längerer Krankheit verstorbenen Regierungschefs Hinrich Wilhelm Kopf am 21. Dezember 1961 auf dem Stöckener Friedhof in Hannover im wahrsten Sinne des Wortes „kopflos", da präsentierte die SPD schon ihren Sozialminister Dr. Georg Diederichs als Nachfolger. Die Eile war offensichtlich nötig, denn es bestand die Gefahr für die bisherige SPD/-FDP/BHE-Koalition, dass die oppositionelle CDU die Gelegenheit wahrnehmen würde, die FDP auf ihre Seite zu ziehen und wieder ein Kabinett wie auf der Bundesebene zusammenzubringen. Durch weitere Überläufer aus dem BHE hätte die FDP, genau wie in Bonn, zum Königsmacher werden können. Doch dieses Vorhaben wurde im Keim erstickt.

Die schnelle Wahl von Sozialminister Dr. Diederichs war für die Journalisten in Hannover eine Überraschung. Die meisten von uns hatten Landwirtschaftsminister Alfred Kubel oder auch Innenminister Otto Bennemann favorisiert. Kubel, schon 1946 Ministerpräsident des damaligen Landes Braunschweig und seit Gründung des Landes Niedersachsen mit Ausnahme der Jahre 1955 bis 1957 immer Minister in der Landesregierung, schien „einfach dran" zu sein. Aber diese beiden „linken" Sozialdemokraten, ehemalige Mitglieder des Internationalen Sozialistischen Kampfbundes (ISK) und Dissidenten, zu opfern, die bei der Eidesformel den Schlusssatz „so wahr mir Gott helfe" ablehnten, war wohl der Preis, den die SPD der FDP gezahlt hat.

So also kam der in der öffentlichen Wahrnehmung bisher eher unauffällige Dr. Georg Diederichs ins Amt. Was für ein Glücksgriff das war, sollte sich später herausstellen. Allerdings schon Mitte der 50er Jahre bevorzugten die Journalisten der Landespressekonferenz den damaligen stellvertretenden SPD-Landtagsfraktionsvorsitzenden Diederichs gegenüber den Kabinettsmitgliedern als Gesprächspartner. Und als er im November 1957 Sozialminister wurde, rangierte er bei den Medien auffällig vor anderen Politikern. Ich erinnere mich, dass Gratulationen zu seiner Ministerernennung, sonst für die Mitglieder der Landespressekonferenz unauffällig, diesmal einzeln und ohne Ausnahme, von einigen sogar in überschwänglichen Worten ausgesprochen und geschrieben wurden. Dabei war er bisher keineswegs ein Vorbild für eigene Presse-politik oder für eigene Öffentlichkeitsarbeit. Er war in den 50er Jahren eines der wenigen Mitglieder des Landtags, die mit den Journalisten ohne erkennbare Zielstrebigkeit für die eigene Person sprachen. Er selbst antwortete einmal auf Nachfragen, seine Anmerkungen zu einzel-nen Vorgängen hätten einen so hohen Informationswert gehabt, dass später die vorteilhaften Pressekommentare im Zusammenhang mit der Wahl zum Ministerpräsidenten von den Politikern der Landtagsparteien ohne Überraschung zur Kenntnis genommen wurden. „Er hat nur Freunde bei Euch Journalisten", sagte ein SPD-Minister misslaunig.

Der letzte Typ eines Regierungschefs menschlicher Art

Für mich war Dr. Georg Diederichs der erste Ministerpräsident, den ich vom ersten Tage seines Amtsantritts am 29. Dezember 1961 bis zu sei-nem Abschied aus dem Landtag am 8. Juli 1974 ständig journalistisch begleitet habe, allerdings nicht „auf Augenhöhe", weil ich damals noch ein einfaches Mitglied der Landespressekonferenz war, also „zu Fuß", wie Hinrich Wilhelm Kopf gesagt haben würde. Ich habe Dr. Diede-richs im Laufe der Jahre als einen der intelligentesten, liebenswürdigs-ten, sympathischsten und humorvollsten Ministerpräsidenten kennen-gelernt. Er war einer der letzten Typen eines Regierungschefs dieser menschlichen Art, kein Macher und kein Manager, und im Gegensatz zu seinen beiden knorrigen, erdverwachsenen, bäuerlich geprägten Vor-gängern Hinrich Wilhelm Kopf und Heinrich Hellwege auch kein gebo-rener Landesvater. So wie Diederichs den Doornkaat mit der Bemer-kung ablehnte, sein Quantum habe schon sein Vorgänger mitgetrunken, so wollte er aus Respekt vor den Vorgängern den Titel eines Landesva-ters als deren rechtmäßigen Besitz nicht übernehmen, sondern „höchs-tens Landesstiefvater" sein, wie er einmal sagte.

Für uns Journalisten war der neue Ministerpräsident schon bald einer der liebsten und angenehmsten Gesprächspartner. Man konnte mit ihm von Mensch zu Mensch reden. Er kam gern zur Landespressekonferenz und brauchte nicht lange aufgefordert zu werden. Eine nette Anekdote, die sowohl die Beziehungen des Ministerpräsidenten zur Landespresse-konferenz als auch seine Menschlichkeit und seinen tiefen Humor treff-lich charakterisieren, mag das unterstreichen:

Die Landespressekonferenz machte Ende der 6oer Jahre einen ihrer beliebten „Familienausflüge", also mit Partnern, ins Wochenende. Diesmal ging es im Winter ins verschneite Braunlage im Harz. Es war kalt, und es war die Zeit, als der hochprozentige Himbeergeist seine große Blüte hatte. Selbstverständlich waren auch der Ministerpräsident Dr. Diederichs und der Braunschweiger Verwaltungspräsident Dr. Knost mit von der Partie. Ist das heutzutage überhaupt noch denkbar, dass der Regierungschef mit der Landespressekonferenz einen Wochenendausflug unternimmt? Zu vorgerückter Stunde saßen wir mit den Politikern gemeinsam an einem großen Tisch und diskutierten über Gott und die Welt. Da warf einer unserer Kollegen im Überschwang des Gestikulierens ein volles Glas Bier um, Dr. Diederichs genau über die Hose. Er besah sich den Schaden, lachte fröhlich und meinte trocken: „Jetzt ist alles nass. Jetzt muss ich wohl ins Bett." In die allgemeine Peinlichkeit und Enttäuschung hinein sagte die Frau eines unserer Kollegen: „Herr Ministerpräsident, das kriegen wir schon wieder hin. Machen Sie sich nichts draus. Ich bin Krankenschwester." Sie nahm mehrere große Stoffservietten vom Tisch, steckte sie von oben in die nasse Hose des Ministerpräsidenten und „legte ihn trocken". Er nahm es mit Humor, lachte erneut fröhlich und sagte wieder ebenso trocken: „Jetzt brauche ich doch nicht ins Bett!" Und die Sause ging weiter.

So war er, unser lieber „Schorse" Diederichs, der Ministerpräsident, der Tauben- und Fischzüchter, der in seinem Aquarium in der Staatskanzlei nur rote und schwarze Fische fütterte und den der Freundeskreis Till Eulenspiegel 1971 zum „Bruder Eulenspiegel" berief. Die Landeskinder und besonders die Hannoveraner liebten und verehrten ihren Ministerpräsidenten. Das zeigte sich auch darin, dass sie, die mit ihm eins waren, ihn einfach und geradezu vertraulich-respektlos „Schorse" Diederichs nannten. Es war eine verballhornte Form des britischen Vornamens George, im Deutschen „Djordsch" ausgesprochen und dann der besseren Aussprache wegen zum fast vertraulichen hannoverschen „Schorse" gemacht, wie eben viele Georgs hierzulande genannt werden.

Auch im Landtag zeigte sich mit dem neuen Ministerpräsidenten ein neuer Typ eines Regierungschefs. Die Abgeordneten überraschte er immer wieder mit Humor und als Dichter, wenn er seine Gedanken, besonders bei Grußadressen und Veranstaltungen, aber auch bei Landtagsdebatten, gern in Versen und Gedichten ausdrückte. Bekannt und oft in Publikationen zitiert ist ein stenographisches Protokoll aus dem Niedersächsischen Landtag, wo es heißt:

„Höflichkeit ist eine Zier"
    „Muss das so sein und bleiben", fragte der SPD-Abgeordnete Bruns seinen Parteifreund, den Ministerpräsidenten Dr. Diederichs, „daß Sie dem Landtag Ihre Gesetzentwürfe noch ‚ergebenst' überreichen?" Ihm gab der Regierungschef folgende

Ministerpräsident Dr. Georg Diederichs (links) begrüßt den Vorsitzenden der Landespressekonferenz Niedersachsen, Rolf Seufert, Korrespondent der *Welt* in Hannover; im Hintergrund Protokollchef Gustav Wöhler.

Antwort: „Die Verwendung von Gruß- und Höflichkeitsformen und -formeln gehört zu den mir verfassungsgemäß garantierten Freiheitsrechten. (Im Protokoll: „Stürmische Heiterkeit"), insbesondere beim Umgang mit dem obersten Organ des Landes, so lange ich die Mindestgrenze nicht unterschreite (Erneute Heiterkeit). Was den begrifflichen Realitätsgehalt an Höflichkeitsformeln anbelangt, so mache ich mir die Lebensweisheit unseres Landsmannes Wilhelm Busch zu eigen, der schrieb:

Da lob ich mir die Höflichkeit / das zierliche Betrügen; / Du weißt Bescheid, / ich weiß Bescheid / und allen machts Vergnügen!" (Stürmische Heiterkeit im ganzen Haus).

Aber der Ministerpräsident zitierte nicht nur, sondern schwang sich auch selbst auf den Pegasus. So fiel ihm dies einmal vor Zeitungsträgern ein:

In der Zeitung schon besungen,
hab' auch ich mich aufgeschwungen
auf des Pegasus' schmalem Rücken,
Hochachtung Euch auszudrücken!
Einer liest nur die Romane, anderer das Feuilleton,

Dritter gar den Leitartikel, vierter hält nicht viel davon.
Einige, zu unserm Glück, interessiert gar Politik!
Dieser schimpft gern auf die Bonzen, jener liest nur die Annoncen.
Wieder einen Heiratsmarkt, starb gar wer am Herzinfarkt?
Was geschah wohl vor Gericht? Wie zeigt Mode ihr Gesicht?
Was gibt's in der Stratosphäre, und wie steht's ums Familiäre?
Was geschieht im Weltenall? Und wo bleibt denn der Skandal?
Jeder nach der Meldung strebt, die sein Selbstbewußtsein hebt!
Und nicht wen'ge singen Lob, wenn es gut, dem Horoskop!
Jeder sucht in seiner Presse was für sein Spezialinteresse.
Doch wie sollte das gelingen, würdet Ihr nicht pünktlich bringen
diese Vielfalt schwarz auf weiß, unverdrossen und mit Fleiß.
Und, so seid in Herrgottsfrüh, Ihr das Pünktchen auf dem i.
Auf dies Pünktchen kommt es an. Dank, Zeitungsfrau und Zeitungsmann!"

Korpsstudent – Apotheker – Sozialist – Politiker

Georg Diederichs wurde 1900 als Sohn eines Apothekers im südhannoverschen Northeim geboren. Er studierte in Göttingen und Rostock
ebenfalls Pharmazie und dazu Wirtschaftswissenschaften, promovierte
in diesem Fach und trat in die schlagende Verbindung Teutonia-Herzy-
nia in Göttingen ein. Schmisse, bei Mensuren erlitten, von denen er, wie
er meinte, mehr als genug hinter sich gebracht zu haben, „zierten" le-
benslang sein Gesicht. Schon in seiner Jugendzeit war Diederichs politisch interessiert und tätig. 1930 trat er der SPD bei. In der NS-Zeit
leistete er „illegalen Widerstand", wurde verhaftet, zu einem Jahr Gefängnis verurteilt und im Hamburg-Fuhlsbüttel eingesperrt, anschließend im Konzentrationslager Esterwegen interniert. Von 1939 bis 1945
war er Soldat, drei Jahre an der Ostfront. Sofort nach dem Krieg begann
seine politische Laufbahn, von 1945 bis 1946 als Bürgermeister und als
Landrat in seiner Heimatstadt Northeim, ab 1947 als Abgeordneter des
Niedersächsischen Landtags bis 1974. Als Mitglied des Parlamentarischen Rates war Dr. Georg Diederichs einer der Väter des Grundgesetzes. Die Krönung seiner politischen Laufbahn war die Wahl zum Niedersächsischen Ministerpräsidenten am 29. Dezember 1961. Das Amt
übte er bis 1970 aus.
   Seine ehrwürdige Ausstrahlung und sein eher dezentes Auftreten mit
dem Habitus eines britischen Gentlemans sowie seine akademischen
Schmisse im Gesicht machten ihn in der Öffentlichkeit nicht gerade zum
typischen Vertreter eines Sozialdemokraten mit Stallgeruch. Dennoch

ließ Diederichs nie Zweifel an seiner sozialistischen Gesinnung aufkommen. Bei seinen SPD-Genossen wurde er auch ohne kumpelhaftes Gehabe und ohne das „Du" anerkannt. Man war mit ihm meistens per Sie.

Die prägenden Vorkommnisse der Regierungszeit

Die Regierungszeit von Dr. Georg Diederichs war durch zwei „besondere Vorkommnisse" geprägt. Ich war deren Augen- und Schreib-Zeuge: Einmal 1965 der Abschluss des Konkordats mit dem Heiligen Stuhl und in dessen Gefolge der Eklat mit dem Rauswurf von vier FDP-Ministern aus dem Landeskabinett und die anschließende Bildung der ersten Großen Koalition. Zum anderen 1970 die Affäre mit dem „Greifvogel" Bruno Brandes, der einen Abgeordneten nach dem anderen aus der FDP- und der NPD-Landtagsfraktion zur CDU herüberzog, bis es dem Ministerpräsidenten Dr. Diederichs, der nicht mit Nazis in einer Koalition regieren wollte, zu bunt wurde, und es schließlich zur Auflösung des Landtags und zu Neuwahlen kam – erstmals in der bundesdeutschen Nachkriegsgeschichte.

Doch vor diesen Ereignissen hatte Ministerpräsident Dr. Diederichs noch andere, sicher auch angenehmere Aufgaben zu erfüllen. So konnte er schon 1962 gemeinsam mit dem Landtagspräsidenten Karl Olfers die Einweihung des neuen niedersächsischen Landtagsgebäudes im wieder aufgebauten hannoverschen Leineschloss mit Pomp und Gloria feiern und 1965 die britische Königin Elisabeth II., die erstmals nach dem letzten Krieg die Bundesrepublik Deutschland besuchte, in Hannover empfangen und begrüßen.

Der Landtag zog in das Leineschloss

Am 11. September 1962 konnte der Niedersächsische Landtag nach 15 Jahren Provisorium in der hannoverschen Stadthalle in das Leineschloss in Hannovers Innenstadt umziehen. Die Einweihung des neuen Landtagsgebäudes war ein großer Staatsakt mit Bundespräsident Heinrich Lübke, der mit seiner Frau erschienen war und nach dem Gottesdienst in der evangelischen und katholischen Kirche seinen Segen gab. Der stolze Landtagspräsident Karl Olfers und Ministerpräsident Dr. Georg

Hoher Staatsbesuch in Hannover. Im offenen Auto fuhren die britische Königin Elisabeth II. und Ministerpräsident Dr. Georg Diederichs durch ein Spalier dicht gedrängter, jubelnder Hannoveraner durch die Straßen der Landeshauptstadt zum Schloss in Herrenhausen.

Diederichs hielten die Festreden. Ein festlicher Empfang vereinigte die Abgeordneten mit der Prominenz des Landes und ausgewählten Vertretern des Volkes. Den Abschluss bildete ein Großer Zapfenstreich der Bundeswehr vor dem neuen Parlamentsgebäude mitten in der Stadt. Es war ein grandioses Schauspiel vor vielen Tausenden Hannoveranern, wie es weder vorher noch nachher jemals zu sehen war.

In den Jahren zuvor hatte es allerdings heftigen Streit im Parlament gegeben. Nicht nur wegen der „Würde des Hohen Hauses", sondern auch wegen der katastrophalen Enge und wegen der Arbeitsbedingungen in der notdürftig hergerichteten Stadthalle. Immer wieder waren Anläufe genommen worden, aus dem Parlamentsprovisorium herauszukommen – vergeblich. Erst als der damalige hannoversche Stadtbaurat Rudolf Hillebrecht an den Wiederaufbau des ausgebrannten Leine-schlosses der Welfen dachte und der „Rote Welfe", Ministerpräsident Hinrich Wilhelm Kopf, dann dort seine Staatskanzlei „standesgemäß" einrichten wollte, wurden die Parlamentarier mobil: Sie waren doch der vom Volke gewählte Souverän, der zuerst repräsentativ untergebracht werden musste!

Aber sogleich erhoben sich erheblicher Widerstand und Protest in der Bevölkerung. Die eingefleischten Republikaner sahen die Gelegen-heit, den Feudalismus mit den Resten ehemaliger königlicher Herrlich-keit mit Stumpf und Stiel auszurotten. Andere, vornehmlich die Braun-schweiger und besonders die Oldenburger, lehnten den Wiederaufbau aus historischen Gründen ab: „Mit unseren Steuergeldern wird niemals ein Welfenschloss der Hannoveraner finanziert!" Für die Pragmatiker schließlich waren für das in Trümmern liegende Hannover Wohnungen und Straßen wichtiger. Aber die Volksvertreter setzten sich durch. Ein bundesweiter Architektenwettbewerb wurde ausgeschrieben; einzige Bedingung: Der stehengebliebene Portikus muss einbezogen werden. Der Berliner Architekt Dieter Oesterlen gewann. Er präsentierte einen Entwurf, der den Wiederaufbau des Schlosses mit der Mitte und dem stehen gebliebenen rechten Flügel und einen völlig modernen, nahezu fensterlosen Beton-Neubau als linken Flügel vorsah. Hier sollte der Plenarsaal entstehen – ohne Tageslicht, ohne Sonnenstrahl, ohne frische Luft. Wieder hagelte es Proteste von bodenständigen Architekten, Kunsthistorikern, Städteplanern, Ästheten und anderen. Dennoch wurde nach Oesterlens Plänen gebaut.

Doch bei der ersten Plenarsitzung 1962 gab es schon ein böses Erwa-chen. Die Akustik funktionierte nicht. Es gab ganze „Inseln", in denen überhaupt nichts zu verstehen war. Monatelang waren die renommier-testen Akustik-Professoren und Obergutachter am Werk. Erfolglos. Als jemand auf die Idee kam, die Wände des Plenarsaales mit Pferdedecken zu behängen, wurde es etwas besser. Erst nachdem in die Holzvertäfe-lung der Wände Tausende von Löchern gebohrt worden waren, wobei Professor Oesterlen das Herz geblutet haben soll, und oben in der Kup-pel die zusammenlaufenden Wände abgeschrägt wurden, bekamen die Techniker die Akustik einigermaßen in den Griff.

Doch es sei hier schon erwähnt, dass im Laufe der Jahrzehnte keine Legislaturperiode ohne den Ruf nach Umbau und Verbesserungen ver-ging. Auch über 50 Jahre nach der Einweihung des Landtagsdomizils im hannoverschen Leineschloss, nach unendlich vielen Streitigkeiten und einem „Glaubenskrieg zwischen Erhaltenskeule und Abrissbirne", ist fast nichts passiert. Erst 2013 hat der Niedersächsische Landtag die dankbare Aufgabe in Angriff genommen, die immer katastrophaler gewordenen Verhältnisse für Abgeordnete, Mitarbeiter, Presse und Besucher endlich menschenwürdig zu gestalten. Aus Gründen des Denkmalschutzes durfte der marode Bau jedoch nicht abgerissen werden, sondern die äußere Betonhülle des Anbaus blieb bestehen. Darin wurde ein völlig neuer Plenarsaal gebaut. Das Parlament tagte derweil für einige Jahre im gegenüber gelegenen und eigens neu hergerichteten, ehemaligen repräsentativen Altbau des Hauses von Cölln. Er war nun vom Marktplatz her und durch einen Tunnel vom Leineschloss aus zu erreichen.

Dr. Diederichs erstmals SPD-Spitzenkandidat zur Landtagswahl 1963

Der Wahlkampf zur Landtagswahl am 19.Mai 1963 hatte wiederum einen starken bundespolitischen Akzent. Der gerade als Nachfolger von Bundeskanzler Konrad Adenauer designierte CDU-Bundeswirtschafts-

Ministerpräsident Dr. Georg Diederichs und seine Gattin bei der Stimmabgabe im Wahllokal.

minister Ludwig Erhard versuchte auf einer ausgedehnten Wahlreise durch Niedersachsen, als Zugpferd vor allem in den Hochburgen der DP, die sich in einem stufenweisen Auflösungsprozess befand, Stimmen für die CDU zu gewinnen. Ein letzter „Rest" der DP fusionierte mit dem ebenfalls bröckelnden BHE und zog als Gesamtdeutsche Partei (GDP) in den Landtagswahlkampf.

Als Spitzenkandidat der niedersächsischen SPD führte der nach dem Tode von Hinrich Wilhelm Kopf im Dezember 1961 zum neuen Ministerpräsidenten gewählte Dr. Georg Diederichs erstmals seine Partei in den Wahlkampf. Er hatte sich ein weiteres Mal gegen die SPD-Allzweckwaffe Alfred Kubel aus Braunschweig durchgesetzt, der selbstverständlich seinen Führungsanspruch angemeldet hatte.

Die alten Welfen wollten es noch einmal wissen

Aber auch einige der eingefleischten alten Welfen wollten, wie ich mich gut erinnern kann, die Flinte noch immer nicht ins Korn werfen. Sie waren fest entschlossen, mit einer „neuen" DP erneut die Rückkehr in den Landtag zu wagen. Nun erst recht, da das Parlament inzwischen sein Domizil im alten hannoverschen, ehemals welfischen Leineschloss gefunden hatte. So versammelten sich vor der Landtagswahl die alten Getreuen um Wilhelm-Ernst Freiherr von Cramm, Gutsbesitzer auf Harbarnsen im Kreis Alfeld, Bruder des legendären „Tennis-Barons" Gottfried von Cramm. Der hannoversche Kavallerist und Ritterkreuzträger des letzten Weltkrieges wollte als DP-Spitzenkandidat die Welfen noch einmal in dieses alte Schloss der Welfen zurückführen. Auf Platz drei der Landesliste stand Prinz Dr. Welf Heinrich, ein Urenkel des letzten deutschen Kaisers. Bei der denkwürdigen Zusammenkunft auf dem Gut in Harbarnsen flossen nicht nur die Gedanken, sondern auch der hauseigene von crammsche Weizenbrand in Strömen. Zu vorgerückter Stunde wurde dann aus Leibeskräften der alte welfische plattdeutsche Schlachtruf gegrölt: *„Pitche, pitche, pitche, der Herzog von Cambridche, hei kümmt, hei kümmt, hei kümmt, der gerne einen nümmt!"* Es war, auch für uns wenige anwesende Journalisten, eine ebenso interessante wie schicksalsträchtige Veranstaltung.

Um es vorwegzunehmen: Die neue Welfen-DP scheiterte bei der nächsten Landtagswahl 1963 an der Fünf-Prozent-Klausel. Immerhin gaben ihr 97.764 Niedersachsen die Stimme, das waren 2,7 % aller Wähler.

Nur noch drei Parteien im Landtag

Bei der Landtagswahl am 19. Mai 1963 setzte sich der Trend der Wähler zu den großen Parteien und zur Konzentration fort. Nur noch drei Parteien schafften den Sprung über die 1958 eingeführte Fünf-Prozent-Hürde. Die SPD blieb mit 44,9 % und 73 Sitzen stärkste Partei, die CDU kam auf 37,7 % und 62 Sitze, und die FDP errang 8,8 % und 14 Sitze. Die „Reste" der noch nicht zur CDU übergetretenen „alten" DP und der BHE, die als Gesamtdeutsche Partei (GDP) angetreten waren, erhielten 3,7 % und die „neue" Welfenpartei 2,7 %. Sie hatten sich gegenseitig die Stimmen weggenommen und waren so an der Sperrklausel gescheitert.

Der seit Dezember 1961 amtierende SPD-Ministerpräsident Dr. Georg Diederichs bildete eine Regierung aus SPD und FDP. Er musste sie jedoch teuer bezahlen, denn die kleine FDP verlangte und bekam vier Ministerposten, ebenso viele wie die fünfmal größere SPD. Die vier FDP-Minister Carlo Graaff (Wirtschaft und Verkehr), Jan Eilers (Finanzen), Dr. Arvid von Nottbeck (Justiz) und Dr. Hans Mühlenfeld (Kultus), der erst berufen wurde, als der zunächst vorgesehene Göttinger Oberbürgermeister Professor Dr. Gottfried Jungmichel nach Vorwürfen wegen seiner Tätigkeit in der NS-Zeit verzichtet hatte, mussten ihr Landtagsmandat sofort niederlegen, damit die kleine FDP-Fraktion durch Nachrücker wieder vollzählig und handlungsfähig war. Diese Trennung vom Mandat ist allerdings weder der Ministerriege noch der Fraktion auf Dauer gut bekommen. Sie lebten offensichtlich in verschiedenen Welten. Die Entfremdung war unübersehbar. Während die Kabinettsrunde der Staatssekretäre montags im hannoverschen Gasthaus Wichmann tagte, um die Kabinettssitzung am Dienstag vorzubereiten, gerieten sich die Fraktionen öfter als ihnen lieb war im Landtag in die Haare.

Der Eklat um das Konkordat

Eine der wichtigsten Aufgaben, aber auch einer der größten Streitpunkte waren das Konkordat mit der katholischen Kirche und die damit verbundene Novelle zum Schulgesetz zur Erhaltung der Bekenntnisschulen. Es kam darum zum längst beendet geglaubten Kulturkampf und zu einem der schlimmsten Eklats in der niedersächsischen Parlamentsgeschichte.

Im niedersächsischen Schulgesetz von 1954 waren bestehende Bekenntnisschulen ausdrücklich unter Rechtsschutz gestellt und die Neuerrichtung unter bestimmten Voraussetzungen erlaubt worden. Nachdem es Mitte der 50er Jahre gelungen war, mit den fünf evangelischen Landeskirchen in Niedersachsen das Verhältnis zwischen Staat und Kirche im „Loccumer Vertrag" zu regeln, sollte nun auch mit der katholischen Kirche ein „Schulfrieden" geschlossen werden. Das war allerdings schwieriger, weil er nur mit einem Konkordat abgeschlossen werden konnte, das mit dem Heiligen Stuhl in Rom auszuhandeln war. Für die Landesregierung hatte ausgerechnet der FDP-Kultusminister Dr. Hans Mühlenfeld die Federführung. Er musste eine Fülle von höchst vertraulichen Verhandlungen mit katholischen Kirchenvertretern und Expertenkommissionen unter strenger Geheimhaltung führen, bis das Landeskabinett Mitte Februar 1965 den Vertragsentwurf einstimmig, also auch mit Zustimmung der vier FDP-Minister, billigte, obwohl die Jungdemokraten vorher gewarnt hatten, ein Konkordat mit einer Änderung des Schulgesetzes könne zu einer weiteren Konfessionalisierung des Schulwesens in Niedersachsen führen, und die FDP-Landtagsfraktion der Regierung mangelnde Information vorgeworfen hatte.

Am 26. Februar 1965 wurde das Konkordat feierlich von Ministerpräsident Dr. Georg Diederichs und dem Apostolischen Nuntius in Bonn, Erzbischof Corrado Bafile, unterzeichnet. Die Nachricht schlug wie eine Bombe ein. Die erstaunte Öffentlichkeit war ebenso überrascht wie der Niedersächsische Landtag. Er durfte, damit das Konkordat ratifiziert werden konnte, es nur annehmen oder ablehnen. Das war für die Parlamentarier deshalb besonders schwierig, weil die Novellierung des niedersächsischen Schulgesetzes, bei dem es vor allem um die Erhaltung und Möglichkeit für Neugründungen von Konfessionsschulen ging, die Voraussetzung für das Zustandekommen des Konkordats war. Es hagelte landesweit Proteste. Die Delegiertenversammlung des Gesamtverbandes niedersächsischer Lehrer (GNL) unter ihrem Vorsitzenden Helmut Lohmann rief in Göttingen „zum Kampf mit allen Mitteln" auf. Die Lehrergewerkschaft GEW witterte eine „geistliche Schulaufsicht" und blies zum Sturm auf das Konkordat. Der *Spiegel* brachte jede Woche Einzelheiten aus dem Konkordat und provozierte den Volkszorn. Über 90 Eingaben erreichten den Niedersächsischen Landtag.

Für die niedersächsische FDP, von je her mit antiklerikaler Tradition behaftet, war das Konkordat, gelinde gesagt, ein Ärgernis. Sie fürchtete eine weitere Konfessionalisierung des niedersächsischen Schulwesens. Am 28. März 1965 beschloss die FDP-Landeskonferenz in Uelzen, der FDP-Landtagsfraktion die Ablehnung des Konkordats anzuraten und in der Landtagssitzung am 21. April 1965 dem Ratifizierungsgesetz sowie der Schulgesetznovelle nicht zuzustimmen. Eifrigster Wortführer war der Vorsitzende der FDP-Landtagsfraktion, Winfrid Hedergott. Zielscheibe war der FDP-Kultusminister Dr. Hans Mühlenfeld, dem seine Fraktion vorwarf, trotz der vereinbarten Vertraulichkeit nicht rechtzeitig informiert worden zu sein. Der Kultusminister befand sich in außerordentlich prekärer Lage, in einer Zwickmühle: Auf der einen Seite verlangte die Kabinettsdisziplin gerade vom federführenden Minister eine eindeutige Befürwortung des Vertragswerkes, ohne persönliche Vorbehalte, auf der anderen Seite stand die ebenso eindeutige Forderung seiner FDP-Fraktion, das Vertragswerk abzulehnen.

FDP-Kultusminister zwischen Kabinetts- und Fraktionsdisziplin

In der denkwürdigen Landtagssitzung am 22. April 1965 betonte Ministerpräsident Dr. Diederichs, er sehe, im Gegensatz zu jenen, die einen solchen Vertrag von vornherein ablehnen, im Konkordat geradezu einen Prüfstein unserer demokratischen Vernunft und unserer demokratischen Reife. „Denn nicht das Machtwort einer irgendwie gearteten Mehrheit sollte es sein, das den demokratischen Staat kennzeichnet; die natürliche, weil als selbstverständlich empfundene Rücksicht und Achtung vor der Minderheit vielmehr ziert den demokratischen Staat und verleiht ihm seine besondere Würde." Kultusminister Dr. Hans Mühlenfeld, dem Fraktionsvorsitzender Hedergott „die Pistole auf die Brust gesetzt" hatte, wie ein Zeitzeuge meinte, erklärte, die massenhafte Kritik aus seiner Partei habe ihn überzeugt und der nahezu geschlossene Protest der gesamten Lehrerschaft seit der Unterzeichnung des Konkordats seien für ihn ein eindeutiges Faktum, an dem er als Kultusminister nicht vorbeigehen könne. Noch vor der Abstimmung beugte sich Mühlenfeld der Fraktionsdisziplin der FDP und „fiel um".

Das war dem Ministerpräsidenten Dr. Diederichs zu viel. Die Toleranzgrenze sei überschritten, der Regierung sei Schaden zugefügt, wetterte er. Er entließ die vier FDP-Minister aus seinem Kabinett. Da sie kein Landtagsmandat hatten, standen sie buchstäblich auf der Straße.

Die Vereidigung des neuen SPD/CDU-Kabinetts Diederichs am 19. Mai 1965 im Niedersächsischen Landtag, (von rechts nach links) Wilfried Hasselmann (CDU), Richard Langeheine (CDU), Ministerpräsident Dr. Georg Diederichs (SPD), Alfred Kubel (SPD), Kurt Partzsch (SPD), Richard Lehners (SPD).

Der Ministerpräsident vereinbarte anschließend mit der CDU wieder eine Große Koalition und holte sich vier CDU-Minister ins Kabinett. Schon am 19. Mai 1965 wurden sie im Landtag vereidigt.

Auch danach gab es in der Öffentlichkeit große Kontroversen zwischen Befürwortern und Gegnern des Konkordats, vorwiegend Pressekampagnen mit Anzeigen-Serien. Doch am 30. Juni 1965 wurde das Konkordat im Niedersächsischen Landtag in dritter Lesung verabschiedet. In namentlicher Abstimmung sprachen sich 95 Abgeordnete dafür und 25 Abgeordnete, unter ihnen die geschlossene FDP-Fraktion und einige SPD-Abgeordnete, dagegen aus, zwei Abgeordnete enthielten sich der Stimme. Die Schulgesetznovelle wurde mit 100 gegen 26 Stimmen bei einer Enthaltung angenommen.

Der Name Diederichs ist unzweifelhaft mit dem Konkordat verbunden. Nicht nur, dass der Ministerpräsident die vier FDP-Minister kurzerhand aus seinem Kabinett hinausgeschmissen hat und sie damit arbeitslos machte, weil sie kein Landtagsmandat mehr hatten, sondern auch weil er getreu dem neuen Godesberger Programm der SPD eine Annäherung der Kirchen anstrebte und weil er immer ein Mann des Ausgleichs war.

Die FDP saß nun also auf den harten Bänken der Opposition, nachdem sie in den Kabinetten von Hinrich Wilhelm Kopf und Dr. Georg Diederich 16 Jahre lang die Annehmlichkeiten des Regierens und Mitbestimmens genossen hatte. So hatte sich der seit 1958 amtierende streitbare Vorsitzende der FDP-Landtagsfraktion Winfrid Hedergott das sicher nicht vorgestellt. Mit seiner Akribie und Pedanterie konnte er Freund und Feind nerven, im Landtagsplenum ebenso wie besonders im Rechtsausschuss des Parlaments. Sein „Meisterstück" hatte der „Steinzeit-Liberale", wie er in der Presse tituliert wurde, sicher beim Eklat um das Konkordat geliefert, ohne zu ahnen, dass die Langzeitwirkung über die derzeitige Opposition bis zum späteren Rausfliegen aus dem Landtag reichen würde.

Die NPD rückt in das Leineschloss ein

Auch die nächste Landtagswahl am 4. Juni 1967 stand wieder stark im Zeichen der Bundespolitik. Drei Themen beherrschten den Wahlkampf: die wirtschaftliche Rezession nach Jahren des ständigen Aufschwungs, das Aufkommen einer neuen rechtsradikalen Partei, der Nationaldemokratischen Partei Deutschlands (NPD), die ausgerechnet in Hannover gegründet worden war und mit dem einst jüngsten Bundestagsabgeordneten Adolf, genannt „Bubi", von Thadden, einen sehr eloquenten Führer hatte, und dann vor allem die Bildung der Großen Koalition in Bonn. Im Herbst 1966 war die CDU-Regierung unter Bundeskanzler Ludwig Erhard in eine Krise geraten und wurde, auf Bundesebene ein einmaliger Vorgang, von einer Großen Koalition aus CDU und SPD abgelöst. Kurt Georg Kiesinger (CDU) wurde Bundeskanzler, Willy Brandt (SPD) Bundesaußenminister. Das alles blieb nicht ohne Auswirkungen auf Niedersachsen. In dieser Konstellation fand hier also der Landtagswahlkampf statt.

Bei der Landtagswahl mussten die FDP und die SPD beträchtliche Verluste hinnehmen. Die SPD rutschte von 44,9 % auf 43,1 % ab und erhielt 66 Sitze. Die CDU konnte mit 41,7 % vier Prozent hinzugewinnen und kam auf 63 Sitze. Die Überraschung war der erste Auftritt der neu gegründeten NPD bei einer Landtagswahl in Niedersachsen mit auf Anhieb 7 % der Wählerstimmen und zehn Mandaten, sogar noch knapp vor der etablierten FDP mit 6,9 % und ebenfalls zehn Sitzen. Die Gründe dafür waren eine gewisse soziale Verunsicherung angesichts des leichten Konjunkturrückgangs der deutschen Wirtschaft, vor allem aber jenes allzu verfestigte System, das der Soziologe Dahrendorf das „Herrschaftskartell" und der Philosoph Jaspers die „Parteienoligarchie" nannten, wie Dr. Hannah Vogt schrieb. Die Göttinger Publizistin, die 1933 als DKP-Mitglied von den Nationalsozialisten inhaftiert worden war, hatte sich nach dem letzten Weltkrieg zunächst aktiv in der FDP engagiert, war aber 1962 zur SPD übergetreten, für die sie 1973 für den Posten des Göttinger Oberbürgermeisters kandidierte. Die FDP verhinderte ihre Wahl, weil die Liberalen keine Abtrünnige akzeptieren mochten. Hannah Vogt hat etwa zwei Dutzend Veröffentlichungen verfasst, meistens zu politischen und historischen Themen, u. a. auch in der Herausgeberschaft für Schriften von Friedrich Naumann sowie die Biografie von Ministerpräsident Dr. Georg Diederichs, in der sie sich eingehend mit der niedersächsischen Nachkriegspolitik befasste.

So sprach, auch unabhängig von der Bonner Konstellation, in Hannover alles für eine Fortsetzung der Großen Koalition unter SPD-Ministerpräsident Dr. Georg Diederichs. Die SPD hätte zusammen mit der FDP zwar eine knappe Mehrheit von einer Stimme gehabt, aber bei einer Koalition der NPD unangemessenen Einfluss eingeräumt. Mit der CDU gab es für die FDP keine parlamentarische Mehrheit. Die FDP musste sich wohl oder übel weiterhin auf die Oppositionsrolle einrichten.

Am Vorabend der „68er-Revolution"

Lassen wir noch einmal Hannah Vogt zu Wort kommen, deren Meinung ich teile:

„Das Jahr 1967 war aber nicht nur ein Jahr der Landtagswahlen, sondern es war ein Jahr, in dem eine Änderung der politischen Lage sich unmissverständlich anzeigte. Die allzu lang verschleppte Hochschulreform, die Fortdauer überholter hierarchischer Strukturen in diesem Bereich, hatten schon 1965 eine erhebliche Unruhe unter den Studenten hervorgerufen. Diese wurde verschärft durch weltpolitische Vorgänge wie den Vietnamkrieg der Amerikaner, dessen fadenscheinige Freiheitsideologie und brutaler Machtanspruch eine kritische Generation zum Engagement auf der Seite Vietnams herausforderte. Es ist hier nicht der Ort, alle Motivationen darzulegen – über den Gesamtkomplex ist viel geschrieben worden –, aber eines kann nicht unerwähnt bleiben: das Klima der ‚großen Koalition' vermehrte die Unruhe, wenn es sie auch nicht auslöste. Das Verschwinden einer starken, zur Wachablösung fähigen Opposition musste in den Augen der Studenten die restaurativen Tendenzen stärken, jede alternative Politik zur Hoffnungslosigkeit verurteilen, die Kontroll-

und Kritikfunktion des Parlaments, so lebenswichtig in einer Demokratie, reduzieren und undurchschaubaren Manipulationen Tür und Tor öffnen."

Am 2. Juni 1967 wurde bei den Protesten der Studenten gegen den Besuch des Schahs von Persien in Berlin der hannoversche Student Benno Ohnesorg von einem Polizisten erschossen, der sich später, als nach der Wende die Archive der DDR geöffnet wurden, als Stasi-Spitzel entpuppte. Sieben Tage später wurde dieses Opfer der Demonstration in Hannover beigesetzt. An dem Trauermarsch beteiligten sich über 10.000 westdeutsche und Westberliner Studenten.

Ich Unglücksrabe musste in jenen Tagen nebenbei ausgerechnet auch noch meinen im Urlaub weilenden guten Freund und Kollegen Gerhard Dierssen, Bildreporter der Illustrierten *Quick*, vertreten und erhielt von deren Redaktion prompt den Auftrag, mit der Mutter des getöteten Studenten zu sprechen. Das war gewiss nicht mein Metier. Aber ich fand in der in Hannover-Linden wohnenden Mutter Ohnesorg eine sehr gefasste Frau, der ich sogar noch Trost spenden konnte. Doch soweit ich mich erinnere, hat mein Text der *Quick*-Redaktion offenbar nicht gefallen. Er wurde nicht veröffentlicht.

Wie nicht anders zu erwarten war, brachte der Druck der Öffentlichkeit nach 1967 in allen Ländern der Bundesrepublik das Thema Hochschulreform in Gang, wenn auch immer noch langsam und gegen große Widerstände der auf ihre Autonomie pochenden Fakultäten und Ordinarien. Schlagwort und Kampfruf waren: „Unter den Talaren der Muff von tausend Jahren!".

Parlamentarische Dauerkrise in Niedersachsen

In Niedersachsen regierte 1969 immer noch die Große Koalition unter dem SPD-Ministerpräsidenten Dr. Georg Diederichs mit vier Ministern der CDU. Das wäre sicher noch eine ganze Weile gut gegangen, wenn nicht zwei besondere Ereignisse dazwischengehagelt wären. Zunächst: Die CDU musste in Bonn zum ersten Male in die Opposition. Die Bundestagswahl 1969 mit der ersten sozial-liberalen Koalition hatte natürlich auch große Auswirkungen auf das politische Klima in Niedersachsen. Die SPD wurde stärker, die CDU erlitt einen herben Rückschlag. Damit wurde der heimliche Kampf um die Regierungsgewalt zwischen

Der Trauerzug des in Berlin erschossenen hannoverschen
Studenten Benno Ohnesorg in seiner Heimatstadt Hannover
im Juni 1967.

den beiden Koalitionspartnern immer stärker angefacht. Und im Landtag kam es zur Dauerkrise.

Der „Greifvogel" des Niedersächsischen Landtags

Der CDU-Landtagsfraktionsvorsitzende Bruno Brandes, Rechtsanwalt
aus Holzminden, ein ebenso großes politisches Genie wie „Schlitzohr",
später eine tragische Figur des Landtags, wollte sich nicht damit abfinden,
dass die SPD mit 66 Mandaten die CDU mit 63 Mandaten beherrschte,
vor allem nicht, als nach der Aufnahme der drei Überläufer aus der zehn

CDU-Oppositionsführer
Bruno Brandes.

Mann starken FDP-Landtagsfraktion erst als Hospitanten, dann als Mit-glieder der CDU-Fraktion, das Kräfteverhältnis mit 66 zu 66 Mandaten ausgeglichen war. Aber „Bruno", wie er allenthalben im Parlament bei Freund und Feind genannt wurde, wollte mehr: die Mehrheit im Landtag und damit auch die Mehrheit in der Landesregierung.

Was sich dann in den nächsten Monaten auf der landespolitischen Bühne in Niedersachsen ereignete, sucht in der Nachkriegsgeschichte ihresgleichen. Am 21. Oktober 1969 hatte der SPD-Abgeordnete Walter Baselau, Hannover-Land, seine Fraktion verlassen; er blieb zunächst fraktionslos. Damit hatte sich das Verhältnis zu Ungunsten der SPD verschoben, sie hatte nun mit 65 Mandaten eins weniger als die CDU. Den SPD-Regierungschef Dr. Diederichs beunruhigte das indessen noch nicht, weil die Große Koalition noch funktionierte. Doch das „Gentlemen's Agreement" der Koalitionspartner, auf das sich der Mi-nisterpräsident am 23. Oktober 1969 vor der Presse noch berufen hatte, hielt den Realitäten bald nicht mehr stand. So meldete beispielsweise die *Frankfurter Allgemeine Zeitung* am 6. Januar 1970, die CDU habe in der Koalitionsrunde gefordert, die niedersächsische Landesregierung solle sich im Bundesrat der Stimme enthalten und, falls sich die Kabinettsmit-glieder nicht auf eine gemeinsame Linie einigten, im Landeskabinett

solle ein Gleichstand in der Zahl der Minister der beiden Parteien hergestellt werden. Der Regierungschef war indessen weiter der Meinung,
auch durch die Aus- und Übertritte von Abgeordneten habe sich am
Wahlergebnis der Landtagswahl nichts geändert, sodass sich auch politisch nichts zu ändern brauche. Im Bundesrat solle von Fall zu Fall entschieden werden.

Der CDU-Landtagsfraktionschef Bruno Brandes streckte inzwischen weiter seine Fühler aus. Zum Eklat kam es, als er in der NPD-
Fraktion „fündig" wurde. Am 15. Januar 1970 trat der Abgeordnete
Helmut Hass, Salzgitter, aus der NPD-Fraktion aus. Er folgte jedoch
nicht der Unterwerfungsklausel der NPD; er gab sein Mandat nicht zurück, sondern blieb fraktionslos. Das war zu der Zeit, als im Landtag
gerade das Naturschutzgesetz mit dem Schutz von Greifvögeln behandelt wurde. NPD-Fraktionsvorsitzender Adolf „Bubi" von Thadden,
als brillanter Redner bekannt, sagte in Anspielung auf die Abwerbungs-
versuche von Bruno Brandes: „Hier im Parlament haben wir das beste
Beispiel eines Greifvogels, nämlich Bruno Brandes." Der hatte damit
seinen Spitznamen weg und hieß fortan nur noch der „Greifvogel". Er
machte diesem Namen allerdings auch alle Ehre und versuchte, noch
mehr NPD-Abgeordnete zu greifen und auf seine Seite zu ziehen.

Die Chronologie des Wechselspiels der Überläufer

Am 23. April 1969 Übertritt von drei FDP-Abgeordneten, darunter
FDP-Hauptgeschäftsführer Herbert Stender, zur CDU-Fraktion. Am
21. Oktober 1969 Austritt des SPD-Abgeordneten Walter Baselau aus
seiner Fraktion, er blieb fraktionslos, das Mandatsverhältnis der SPD zu
CDU jetzt 66 zu 66. Am 15. Januar 1970 Austritt des NPD-Abgeordne-
ten Helmut Hass aus seiner Fraktion, er blieb zunächst fraktionslos.
Am 23. Januar 1970 Walter Baselau wird Gast in der CDU-Fraktion.
Am 24. Januar 1970 tritt der CDU-Abgeordnete Hans Eck völlig überraschend und ohne Begründung aus der CDU-Fraktion aus, jetzt fraktionslos; das Verhältnis wieder 65 zu 65 Mandate. 17. Februar 1970:
Walter Baselau wird Mitglied der CDU-Fraktion; jetzt wieder 66 zu 65
für die CDU. 17. Februar 1970: Helmut Hass stellt Antrag auf Hospitanz bei der CDU-Fraktion. 17. Februar 1970: CDU-Fraktion teilt mit:
NPD-Hass in die Fraktion aufgenommen; am gleichen Tag erklärt die
SPD-Abgeordnete Maria Meyer-Sevenich, die 1945 Mitbegründerin der

Der Vorsitzende der NPD-Landtagsfraktion, Adolf „Bubi" von Thadden, (vorn rechts) in der Plenarsitzung des Niedersächsischen Landtags.

niedersächsischen CDU gewesen, aber 1948 zur SPD übergetreten war und seit der Zeit für die Sozialdemokaten im Landtag saß, aus Protest gegen die Ostpolitik der Bundesregierung Brandt/Scheel ihren Austritt aus der SPD-Fraktion und ihren Eintritt in die CDU-Fraktion. Das Mandatsverhältnis war jetzt 68 zu 65 für die CDU.

Da wurde es dem Ministerpräsidenten Dr. Diederichs zu bunt, es war für ihn der „Casus Belli", weil er in seiner Regierung keine Nazis haben wollte. Er verlangte die Entlassung der vier CDU-Minister. Doch dafür brauchte er die Zustimmung des Landtags. Am 24. Januar 1970 erklärte der Ministerpräsident die Große Koalition für beendet. Die entscheidende Landtagssitzung wurde für den 4. März 1970 angesetzt.

Die Auflösung der Großen Koalition

In dieser Atmosphäre vollzog sich nach und nach die Auflösung der Großen Koalition in Hannover. Nachdem die CDU-Fraktion durch

„Fraktionsnomaden", wie der Regierungschef Diederichs die Überläufer bezeichnete, auf 68 Mandate angewachsen war, brauchte er für
die erforderliche Mehrheit zur Entlassung der CDU-Minister im Parlament die Stimmen der noch sieben Mann starken FDP-Fraktion. Sie
war, wieder einmal, das Zünglein an der Waage. In der Presse wurde
eifrig spekuliert, hinter den Kulissen wurde heftig diskutiert. Dazu gab
es in der SPD eine „Beobachterkommission", in der CDU eine „Ver-
handlungskommission" und in der FDP eine „Informationskommis-
sion". Der SPD-Landesausschuss hatte sich schon am 22. Februar 1970
für Neuwahlen als einzigen demokratischen Ausweg aus der verfahre-
nen Lage ausgesprochen. Für die FDP war das jedoch (noch) keine
gute Idee, denn sie konnte sich, gerade nach dem Linksschwenk ihrer
Partei in Bonn, nicht sicher sein, ob ihr die Wähler auch in Niedersachsen folgen und sie über die Fünf-Prozent-Hürde tragen würden.
So wollten sich die Liberalen auch die Tür zur CDU offenhalten, die,
wie in der Presse zu lesen war, der FDP „großzügige Angebote" gemacht haben sollte.

Am 4. März 1970 war in der Landtagssitzung der Antrag auf Entlassung der CDU-Minister wie vorhersehbar gescheitert. Nun ging es für
die CDU um ein verfassungsmäßiges konstruktives Misstrauensvotum
gegen Ministerpräsident Diederichs, um die derzeitige Regierung ab-
zuwählen und eine bürgerliche Koalition von CDU und FDP zu bilden. Aber dazu war die absolute Mehrheit nötig. Doch als ob es nicht
schon genug Überraschungen gegeben hätte, war am 3. März 1970 die
traurige Kunde gekommen, dass die 63-jährige, zur CDU übergelau-
fene Maria Meyer-Sevenich im Krankenhaus verstorben sei. Weil für
sie ein Abgeordneter auf der SPD-Landesliste in den Landtag nach-
rückte und damit die SPD wieder ein Mandat mehr und die CDU eins
weniger hatten, verschob sich das Kräfteverhältnis auf nur noch 66 zu
65 für die CDU. Nun fehlte einer eventuellen CDU/FDP-Koalition
eine einzige Stimme. Denn von der NPD wollte weder das eine noch
das andere Lager abhängig sein. Da war allerdings noch der aus der
CDU-Fraktion ausgetretene, jetzt fraktionslose Harburger Abgeordnete Hans Eck, den die Kirchenzeitung in einem Artikel „Demokratie
und Lächerlichkeit" als „Inhaber der vollziehenden Gewalt" titulierte.
Doch er wäre für eine stabile Koalition ein unsicherer Kantonist gewesen. Am 18. März 1970 wurde in einer gerade einmal 20 Minuten dauernden Landtagssitzung der SPD-Antrag auf Auflösung des Landtags
abgelehnt.

FDP-Beschluss zur Landtagsauflösung
beendete alle Spekulationen

Aber der „Greifvogel" der CDU-Fraktion hatte seine Hoffnung auf eine
Mehrheit beim Misstrauensantrag noch nicht aufgegeben. Da traten am
22. März 1970 zwei weitere NPD-Abgeordnete aus ihrer Fraktion aus.
Doch bevor sie sich bei der CDU-Fraktion anmeldeten, machte die FDP
allen Spekulationen ein Ende. Der FDP-Landesausschuss hatte nämlich
in seiner Sitzung mit 57 gegen 50 Stimmen beschlossen, sich für Neuwahlen in Niedersachsen einzusetzen. Damit war ein Ende der Krise in Sicht
und das Ansehen und die Glaubwürdigkeit der Demokratie auch in
diesem Bundesland offensichtlich gerettet. Allerdings wollten die Freien
Demokraten die Landtagswahl möglichst weit hinausschieben, nach Meinung von CDU-Abgeordneten, um einigen Kollegen noch die Pensionen
zu sichern, weil die Wahlperiode noch nicht abgelaufen und die erforderliche Amtszeit noch nicht erreicht sei. So stellte die FDP am 1. April 1970
den Antrag, statt den Landtag sofort aufzulösen, eine Abkürzung der
Wahlperiode zu ermöglichen. Der Antrag wurde dem Rechtsausschuss
des Landtags überwiesen. Der einigte sich auf den Vorschlag, dass das
Parlament nach seinem Auflösungsbeschluss weitere 60 Tage amtieren
kann, um wichtige Gesetzesvorlagen noch abschließen zu können.

Landtagsauflösung – Vorgezogene Neuwahlen – Nur noch
zwei Parteien im Parlament – Kubel neuer Ministerpräsident –
Diederichs langer Abschied von der Politik

Nun ging alles ziemlich schnell. Am 20. April 1970 beschloss der Landtag die Verfassungsänderung mit der erforderlichen Zweidrittelmehrheit. Als Termin für die Auflösung des Landtags wurde der 21. April
1970 festgelegt. Die CDU-Fraktion zog ihren Misstrauensantrag am
20. Mai 1970 zurück. Der Niedersächsische Landtag der 6. Wahlperiode tagte am 27. Mai 1970 zum letzten Male. Am 14. Juni 1970 fand die
vorgezogene Wahl zum neuen Niedersächsischen Landtag statt. Zum
ersten Male in der niedersächsischen Nachkriegsgeschichte kamen nur
zwei Parteien in das Parlament: Die SPD mit 75 Abgeordneten und die
CDU mit 74 Abgeordneten. Die FDP scheiterte an der Fünf-Prozent-
Hürde und war zum ersten Male nicht im Niedersächsischen Landtag
vertreten.

Mit einer Stimme Mehrheit konnte die SPD mit einem neuen Ministerpräsidenten Alfred Kubel die Alleinregierung stellen. Daran war sein
Vorgänger Dr. Diederichs nicht ganz unschuldig. Als er 1965 das Pensi-
onsalter erreicht hatte, wurde er vor der Landespressekonferenz gefragt,
wie lange er die Last des Regierens noch tragen wolle. Er antwortete:
„Ich werde das Amt auf jüngere Schultern legen, bevor mir andere
sagen, dass ich alt geworden bin." Nun traf ihn mitten im Endspurt des
Landtagswahlkampfes, in dem er für sein Land, für seine Partei und
auch für sich selbst in seinem Wahlkreis Northeim kämpfte, ein leichter
Schlaganfall. Mit Lähmungserscheinungen wurde er ins Krankenhaus
gebracht. Dort führte er, wie schon sein Vorgänger Hinrich Wilhelm
Kopf, vom Bett aus die Regierungsgeschäfte weiter. Dort erfuhr er auch
am Abend des 14. Juni 1970 die Wahlergebnisse: Diederichs hatte wieder seinen Wahlkreis und die SPD hatte die Landtagswahl gewonnen.
Sie konnte im neuen Zwei-Parteien-Parlament gegen die CDU mit
hauchdünner Mehrheit weiterregieren.

Aber für den 70jährigen Ministerpräsidenten war der Schlaganfall ein
Wink des Schicksals. Er konnte und wollte sich nicht um die Weiterfüh-
rung des Amtes des Regierungschefs bewerben. Ein Mandat als einfacher Landtagsabgeordneter konnte er sich zum Ende seiner politischen
Karriere noch vorstellen, aber keine Wiederwahl zum Ministerpräsidenten. Und das Regieren mit nur einer Stimme Mehrheit wäre sicher auch
nicht seine Sache gewesen. Zur konstituierenden Sitzung des neu gewählten Landtags am 8. Juli 1970 musste Diederichs im Rollstuhl in den
Plenarsaal gefahren werden; denn die SPD brauchte jede Stimme. Alfred
Kubel wurde mit allen 75 Stimmen der SPD-Fraktion endlich zum Ministerpräsidenten gewählt.

Er ehrte seinen Vorgänger anlässlich dessen 70. Geburtstag am 2. September 1970 mit der Niedersächsischen Landesmedaille, der höchsten
Auszeichnung, die das Land zu vergeben hat und die nur an jeweils 30
lebende Persönlichkeiten verliehen wird. Bereits 1963 war Diederichs
mit dem Großkreuz des Verdienstordens der Bundesrepublik Deutschland ausgezeichnet worden, und 1966 war er Ehrenbürger seiner Heimatstadt Northeim geworden.

Obwohl Kubel, Jahrgang 1909, nur neun Jahre jünger war als Diederichs, Jahrgang 1900, bedeutete die Nachfolge doch einen Generationswechsel. Er war in der SPD bereits Anfang April 1970 eingeläutet worden, als der 1924 geborene Prof. Dr. Peter von Oertzen auf dem
Landesparteitag der niedersächsischen SPD mit 107 von 149 Delegiertenstimmen zum neuen Landesvorsitzenden gewählt wurde und den

langjährigen Vorgänger, den 1913 geborenen Egon Franke, eine der großen sozialdemokratischen Nachkriegslegenden, ablöste. Damit war auch die Zeit eines bürgerlichen und liberalen Sozialdemokraten wie Georg Diederichs vorbei. Nach der 68er-Revolution hatten sich, ob man es wollte oder nicht, die Gesellschaft, die Parteien und auch der Stil des Regierens geändert.

Zum letzten Mal auf dem Pegasus

Allerdings dauerte Dr. Georg Diederichs' Abschied von der politischen Bühne noch vier Jahre. Der bisher politisch mächtigste Mann im Lande Niedersachsen fristete die letzten Jahre seines insgesamt über ein Vierteljahrhundert währenden Parlamentarierlebens als ganz bescheidener Hinterbänkler. Doch so wenig die Zettel, die früher während der Plenarsitzungen zwischen ihm und seinem alten Parlamentsfreund Albert Post, langjähriger Bürgermeister von Westerstede und einer der wenigen mehrmals direkt gewählten FDP-Landtagsabgeordneten, hin und her gingen, bei dem einen in Versform, bei dem anderen auf Plattdeutsch, so sehr hielt sich Diederichs mit Wortmeldungen zurück. Nur einmal, im März 1974, juckte es den Abgeordneten, Vater und Großvater, vor dem versammelten Sachverstand des Parlaments wie in alter Zeit das Wort zu ergreifen. Es ging um die von Schule, Elternhaus und Kultusministerium heftig diskutierte geplante Einführung der Mengenlehre im Mathematikunterricht. Das Thema, das ihn zu Hause und in Kursen der Volkshochschule begleitete, habe ihn so geschüttelt, dass er daraus einen Schüttelreim habe machen müssen, sagte er unter dem johlenden Beifall des Landtagsplenums und zitierte: „Dass mein Verständnis ich für Höhen, Breiten, Längen mehre, befasse ich mich jetzt mit der Mengenlehre." Und dann fügte er zum Abschied noch ein für ihn typisches Gedicht hinzu:

„Die Mengenlehre, die als Hobby wir erkiesen,
versuchen jetzt mit Gründen, jenen oder diesen,
die, welche Chaos schreien oder prophezeien wilde Krisen,
auf Haun und Stechen uns von Grund auf zu vermiesen.
Doch wir, wir lassen uns von niemanden verhetzen,
den Weg vom Endlichen in die Unendlichkeit begeistert fortzusetzen.
Und daß uns keiner dieses hohe Ziel verwehre,
bekennen wir uns unbeirrt zur Mengenlehre."

Im Protokoll des Landtags ist zu lesen: Heiterkeit und Beifall im ganzen Hause.

Auch als 80-Jähriger ließ es sich der ehemalige Ministerpräsident nicht nehmen, am hannoverschen Schützenfest, dem größten Schützenfest der Welt, teilzunehmen
und in einer Festkutsche im zehn Kilometer langen
Festzug mitzufahren. Ministerpräsident Dr. Ernst
Albrecht (rechts), der an der Spitze des Umzugs mit-
marschierte und unterwegs traditionell mit Blumen
und Küssen überhäuft wurde, begrüßte anschließend
vor der Ehrentribüne seinen Vorgänger im Amt.

Es war der letzte öffentliche Beifall für ein langes, erfolgreiches Politikerleben. „Schorse" Diederichs konnte sich nach der Landtagswahl
1974 dem Familienleben widmen, was er auch allzu gern tat. Und wie
sein Vorgänger Hinrich Wilhelm Kopf fand auch er als Präsident des
Landesverbandes Niedersachsen des Deutschen Roten Kreuzes noch
ein öffentliches Amt, in dem er Gutes tun konnte.

Der Pensionist
Dr. Georg Diederichs.

Ein unvergessenes Abschlussgespräch

Jahre später hatte ich die letzte Begegnung mit dem ehemaligen Ministerpräsidenten Dr. Diederichs. Es war ein ganz privates, menschlich sehr
rührendes Zusammentreffen. Er kam gemeinsam mit seiner Frau und
seiner Enkeltochter zu mir in meine Redaktion. Ich war inzwischen Vorsitzender der Landespressekonferenz, und das junge Mädchen wollte
„etwas über den Journalismus" als seinen möglichen zukünftigen Beruf
erfahren. Es wurde ein völlig ungezwungenes, vertrautes Gespräch, das
sich um „die Presse" im Allgemeinen, aber natürlich auch um die Landespolitik und unsere jahrelange Zusammenarbeit im Besonderen drehte.
Erinnerungen wurden ausgetauscht, Urteile im Nachhinein gefällt. Ich
lernte, leider viel zu spät, einen „wirklichen" Schorse Diederichs wenigstens noch etwas kennen und noch mehr schätzen. Außerdem hatte ich
die Freude, seine nach dem Tode seiner ersten Frau geheiratete Frau Ka-
rin Ruth persönlich kennenzulernen. Zu ihr hatte ich gleich einen guten
Kontakt und besonderen Gesprächsstoff insofern, als wir beide die
Schrecken und Pein russischer Arbeits- und Straflager in jahrelanger
sowjetischer Gefangenschaft nach dem Krieg durchleiden mussten.

Ein großes Foto des Verstorbenen
erinnerte beim Staatsakt im
Bonatz Saal der Stadthalle
Hannover an den dritten nieder-
sächsischen Ministerpräsidenten
Dr. Georg Diederichs.

Zehn Jahre lang hatte sie als junges Mädchen hinter Stacheldraht bei unvorstellbaren Strapazen schuften und darben müssen. Sie hat es überlebt,
war traumatisiert, aber doch gereift zurückgekehrt. Die Erlebnisse hatten sie geprägt für ein neues Leben an der Seite von Georg Diederichs,
dem sie als politisch sehr interessierte Frau und relativ junge „Landesmutter" vorbildlich zur Seite stand. Ich habe sie sehr bewundert. Das so
offene, geradezu vertraute Gespräch mit der Familie Diederichs hat mich
noch lange bewegt. Es war gleichzeitig ein Abschied.

Dr. Georg Diederichs ist am 19. Juni 1983 in seinem Haus in Hannover-
Laatzen gestorben. Mit einem Staatsakt in der Stadthalle Hannover nah-
men Landesregierung und Öffentlichkeit Abschied von dem beliebten
Politiker.

4. Alfred Kubel

Am 8. Juli 1970 war Alfred Kubel endlich am Ziel seiner Träume. Der Niedersächsische Landtag hatte ihn mit den 75 Stimmen der SPD-Fraktion gegen die 74 Stimmen der CDU-Fraktion zum vierten Ministerpräsidenten Niedersachsens gewählt. Ernannter Ministerpräsident war er vorher schon einmal gewesen, allerdings nur sieben Monate von Mai bis Dezember 1946 für das damalige Land Braunschweig. Dann hatten ihn die führenden Sozialdemokraten auf Geheiß der britischen Besatzungsmacht in das gerade neu gegründete Land Niedersachsen geholt und gleich zum Minister in der ersten Landesregierung unter Ministerpräsident Hinrich Wilhelm Kopf gemacht. Von da an gehörte Kubel 22 Jahre lang jedem Kabinett als Minister an, mit Ausnahme einer zweijährigen Unterbrechung von 1955 bis 1957 unter DP-Ministerpräsident Hellwege. Wirtschaft, Finanzen und Landwirtschaft waren vornehmlich seine Ressorts. In allen hinterließ er seine Spuren.

Schon einmal hatte die „Allzweckwaffe" der niedersächsischen SPD kurz vor dem Sprung auf das Amt des Ministerpräsidenten gestanden. Es war im Dezember 1961, als ein Nachfolger des verstorbenen Hinrich Wilhelm Kopf gesucht wurde. Aber aus parteitaktischen und sicher auch aus persönlichen Gründen hatten ihm die regierenden Sozialdemokraten den Sozialminister Dr. Georg Diederichs vor die Nase gesetzt. Sie wollten lieber den eher kompromissfähigen als den polarisierenden, den eher jovialen, volksnahen als den barschen, unnahbaren Politiker, den protestantischen Sozialisten als den ehemaligen Kämpfer des Internationalen Sozialistischen Kampfbundes ISK und Dissidenten. Ministerpräsident Diederichs, gezeichnet durch Krankheit, Alter und Amtsmüdigkeit, machte Kubel nach acht Jahren als Nachfolger Platz. Es gab zwar noch Konkurrenten, aber keinen geeigneteren Kandidaten.

Wir Journalisten hatten beobachtet, wie sich Ende der 60er Jahre bei der niedersächsischen SPD ein sichtbarer Wandel vollzogen hatte. Egon Franke, seit Jahrzehnten unumschränkter Chef der Sozialdemokraten und engster Mitarbeiter vom Wiedergründer der SPD der Nachkriegszeit, Kurt Schumacher, Vorsitzender des einflussreichsten SPD-Bezirks Hannover und Landesvorsitzender der SPD in Niedersachsen sowie seit 1951 hannoverscher Abgeordneter des Deutschen Bundestages und dort Führer des von ihm gegründeten Netzwerkes „Kanalarbeiter", eine einflussreiche Gruppe rechter Sozialdemokraten, war in Hannover 1970 vom zehn Jahre jüngeren, linken Hochschulprofessor Peter von Oertzen abgelöst worden. Franke hatte 1969 in Bonn das Bundesministerium für innerdeutsche Beziehungen übernommen.

Dazu fällt mir eine bezeichnende Begebenheit im Umgang von Politikern mit Journalisten ein.

Wir waren mit der Landespressekonferenz auf einer Informationsreise in Bonn und saßen abends in der niedersächsischen Landesvertretung beim Glas Bier zusammen. Ich fragte Egon Franke, den Boss der einflussreichen „Kanalarbeiter" und Königsmacher der SPD in Bonn, zu vorgerückter Stunde, warum ich von der SPD im Gegensatz zu anderen Parteien so wenig Informationen bekomme. „Treten Sie in die Partei ein, und Sie kriegen alles, was Sie brauchen", war seine großzügige, lachende Antwort. Ich war zunächst perplex. Kann Politik so einfach sein?

Ein weiterer Nachwuchskandidat der SPD in Hannover war der 1918 geborene Gewerkschafter Richard Lehners, der seit langem einen guten Draht zur Presse hatte. Lehners war von 1963 bis 1967 Landtags-

SPD-Innenminister Richard Lehners (rechts) bei einem Presse-Abend am Tisch mit einem Polizeibeamten, der Zauberkunststücke vorführte und später als „Mister Cox" eine große Zaubererkarriere machte; dahinter stehend 2. von links der Vorsitzende der Landespressekonferenz, Rolf Zick.

präsident und hatte dann nach einer sensationellen Abstimmung in der SPD-Landtagsfraktion um den Posten des künftigen Innenministers klar gegen Bundesminister Egon Franke gesiegt. Persönliche Gründe, die nie ganz ans Tageslicht gekommen sind, haben ihn offenbar aus dem Rennen um den Posten des Ministerpräsidenten geworfen.

Die nächsten möglichen Anwärter waren der DGB-Landesbezirks-vorsitzende Helmut Greulich, Jahrgang 1923, und der Vorsitzende der SPD-Fraktion im Niedersächsischen Landtag, Helmut Kasimier, Jahrgang 1926. Sie schienen wohl noch zu jung für eine Nachfolge.

Kubel und der Journalismus

Also blieb nur Alfred Kubel übrig, der sich zunächst scheinbar zierte, obwohl er das höchste Amt natürlich liebend gern schon längst angenommen hätte. Typisch Kubel, könnte man sagen. Als Vorsitzender der Landespressekonferenz Niedersachsen (LPK) hatte ich es jetzt mit einem völlig neuen Typ von Regierungschef zu tun. Er war ein ganz anderes Kaliber als sein Vorgänger Dr. Diederichs.

Alfred Kubel, der „geborene" Politiker mit Spürnase und eine Art Vorgänger der späteren Generation von Polit-Managern, war im Gegensatz zu „Schorse" Diederichs für die Landespressekonferenz kein Gesprächs*partner*. Sie war für ihn eher eine geduldete Institution. Kubel forderte bewusst Widerspruch heraus, aber er duldete ihn nicht. Kubel war dünnhäutig und äußerst empfindlich, auch oder gerade gegenüber der Presse. Er kompensierte diese Empfindlichkeit, indem er andere gern vors Schienbein trat oder durch seinen oft hervorgekehrten Zynismus. Viele Mitglieder der LPK bestätigen gern das Urteil eines Zeitgenossen: „Seine Kritiker und Gegner, diese waren stets zahlreicher als seine Bewunderer oder Freunde (,,Freunde kann Kubel gar nicht haben"), behaupten: Wenigstens im Wald findet Kubel Zuhörer, die er braucht – die Bäume, denn die können nicht widersprechen, und falls ein Baum nicht spurt, dann tut Kubel das, was er auch mit seinen politischen Gegnern am liebsten tut: Er hackt ihn um!" Von der landesväterlichen Art seiner Vorgänger hielt Alfred Kubel nichts. Sie war ihm offenbar zuwider.

Als er kurz nach seiner Wahl zum Ministerpräsidenten zum ersten Male zu uns in die Landespressekonferenz kam, um sich als Regierungschef vorzustellen, begrüßte ich ihn respektvoll und herzlich:

„Willkommen, Herr Ministerpräsident!" Da blaffte er mich vor versammelter Mannschaft sofort unwirsch an: „Kubel heiße ich!" Er wollte, vielleicht aus Eitelkeit, nicht mit seinem Titel angeredet werden. Fortan gab es in der Staatskanzlei keine Titel und Amtsbezeichnungen mehr. Alle Beamten und Angestellten mussten sowohl bei ihren Türschildern als auch bei ihren Anreden Abschied nehmen von so lieb gewordenen, wichtigen Titulierungen wie Staatssekretär, Leitender Ministerialrat oder Regierungsoberamtsrat. Auch an der Tür zum Amtszimmer des Regierungschefs stand schlicht und einfach Alfred Kubel.

Er hatte nie den Ehrgeiz, ein Politiker zum Anfassen zu sein, auch nicht für Journalisten. Nur wer lange Zeit mit ihm zusammen war und so etwas wie Vertrauen aufgebaut hatte, den redete er auch schon mal mit dem „Du" an – ohne allerdings gleiches zu erwarten. Es gibt von Alfred Kubel kaum Anekdoten. Mir fällt nur eine ein, die zeigt, dass sein Umgang mit Journalisten auch anders sein konnte:

Bei einem früher traditionell alljährlich stattfindenden Abend der Landespressekonferenz mit der Landesregierung saßen wir nach getaner Arbeit, nach Reden, öffentlicher Diskussion und Abendessen, zu mitternächtlicher Stunde mit dem Ministerpräsidenten am Tisch und diskutierten weiter. Kubel war zwar ein Asket, zog täglich seine Bahnen im Schwimmbad und lief im Winter daheim in Braunlage Ski, er war Nichtraucher, aber kein Antialkoholiker. So genehmigte er sich zu fortgeschrittener Stunde durchaus mal ein Glas Bier oder auch mehr. An diesem Abend fuhr es dann in seiner burschikosen Art aus ihm heraus: „Niedersachsen ist nur noch besoffen zu ertragen!" Ein Kollege einer überregionalen Zeitung, der erst wenige Wochen zuvor aus Nordrhein-Westfalen zu uns in die Landespressekonferenz nach Hannover gekommen war, schnappte das auf, und am übernächsten Tag war die große Schlagzeile zu lesen: „Kubel: Niedersachsen nur besoffen zu ertragen". Dieser Unglücksrabe eines Journalisten wusste offenbar nicht, dass bei uns in der Landespressekonferenz ungeschriebenes Gesetz ist: Was beim Glas Bier oder nach Mitternacht gesagt wird, wird nicht geschrieben und nicht veröffentlicht! Um mal vertraulich miteinander reden zu können, auch mit einem Ministerpräsidenten, war es für uns Ehrensache, sich strikt an diese Regel zu halten, auch wenn einem manchmal ein sogenannter „Knüller" durch die Lappen ging. Alfred Kubel war natürlich sauer über diesen Vorfall. Er hat ihn der LPK jedoch nicht angekreidet.

In diesen Zusammenhang passt sicher auch Kubels Meinung zum Journalismus, die er 1975 als Ministerpräsident in einem Gastkommentar für den *Nord-Report* in Hannover zum Zeugnisverweigerungsrecht ausgedrückt hat. Dort schrieb er zum Schluss:

Auch die Neuordnung des Rundfunkwesens in Norddeutschland war ein Anliegen von Ministerpräsident Alfred Kubel. Bei einem Gespräch mit dem Intendanten von Radio Bremen, Klaus Bölling (2. von links), der anschließend von 1974 bis 1982 Regierungssprecher der Bonner sozialliberalen Koalition unter Bundeskanzler Helmut Schmidt war, sagte ihm Kubel die Erhaltung der Selbständigkeit von Radio Bremen zu; links der Leiter der niedersächsischen Staatskanzlei, Staatssekretär Dr. Ernst Gottfried Mahrenholz, später Bundesverfassungsrichter, rechts der Pressesprecher der niedersächsischen Landesregierung, Günter Volz.

„Der Kreis jener Berufe, denen das Recht der Zeugnisverweigerung zusteht, ist gleichermaßen gekennzeichnet durch eine hochqualifizierte Ausbildung. Der Zugang zum Beruf des Journalisten ist dagegen frei. Dafür gibt es viele gute Gründe, die sicherlich mehr im Grundsätzlichen der freien Meinungsäußerung als im Detail des fachlichen Wissens liegen. Dennoch mag die Frage erlaubt sein, ob zum Berufsbild des Journalisten, wie es sich mit dem Zeugnisverweigerungsrecht zeichnet, nicht eine wie auch immer geartete qualifizierte Ausbildung gehören sollte. Der Anspruch des Journalisten auf das Recht der Zeugnisverweigerung ist im Einzelfall gewiss keine Frage seines Wissens und seines Bildungsstandes. Im Grundsatz allerdings sind solche Zusammenhänge nicht zu leugnen. Die Frage jedenfalls nach der journalistischen Ausbildung ist neu gestellt, an die Journalisten, und an uns alle.

Was Ministerpräsident Kubel wirklich von der Presse im Allgemeinen und von der Landespressekonferenz im Besonderen hielt, mag auch die Tatsache dokumentieren, dass er während seiner Finanzministerzeit nach dem Ausscheiden seines langgedienten versierten Pressereferenten Arthur Mrongovius als Nachfolger keinen gestandenen Journalisten oder presseerfahrenen Mitarbeiter seines Hauses berief, sondern seine Vorzimmerdame Marga Tylinski. Sie hatte bis dato nie etwas mit der Presse, schon gar nicht mit der Landespressekonferenz am Hut gehabt. Nun wurde sie von Kubel als Pressereferentin zu den dreimal in der Woche stattfindenden Routinekonferenzen der LPK geschickt. Hier hat sie, so viel ich mich erinnere, weder mal eine Information ihres Ministeriums mitgebracht, noch konnte sie auf die in der Sitzung gestellten Fragen antworten. Es war oft peinlich und beschämend. Die arme Referentin konnte ja nichts dazu. Wir haben sie schließlich nur noch bedauert. Allerdings hielt sie ihr Versprechen, unserer Fragen an die entsprechenden Abteilungen in ihrem Ministerium weiterzuleiten. Ihre „Vorbildung" war die Arbeit als Kassiererin im SPD-Ortsverein.

Der Flop mit dem Nordstaat

Zu den größten Aktivitäten gleich zu Beginn der Amtszeit Kubels gehörten die Versuche zu territorialen Veränderungen und Neuordnungen vornehmlich auf kommunaler Ebene und auf der Bundesebene; dazu kam die Neuordnung des Verhältnisses zwischen Bund und Ländern. Der neue niedersächsische Ministerpräsident war noch nicht einmal ein Vierteljahr im Amt, da packte er gleich einige seiner großen Probleme an und legte den Grundstein für herausragende Leistungen seiner Amtszeit. Anfang September 1970 traf er sich mit dem nordrhein-westfälischen Ministerpräsidenten Heinz Kühn (SPD) auf der Arensburg bei Rinteln an der Weser. Als eine der wichtigsten Übereinkünfte präsentierten die beiden SPD-Regierungschefs vor der Presse die Bereitschaft, ihre Zuständigkeiten für das Hochschulwesen an den Bund abzutreten. Im Zusammenhang mit der Finanzreform solle geprüft werden, ob über den Neu- und Ausbau hinausgehend die Unterhaltung der Hochschulen zunächst in das Institut der Gemeinschaftsaufgaben einbezogen werden könnte. Darüber hinaus betonten die Ministerpräsidenten vor Journalisten ihr Bekenntnis zur Reform des Grundgesetzes und zur Neuordnung des Bundesgebietes. Erstrebenswert seien etwa fünf Bundesländer von annähernd gleicher Größe und Leistungskraft. Das könne man nicht nur als Erfüllung des Grundgesetzauftrags betrachten, in allen Teilen der Bundesrepublik den gleichen Standard herzustellen, sondern das müsse auch als Beitrag gesehen werden, einer übermäßigen staatlichen Machtkonzentration an einer Stelle entgegenzuwirken. Der Föderalismus, sagte Kubel, ermögliche eine gleichmäßige Machtverteilung. Effektiv werde sie aber nur dann erreicht, wenn dem Bund nicht zu sehr aufgesplitterte Länder gegenüberstehen. Das föderative Prinzip funktioniere am besten, wenn die Länder gegenüber dem Bund als selbstbewusste, annähernd gleich große und mit ausreichender Finanzkraft ausgestattete Partner auftreten können. Zur Neugliederung erklärten die beiden SPD-Politiker ferner, dass alle Beteiligten auf ein Besitzstandsdenken verzichten müssten. Das gelte nicht nur in territorialer Hinsicht, sondern gleichermaßen auch in Bezug auf Kompetenzen. So sollte neben dem Hochschulbereich beispielsweise auch die Klassifizierung der Straßen und die Verbrechensbekämpfung weitgehend zentralisiert werden und in die Zuständigkeit des Bundes fallen. Möglicherweise könne das, auf längere Sicht gesehen, auch für die Schulen gelten.

Kühn und Kubel begrüßten in ihrem Gespräch den Plan des Bundesinnenministers, dafür zu sorgen, dass die Länder gemäß dem Auftrag des Grundgesetzes in ihren Größenverhältnissen und in ihrer Leistungskraft einander angeglichen werden, und sie unterstrichen, dass die Initiative dazu von Bonn ausgehen müsse. Allerdings dürfe das Problem nicht länger vor sich hergeschoben werden. Kühn erklärte, er wolle zusammen mit seinem „Freund Kubel" die Initiative im Bundesrat dann ergreifen, wenn der Bund zögern sollte. Das sei jedoch nicht zu erwarten. Kühn wies darauf hin, dass bei einer Neuordnung der Länder voraussichtlich nicht nur komplette Länder nach dem „additionalen Verfahren" zusammengelegt werden. Voraussichtlich seien auch Grenzkorrekturen erforderlich, da die überkommenen Grenzen nicht mehr in allen Fällen den modernen Erfordernissen entsprächen.

Nach Berechnungen der niedersächsischen Landesregierung würde ein Nordstaat, bestehend aus Niedersachsen, Schleswig-Holstein, Hamburg und Bremen, mit seiner Finanzkraft bis auf 2,5 % an den Bundesdurchschnitt herankommen. Für Niedersachsen und Schleswig-Holstein wäre das ein „außerordentlicher Fortschritt". Aber auch die Realisierung dieses Planes würde nach den Worten Kubels eine Fortführung der Finanzreform auf keinen Fall überflüssig machen.

Noch bevor die Blütenträume eines großen norddeutschen Bundeslandes gereift waren, war schwerer, fast tödlicher Reif darauf gefallen: Bremen und Hamburg erklärten unzweideutig, dass sie gar nicht daran dachten, linientreu in die Front ihrer SPD-Ministerpräsidenten Kubel und Kühn einzuschwenken. Bei einem Treffen der beiden Senate von Hamburg und Bremen an der Weser erklärten jetzt die Bürgermeister Weichmann und Koschnick: „Wir haben keine Veranlassung, die Selbständigkeit unserer Städte infrage zu stellen." Bevor man an eine Neugliederung des Bundes gehe, wie sie das Grundgesetz vorsehe und wie sie vor allem von Kubel und Kühn verfochten werde, müsste erst die Aufgabenverteilung zwischen Bund, Ländern und Gemeinden geklärt werden. Im Rahmen dieser neuen Funktionsverteilung sei dann zu prüfen, ob neue Bundesländer ihre Aufgaben erfüllen könnten, erklärte Koschnick. Denn eine Addition der vier norddeutschen Küstenländer bringe weder eine Strukturveränderung noch ein neues ökonomisches Produktionspotenzial und auch keine Änderung an der Finanzmasse mit sich. Aber das war es gerade, was Kubel nach seinem Gespräch mit Kühn forderte, dass nämlich unter den Ländern keine wesentlichen Unterschiede hinsichtlich ihrer Verwaltungs-, ihrer Wirtschafts- und Finanzkraft bestehen dürften.

Der niedersächsische Oppositionsführer und CDU-Landesvorsitzende Wilfried Hasselmann stand ebenfalls allen Neugliederungsplänen skeptisch gegenüber. Er meinte, der Bund solle zunächst zusammen mit den Ländern für eine Einheitlichkeit der Lebensverhältnisse in den Bundesländern sorgen. Dieser Weg biete sich als Vorstufe zu einer späteren Neugliederung schon deshalb an, weil das Gelingen einer wirklichen Finanzreform ein Prüfstein wäre, ob weitergehende Reformen, wie etwa die Länderneugliederung, überhaupt eine Chance hätten. „Denn wer vor der Finanzreform versagt, der wird vor der großen Aufgabe der Länderneugliederung erst recht versagen."

Doch Kubel wäre nicht sich selbst treu geblieben, wenn er seine Idee vom Nordstaat einfach aufgegeben hätte. Nach seiner Wiederwahl zum Ministerpräsidenten 1974 hat er in seiner Regierungserklärung am 10. Juli auch die Bildung eines Nordstaates aus den Bundesländern Niedersachsen, Schleswig-Holstein, Hamburg und Bremen wieder ins Spiel und in den Zusammenhang mit einem Bundesfinanzausgleich gebracht. Aber auch dieser Plan scheiterte, vor allem an der Frage einer gemeinsamen Hauptstadt. Hamburg würde nie Hannover akzeptieren, Nieder-

Für besonders gute Schüsse hat Ministerpräsident Alfred Kubel (links) seinen größten politischen Widersacher, den CDU-Oppositionsführer im Niedersächsischen Landtag, Wilfried Hasselmann, im Jagdschloss Springe nach einem Prominenten-Übungsschießen ausgezeichnet. Kubel schoss allerdings nicht zurück, was er bei den Landtagsdebatten sicher tat.

sachsen würde nie Hamburg anerkennen, Bremen kam ohnehin nicht infrage, und ein „neutraler" Ort, wie weiland Bonn nach dem Krieg als überraschende Bundeshauptstadt, war für die selbstbewussten Norddeutschen, besonders die Hamburger, reine Utopie.

Übrigens, mit dem Problem der Länderneugliederung befasste sich unter vielen anderen auch der Welfenbund in Niedersachsen. Sein Vorschlag: Niedersachsen mit Westfalen zusammenlegen; Begründung: Beide gehörten schon immer zusammen, beide haben das Pferd im Landeswappen.

Gemeinde- und Kreisreform mit einer Stimme durchgepeitscht

Erfolgreicher verliefen Kubels Reformaktivitäten auf der kommunalen Ebene. Das politisch beherrschende Thema war in diesen Jahren die Verwaltungs- und Gebietsreform. Über zwei Legislaturperioden hinweg hatte die sogenannte „Weber-Kommission", benannt nach dem Göttinger Staatsrechtler Prof. Werner Weber, gearbeitet und am 19. März 1969 ihr Schlussgutachten vorgelegt. Um den gesamten niedersächsischen Raum neu zu gliedern, sollte die Zahl der Regierungs- und Verwaltungsbezirke von acht auf vier, die der Landkreise von 60 auf 28 und die der kreisfreien Städte von 15 auf sieben verringert werden. Noch drastischer sollte es bei den Gemeinden zugehen. Von den einstmals über 4000 sind in Kubels erster Legislaturperiode als Regierungschef noch etwa 400 übriggeblieben. Kubel regierte mit eiserner Disziplin. Niemand durfte bei der Ein-Stimmen-Mehrheit aus der Reihe tanzen. Die Gemeindereform wurde unter dem SPD-Innenminister Richard Lehners, der jedoch kein Landtagsabgeordneter war, durchgepeitscht. Der Fraktionseinpeitscher hieß Ernst-Georg, genannt „Egon", Hüper. Er kannte keine Gnade, um seine Genossen auf Vordermann zu bringen. Schließlich wollte er mal Finanzminister werden. Doch es kam anders. Als Trostpflaster wurde für ihn später der Posten des „Landesbademeisters" geschaffen, als Geschäftsführer der Niedersächsischen Bädergesellschaft mit der Aufsicht über alle Kurbäder des Landes einschließlich der ostfriesischen Inseln. Obwohl die Parteien der Großen Koalition unter Ministerpräsident Diederichs den sogenannten „Kronsberger Kreis", benannt nach dem Tagungsort Parkhotel Kronsberg in Hannover, zur Verbesserung des Weber-Gutachtens einsetzten, hatte das immer wieder veränderte Gutachten bis 1970 keine Gesetzesreife erlangt. Sie blieb dem Ministerpräsidenten Alfred Kubel vorbehalten. Die Kreisreform wurde dann in seiner zweiten Legislaturperiode in Angriff genommen, in der Koalition mit der FDP unter dem FDP-Innenminister Rötger Groß. Aber wieder mit nur einer Stimme Mehrheit. Darüber wird noch ausführlich zu berichten sein.

Der politische Sprengstoff, der in der Verwaltungs- und Gebietsreform enthalten war, musste eines Tages zwangsläufig zur Explosion führen. Zu sehr waren Menschen von der Sache betroffen. Neben der Bevölkerung natürlich ihre Repräsentanten: Bürgermeister, Landräte, Präsidenten und damit Politiker, die über die Reformen zu befinden hatten. Viele unterschrieben praktisch ihr politisches „Todesurteil", wenn sie für die Auflösung ihrer Gemeinde oder vor allem ihres Landkreises stimmen mussten. Das bekam schon Kubels SPD-Alleinregierung, die mit ihrer Ein-Stimmen-Mehrheit die Reformen unter allen Umständen durchsetzen wollte, immer wieder zu spüren. Die gereizte

FDP-Innenminister und FDP-Landesvorsitzender Rötger Groß
(links) mit den Vorsitzenden der Landtagsfraktionen von FDP,
Winfrid Hedergott (2. von links), und von der CDU, Bruno Brandes
(3. von links), sowie dem CDU-Landesvorsitzenden Wilfried Hasselmann (rechts) im angeregten Gespräch.

Stimmung, die in jener Zeit im Niedersächsischen Landtag herrschte,
mag ein Vorfall vom Dezember 1971 illustrieren:

Während einer Plenarsitzung des Landtags bezichtigte der CDU-Abgeordnete Dr.
Edzard Blanke aus Celle in seiner Rede den SPD-Ministerpräsidenten Kubel wegen dessen Verwaltungs- und Gebietsreform einer menschenverachtenden Politik.
Daraufhin packte Kultusminister Dr. Peter von Oertzen auf der Regierungsbank
wutentbrannt und in höchster Erregung seine Akten zusammen, stürzte zum Ausgang und rief in den Saal: „Mit diesem Lumpenpack diskutiere ich nicht länger!"
Die Abgeordneten beider Fraktionen sprangen von ihren Sitzen auf, es gab einen
riesigen Tumult im Plenarsaal, der Landtagspräsident erteilt dem Minister von
Oertzen einen Ordnungsruf. Das heizte die Stimmung noch mehr an, bis die CDU
unter Protest den Saal verließ.

Die ebenfalls mit nur einer Stimme Mehrheit in Angriff genommene
Kreisreform war nach meiner Einschätzung sicher auch ein Grund,

SPD-Kultusminister Professor
Dr. Peter von Oertzen.

warum es im Januar 1976 zur sensationellen Wahl des CDU-Kandidaten
Dr. Ernst Albrecht zum Ministerpräsidenten kam, weil drei „Abweichler" ihm in geheimer Wahl ihre Stimme gaben. Bei Kubels SPD/FDP-
Koalition, in der es wirklich auf jede Stimme ankam, hatten über ein
Dutzend SPD-Landräte für die Auflösung ihres eigenen Landkreises
stimmen müssen. Ihr politisches Schicksal war damit besiegelt, wie wir
später noch sehen werden.

Getreu seiner Regierungserklärung anlässlich der Regierungsübernahme 1970 hat Ministerpräsident Kubel pedantisch seine „Hausauf-
gaben" gemacht und die meisten seiner angekündigten Vorhaben abge-
arbeitet. Dazu gehörten neben der Verwaltungs- und Gebietsreform
u. a. auch die Neuordnung des Länderfinanzausgleichs, die Gründung
der Norddeutschen Landesbank und sein Lieblingsprojekt die Gründung des Georg-Eckert-Instituts für internationale Schulbuchfor-
schung. Gemeinsam mit seinem Braunschweiger Leidensgenossen aus
der NS-Zeit Georg Eckert wollte Kubel die Schulbücher von der nationalsozialistischen Geschichtsschreibung und -verfälschung reinigen

und bereits Schulkinder zu Demokraten erziehen. Dem Kuratorium des Instituts gehörte er noch lange nach seinem Ausscheiden aus der aktiven Politik an, ebenso dem Aufsichtsrat der von ihm gleich nach dem Krieg gegründeten Hannover-Messe. Sie wurde in Kreisen der Wirtschaft und der Politik als seine größte Tat gepriesen.

Erwähnenswert ist noch, dass auch das niedersächsische Spielbankengesetz, das 20 Jahre später zu einer ungewöhnlichen Regierungskrise mit Ministerrücktritt und Misstrauensvotum gegen den Ministerpräsidenten geführt hat, mit der großen Mehrheit beider Fraktionen des Landtags verabschiedet wurde. Es wurde allerdings nicht vom Ministerpräsiden-

Zu den Höhepunkten der Amtszeit des Ministerpräsidenten Kubel gehört sicher, dass er für ein Jahr im Herbst 1974 zum Präsidenten des Deutschen Bundesrates gewählt wurde. Dieses Amt wechselt automatisch alljährlich zum 1. November unter den Ministerpräsidenten der deutschen Bundesländer in der Reihenfolge der zahlenmäßigen Größe der Länder. Alfred Kubel wurde damit in der protokollarischen Reihenfolge der Bundesrepublik der „vierte Mann im Staat" hinter dem Bundespräsidenten, der Bundestagspräsidentin und dem Bundeskanzler. Die Vertretung des Bundespräsidenten obliegt jedoch dem Bundesratspräsidenten, womit er dann „erste Mann im Staate" ist. Das Foto zeigt den neuen Bundesratspräsidenten Alfred Kubel, der die Glückwünsche der SPD-Bundestagspräsidentin Annemarie Renger entgegennimmt.

ten unterschrieben, weil Glücksspiel und Spielbanken für Kubel offenbar „Teufelszeug" waren, sondern von seinem Sozialminister.

Fehlgriff bei Personalentscheidungen

Allerdings waren Personalentscheidungen offensichtlich nicht Kubels große Stärke, wie sich nicht nur bei der Benennung seiner Pressereferentin, sondern beispielsweise auch bei der Besetzung von Vorstandsposten bei der Messe AG zeigte. Als sie ihre erste große Blütezeit hinter sich hatte und wirtschaftlich in die roten Zahlen sank, suchte Kubel als Aufsichtsratsvorsitzender einen neuen Messevorstand. Er glaubte, ihn in dem ebenfalls aus Braunschweig stammenden Professor Fritz Jelpke, Vorstandsmitglied der Salzgitter AG und Lehrbeauftragter an der Technischen Hochschule Braunschweig, gefunden zu haben. Fritz Jelpke war einer meiner besten Jugend- und Schulfreunde. Wir saßen viele Jahre gemeinsam bis zum Abitur auf derselben Schulbank und wollten beide Architekten werden. So stand es damals in der *Braunschweiger Zeitung*, als der Abiturjahrgang 1939 namentlich und mit Berufswünschen vorgestellt wurde. Fritz Jelpke ist tatsächlich ein bekannter Architekt geworden. Für mich hatte das Schicksal etwas anderes vor. Mit Fritz Jelpke habe ich lange über das Angebot Kubels gesprochen. Mein alter Freund zog mich zurate, weil ich als landespolitischer Journalist und Vorsitzender der Landespressekonferenz Kubel und seine Politik sowie seine oft einsamen und nicht immer leicht zu verstehenden Entscheidungen etwas näher kannte. Die Gespräche zwischen Kubel und Jelpke verliefen nicht so, dass eine ersprießliche Zusammenarbeit zu erwarten gewesen wäre. Es kam kein Vertrag zustande. Jelpke wurde allerdings Chef der Niedersächsischen Hochschulbaugesellschaft mbH, deren Hauptgesellschafter das Land Niedersachsen war. Sie hatte 1967 mit der gewerkschaftseigenen Unternehmensgruppe „Neue Heimat" einen Vertrag geschlossen, in dem sie für rund 970 Millionen DM neue Universitätsgebäude in Göttingen, Hannover und Braunschweig bauen sollte. Als sich 1970 herausstellte, dass die Bauten über 200 Millionen DM teurer würden und die „Neue Heimat" in große Schwierigkeiten geraten war, war „Holland in Not". Doch im Niedersächsischen Landtag waren bei einem Hammelsprung 73 Abgeordnete für den Weiterbau, 71 waren dagegen. Es wurde gebaut, und besonders Göttingen bekam ein völlig neues Universitätsgelände am Hang nach Nikolausberg.

Messe-Aufsichtsratsvorsitzender Kubel musste nun ein neues Messe-Vorstandsmitglied suchen. Er fand es in dem Ministerialbeamten Dr. Frank Wien – und griff voll daneben. Für Wien war der Posten einige Nummern zu groß. Wir Journalisten kannten unseren „Franky Boy", wie wir ihn nannten. Beim Glas Bier erzählte er uns, dass er jetzt machen könne, was er wolle, und dass er vor allem immer eine eigene große Kiste bester Zigarren auf seinem Schreibtisch hatte – ohne jemanden fragen zu müssen. Für „Franky" war es das Größte seiner Träume, aber nicht für die Messe. Sie rutschte noch tiefer in die roten Zahlen, und Wien musste, ausgestattet mit einer „recht ordentlichen" Abfindung, wie er uns verriet, seinen Sessel räumen, was ihm allerdings – Kubel war ja kein Unmensch – mit dem Posten eines Staatssekretärs versüßt wurde.

Wieder hing das Schicksal an einer Stimme

Die nächste Landtagswahl in Niedersachsen war für den 9. Juni 1974 angesetzt. Wieder gab es das Duell der Spitzenkandidaten Alfred Kubel gegen Wilfried Hasselmann. Der erfolgreiche, 26 Jahre lang als Minister und seit vier Jahren als Ministerpräsident amtierende, mit allen Wassern gewaschene, kurz vor dem „Rentenalter" stehende Berufspolitiker und Sozialdemokrat musste sein Amt verteidigen gegen den 50 Jahre „jungen", erst seit zehn Jahren in der Politik engagierten und jetzigen Vorsitzenden der CDU in Niedersachsen, den aufstrebenden Jungbauern und Neffen Edwin Rehwinkels, des legendären ehemaligen Bauernpräsidenten, Bundestagsabgeordneten und ewigen Streiters gegen Konrad Adenauer. Vor vier Jahren hatte Kubel knapp mit einer Stimme Vorsprung gesiegt. Jetzt standen die Wetten eher für Hasselmann.

Doch mitten in den Wahlkampf hinein platzte in Bonn der durch den DDR-Spion Guillaume erzwungene Rücktritt von Bundeskanzler Willy Brandt und die Nachfolge von Helmut Schmidt. Von einem Tag auf den anderen schlug die Stimmung um. Die Landespolitik mit ihren bisher so wichtigen Themen wie dem Schulgesetz der SPD, das nach Meinung der CDU-Opposition mit der Integrierten Gesamtschule (IGS) zum Reizwort und zum politischen Synonym für eine umwälzende, nivellierende und alle Werte zerstörende Schulrevolution würde, ferner der Unterrichtsausfall von 25 % und mehr, der Landesentwicklungsplan, kurz „LEP oder stirb" genannt – alles war vom Tisch. Presse und Öffentlichkeit starrten nur noch gebannt nach Bonn. Das ging natürlich nicht spurlos am niedersächsischen Wahlkampf vorbei.

Die Landtagswahl am 9. Juni 1974 wurde dann von der CDU unter Hasselmann mit 48,8 %, dem höchsten Ergebnis in ihrer Geschichte, gewonnen. Die SPD unter Kubel rutschte auf 43,1 % ab. Aber die FDP war wieder auferstanden und mit 7,0 % erneut in den Landtag eingezogen. Bei der CDU herrschte große Freude, aber auch tiefe Enttäuschung. Trotz des riesigen Wahlerfolgs und 76 Sitzen reichte es nicht zur absoluten Mehrheit. Denn die SPD mit 68 Sitzen und die FDP, die offensichtlich wieder einmal auf Geheiß der Bonner sozial-liberalen Koalition der SPD in Niedersachsen in den Regierungssattel verhalf, mit elf Sitzen, konnten unter Kubel weiterregieren. Während er sich am Wahlabend im Blitzlichtgewitter freuen konnte, mussten, wie sich Augenzeugen jener Zeit erinnern, Hasselmann, sein Generalsekretär Dieter Haaßengier und der damalige Landesschatzmeister Dr. Ernst Albrecht in der hannoverschen CDU-Parteizentrale „die Tränen trocknen". Der CDU-Vorsitzende lernte die Unerbittlichkeit der Medien kennen, als er gegen Mitternacht in der Zentrale des Landeswahlleiters und im Pressezentrum ankam. Die Kameras surrten, Blitzlichter der Fotografen zuckten, Fragen der wartenden Journalisten prasselten herab. Spitzenkandidaten werden in der Wahlnacht von einem Tross von Menschen, von Freunden und Sympathisanten und von Neugierigen umgeben. Bei dem Wahlsieger wächst der Tross unendlich an, bei dem Verlierer wird er klein. Er wurde in dieser Nacht um Wilfried Hasselmann sehr klein.

Bei der Konstituierenden Sitzung des Landtags wurde Alfred Kubel von der SPD/FDP-Koalition wieder zum Ministerpräsidenten gewählt. Allerdings fehlte ihm von den 79 Stimmen eine Stimme aus seiner Koalition. Hier ist vielleicht die Einschätzung über einen Tatbestand interessant, der in der niedersächsischen Landespolitik noch mehrfach eine möglicherweise entscheidende Rolle gespielt hat:

In der SPD/FDP-Koalition im Niedersächsischen Landtag saßen der SPD-Mann Alfred Kubel (Jahrgang 1909) und der FDP-Mann Gustav Ernst (Jahrgang 1914) zusammen. Beide waren alte Braunschweiger. Kubel, der schon in den 20er Jahren dem Internationalen Sozialistischen Kampfbund ISK angehörte, wurde in der NS-Zeit verfolgt und eingesperrt. Ernst war in der NS-Zeit Bannführer der Hitler-Jugend, also ein hohes Tier. So kannten sich beide aus der Jugendzeit aus extrem verfeindeten Lagern. Es war kein Geheimnis, dass sie sich nun als gemeinsame Landtagsabgeordnete nicht mochten. Vor allem Gustav Ernst, inzwischen zum konservativen Freien Demokraten geläutert, machte kein Hehl aus seiner Einstellung gegenüber Kubel – was später zu vielen Spekulationen Anlass gab.

Die Koalitionsverhandlungen im Gästehaus der niedersächsischen Landesregierung in der hannoverschen Lüerstraße verliefen im Allgemeinen recht harmonisch. Aber es konnte auch anders sein. Dazu verdanken wir einem Teilnehmer, dem damaligen jungen, gerade 30 Jahre alten FDP-Abgeordneten Walter Hirche, eine bezeichnende Anekdote:

An „besonderen" Tagen knurrte der SPD-Verhandlungsführer Ministerpräsident Kubel, nämlich dann, wenn Fußball angesagt war. Es war gerade die Zeit der Fußball-Weltmeisterschaft vom 13. Juni bis 7. Juli 1974 in der Bundesrepublik Deutschland. Wie Millionen Fußballbegeisterte konnten sich auch viele Politiker diesem Großereignis nicht entziehen, zumal es außerordentlich spektakuläre Spiele in den Stadien gab, besonders mit dem politisch hochbrisanten Aufeinandertreffen der Mannschaften der Bundesrepublik Deutschland und der Deutschen Demokratischen Republik (DDR) am 22. Juni 1974. Die Sensation war der völlig unerwartete 1:0-Sieg der DDR gegen den Klassenfeind durch ein Tor von Jürgen Sparwasser, dem immer noch legendären „Helden der DDR". Oder die „Wasserschlacht von Frankfurt" am 3. Juli, als Deutschland die Elf von Polen mit einem glücklichen 1:0 besiegte. Doch am Ende wurde die bundesdeutsche Nationalelf nach 1954 zum zweiten Male Fußballweltmeister. Bei solchen historischen internationalen Ereignissen mussten selbst so wichtige Koalitionsverhandlungen wie die in Hannover unterbrochen oder verschoben werden. Kubel, wahrlich kein Fußballfreund, machte jedoch nicht gute Miene zum bösen Spiel, sondern eher böse Miene zum guten Spiel.

Ausgleichende Gerechtigkeit

Die eine Stimme, die Kubel bei seiner Wiederwahl zum Ministerpräsidenten fehlte, wurde die große Tragik des Wilfried Hasselmann. Denn das Ergebnis der Landtagswahl war nicht korrekt, wie eine Wahlprüfung ergab. Der SPD wurde vom niedersächsischen Staatsgerichtshof in Bückeburg ein Mandat abgesprochen, der CDU wurde ein Mandat zugesprochen. Wäre gleich richtig ausgezählt worden, hätte Kubel bei seiner Wahl nicht die absolute Mehrheit gehabt und wäre nicht Ministerpräsident geworden. Wer weiß, wie die niedersächsische Landesgeschichte gelaufen wäre.

Doch der Reihe nach: Der CDU hatten nur 116 Stimmen am 77. Mandat gefehlt. Die CDU-Oberen witterten eine Chance, als sie von falschen Auszählungen in Hannover hörten. Der hannoversche CDU-Kreisvorsitzende Georg-Bernd Oschatz, der im Rathaus der Landeshauptstadt aus- und einging, wurde in der Manier des Hauptmanns von Köpenick zum Wahlleiter der Stadt geschickt. Oschatz sagte, er habe Kenntnis, dass in einem Stimmbezirk falsch ausgezählt worden sei, und er verlangte eine sofortige Überprüfung. Der offensichtlich eingeschüchterte städtische Beamte ordnete sie tatsächlich an. Und siehe da: Auf vielen Stimmzetteln hatten die Wähler die SPD *und* die FDP angekreuzt. Mehr als 116 Stimmen für die SPD waren ungültig. Oschatz ließ sich das Protokoll der neuen Auszählung aushändigen, und das Schicksal nahm seinen Lauf. Es hagelte Wahleinsprüche der CDU, des Innenministeriums, eines Verbandes und einiger Einzelpersonen. Im Landtag war der Teufel los. Das Parlament setzte am 11. Juli 1974 einen Wahlprüfungsausschuss ein. Der führte dazu, dass erstmals in der neueren Parlamentsgeschichte ein sogenanntes „großes Wahlprüfungsverfahren" mit der vollständigen Überprüfung der gesamten Wahlergebnisse nach einer Kontrollzählung mit umfangreichen Beweisaufnahmen in Gang gesetzt wurde.

Was dabei herauskam, geht nicht auf die berühmte Kuhhaut. Das ist auch kein Wunder, wenn man weiß, wie es damals auf dem Lande während und nach einer Wahl zuging. In vielen kleinen Orten war das Wahllokal die Gastwirtschaft. Dort wurde nicht nur der Stimmzettel abgegeben, sondern, wenn man sich schon mal traf, natürlich auch getrunken. Dabei fiel dann für den Wahlvorstand immer etwas ab. Das läpperte sich zwischen acht und 18 Uhr ganz schön zusammen. Wenn dann beim Stimmenauszählen der Alkohol seine Wirkung zeigte und nichts mehr ging, wurden die Wahlurnen eingepackt und mit nach Haus genommen. Am nächsten Morgen wollte man dann weiter zählen. Oft genug musste die Landkreisverwaltung noch in der Nacht die Polizei mobilisieren, um die Wahlurnen vom trunkenen Gemeindedirektor abzuholen und zum Landeswahlleiter zu bringen. Außerdem kam bei der Nachzählung 1974 heraus, dass beispielsweise die Frau eines Gemeindedirektors entgegen aller Aufbewahrungsvorschriften die Stimmzettel nach der Auszählung längst im Kanonenofen verbrannt hatte. „Das haben wir hier immer so gemacht", hieß es. Es war nur nicht aufgefallen, weil bisher ja noch nie nachgezählt worden war. Das große Wahlprüfungsverfahren ergab, dass die SPD ein Listenmandat zu viel erhalten hatte. Der Landtag billigte „als verfassungsgerichtlich berufener Richter in eigener Sache" einstimmig, dass das Listenmandat der CDU zugeschlagen wurde. Die Entscheidung wurde rechtskräftig, nachdem auch der Staatsgerichtshof eingelegte Beschwerden verworfen hatte. Im Endergebnis hatte die SPD/FDP-Koalition nun bei 78 zu 77 Mandaten nur noch eines mehr als die CDU. Aber das war das besonders Tragische für Hasselmann und die CDU: Wäre nach der Landtagswahl gleich richtig ausgezählt worden oder hätte dieses Ergebnis des Wahlprüfungsverfahrens mit Mandatsabzug für die SPD bei der Wahl von Alfred Kubel zum Ministerpräsidenten schon vorgelegen, hätte er, weil bei seiner Wahl eine Stimme ungültig war, nicht die erforderliche absolute Mehrheit gehabt und wäre nicht zum Regierungschef gewählt worden. Vielleicht wäre das, was zwei Jahre später mit der „Sensation von Hannover", der völlig unerwarteten Wahl von Dr. Ernst Albrecht zum Ministerpräsidenten, mithilfe von Überläufern geschehen ist, schon 1974 passiert. Das schelmische Schicksal scheint manchmal doch noch für ausgleichende Gerechtigkeit zu sorgen.

Das Ende der Regierung Kubel – Die „Sensation von Hannover"

Eingeweihte wussten von dem „Geheimtreffen" in Braunlage, wo der SPD-Landesvorsitzende und Kultusminister Peter von Oertzen dem Ministerpräsidenten Kubel „die Pistole auf die Brust gesetzt" haben soll: Nach zwei Jahren weiterer Regierungszeit ist Schluss. Dann kommt Minister Helmut Greulich als Nachfolger. Kubel soll es recht gewesen sein. Er würde 1976 schon 67 Jahre alt und längst im wohlverdienten Rentenalter sein. Außerdem hatte er ein 30 Jahre langes Politikerleben, immer nur in verantwortungsvoller Regierungsposition, hinter sich, wie es weder vor ihm noch nach ihm jemand erlebt hat. Die neu geschmiedete SPD/FDP-Koalition konnte sich also darauf einrichten. Allerdings fiel Sozialminister Helmut Greulich schon bald wegen Krankheit aus. Nun sollte Finanzminister Helmut Kasimier ran.

Schicksalstag 14. Januar 1976

Es kam der denkwürdige 14. Januar 1976. Zur Wahl für das Amt des Ministerpräsidenten standen der 49-jährige Finanzminister Helmut Kasimier von der SPD und als Gegenkandidat der 45-jährige wirtschafts-

Der designierte Ministerpräsident, SPD-Finanzminister Helmut Kasimier (Mitte), mit dem FDP-Innenminister Rötger Groß (rechts) und dem CDU-Landesvorsitzenden Wilfried Hasselmann (links) im Gespräch.

politische Sprecher der CDU-Landtagsfraktion Dr. Ernst Albrecht, der neue Hoffnungsträger der Union, der sich seine Sporen bei der Europäischen Union verdient hatte. Die CDU hatte überraschenderweise nicht ihren Landesvorsitzenden und Oppositionsführer Wilfried Hasselmann aufgeboten, um ihm nach zwei Niederlagen gegen Alfred Kubel in einer weiteren, nun offensichtlich aussichtslos erscheinenden Wahl eine dritte Pleite zu ersparen. Denn nachdem die SPD/FDP-Koalition zwei Jahre lang allen Widerwärtigkeiten zum Trotz zusammengehalten hatte, schien Kasimiers Wahl sicher zu sein. Dennoch hätten die vielen Gegenstimmen, die es in den Probeabstimmungen bei einzelnen Fragen der Kreisreform in der SPD-Fraktion immer wieder gab, eigentlich ein Alarmsignal sein müssen. Auch in der sozial-liberalen Koalition, die von Anfang an keine Liebesheirat war, hatte es schon mächtig geknirscht und gekracht. In der FDP gab es ausgesprochene Gegner dieses Bündnisses. Man denke nur an den erzkonservativen Gustav Ernst, der aus seiner Abneigung gegen diese Koalition und gegen Kubel nie ein Hehl gemacht hatte. Und FDP-Wirtschaftsminister Erich Küpker lag mit SPD-Finanzminister Helmut Kasimier im Dauerclinch. Aber das waren Alltagsquerelen, die immer wieder vorkamen und immer wieder unter den Teppich gekehrt wurden. Denn jeder wusste, es kam tatsächlich auf jede einzelne Stimme an. Trotz aller Risiken, die für Eingeweihte mit der nun anstehenden Wahl des Ministerpräsidenten verbunden waren, herrschte bei allen das Prinzip Hoffnung.

Es gab allerdings auch Gerüchte, die von einem „Denkzettel" durch Stimmenthaltung sprachen. Doch noch schien alles programmgemäß zu verlaufen. Selbst Journalisten, die sonst immer das Gras wachsen hörten, sagten diesmal nichts. Hinterher haben sie es natürlich alle schon immer gewusst.

Alles war zum geplanten und wohl vorbereiteten Regierungswechsel bereit: Kasimier hatte seine Rede als neuer Ministerpräsident und die Regierungserklärung vorher an die Presse verteilt, wie üblich mit Sperrfrist, versteht sich. Der SPD-Fraktionsgeschäftsführer Reinhard Scheibe stand mit einem großen Strauß roter Rosen für den neuen Ministerpräsidenten bereit. Der Deutsche Gewerkschaftsbund in Hannover hatte für den Abend, offiziell aus Anlass der 30-jährigen Mitgliedschaft Kasimiers, einen großen Empfang vorbereitet; Frau Kasimier hatte dafür extra ein neues Kleid anprobiert.

Dann kam der erste Wahlgang und die Sensation nach der mit Spannung erwarteten Stimmenauszählung: Für Kasimier nur 75 von 78 Stimmen der SPD/FDP-Koalition, für Dr. Albrecht alle 77 Stimmen der Opposition, drei Stimmen waren ungültig. Wie später zu erfahren war, hatten zwei Stimmzettel zwei Kreuze, ein Stimmzettel war mit einem Kreuz völlig durchgestrichen. Keiner der Kandidaten hatte die erforderliche absolute Mehrheit.

Im Landtag herrschte zunächst ungläubiges Staunen, in der Koalition Sprachlosigkeit und Irritation. Das konnte doch nur ein Versehen, ein Zufall, eine Panne sein. An einen Denkzettel mochte – noch – niemand glauben. Allerdings fehlte es auch nicht an Verdächtigungen und ersten Schuldzuweisungen. In der SPD-Fraktion und vor allem auch bei den Journalisten wurde analysiert und spekuliert.

Bei den noch am selben Tag in der Regierungskoalition abgehaltenen Probeabstimmungen schien alles wieder im Lot zu sein, es gab keine Abweichler. Die drei ungültigen Stimmen wurden als Denkzettel abgehakt. Mit Zuversicht ging es in die verfassungsmäßig vorgesehene zweite Runde am nächsten Tag. Im Landtag hat es selten vor Spannung so geknistert wie an diesem 15. Januar 1976. Auch auf der völlig überfüllten Pressetribüne herrschte unter den Journalisten, zu denen sich viele Zaungäste aus der gesamten Bundesrepublik gesellt hatten, Hochspannung. Die Gerüchteküche kochte. Spekulationen schwirrten nur so umher. Aber Klarheit gab es noch nicht, dafür umso mehr Vermutungen.

Im Parlament gab es Hoffnung, aber auch Bangen und Zweifel in der SPD-Fraktion, bei der CDU hoffnungsfrohes Erwarten und den Wunsch auf ein zweites „Wunder".

Hierzu eine kleine Anekdote:

> Unabhängig voneinander gab es Absprachen. Ich hatte mit meinem Freund Wilhelm Brunkhorst, Schriftführer im Präsidium des Landtags und damit Stimmenauszähler, abgemacht, wenn er nach dem Auszählen wieder den Plenarsaal betritt, solle er sich an die Krawatte fassen, falls die CDU wieder vorn liegt. Gleichzeitig hatte der CDU-Landesvorsitzende und Abgeordnete Hasselmann mit dem Landtagspräsidenten Heinz Müller abgemacht, er solle vor der Überreichung des Zählergebnisses seine Brille abnehmen, wenn es gute Nachrichten für die CDU gebe. Mein Freund Wilhelm fasste sich an die Krawatte, und der Präsident nahm die Brille ab. Es gab tatsächlich die zweite Sensation!

Wenn es für dieses Wort noch eine Steigerung geben würde, wäre sie nach dem zweiten Wahlgang angebracht gewesen. Kasimier erhielt diesmal nur 74 Stimmen, Dr. Albrecht 78 Stimmen, also sogar eine aus der SPD/FDP-Regierungskoalition! Drei Stimmen waren wieder ungültig. Unbeschreiblicher Jubel bei der CDU – riesige Enttäuschung bei der SPD. Tränen flossen offen und versteckt, auch bei gestandenen Politikern. Das Wort von Verrätern machte in der Koalition die Runde. Abtrünnige wurden gesucht. Es ging das Gerücht vom Stimmenkauf um. Jeder verdächtigte jeden. Wem konnte man noch trauen? Wer waren die Verräter? Waren sie in den eigenen Reihen der SPD oder beim Koalitionspartner FDP zu suchen? Die Stimmung war aufs Schlimmste vergiftet. Die ganze Tragik in der Regierungskoalition drückte der Zwischenruf des SPD-Abgeordneten Klaus-Peter Bruns aus: „Brutus – wo bist Du?" Es nützte auch nichts, dass sich der noch amtierende Ministerpräsident Kubel, der SPD-Chef Peter von Oertzen und der Vorsitzende der SPD-Landtagsfraktion, Bernhard Kreibohm, als „Beichtväter" für Abtrünnige anboten und ihnen bei absolutem Stillschweigen „Absolution und Straffreiheit" versprachen. Niemand meldete sich. Bis heute hat niemand herausbekommen, wer die Abweichler waren.

Übrigens hatten einige Wochenblätter und überregionale Zeitungen wie das *Handelsblatt* mit einem zu frühen Redaktionsschluss die Sperrfrist nicht einhalten können (oder wollen). Prompt titelten sie am nächsten Tag „Kasimier neuer Ministerpräsident in Niedersachsen" und hatten seine Rede im Blatte. Das war schon peinlich. Aus der großen Jubelfeier des DGB zu Ehren Kasimiers wurde eine Trauerfeier, Frau Kasimier musste das neue Kleid wieder in den Schrank hängen. SPD-

Fraktionsgeschäftsführer Scheibe machte mit seinem großen Blumen-
strauß wieder kehrt. „Mit den Blumen kam ich mir richtig blöde vor",
hat er mir später einmal gesagt.

Niedersachsen hatte jetzt zwei Ministerpräsidenten. Dr. Albrecht
war zum neuen Ministerpräsidenten gewählt worden. Aber zum Regieren hätte er die Bestätigung durch die Mehrheit des Landtags benötigt,
in offener Abstimmung. Das konnte er nicht riskieren. Niedersachsen
hatte also mit Dr. Albrecht einen gewählten Ministerpräsidenten, dem
die offene Mehrheit fehlte, und mit Kubel einen amtierenden, der nicht
mehr wollte oder nicht mehr sollte. Was sollte nun werden?

Doch es gab auch noch einen Funken Hoffnung für die Koalition zwischen den Wahlgängen. Außerordentlich interessant ist an dieser Stelle
ein Interview, das der stellvertretende Vorsitzende der FDP-Landtagsfraktion, Walter Hirche, am 20. Januar 1976, gerade einmal eine Woche
nach der verlorenen Abstimmung im Landtag, der *Rhein-Neckar-Zeitung*
in Heidelberg gab. Der „studierte" Heidelberger Hirche und der „gebür-
tige" Heidelberger Albrecht hatten zwar gemeinsame Wurzeln am Ne-
ckar, aber reden wollte der Liberale mit dem Christdemokraten nicht.
Hirche betonte, dass die SPD/FDP-Koalition fortbestehe, auch wenn sie
im Augenblick keine Mehrheit im Landtag habe. Beide Partner hätten
den Willen zur weiteren Zusammenarbeit erklärt. „Herr Dr. Albrecht
trifft hier auf eine existierende Koalition". Sie wolle, „ohne nach Tätern
zu suchen", versuchen herauszufinden, welche Motive die „Abtrünnigen" bewogen haben könnten, Kasimier nicht zu wählen, um daraus politische Konsequenzen für das Fortbestehen der Koalition zu ziehen und
die in nächster Zeit zu verfolgenden politischen Ziele zu klären. Alle Abgeordneten der Koalition sollten über die nun notwendigen politischen
Schritte in Niedersachsen befragt werden. Vor allem aber sei es jetzt Aufgabe des SPD-Koalitionspartners, einen neuen geeigneten Kandidaten
gegen Dr. Albrecht aufzubieten. Eine Minderheitsregierung unter dem
CDU-Kandidaten sei „heute eine reine Spekulation. Keiner weiß, was in
vier Wochen sein wird", sagte Hirche. Er gehe davon aus, dass der neue
SPD-Kandidat neuer Regierungschef in Niedersachsen werde. „Sollte das
nicht der Fall sein, dann muss man über weitere Schritte nachdenken".

Wenige Tage später, am 25. Januar 1976, bezeichnete Hirche in einer
öffentlichen FDP-Mitgliederversammlung in Stade das Verhalten der
vier Koalitionsabgeordneten als einen „Tiefschlag für die politische Moral". Die FDP-Landtagsfraktion fühle sich weiterhin an die Koalitions-
aussage gebunden und werde ihre Bemühungen um einen SPD/FDP-

Ministerpräsidentenkandidaten fortsetzen. Es sei müßig, nach „Tätern"
zu suchen, die nicht für Kasimier gestimmt haben. Hirche sprach sich
gegen eine ausschließliche parteiliche Gesamtmeinung aus und plädierte
für eine Berücksichtigung der persönlichen Vorstellungen eines jeden
einzelnen, um aus den Geschehnissen zu lernen. Er sagte aber auch,
seine Fraktion werde in den künftigen Gesprächen mit CDU und SPD
„weder Starrsinn noch eine Umfallreaktion" zeigen.

Nun hatten die Juristen und der Gesetzgebungs- und Beratungs-
dienst des Landtags Hochkonjunktur. Selten zuvor ist die Landesverfassung so intensiv studiert worden, wie damals. Eine Landtagsauflösung
mit einer Zwei-Drittel-Mehrheit kam für die euphorische CDU nicht
infrage. Als letzte Möglichkeit bot sich ein dritter Wahlgang an, bei dem
für die Wahl des Ministerpräsidenten die einfache Mehrheit ohne nachfolgende Bestätigung der Regierung durch das Parlament genügte, also
eine Minderheitsregierung.

Im dritten Wahlgang kam das endgültige „Aus"

So kam die nächste denkwürdige Landtagssitzung am 6. Februar 1976.
Wieder knisterte es vor Spannung im Landtag. Die Stimmung war auf
dem Siedepunkt. Die Nerven waren zum Zerreißen gespannt. Helmut
Kasimier war gesundheitlich, physisch und psychisch zusammengebrochen. Jetzt bot die SPD an seiner Stelle den aus Verden/Aller stammenden
Bundesbauminister Karl Ravens auf als treuen Parteisoldaten. Er war der
Vertraute des damaligen Bundeskanzlers Helmut Schmidt. Der hatte gesagt: „Karl, jetzt musst Du es machen!" Karl Ravens war der neue Hoffnungsträger. Die CDU zog wieder mit Ernst Albrecht ins Gefecht.

Dann kam das endgültige Aus der SPD und der SPD/FDP-Koalition
in Niedersachsen, die niederschmetternde Niederlage der SPD und der
unglaubliche Siegesrausch der CDU. Das Ergebnis der geheimen Wahl
des dritten Wahlgangs hätte für die Koalition nicht schlimmer sein können: Ravens 75 Stimmen, Dr. Albrecht 79 Stimmen, also jetzt sogar
zwei von der bisherigen Regierungskoalition, eine Stimme ungültig.
Dr. Albrecht war der gewählte Ministerpräsident – ohne (offene) Mehrheit. Ihm blieb nur die Möglichkeit, eine Minderheitsregierung zu bilden,
die der offenen Bestätigung durch das Parlament nicht bedurfte. Die
„Sensation von Hannover" war endgültig perfekt, die sozial-liberale
Koalition in Niedersachsen war dramatisch beendet.

SPD-Bundesbauminister
Karl Ravens (rechts) ließ
sich von der SPD in die
Pflicht nehmen und trat im
dritten Wahlgang gegen
den CDU-Kandidaten Dr.
Ernst Albrecht an. Noch-
Ministerpräsident Kubel
wünschte Karl Ravens viel
Glück – vergeblich.

In diesen Wochen war das politische Klima in Hannover so trübe wie das Wetter. Der neue Ministerpräsident Dr. Albrecht erklärte vor Journalisten, das Wort „Überläufer" gehöre nicht zu seinem Sprachgebrauch. Die Gründe, die einen Abgeordneten veranlassen könnten, in Abstimmungen gegen die Mehrheit seiner Fraktion zu votieren oder seine Fraktion zu verlassen, könnten durchaus ehrenwerter Natur sein.

Alfred Kubel hat übrigens den Niedersächsischen Landtag nie wieder betreten. Er wollte nicht in die Gefahr geraten, einem „Verräter" die Hand geben zu müssen.

Anekdote
Ein juristisches Nachspiel, das mich auch persönlich betroffen hat, kann ich als weitere Begebenheit anfügen:

Der frühere Göttinger Professor für Politische Wissenschaften Ernst-August Roloff ist ein gebürtiger Braunschweiger wie der frühere FDP-Landtagsabgeordnete Gustav Ernst. Beide kannten sich schon aus der gemeinsamen Braunschweiger

Jugend- und NS-Zeit. Der eine war Jungvolk-Führer, der andere Hitler-Jugend-Führer. In der Nachkriegszeit lernte Roloff den FDP-Mann Ernst noch näher kennen, als er ihn gelegentlich zu den „linken" Zirkeln der FDP einlud, in denen er neben Winfrid Hedergott tonangebend war. Roloff war fest überzeugt, dass Gustav Ernst in den geheimen Abstimmungen 1976 einer der Abtrünnigen war, die Kasimir die Stimme verweigert und sie Dr. Albrecht gegeben hatten. Das glaubten viele Politiker und Journalisten, aber beweisen konnten sie es nicht. Doch Prof. Roloff sprach es offen aus. Er bekam sofort von Ernst eine Verleumdungsklage wegen übler Nachrede an den Hals. So sahen sich die Kontrahenten in Hannover vor Gericht wieder. Beide hatten hochkarätige Anwälte engagiert. Gustav Ernst wurde von dem 45-jährigen Johann Friedrich Henschel vertreten, früherer Landgerichtsrat, ab 1968 Rechtsanwalt und später von 1989 bis 1995 von der FDP vorgeschlagener Richter am Bundesverfassungsgericht und dort Präsident des 1. Senats. Prof. Roloff hatte sich den juristischen Beistand des bekannten hannoverschen Rechtsanwalts Dr. Werner Holtfort, 56 Jahre alt, gesichert; er war im Krieg hochdekorierter Frontoffizier, seit 1955 Rechtsanwalt und Notar sowie u. a. Präsident der Notarkammer Celle und Mitglied des Präsidiums der Bundesnotarkammer, SPD-Landtagsabgeordneter, Mitglied der rechtspolitischen Kommission beim SPD-Bundesvorstand, Mitglied des Bundesvorstands der Humanistischen Union, vor allem aber im Auftreten und Erscheinungsbild der „Gentleman-Demokrat", immer mit einer roten Blume im Knopfloch.

Vor Gericht kam es indessen nicht zum persönlichen Aufeinandertreffen der beiden Kapazitäten, wie mir mein Freund Ernst-August Roloff später selbst erzählte. Denn, wie das Schicksal so spielt, musste sich Dr. Holtfort am Prozesstag aus irgendwelchen Gründen vertreten lassen. In der Kanzlei in der hannoverschen Hohenzollernstraße stand nur der jüngste Referendar zur Verfügung, der 32 Jahre alte Gerhard Schröder, der gerade sein zweites juristisches Staatsexamen abgelegt hatte und in Holtforts Kanzlei eingetreten war, früher Bundesvorsitzender der Jungsozialisten (Jusos), später niedersächsischer Ministerpräsident und deutscher Bundeskanzler. Er hatte vor Gericht keine Beweise für die Behauptung seines Mandanten Prof. Roloff und deshalb keine Chance. Aussage stand gegen Aussage. Mein lieber alter Freund Ernst-August Roloff, er hatte übrigens die beste Freundin meiner Schwester geheiratet und gehörte somit „zur Familie", wurde zu einem Bußgeld verurteilt. Auf die Frage des Richters, an welche soziale Einrichtung das Geld als Spende fließen solle, sagte er provozierend und keck: „An den Antifaschistischen Widerstand". Das behagte dem Gericht aber überhaupt nicht. Roloff, der damals in dem kleinen Dorf Reiffenhausen (Landkreis Göttingen) unmittelbar an der Zonengrenze wohnte, ließ sich umstimmen und spendete das Geld seiner Nachbargemeinde Friedland für das dortige Grenzdurchgangs- und Heimkehrerlager.

Später behaupteten Spötter, dass Gerhard Schröder nach seinem ersten verlorenen Prozess, wie vor ihm schon andere unbenannte Größen, beschlossen habe, Politiker zu werden. Mit Erfolg, wie uns die Geschichte gezeigt hat.

Wer wirklich die Abtrünnigen waren, die Kubel die Stimme verweigerten, ist bis heute nicht herausgekommen. Sie selbst haben sich nicht zu erkennen gegeben. Aber die Spekulationen haben nie aufgehört. Aus langjähriger Erfahrung und vielen Gesprächen geht meine Vermutung dahin, dass es mindestens zwei ehemalige SPD-Landräte waren, deren Landkreis durch die Kreisreform aufgelöst wurde. Sie hatten wegen der Fraktionsdisziplin gegen ihre politische Überzeugung für die Reform stimmen müssen und damit ihr politisches Todesurteil gesprochen. Sie müssen sich in einem außerordentlichen inneren Zwiespalt befunden haben, zwischen Parteiräson auf der einen und Treue zu ihren Wählern und Landkreisbewohnern auf der anderen Seite. Vielleicht haben sie in der geheimen Abstimmung die Möglichkeit gesehen, wenigstens vor sich selbst ihr Gewissen zu befreien. An Schadenfreude oder gar Rache möchte ich nicht denken. Weil nach der Landesverfassung nur bei der Wahl des Ministerpräsidenten geheim abgestimmt werden muss, während alle anderen Abstimmungen im Parlament offen sind, war hier die einzige Möglichkeit, wirklich frei nach dem Gewissen zu entscheiden. Bei Gustav Ernst kann ich mir durchaus vorstellen, dass er nicht für die Koalition gestimmt hat. Inzwischen ist anzunehmen, dass alle ihr Geheimnis mit ins Grab genommen haben.

Abschied von der Landespressekonferenz

Zum Abschluss ist noch anzumerken, dass Ministerpräsident Alfred Kubel der einzige Regierungschef war, der sich offiziell von der Landespressekonferenz verabschiedet hat. Am 9. Januar 1976, wenige Tage vor seinem für den 14. Januar angekündigten Rücktritt, lud er die Journalisten in das Gästehaus der Landesregierung ein. Als Vorsitzender der Landespressekonferenz hatte ich die Aufgabe, ihm für seine Bereitschaft zu danken, mit der er der Presse in drei Jahrzehnten immer freimütig Rede und Antwort gestanden hatte. Dabei habe ich ihm gesagt, dass er nicht immer ein bequemer Gesprächspartner für uns Journalisten gewesen sei. Er habe aber erfreulicherweise nie ein Blatt vor den Mund genommen. Die gegenseitige Achtung voreinander habe zu vielen erfolgreichen Kontakten und zu einer fruchtbaren Zusammenarbeit geführt. Als Abschiedsgeschenk und zur Erinnerung an die Landespressekonferenz habe ich ihm ein großes Luftbild vom hannoverschen Leineschloss, dem Niedersächsischen Landtag, überreicht, dem er während der gesamten Zeit seines Wirkens für Niedersachsen angehört hat und von wo aus er die Geschicke dieses Landes wesentlich mitgestaltet hat.

Zweimal hat der Name Kubel noch das Interesse der Medien und der Öffentlichkeit bewegt: Zu seinem 80. Geburtstag am 25. Mai 1989 und zu seinem Tod am 22. Mai 1999. Zum 80. Geburtstag war die gesamte politische Prominenz des Landes und alles, was in Niedersachsen Rang und Namen hatte, bei einem Festakt zusammengekommen. Ministerpräsident Dr. Ernst Albrecht zollte seinem Vorgänger großen Respekt und wies auf Kubels große Leistungen und Erfolge für Niedersachsen hin, das „viel ärmer gewesen wäre, hätte es Alfred Kubel nicht gegeben". Landtagspräsident Edzard Blanke bezeichnete Kubel als den seltenen Fall eines Landtagseinsteigers von oben; er wurde als Ministerpräsident Parlamentarier und ging sofort in die Regierung. Der SPD-Oppositionsführer im Niedersächsischen Landtag, Gerhard Schröder, hatte in seiner Eröffnungsrede eine weithin unbekannte Seite Kubels skizziert: sein

Wenige Tage vor seinem für den 14. Januar 1976 angekündigten Rücktritt verabschiedete sich Ministerpräsident Alfred Kubel im Gästehaus der Landesregierung von der Landespressekonferenz Niedersachsen. Der LPK-Vorsitzende Rolf Zick (rechts) überreichte dem Regierungschef als Abschiedsgeschenk ein Luftbild vom hannoverschen Leineschloss, dem Sitz des Niedersächsischen Landtags, und betonte, wenn Alfred Kubel in den rund drei Jahrzehnten seiner Regierungstätigkeit auch nicht immer ein bequemer Gesprächspartner für die Presse gewesen sei, der nie ein Blatt vor den Mund genommen hatte, so habe doch die gegenseitige Achtung voreinander zu vielen guten Kontakten und Gesprächen geführt.

Ministerpräsident
Alfred Kubel
(links) und sein
„Zieh-Sohn"
Gerhard Schrö-
der, der spätere
Ministerpräsident
Niedersachsens.

Plädoyer für den oft missbrauchten Begriff „radikal". Radikal verhalte sich, wer tatsächlich meint, was er sagt, und wer die Konsequenzen daraus zieht. Schröder hängte noch ein Zitat Kubels aus dem Jahr 1972 an: „Auch der Gemäßigte sollte eingestehen, dass die Radikalen ein wertvolles Moment der Bewegung innerhalb eines demokratischen Staates sind. Der moderne Staat, dessen riesiger Organismus so schwerfällig werden kann, kann ohne radikale Energien kaum zu Änderungen angeregt werden. Wer gegen die Radikalen am lautesten schreit, muss sich prüfen lassen, ob er nicht gegen klares Denken, Ehrlichkeit und politische Tatkraft zu Felde zieht. Demokraten müssen die besseren Radikalen sein."

Alfred Kubel wurde bald darauf von schwerer Krankheit befallen, die Demenz war nicht aufzuhalten. Er verbrachte die letzten Lebensjahre als Pflegefall unter der aufopferungsvollen Betreuung seiner Frau in einem Sanatorium in Bad Pyrmont und starb wenige Tage vor seinem 90. Geburtstag.

5. Dr. Ernst Albrecht

Niedersachsens fünfter Ministerpräsident Dr. Ernst Albrecht (Jahrgang 1930) und sein Vorgänger Alfred Kubel (Jahrgang 1909) waren so verschieden, wie es auffälliger nicht sein konnte. Allerdings hatten sie auch eine Reihe unverwechselbarer Gemeinsamkeiten. Beide waren sie nicht der Typ des Landesvaters. Von beiden gibt es kaum Anekdoten. Beide waren eher intellektuelle Politiker. Ihr Umgang mit der Presse gehörte sicher nicht zu ihren angenehmsten Aufgaben. Dabei war Dr. Albrecht nicht pressefeindlich, im Gegenteil. Dank seines Regierungssprechers Dr. Hilmar von Poser, ein Profi im Umgang mit der Landespressekonferenz und ohne Zweifel der beste „Verkäufer" von Regierungspolitik, den die LPK je gehabt hat, war die Presse bei allen Anlässen und Vorhaben Albrechts immer dabei. Und das waren im Laufe der 14-jährigen Regierungszeit – solange hatte in Niedersachsen noch keiner amtiert – außerordentlich viele. Außerdem hatte Ministerpräsident Dr. Albrecht auch noch Wilfried Hasselmann, Niedersachsens CDU-Landesvorsitzenden, immer an seiner Seite. Die beiden so unterschiedlichen Typen und Charaktere als „Gespann an einer Deichsel", wie der Bauer Hasselmann meinte, ergänzten sich prächtig, auch und gerade gegenüber der Presse. Die Landespressekonferenz war hautnah mit dabei, als 1976 der Aufstieg Ernst Albrechts durch seine sensationelle Wahl zum Ministerpräsidenten begann. Sie hörte gleich in seiner ersten Regierungserklärung vor dem Landtag, dass hier ein Mann die Führung des Landes übernommen hatte, der neben einer „Welle der Hoffnung" in Niedersachsen bisher nicht gehörte Töne in die Politik bringen wollte. Albrecht sprach von dem Wahren, dem Guten, dem Schönen, von Vermittlung von Geschichtsbewusstsein, Entfaltung der geistigen Anlagen, Förderung charakterlicher Entwicklung und einer vorurteilslosen Einführung in die Sinnfragen menschlicher Existenz. Das gehöre ebenso zum Bildungsauftrag der Schule wie die Ausbildung politischer Tugenden, sagte der neue Ministerpräsident.

Wenn Dr. Albrecht zur Landespressekonferenz kam, verstand er es, seine Politik klar und deutlich darzulegen. Was er sagte, war druckreif.

Der Ministerpräsident liebte es allerdings nicht, oft zur Landespressekonferenz zu kommen. Lieber lud er Journalisten zu sich ein; wenn
möglich, suchte er sie nach seinen Vorstellungen aus. Viele hatten den
Eindruck, im Kreis von Chefredakteuren fühlte er sich noch am wohls-
ten. Seine Abneigung gegenüber der Landespressekonferenz mag auch
daher rühren, dass wir zu seiner Regierungszeit in einem Konferenzraum im Landtag hausten, der alles andere als einladend war. Es war ein
fensterloser, niedriger Schlauch, vollgepfropft mit Menschen. Vor allem
bei besonderen Konferenzen, und das war beim Besuch des Ministerpräsidenten immer der Fall, war der LPK-Konferenzraum viel zu klein.
Er war dann so überfüllt, dass oft Kollegen an den Seiten stehen mussten. Wenn auch noch geraucht wurde, war die Bude so verqualmt, dass
man die Luft schneiden konnte. Wir Journalisten und unsere ständigen
Partner, die Referenten, hatten uns im Laufe der vielen Jahre an diesen
Zustand gewöhnt. Etliche fühlten sich in der drangvollen Enge sogar
wohl. Andere, die in der LPK nichts anderes kannten, empfanden keine
Unannehmlichkeiten. Aber wenn Gäste kamen, zumal wenn es Ästheten waren wie Dr. Albrecht, wären sie „am liebsten wieder rückwärts
rausgegangen", wie es ein hochrangiger Besucher einmal formulierte. So
mögen beim Ministerpräsidenten innere und politische Abneigung zusammengekommen sein.

Erste Bekanntschaft in Moskau

Ich selbst hatte zu Dr. Albrecht ein ganz besonders Verhältnis, weil ich
ihn schon 1971 kennengelernt hatte, also zu einem Zeitpunkt, als noch
niemand daran dachte oder überhaupt nur ahnen konnte, dass er einmal
niedersächsischer Ministerpräsident und einer der erfolgreichsten und
bekanntesten Politiker des Landes werden würde. Diese erste Bekanntschaft fand ausgerechnet in Moskau statt und dann auch noch an einem
geradezu historischen Datum, nämlich am 22. Juni 1971. Das war auf
den Tag genau 30 Jahre nach dem Einmarsch der deutschen Wehrmacht
in die damalige Sowjetunion. Ich kann mich noch sehr gut an diesen
Tag erinnern, den ich in einer Flak-Stellung zur Luftverteidigung von
Hannover mit sehr gemischten Gefühlen erlebt habe. Einerseits war
Deutschland nach dem gewonnenen Feldzug gegen Frankreich sowie
der Eroberung von Dänemark und Norwegen und des Balkans immer
noch im Siegesrausch, andererseits drohte mit einem neuen Kriegs-

schauplatz im Osten und einem Zwei-Fronten-Krieg das Schicksal des Ersten Weltkriegs.

30 Jahre später herrschte der „Kalte Krieg" zwischen Europa und der Sowjetunion. Er war auf seinem Höhepunkt. Ausgerechnet in diesen kritischen Tagen machte eine Delegation des Niedersächsischen Landtags eine Reise nach Leningrad, Kiew und Moskau. Ich war als Journalist dabei. Delegationsleiter war der stellvertretende Vorsitzende der SPD-Landtagsfraktion Horst Milde. Er war nicht zu beneiden, als er bei unserem Empfang im Kreml in einem nicht gerade erfreulichen, angespannten Klima eine Rede halten musste. Aber Horst Milde hat es sehr gut gemacht.

Als sich die niedersächsische Delegation nach dem offiziellen Empfang mit sowjetischen Politikern zu einer Stadtbesichtigung aufmachte, habe ich mich selbstständig gemacht, um zu versuchen, unbedingt notwenige Ersatzbatterien für meine private Schmalfilmkamera zu besorgen. Weil ich der russischen Sprache noch einigermaßen mächtig war, die ich in der sowjetischen Kriegsgefangenschaft gelernt und die mir damals das Leben gerettet hatte, konnte ich mich in Moskaus U-Bahnen und Straßenbahnen ganz gut zurechtfinden.

Gegen 14 Uhr kehrte ich in unser Hotel „Rossia" unweit des Roten Platzes zurück. Wir wussten, dass an diesem Tag der junge CDU-Landtagsabgeordnete Dr. Ernst Albrecht zu unserer Delegation stoßen sollte. Er hatte bei der Europäischen Union eine steile Karriere hinter sich, war zuletzt Generaldirektor für Wettbewerb und hatte in Brüssel noch einiges zu regeln gehabt. In der Hotelhalle sah ich einen jungen Mann umhergehen und dachte mir gleich: „Das muss Dr. Albrecht sein." Beim Näherkommen erkannte ich ihn, sprach ihn an und stellte mich vor. Er war hocherfreut, ausgerechnet in Moskau einem Deutschen und dazu noch einem aus der niedersächsischen Delegation zu begegnen. Wir kamen schnell ins Gespräch. Er wollte vor allem viel über „die Presse" wissen. Ich war ein halbes Jahr zuvor zum Vorsitzenden der Landespressekonferenz gewählt worden. Weil so schönes Wetter war, machten wir beide einen ausgedehnten, über zweistündigen Spaziergang durch Moskaus Straßen und Parks. Dabei erklärte ich dem außergewöhnlich wissbegierigen jungen Politiker die Grundbegriffe des Journalismus im Allgemeinen und die Situation in Hannover und Niedersachsen im Besonderen. Immerhin war ich seit über zehn Jahren in der niedersächsischen Landespolitik zu Hause und in meinem Element.

Dr. Ernst Albrecht (rechts) und der Chronist Rolf Zick begrüßten und mochten sich.

So kamen Ernst Albrecht und ich uns näher und merkten gleich, dass wir uns verstanden. Wenn wir uns später daheim in Hannover im Landtag begegneten, begrüßten wir uns herzlich und plauderten miteinander. Noch immer konnte niemand ahnen, was sich 1976 ereignen würde. Als es dann Wirklichkeit und Ernst Albrecht Ministerpräsident geworden war, hatte ich natürlich durch unsere jahrelange Bekanntschaft schon leichter Zugang zu ihm als meine Kollegen. Das ging sogar so weit, dass er mich im Laufe der Zeit öfter mal um Rat fragte, besonders als es um seine großen Ziele ging, die Reform des Norddeutschen Rundfunks (NDR) und die Einführung von privatem Rundfunk und privatem Fernsehen. So war ich auch einer der wenigen Journalisten, die mit ihm daheim auf seinem „Gutshof" in Beinhorn auf der großen Wiese mit Schafen und Hühnern auf der Bank unter der großen Eiche saßen und abgeschieden von der Welt und ungebetenen Zuhörern vertraulich miteinander reden konnten. Dabei blieb aber immer eine gewisse Distanz gewahrt. Das lag einmal am Wesen des Menschen Albrecht und zum anderen an meiner Auffassung vom unabhängigen Journalismus.

Ich möchte noch hinzufügen, dass ich auch noch auf einem anderen Wege Zugang zur Familie Albrecht bekommen habe. Ihre Tochter Benita war als elfjähriges Mädchen im Januar 1971 an Krebs gestorben.

Frau Dr. Heidi Adele Albrecht unterstützte danach den hannoverschen Elternverein zur Betreuung krebskranker Kinder, für den ich ehrenamtlich Pressarbeit machte. So lernte ich auch bei Veranstaltungen unsere „Landesmutter" näher kennen und hatte sogar die Ehre, bei ihr zu Hause zum Kaffeetrinken eingeladen zu werden.

Und wenn wir schon einmal bei „Familienbeziehungen" sind, soll nicht unerwähnt bleiben, dass Ministerpräsident Dr. Albrecht 1981 zu meinem 60. Geburtstag die Festrede hielt und beim anschließenden Empfang in der hannoverschen Stadthalle am Tisch neben meiner damals fast 90jährigen Mutter saß. Bei ihrer Unterhaltung kam heraus, dass Frau Dr. Albrecht zu jeder Familienfeier Theaterstücke für die Aufführung ihrer Kinder oder auch Gedichte schreibt, und dass auch meine Mutter ähnliche Geschichten aus ihrer Jugendzeit erzählen konnte. So wurde ein brieflicher Austausch zwischen meiner Mutter und Frau Albrecht vereinbart. Dass Dr. Albrecht mir im Jahr 2004 sein Buch *Heidi Adele Albrecht – Mutter, Landesmutter, Poetin* mit der Widmung „in alter Freundschaft" zukommen ließ, hat mich sehr stolz gemacht.

Vor diesem Hintergrund hat sich meine journalistische Begleitung des Ministerpräsidenten Dr. Albrecht während seiner 14-jährigen Amtszeit abgespielt, freundschaftlich, vertrauensvoll, doch immer mit dem gebührenden Abstand und gegenseitigem Respekt voreinander. Zugute kam mir natürlich meine Bekanntschaft mit Albrecht aus der „Vorzeit", meine Stellung als Vorsitzender der Landespressekonferenz und auch meine persönliche Freundschaft mit dem Regierungssprecher Dr. Hilmar von Poser.

Abschließend zu diesem Kapitel über Beziehungen zwischen Politikern und Journalisten kann ich sagen: Politiker und Journalisten sind auch Menschen. Es wäre weltfremd, wenn es zwischen ihnen nicht menschliche Beziehungen und auch Freundschaften geben würde. So verband mich beispielsweise mit Wilfried Hasselmann, dem CDU-Landesvorsitzenden und Minister im Kabinett Albrecht, eine wirkliche Männerfreundschaft, die schon aus gemeinsamer Schicksalszeit als Frontsoldaten des letzten Krieges und auch in Übereinstimmung von Werten und ethischen Vorstellungen sowie in Lebenserfahrungen begründet war. Allerdings müssen beide Seiten wissen, dass Freundschaft zwischen Politikern und Journalisten nie in Kumpanei oder gar Abhängigkeit ausarten darf, sondern dass gegenseitige Achtung und völlige Unabhängigkeit des Journalisten die Grundlage sind.

Der erste niedersächsische CDU-Regierungschef und die Minderheitsregierung

Doch zurück an den Anfang der Regentschaft des Dr. Ernst Carl Julius Albrecht seit dem 6. Februar 1976. Den wundersamen, sensationellen Beginn haben wir schon im vorigen Kapitel über Alfred Kubel gelesen. Albrecht war mit 45 Jahren der bisher jüngste Ministerpräsident in der 30-jährigen Geschichte des Landes Niedersachsen, in der die CDU zum ersten Male den Regierungschef stellen konnte, aber in einer sehr kuriosen, bisher ebenfalls erstmaligen Situation: Der neue Ministerpräsident musste mit einer Minderheitsregierung beginnen. Er hatte (noch) keinen Koalitionspartner und sah sich den zwei Oppositionsfraktionen SPD und FDP gegenüber. Dass er alles versucht hat, die FDP mit ins Boot zu holen, wird daran deutlich, dass er für sie in seinem Kabinett wichtige Plätze freihielt. So „verwaltete" er selbst zusätzlich das Finanz-, Wirtschafts- und Justizressort. Der bisherige Oppositionsführer und CDU-

Im Niedersächsischen Landtag wurden am 16. Februar 1976 die vier vom neuen Ministerpräsidenten Dr. Ernst Albrecht in die neue CDU-Minderheitsregierung berufenen Minister vereidigt: (von links) Kultusminister Dr. Werner Remmers, Sozialminister Hermann Schnipkoweit, Minister für Bundesangelegenheiten Wilfried Hasselmann und Landwirtschaftsminister Gerhard Glup.

Im Anschluss an die erste Kabinettssitzung der neuen CDU-Landesregierung, in der es um die Polen-Verträge im Bundesrat sowie um Personalien, vornehmlich um die Entlassung von vier Staatssekretären der vorherigen SPD/FDP-Regierung, ging, stellte sich die Landesregierung erstmals der Presse; am Tisch (von links) Landwirtschaftsminister Gerhard Glup, Minister für Bundesangelegenheiten und Innenminister Wilfried Hasselmann, Ministerpräsident Dr. Ernst Albrecht, Kultusminister Werner Remmers, Sozialminister Hermann Schnipkoweit, im Vordergrund Spiegel-Korrespondent Wolfgang Becker.

Landesvorsitzende Wilfried Hasselmann wurde Minister für Bundesangelegenheiten und gleichzeitig mit der Wahrnehmung der Geschäfte des Innenministers beauftragt. Hermann Schnipkoweit als Sozialminister, Gerhard Glup als Landwirtschaftsminister und Dr. Werner Remmers als Kultusminister, der auch das Wissenschaftsressort übernahm, vervollständigten das Rumpfkabinett.

Das „Meisterstück" mit den Polen-Verträgen

Ministerpräsident Dr. Albrecht war gerade einmal vier Wochen im Amt, da musste er seine erste, außergewöhnlich schwere Feuerprobe bestehen. Es ging um die Zustimmung des Bundesrates zu den sogenannten Polen-Verträgen. Die deutsche Bundesregierung und die Volksrepublik Polen hatten eine Vereinbarung geschlossen, nach der 120.000 der insgesamt noch rund 300.000 bis 400.000 in Polen lebenden Deutschen die Möglichkeit der Ausreise in die Bundesrepublik erhalten sollten und

Polen rund zwei Milliarden D-Mark bekommen sollte. Der Bundestag hatte mit Mehrheit gegen die CDU/CSU-Fraktion zugestimmt. Jetzt fehlte noch die Zustimmung des Bundesrates. Aber hier hatte sich durch den unvorhergesehenen Regierungswechsel in Niedersachsen das Zahlenverhältnis zu Ungunsten der SPD/FDP-Koalition in Bonn schlagartig verändert. Sie musste nun mit einem Scheitern der Polen-Verträge rechnen. Niedersachsen war das Zünglein an der Waage. Ganz Deutschland und auch Polen schauten auf den neuen Ministerpräsidenten Dr. Albrecht.

Er war entgegen der CDU-Meinung für die Polen-Verträge, um, wie er sagte, den Deutschen in Polen, die dort wie Menschen zweiter Klasse behandelt wurden, die Chance zu geben, in die Bundesrepublik auszusiedeln. Es ging ihm vor allem darum, dass nicht nur 120.000, sondern möglichst alle Aussiedlungswillige kommen könnten. Dazu hatte Albrecht in Bonn viele Geheimverhandlungen mit Bundeskanzler Helmut Schmidt und Außenminister Hans-Dietrich Genscher sowie der CDU-Spitze mit Helmut Kohl geführt. So hatte sich Albrecht den Beginn seiner Karriere sicher nicht vorgestellt. Das Schicksal von Hunderttausenden Deutschen in Polen lag auf einmal in der Hand eines gerade eben zum Regierungschef eines Bundeslandes gewählten sehr jungen Polit-Neulings. Die Verantwortung lastete erdrückend auf seinen schmalen Schultern. Als Außenminister Genscher auf Albrechts Drängen aus Warschau doch noch die Zusage bekommen hatte, dass die Möglichkeit zur Aussiedlung für mehr als die 120.000 Deutschen besteht, gab er Genscher sein Wort, dass Niedersachsen den Polen-Verträgen im Bundesrat zustimmen werde. Wenn ihm das niedersächsische Landeskabinett nicht folgen sollte, würde er zurücktreten. Am 12. März 1976 stimmte auch die Mehrheit des Bundesrats den Polen-Verträgen zu. Albrecht hatte sein erstes „Meisterstück" gemacht.

Die FDP will „nicht nach Albrechts Pfeife tanzen"

Die FDP in Niedersachsen wollte partout „nicht nach Albrechts Pfeife tanzen". Am 21. Februar 1976, knapp zwei Wochen nach den sensationellen Ereignissen des Regierungswechsels in Hannover, plädierte der Landesvorsitzende Rötger Groß vor dem Landeshauptausschuss der niedersächsischen FDP für eine Politik der „konstruktiven Opposition". Sie sei erforderlich, um die Glaubwürdigkeit der FDP zu erhalten und um nicht wieder als „Umfaller-Partei" zu gelten. Um dieses seit 15 Jahren mitgeschleppte Syndrom endlich loszuwerden, müssten die Freien Demokraten ihre Zuverlässigkeit beweisen. Es sei nicht die staatspolitische Pflicht der FDP, der CDU eine Mehrheit zu verschaffen. Doch im Augenblick stelle sich die Koalitionsfrage gar nicht. Auf dem Landesparteitag der niedersächsischen FDP am 24. April 1976 in Braunschweig schlug der Landesvorsitzende allerdings schon vor, vorurteilslos alle Vorschläge der CDU-Minderheitsregierung oder der SPD zu prüfen, ob sie dem Land nutzen und mit den Vorstellungen der Liberalen vereinbar sind. Der FDP-Fraktionsvorsitzenden Winfrid Hedergott erklärte: „Wir tolerieren keine CDU-Minderheitsregierung und keine CDU-Politik, sondern wir kämpfen um die Verwirklichung unserer liberalen Vorstellungen." Dagegen erhob sich jedoch heftige innerparteiliche Kritik. Insbesondere der stellvertretende Landesvorsitzende und bisherige Wirtschaftsminister Erich Küpker forderte öffentlich eine Koalition mit der CDU und griff den Landesvorsitzenden Groß in der Presse heftig an. Detlef Kleinert, Landesschatzmeister der FDP und von vielen als die „graue Eminenz" der Partei bezeichnet, erinnert sich noch gut an die langen Debatten beim Landesparteitag, als die eher links orientierten Liberalen „nicht ums Verrecken" mit der CDU koalieren wollten und andere argumentierten, ein Zusammengehen mit der Minderheitsregierung von Albrecht lenke den Verdacht noch mehr auf die FDP, sie hätte durch Überläufer zum Platzen der Koalition mit der SPD beigetragen. Kleinert selbst vertrat die Meinung: „Wir müssen in die Regierung, um wieder Boden unter die Füße zu bekommen, deshalb müssen wir Flagge zeigen." Nach langen Diskussionen, in denen es vielen Liberalen schwerfiel, über den eigenen Schatten zu springen, legte der FDP-Landesvorstand am 30. Oktober 1976 in Wolfsburg dem Landeshauptausschuss der Partei den Antrag vor, Koalitionsgespräche mit der CDU einzuleiten. Er wurde mit 70 gegen 55 Stimmen angenommen. Die Gespräche wurden aufgenommen, und als Ergebnis wurde ein entsprechender Koalitionsvertrag auf dem außerordentlichen FDP-Landesparteitag am 11. Dezember 1976 in Wolfsburg mit der ganz knappen Mehrheit von 164 gegen 162 Stimmen und einer Stimmenthaltung angenommen. Später gestand der als neuer Minister vorgesehene Walter Hirche mir gegenüber, es sei ihm zunächst sehr schwergefallen, die Überzeugung zu gewinnen, dass es für die FDP geboten war, mit der CDU in ein Gespräch einzutreten; doch dann habe er zugestimmt, weil man unter Demokraten letztlich immer gesprächsbereit sein müsse. Im

Rückblick meinte er, dass die Koalitionsentscheidung „wirklich richtig"
war. Er habe sich damals nach der Vernunft und gegen seine Emotionen
entschieden.

Für die Bundespolitik war diese neue CDU/FDP-Koalition in Niedersachsen ein sehr bedeutsames Signal, zumal die CDU den Liberalen
im Koalitionsvertrag sehr weit entgegengekommen war. Eine der größten Kröten, die die CDU schlucken musste, war die Bundesratsklausel,
die eine Störung der Arbeit der Bonner SPD/FDP-Koalition durch eine
veränderte Stimmenverteilung im Bundesrat verhinderte. Wichtiger als
diese Sachfragen waren bei den Koalitionsverhandlungen vor allem für
Journalisten und eine interessierte Öffentlichkeit natürlich Personal-
fragen. Die *Bild-Zeitung* titelte am 29. Oktober 1976: „Alles klar für die
„CDU-FDP-Ehe" in Niedersachsen – Personalkarussell dreht sich:
Freie Demokraten sollen 3 Ministersessel erhalten". In der Presse wurde
spekuliert, die Ressorts Wirtschaft, Justiz und Wissenschaft könnten
von der FDP besetzt werden. Dabei sei der frühere Wirtschaftsminister
Erich Küpker wiederum „eine Bank" für das Wirtschaftsressort. Der

Nach erfolgreichen Verhandlungen hatte der neue CDU-Ministerpräsident
Dr. Ernst Albrecht (Mitte) die beiden FDP-Minister Rötger Groß (rechts) und
Erich Küpker (links) der vorhergehenden sozial-liberalen Landesregierung in
das Kabinett berufen, Groß wieder als Innenminister und stellvertretenden
Ministerpräsidenten, Küpker wieder als Wirtschaftsminister.

Jurist und Rechtsanwalt Rötger Groß, früher Innenminister, wurde für das Justizressort „gehandelt", und immer wieder wurde der Name Walter Hirche, Vorsitzender des Landtags-Kultusausschusses und kulturpolitischer Sprecher der FDP, als neuer Minister für Wissenschaft und Kunst genannt. Letztlich gab sich die FDP mit zwei, aber außerordentlich wichtigen Ressorts zufrieden. Rötger Groß wurde wieder Innenminister und Erich Küpker wieder Wirtschaftsminister. Am 19. Januar 1977 wurde die neue CDU/FDP-Landesregierung vorgestellt und im Niedersächsischen Landtag vereidigt.

Im Juni 1978 hatte Ministerpräsident Dr. Ernst Albrecht die Landtagswahl so deutlich gewonnen, dass er mit der CDU allein regieren konnte. Erstmals in der Nachkriegsgeschichte Niedersachsens gab es ein Ein-Parteien-Kabinett. Hier ist das „Gruppenbild mit Dame" vor dem Landtag: (von links nach rechts) Gerhard Glup (Landwirtschaft), Walther Leisler Kiep (Finanzen), Birgit Breuel (Wirtschaft und Verkehr), Hermann Schnipkoweit (Soziales), Dr. Ernst Albrecht (Ministerpräsident), Dr. Werner Remmers (Kultus), Egbert Möcklinghoff (Inneres), Wilfried Hasselmann (Bundesangelegenheiten), Prof. Hans-Dieter Schwind (Justiz) und Prof. Dr. Eduard Pestel (Bildung und Wissenschaft).

Die unendliche Geschichte von Gorleben

Zu Ministerpräsident Albrechts bundesweit und sogar international bekanntesten Vorhaben und Problemen gehörte „Gorleben". Es ging um das geplante riesige bundesdeutsche Entsorgungszentrum mit Zwischenlager, Wiederaufarbeitungsanlage und Endlager für Atommüll im niedersächsischen Gorleben im Wendland unmittelbar an der Zonengrenze. Das Synonym Gorleben ist bis heute zu einer fast 50 Jahre währenden unendlichen Geschichte geworden. Albrecht selbst sagte einmal, dass kaum etwas sein Leben so belastet habe wie die Fragen der Kernenergie.

Schon am 15. Februar 1974, also noch in seiner Oppositionszeit im Niedersächsischen Landtag, hatte Albrecht als damaliger Vorsitzender des Wirtschaftsausschusses zu einem ersten „Gorleben-Hearing" die Wortführer der Kernenergiegegner und Befürworter der Kernenergie gemeinsam mit unabhängigen Experten eingeladen. Als Albrecht 1976 Ministerpräsident wurde und auf Drängen der Bundesregierung nicht bereit war, vor einer sorgfältigen Prüfung der Möglichkeiten und Gefahren eines Entsorgungszentrums an der nuklearen Entsorgung mitzuwirken, schickte Bundeskanzler Helmut Schmidt drei leibhaftige Bundesminister nach Hannover: Forschungsminister Matthöfer, Wirtschaftsminister Friderichs und Innenminister Prof. Maihofer. Sie erklärten den niedersächsischen Provinzpolitikern ziemlich arrogant, die Bundesregierung erwarte binnen einer Woche die Zusage des Landes Niedersachsen, dass das geplante Entsorgungszentrum, wie 1974 vom damaligen niedersächsischen Ministerpräsidenten Kubel zugesagt, in Niedersachsen angesiedelt werde. Albrechts Antwort lautete, Niedersachsen werde den Antrag der Bundesregierung mit aller gebotenen Sorgfalt prüfen. Diese Prüfung führte dann zum zweiten weltweiten Gorleben-Hearing. Der Ministerpräsident hatte eine Anregung des Grafen Bernstorff, des größten Grundbesitzers im Raum Gorleben und Kontaktperson zu den Kernenergiegegnern, aufgegriffen, hinter der der Bundeskanzler jedoch eine Hinhaltetaktik Niedersachsens witterte. Als aber am Gorleben-Hearing kein Weg mehr vorbei führte, bat Helmut Schmidt den Kernphysiker, Friedensforscher und Philosophen Carl Friedrich von Weizsäcker, die Leitung zu übernehmen. Vom 28. März bis 3. April 1979 kamen die bekanntesten Kernenergieexperten der Welt in der hannoverschen Stadthalle zusammen. von Weizsäcker resümierte: „Das gegenseitige Misstrauen der Partner wurde – mit den unvermeidlichen Ausnahmen einzelner Personen – von Tag zu Tag abgebaut; die Entscheidung der Landesregierung fiel, nach meiner Beobachtung, in aller Stille während der zweiten Hälfte der sechstägigen Gesprächsrunde, unter dem Einfluss der vorgebrachten Argumente; man verabschiedete sich, wie vorhersehbar, beiderseits unüberzeugt, aber in gegenseitiger Achtung, ja, da und dort, in Herzlichkeit."

Am 16. Mai 1979 gab Ministerpräsident Dr. Albrecht im Niedersächsischen Landtag eine Regierungserklärung ab. Darin hieß es u. a.: „Auch wenn eine Wiederaufarbeitungsanlage prinzipiell so sicher gebaut und betrieben werden kann, dass unzumutbare Risiken für die Bevölkerung nicht entstehen, bleibt doch die doppelte Frage, ob der Bau einer solchen Anlage unerlässlich ist und ob er politisch realisierbar erscheint." Und weiter sagte Albrecht: „Obwohl es gesetzlich möglich wäre – und dies aus gutem Grund –, hält die Landesregierung es nicht für richtig, eine Wiederaufarbeitungsanlage zu bauen, solange es nicht gelungen ist, breite Schichten der Bevölkerung von der Notwendigkeit und sicherheitstechnischen Vertretbarkeit der Anlage zu überzeugen. Die niedersächsische Landesregierung kann und will der Bundesregierung keine energiepolitischen Entscheidungen aufzwingen. Es ist jedoch ihre Pflicht, die Bundesregierung darauf hinzuweisen, dass die politischen Voraussetzungen für die Errichtung einer Wiederaufarbeitungsanlage zur Zeit nicht gegeben sind."

Zusammengefasst hieß dieser politisch brisante Satz: „Technisch machbar, aber politisch nicht durchsetzbar". Er löste eine rege und sich über Jahre hinziehende politische Kontroverse aus.

Am 28. September 1979 beschlossen die Regierungschefs von Bund und Ländern, dass die Erkundung des Salzstocks Gorleben zügig voranzubringen sei, so dass in der zweiten Hälfte der 80er Jahre Entscheidungsgrundlagen vorliegen sollten.

An der Kernkraft schieden sich die Geister. Für die einen, die Realisten und Optimisten, war sie der Inbegriff der zukünftigen sauberen Energie. Für die anderen, die Gegner, eine kleine, dafür umso aktivere und lautere, oft ideologisch verblendete Minderheit, die nur von Atomenergie sprach, um durch die Assoziation mit der Atombombe die Schrecken an die Wand zu malen, war sie ein Werk des Teufels, das Deutschland unweigerlich den Super-GAU (Größter anzunehmender Unfall) bescheren würde.

Zu diesem Thema zum Abschluss eine kleine Anekdote:

Jahrelang bemühten sich Ministerpräsident Albrecht und seine Regierung, die niedersächsische Bevölkerung von der Notwendigkeit dieses gewaltigen Vorhabens in Gorleben zu überzeugen. Als ihnen bewusst wurde, dass eine rationale und wissenschaftliche Argumentation die Mehrheit der Menschen nicht wirklich zu überzeugen vermag, beschlossen sie, am Grundstückszaun des geplanten Zwischenlagers ein Haus zu bauen, in dem die Mitglieder der Landesregierung abwechselnd jeweils für drei Monate wohnen sollten. Die Botschaft lautete: Wenn der Ministerpräsident, seine Frau und seine sechs Kinder sowie die Minister mit ihren Familien keine Angst haben, unmittelbar an der Grenze des Zwischenlagers zu wohnen, so brauchen wir, die wir ein oder mehrere Kilometer entfernt wohnen, auch keine Angst vor Strahlungsschäden zu haben. Der Regierungswechsel 1990 verhinderte, den Plan zu verwirklichen.

Zum letzten Mal mit allen Regierungspräsidenten

Während die Verwaltungs- und Gebietsreform in Niedersachsen eines der Hauptthemen der Vorgänger-Regierung Kubel war, musste die Verwaltungsmodernisierung unter der Regierung Albrecht vollendet werden. Mit dem 8. Gesetz zur Verwaltungs- und Gebietsreform vom 28. Juni 1977, das am 1. August 1977 in Kraft trat, wurden die Reformbestrebungen weiter umgesetzt. So wurde nicht nur die Zahl der Landkreise von 60 auf 37 reduziert, sondern die der Regierungsbezirke entsprechend dem Landtagsbeschluss von 1972 nach und nach halbiert – von acht auf vier. Es gab nun nur noch die Bezirke Braunschweig, Hannover, Lüneburg und Weser-Ems. Da änderten auch landesweite Kritik und Proteste, selbst die Einschaltung des niedersächsischen Staatsgerichtshofes in Bückeburg und sogar des Bundesverfassungserichts nicht.

Übrigens, die Geschichte der Regierungsbezirke ist uralt. Sie geht bei uns bis in das Jahr 1885 zurück, als das 1866 nach der Schlacht von Langensalza preußisch gewordene ehemalige Königreich Hannover nun eine preußische Provinz geworden war und in Bezirke aufgeteilt wurde, nach dem Vorbild der bereit in anderen preußischen Provinzen 1815/16 eingerichteten Regierungsbezirke. Sie existierten fast 200 Jahre. 2004 wurden die Regierungsbezirke in Niedersachsen endgültig aufgelöst.

Doch zuvor, 1977, hatte es sich Ministerpräsident Dr. Albrecht nicht nehmen lassen, die bisherigen Regierungspräsidenten erstmals – und zum letzten Male – zu einem Gespräch mit dem Kabinett einzuladen. Die Teilnehmer sind auf einem Foto historisch und dokumentarisch festgehalten.

Zum ersten Male und auch zum letzten Male, bevor die Zahl der Bezirksregierungen gesetzlich halbiert und die Mittelinstanz reduziert wurde, trafen sich 1977 die niedersächsischen Regierungs- und Verwaltungspräsidenten mit dem Ministerpräsidenten Dr. Albrecht und seinem Kabinett zum Gespräch in Hannover. (von links nach rechts) Regierungsvizepräsident Passow (Stade), Staatssekretär Robert Mohrhoff (Staatskanzlei), Justizminister Dr. Hans Puvogel, Regierungspräsident Rolf Wandthoff (Lüneburg), Landwirtschaftsminister Gerhard Glup, dahinter Regierungsvizepräsident Barth (Aurich), Sozialminister Hermann Schnipkoweit, Verwaltungspräsident Joseph Schweer (Oldenburg), Regierungspräsident Dr. Hans Kellner (Hildesheim), dahinter Regierungspräsdient Bernhard Baier (Hannover), Verwaltungspräsident Prof. Thiele (Braunschweig), Ministerpräsident Dr. Ernst Albrecht, dahinter Regierungsvizepräsident Brümmer (Osnabrück), Innenminister Dr. Gustav Bosselmann, Kultusminister Dr. Werner Remmers (halb verdeckt), Präsident Schaper (Landesverwaltungsamt).

Albrecht krempelt den Norddeutschen Rundfunk um

Die Ära Albrecht war vor allem auch von einer Vielzahl medienpolitischer und medienwirksamer Ereignisse geprägt, bei denen die Landespressekonferenz (LPK) immer in der ersten Reihe saß und ich selbst nicht unbeteiligt war. Als das Thema Gorleben Jahre später weiterhin noch in aller Munde und bundesweit in den Gazetten war, kam der Ministerpräsident zu uns in die LPK und breitete seine Visionen aus: Es wird etwas geben, das ist viel größer als Gorleben! Größer als Gorleben war in jener Zeit eigentlich nicht vorstellbar. Auf ungläubiges Staunen der Journalisten sagte Dr. Albrecht: „Es sind die Neuen Medien." Kaum jemand konnte mit diesem Begriff damals etwas anfangen. Er kam im allgemeinen deutschen Sprachschatz noch nicht vor und war nur etwas für Spezialisten. Aber Albrecht sollte recht behalten. Er entwickelte vor der Landespressekonferenz seine Vorstellungen. Zuerst war es die grundlegende Neuordnung des Norddeutschen Rundfunks (NDR) mit einer Gewichtsverlagerung nach Hannover, dann der Privatfunk. Für die ebenso überraschten wie skeptischen Journalisten waren das noch „böhmische Dörfer". Sie sollten jedoch schon bald die Gazetten beherrschen.

Plaudereien aus der Küche der Landesregierung

In die Regierungszeit von Dr. Albrecht fiel auch noch die Lüftung eines „Staatsgeheimnisses": Hinrich Wilhelm Kopfs Leibspeise waren Rouladen; Dr. Georg Diederichs und Alfred Kubel liebten es eher deftig, sie bevorzugten eine dampfende Terrine Eintopf auf dem Mittagstisch; Heinrich Hellwege genoss am liebsten das Kurzgebratene, und Dr. Ernst Albrecht erwies sich als Feinschmecker, es musste nicht viel, dafür gut sein und auf der Zunge zergehen. Wer da so gut aus der Küche plauderte, war Gertrud Wehner, die 30 Jahre lang für das leibliche Wohl aller niedersächsischen Regierungschefs gesorgt hatte. Bei ihrer Verabschiedung in den wohlverdienten Ruhestand verriet sie das Geheimnis und erzählte eine kleine Anekdote:

Anno 1954 hatte alles angefangen. Gertrud Wehner war als Köchin in einem Sanatorium in Braunlage beschäftigt. Bei einem Gast erregte sie ob ihres opulenten Frühstücks, das sie servierte, besondere Aufmerksamkeit. Es war Hinrich Wilhelm Kopf, Niedersachsens erster Ministerpräsident. Er wollte nach seinem Kuraufenthalt nicht mehr auf die gute Küche von Gertrud Wehner verzichten und engagierte sie kurzer Hand als Wirtschafterin für die niedersächsische Landesvertretung in Bonn. An diese Zeit erinnerte sich Frau Wehner noch gern: „Damals musste viel improvisiert werden, Wenn Gala-Empfänge bevorstanden, wanderten erst einmal die Schreibtische aus den Büroräumen in die Garage. Erst dann hatten wir Platz, festlich einzudecken." Rund 16 Jahre führte sie das Regiment in der Küche der Landesvertretung am Rhein, bevor sie ihre Kochkünste im Gästehaus der Landes-

Nach 30 Jahren „Küchendienst" für die Landesregierung verabschiedeten Ministerpräsident Dr. Ernst Albrecht (links) und Bundesratsminister Wilfried Hasselmann Gertrud Wehner, die Küchenchefin des Gästehauses in der hannoverschen Lüerstraße, in den wohlverdienten Ruhestand.

regierung in der hannoverschen Lüerstraße bewies. Davon profitierten nicht nur wöchentlich das Kabinett, sondern auch die Staatsgäste, die von der Landesregierung eingeladen waren. Bei ihrer Verabschiedung nach 30 Jahren hatte Gertrud Wehner nur einen Wunsch: Die Regierung möchte für ihre Nachfolgerin die Küche endlich mal auf einen modernen Stand bringen. Der Ministerpräsident habe spontan zugesagt, sich dieses „Staatsproblems" anzunehmen.

Jubiläumstreffen der Medaillenträger

Das Gästehaus der Landesregierung in der hannoverschen Lüerstraße war oft der Treffpunkt besonderer Persönlichkeiten. So lud Ministerpräsident Dr. Albrecht 25 Jahre nach der Stiftung der Niedersächsischen Landesmedaille durch den damaligen Ministerpräsidenten Heinrich Hellwege, der höchsten Auszeichnung Niedersachsens, die an immer nur jeweils 30 lebende Personen vergeben wird, zum Jubiläumstreffen mit Mitgliedern des Landeskabinetts ein.

Zum Gruppenfoto mit zwei Damen und dem Regierungschef stellten sich die noch lebenden Träger der Niedersächsischen Landesmedaille (von links nach rechts) Prof. Georg Schnath (Direktor des Hauptstaatsarchivs Hannover, jahrzehntelang Leiter der Historischen Kommission für Niedersachsen und Bremen), Otto Bennemann (ehemaliger Innenminister), Ilsa Reinhard (DP-Politikerin, Mitglied des ersten ernannten Niedersächsischen Landtags 1946 und Landtagsabgeordnete von 1947 bis 1974), Richard Langeheine (ehemaliger Kultusminister), Gerhard Glup (Landwirtschaftsminister), Johann-Tönjes Cassens (Wissenschaftsminister), Dr. Ernst Albrecht (Ministerpräsident), Dr. Georg Diederichs (ehemaliger Ministerpräsident), Hilde Obels-Jünemann (SPD-Politikerin, Mitglied des ersten ernannten Hannoverschen und Niedersächsischen Landtags 1946 und Landtagsabgeordnete von 1947 bis 1970), Bruno Brandes (CDU-Politiker, ehemaliger Landtagspräsident), Dr. Burkhard Ritz (Finanzminister), Walter Remmers (Justizminister), Hans Striefler (SPD-Politiker, Bezirkssekretär des Landesausschusses der SPD Niedersachsen), Alfred Kubel (ehemaliger Ministerpräsident), Karl Möller (ehemaliger Wirtschaftsminister), Prof. Harald Deilmann (international anerkannter und ausgezeichneter Architekt und Städtebauer, Kultur-, Kirchen-, Rathaus-Universitätsbauten), Georg Bernd Oschatz (Kultusminister).

Die „Familie" Albrecht

Bevor wir jedoch zum Ende der Ära Albrecht kommen, soll noch ein Blick auf die „Familie" Albrecht gestattet sein. Es ist sicher nicht übertrieben zu sagen, dass die Frau des Ministerpräsidenten Albrecht, Dr. Heidi Adele Albrecht, unter allen Ehefrauen der niedersächsischen Regierungschefs die einzige wirkliche „Landesmutter" war, die Niedersachsen je gehabt hat. Mit großer Hingabe, Herzenswärme und christlicher Nächstenliebe hat sie über 14 Jahre lang ihre Aufgabe erfüllt, in vielen Ehrenämtern und immer wieder auch als Schirmherrin oder Taufpatin. Oft war sie an der Seite ihres Mannes, nannte ihn liebevoll „Percy" und begleitete ihn auf vielen Staatsreisen, besonders ins Ausland. Dabei lernten wir Journalisten oft einen nicht nur völlig anderen Ernst Albrecht kennen, sondern vor allem auch seine Frau. Das war beim König in Norwegen und beim König in Spanien ebenso wie in Jugoslawien, im Sudan oder in China. Ohne die Frau an seiner Seite als „Glanzlicht" und als selbstsicher, charmant und klug auftretende Begleiterin wäre manche Reise sicher nicht so harmonisch verlaufen. In die Politik hat sie sich allerdings nie eingemischt.

Es war schon Tradition, dass der Ministerpräsident auch die Schirmherrschaft zum Landespresseball in Hannover, dem größten alljährlichen gesellschaftlichen Ereignis der niedersächsischen Landeshauptstadt, übernahm und mit der „Landesmutter" Dr. Heidi Adele in festlicher Garderobe teilnahm. 1984 war die Gattin des 1982 zum deutschen Bundeskanzler gewählten CDU-Politikers Dr. Helmut Kohl, Hannelore Kohl, als Ehrengast des Landespresseballs mit von der Partie.

Albrecht war auch der erste und einzige niedersächsische Regierungschef, der seine Familie – Frau und sechs Kinder, von denen ein Mädchen mit zwölf Jahren an Krebs verstarb – am politischen Leben teilhaben ließ, um es zurückhaltend auszudrücken, und der Öffentlichkeit präsentierte. Der Ministerpräsident scharte seine musikalische Großfamilie um sich, er selbst mit der Klampfe in der Mitte, dahinter Mutti Heidi Adele mit der Kinderschar. Sie zeigten den Niedersachsen, wie wunderbar ihre Volkslieder sein können. „Lieder so schön wie der Norden" hieß der Titel, den Vater, Mutter und sechs Kinder aus Leibeskräften sangen und schließlich auf eine Platte aufnehmen ließen. Den meisten Niedersachsen hat es gefallen.

Dr. Heidi-Adele Albrecht, die „Landesmutter" (Mitte), war immer an der Seite von Ministerpräsident Dr. Ernst Albrecht; hier 1977 beim Staatsempfang für Bundespräsident Walter Scheel (rechts) im Niedersächsischen Landesmuseum in Hannover.

Dunkle Wolken am politischen Himmel

Das Ende der 80er Jahre wurde für Ministerpräsident Albrecht hochdramatisch. Es gab Ereignisse, die eine Landesregierung bisher noch nie erlebt hatte. Dass dunkle Wolken am politischen Himmel aufzogen, hatte mehrere Gründe. Einmal zeigte die Regierung Albrecht nach über einem Dutzend Jahren Regentschaft Abnutzungserscheinungen. Albrecht selbst hatte laut über seinen „dritten Lebensabschnitt" nachgedacht, in dem er noch einmal etwas „völlig anderes machen" wollte. Hinzu kam seine Vorstellung, ausgerechnet die äußerst umstrittene Bundestagspräsidentin Prof. Dr. Rita Süssmuth als seine Nachfolgerin zu präsentieren. Das löste selbst in der niedersächsischen CDU keine helle Freude aus. schließlich war nach der „Barschel-Affäre" mit dem ungeklärten Tod des schleswig-holsteinischen Ministerpräsidenten Uwe Barschel in einem Hotel in der Schweiz auch das nördlichste Bundesland von den Sozialdemokraten „erobert" worden. Niedersachsen war nun – Hamburg und Bremen waren von Haus aus rot – die letzte schwarze Bastion in Deutschlands Norden. Die gesamte deutsche Linke witterte Morgenluft. Sie hoffte, in dem machtbesessenen niedersächsischen SPD-Oppositionsführer Gerhard Schröder den Vollstrecker zu finden. Er hatte das Glück, auf eine – sich selbst so nennende – „Linke Kampfpresse" zu stoßen, die sich geradezu einen Spaß daraus machte, massiv in die Politik einzugreifen, um die niedersächsische CDU-Regierung zu stürzen. Fast wäre es ihr sogar gelungen.

Das Drama mit den Untersuchungsausschüssen

Im Niedersächsischen Landtag tagten 1988 zwei Parlamentarische Untersuchungsausschüsse, die zum Jahresende ihrem Höhepunkt zustrebten. Der eine Ausschuss wurde im Jargon „Celler Loch" genannt, der andere hieß „Spielbanken-Affäre". Letzterer sollte völlig unerwartet der Anfang vom Ende für den CDU-Landesvorsitzenden Wilfried Hasselmann werden. Wesentlich brisanter war das Thema „Celler Loch". Mit Wissen des Ministerpräsidenten hatte der niedersächsische Verfassungsschutz 1978 ein Loch in die Gefängnismauer der Celler Strafanstalt gesprengt und einen Anschlag vorgetäuscht, um einen V-Mann in die Justizvollzugsanstalt und in den Kreis der dort im Hochsicherheitstrakt einsitzenden Mitglieder der „Roten Armee Fraktion" (RAF) einschleusen zu können. Albrecht bekannte sich im Landtag öffentlich zu seiner Verantwortung und betonte, dass es dadurch eine Reihe von Erfolgen im Kampf gegen den Terrorismus gegeben habe. Ausbrüche und Mordtaten seien verhindert, Brandanschläge und Raubüberfälle aufgeklärt worden, sagte der Regierungschef. Aber als 1986 nach der Landtagswahl die Grünen ins Parlament eingezogen waren, beantragten sie gemeinsam mit der SPD einen Parlamentarischen Untersuchungsausschuss. Er tagte unter der souveränen Leitung des CDU-Abgeordneten Heiner Herbst, vom öffentlichen Interesse relativ ungeschoren, fast drei Jahre. Während die Vertreter der Regierungsfraktionen CDU und FDP im Abschlussbericht die Aussagen des Ministerpräsidenten bestätigt sahen, hielt die Opposition von SPD und Grünen sie für widerlegt. So ist das oft, wenn politische Vorgaben – oder auch Scheuklappen – die Beurteilung von Fakten bestimmen.

Ganz anders dagegen lief es mit dem Parlamentarischen Untersuchungs-ausschuss über die Spielbanken-Affäre. Vorsitzender war der blasse SPD-Abgeordnete Wolf Weber, ursprünglich Verwaltungsrichter. Nach seinen Aussagen schien der Auftrag einfach: „Im November 1987 war, einmalig in Deutschland, das Kasino Hannover/Pyrmont zusammenge-brochen. Wir sollten herausfinden, ob das niedersächsische Innenminis-terium als oberste und einzige Aufsichtsbehörde versagt hatte, als es dem dubiosen Treiben des Kasino-Chefs Marian Felsenstein über Jahre hinaus tatenlos zuschaute". Die CDU-Landtagsfraktion, die – ohne Not – den Ausschuss beantragt hatte, bestand noch auf einer Erweite-rung des Auftrags. Sie wollte prüfen lassen, ob bei der Erteilung der Spielbankenkonzession unter der SPD-Regierung 1974 alles mit rechten Dingen zugegangen sei.

Doch dieser Schuss wurde zum Rohrkrepierer. Er ging unter un-glaublichem Getöse nach hinten los. Denn die CDU hatte offenbar nicht mit der Macht „der" Presse gerechnet, zumindest nicht mit einer bestimmten „Sorte". Ihr kam es nicht auf journalistische Fairness und sachliche Information an, sondern allein auf Sensation, Investigation oder Enthüllung und Agitation oder einseitigen Meinungsjournalismus. Die Hannoversche Allgemeine Zeitung brachte es auf den Punkt: „Es war nicht zu verkennen, daß von außerhalb Niedersachsens, hauptsäch-lich von den beiden Nachrichtenmagazinen Stern und Spiegel, eine Kampagne gestartet worden war, um nach Schleswig-Holstein auch die niedersächsische Landesregierung sturmreif zu schießen."

Anzufügen ist, dass der hannoversche Korrespondent des *Spiegel* und ehemalige Pressesprecher der Grünen-Landtagsfraktion, Jürgen Ho-grefe, und der Korrespondent der *Frankfurter Rundschau*, Eckart Spoo, zuvor ein Rotbuch *Niedersächsische Skandal-Chronik* herausgebracht hatten. Wie sie selbst in einer „Orientierungshilfe" für die Staatskanzlei schrieben, sei es „ein typisches Produkt der linken Kampfpresse".

Am 27. Juli 1988 war in der *Frankfurter Rundschau* zu lesen:

„Linke Kampfpresse" endlich ein Verein

„Linke Kampfpresse e. V." heißt eine staatsbürgerliche Vereinigung, die sich am Montagabend in Hannover gegründet hat. Die 17 Gründungsmitglieder sind Journalisten von Spiegel, stern, mehreren Tageszeitungen sowie öffentlich-rechtlichen und privaten Rundfunkanstalten. Bei der vereinsrechtlichen Aner-kennung erwarten sie keine Probleme, da sie sich bei der Formulierung ihres Statuts eng an das Vorbild der „Staatsbürgerlichen Stiftung Bad Harzburg e. V."

angelehnt haben, in der sich CDU- und FDP-Politiker wie Wilfried Hasselmann, Detlef Kleinert und andere an Spielbanken beteiligte oder in die Spielbankenaffäre verwickelte niedersächsische Politiker zusammengeschlossen haben.

Im Aktionsprogramm der neuen Vereinigung steht obenan eine Vortragsver-
anstaltung mit dem niedersächsischen CDU-Generalsekretär Hartwig Fischer,
der genau erklären soll, was „Linke Kampfpresse" eigentlich ist. Er hatte kürzlich im Zusammenhang mit der Spielbankenaffäre diesen Begriff verwendet, den
zuvor schon der schleswig-holsteinische CDU-Landesvorsitzende Gerhard
Stoltenberg nach den Enthüllungen des Spiegel über den damaligen Ministerpräsidenten Uwe Barschel ins Feld geführt hatte. Auch Niedersachsens Ministerpräsident Ernst Albrecht (CDU) machte sich den Begriff inzwischen zu
eigen. Zu einer weiteren Veranstaltung soll der niedersächsische CDU-Landtagsabgeordnete und Bürgermeister von Bockel (Kreis Rothenburg/Wümme),
Kurt Vajen, eingeladen werden, der nach der jüngsten Kommunalwahl wegen
Wahlfälschung, Urkundenfälschung und Anstiftung zu falschen eidesstattlichen
Erklärungen zu einer hohen Geldstrafe verurteilt worden war und daraufhin die
„linke Kampfpresse" für den Richterspruch verantwortlich machte. Er soll über
„Moral in der Politik" referieren.

Das Vereinsstatut der „Linken Kampfpresse" sieht vor, daß ein Mitglied aus-
scheidet, sobald es von der Regierung gelobt wird. SP (Hannover)

SP war das Kürzel von Eckard Spoo, hannoverscher Korrespondenten
der *Frankfurter Rundschau* und langjähriger Vorsitzender der gewerkschaftsnahen Deutschen Journalisten-Union. Der Text, der so bieder
daherkommen sollte, zeigt Eingeweihten den ganzen Zynismus, der da-
hintersteckt.

In Niedersachsen hatten sich nach einem Dutzend Jahren der Albrecht-
Regierung Schwachstellen gezeigt. Sie wurden nun im Spielbanken-
Untersuchungsausschuss schonungslos aufgedeckt. Alles, was an
schmutziger Wäsche bei der Lizenzrangelei von damals zu waschen war,
wurde hervorgekramt. Teile der Medien stürzten sich mit Genuss auf
die Affären und produzierten laufend Schlagzeilen und immer neue
Sensationen. Selbst ein zwielichtiger, ehemaliger CDU-Werbemann mit
Namen Laszlo-Maria von Rath, der beim Konzessionspoker nicht zum
Zuge gekommen war und nun behauptete, sich damals für die CDU
hätte beteiligen wollen, wurde aus den USA eingeflogen. Doch ihn zum
Kronzeugen hochzustilisieren, scheiterte kläglich. Seine Anschuldigungen gegen seine früheren Parteifreunde waren zwar dubios und wurden
nie bewiesen; aber ein „gefundenes Fressen" für die linke Presse und sie
brachten das Fass zum Überlaufen.

Innenminister Hasselmann „mit der Zeitung erschlagen"

Es war schon unglaublich, was alles im Zusammenhang mit der Spiel-bankenpleite und dem Kaufmann und Spielbankenkonzessionär Ma-rian Felsenstein ans Licht kam. So erfuhr die Öffentlichkeit auch, dass er allen großen Parteien Geldspenden hatte zukommen lassen. Nur der CDU-Landesvorsitzende, Innenminister Wilfried Hasselmann, sagte als Zeuge vor dem Untersuchungsausschuss – übrigens völlig unge-fragt – aus, er habe keine Spenden von Spielbankeneignern erhalten. Das kam ihn teuer zu stehen. Denn der *Spiegel* „enthüllte", was er sei-nerzeit Woche für Woche tat, dass auch die CDU des Landesvor-sitzenden Hasselmann Parteispenden bekommen hatte. Daran konnte der sich schlicht nicht mehr erinnern. Möglicherweise war sogar eine Spende ohne sein Wissen in die Parteikasse geflossen. Aber der Vorsit-zende des Untersuchungsausschusses verkündete: „Hasselmann hat ‚objektiv' falsch ausgesagt". Hätte er einfach gesagt, er erinnere sich nicht, statt ungefragt Parteispenden an ihn auszuschließen, hätte ihm der Untersuchungsausschuss nichts anhaben können. Vielleicht wäre vieles anders gelaufen. Aber Wilfried Hasselmann war sich seiner Sache so sicher, nichts Unrechtes getan zu haben, dass er frei von der Leber weg redete, wie es seine Art war. Doch die Journaille ließ den CDU-Landesvorsitzenden von nun an nur noch als „Lügner" durch die Gazetten geistern.

Der *rundblick* behauptete damals: „Der Spiegel beschließt, wer die Wahrheit sagt und wer nicht." Und er schrieb an anderer Stelle:

„Hier sind zwei Blätter, die Einfluß und Gewicht haben, mit dem Versuch beschäf-tigt, buchstäblich eine Landesregierung hinzurichten. Aus der Demokratie des Grundgesetzes, die alle Macht vom Volke ausgehen lassen will, droht eine Veran-staltung zu werden, in der die Macht auf bestimmte Medien übergeht, die dem Volke und den Regierenden mitteilen in Wort und Bild, wo es lang geht, wer die Moral hat und wer nicht, wo die Wahrheit liegt und wo man sie vergeblich sucht … Medienherrschaft, wie sie gegenwärtig stattzufinden versucht, macht die jeweilige Opposition zum Würstchen, das es auch noch gibt."

Allerdings, irgendetwas hätte der *Spiegel* mit Sicherheit „enthüllt", was Hasselmann oder Albrecht belasten würde, darin waren sich später die Beobachter einig. Ich selbst habe in jenen Tagen den Glauben an den *Spiegel* endgültig verloren. Wenn man selbst unmittelbar mit dabei ist und die Verhandlungen verfolgt und dann lesen muss, was der *Spiegel* daraus macht, kann man schier verzweifeln – vor allem auch, weil das Magazin schon und besonders damals das Leitmedium war, an dem sich die gesamte Journaille orientierte, einschließlich der Deutschen Presse-Agentur (dpa), das „Evangelium" der deutschen Presse mit dem Heiligenschein der reinen Wahrheit. Als ich den hannoverschen dpa-Chef, meinen Freund, der im Ausschuss immer neben mir saß, fragte, warum dpa Woche für Woche am Wochenende die vorab erscheinenden *Spiegel*-Berichte abdrucke, obwohl wir beide im Untersuchungsausschuss doch oft etwas völlig anderes erlebt hatten, meinte er nur, die Zeitungsverleger, denen als Gesellschafter die Deutsche Presse-Agentur GmbH „gehört", erwarteten das. Wenn er den *Spiegel*-Text nicht bringe, glaubten sie, er boykottiere den *Spiegel* oder habe die Ausschussverhandlungen verschlafen. Also wurden die *Spiegel*-Berichte auch über dpa verbreitet und damit gleichsam „offiziell" und „presseamtlich".

Hasselmann zog die Konsequenzen für seine Aussage und trat am 25. Oktober 1988 zurück. Das war auch die Stunde, in der er verbittert sagte: „Politiker und Fliegen haben eins gemeinsam: Man kann sie mit der Zeitung erschlagen!"

Am selben Tag lud der Ministerpräsident die Landespressekonferenz ins Gästehaus der Landesregierung ein. Trotz Grippe und hohen Fiebers trat der verschnupfte Dr. Albrecht vor die Journalisten und erklärte, dass er das Rücktrittsgesuch Hasselmanns schweren Herzens angenommen habe. Sichtlich erregt drückte er dabei sein tiefes Bedauern aus. Wobei man rätseln konnte, ob die belegte Stimme und der hochrote Kopf von der Krankheit oder von dem schweren politischen (Tief-)Schlag herrührten.

Schröders Sturm auf die Regierung abgeschmettert

Nachdem Hasselmann zurückgetreten und das erste Opfer des gnadenlosen Machtkampfes des SPD-Oppositionsführers Schröder und der „linken Kampfpresse" geworden war, setzte Schröder Ende des Jahres 1988 zum Sprung auf die vorzeitige „Machtergreifung" an, die ihm die Wähler 1986 verwehrt hatten. Er forderte Neuwahlen für einen politischen Neuanfang in Niedersachsen unter seiner Führung. Dabei fuhr er die schwersten Geschütze auf, die es in einer Demokratie verfassungsmäßig zur Ablösung der Regierung gibt: die Selbstauflösung des Parlaments – gleichsam als Vorgeplänkel – und das konstruktive Misstrauensvotum als „Todes-

Ein Dutzend Jahre waren sie ein unschlagbares Gespann – „zwei an einer
Deichsel", wie der Bauer Hasselmann treffend sagte – der Ministerpräsident
Dr. Ernst Albrecht (links) und sein CDU-Landesvorsitzender und Landesminis-
ter Wilfried Hasselmann. Ihre Trennung war sehr dramatisch.

stoß". Doch zur Selbstauflösung des Landtags hätte die Opposition für
eine Mehrheit auch Stimmen aus dem Regierungslager benötigt.

Am 9. November 1988 wurde von den Fraktionen der SPD und der
Grünen der Antrag auf Parlamentsauflösung gestellt. Innerhalb von vier
Tagen fanden zwei Sondersitzungen des Landtags statt. Wieder blickte
ganz Deutschland auf Hannover, wie die Gazetten schrieben. Zunächst
wurde am 21. November 1988 mit den 78 Stimmen der Regierungsfraktionen der Selbstauflösungsantrag abgeschmettert. Doch sofort stellten,
wie es im Landtagsprotokoll hieß, „die Abgeordneten Bruns, Glogowski, Pistorius, Wernstedt (SPD) und Genossen den Antrag betr.: Misstrauensantrag gegen Ministerpräsident Dr. Albrecht. Gemäß Artikel 23
der Vorläufigen Niedersächsischen Verfassung den Abgeordneten Gerhard Schröder zum neuen Niedersächsischen Ministerpräsidenten zu
wählen und dadurch Ministerpräsident Dr. Albrecht das Vertrauen zu
entziehen". 14 Genossen unterschrieben den Antrag. Die Sondersitzung
wurde für den 24. November 1988 anberaumt. Im Landtag hatte es
einen Schlagabtausch gegeben, der teilweise unter der Gürtellinie war.

Wilfried Hasselmanns runde Geburtstage, die auf seinem Bauernhof in Nienhof im Landkreis Celle gefeiert wurden, waren immer ein großes gesellschaftliches Ereignis und Volksfest, oft mit 500 bis Tausend Gratulanten. Selbst Bundeskanzler Kohl (am Rednerpult) ließ es sich nicht nehmen, ins Dorf zu kommen, um persönlich seine Glückwünsche zu überbringen; rechts das Ehepaar Wilfried und Marianne Hasselmann, links daneben Ministerpräsident Dr. Ernst Albrecht (links neben dem Bundeskanzler, in Weiß) Dr. Heidi Adele Albrecht.

Der Fraktionssprecher der Grünen, Jürgen Trittin, sagte, die SPD habe von seiner Partei zum Misstrauensantrag „wie ein alter Hund zum Jagen getragen" werden müssen. Albrecht hatte vorher scharfe Angriffe gegen Schröder gerichtet, der, „unterstützt von bestimmten Medien", eine gezielte politische Kampagne gegen die CDU führe, um ihr Skandale anzuhängen. Ausdrücklich bekannte sich Albrecht zu dem Vorwurf, hier sei eine „linke Kampfpresse" am Werk. Für das konstruktive Misstrauensvotum kündigte er „Überraschungen" an. Die Abstimmung gebe die Chance, „die wahren Kräfteverhältnisse klarzumachen", hatte der Regierungschef betont.

Die Abstimmung war auf den 19. Dezember 1988 festgelegt worden. Wieder herrschte Hochspannung im Landtag. Es wurde spekuliert, gewettet und gefragt: „Gibt es wie 1976 bei Albrechts Wahl zum Ministerpräsidenten wieder Überläufer oder Verräter?" Die Fraktionen hatten ihre

Mitglieder bereits am Sonntagabend vor der Abstimmung im Landtag zusammengerufen und vergattert. Etwa eine Stunde dauerte am Montag die geheime Abstimmung, bei der jeder in einer Wahlkabine schriftlich sein Votum abgeben musste. Es dauerte lange, bis das Ergebnis bekanntgegeben werden konnte. Denn dreimal musste im stillen Kämmerlein nachgezählt werden, einmal auf Antrag der Grünen, zweimal auf Antrag der SPD-Fraktion. Die Opposition wollte es einfach nicht glauben, dass bei Gott und in Niedersachsen nichts unmöglich ist: Der Misstrauensantrag gegen Albrecht war abgeschmettert worden. Schröder erhielt nur 76 Stimmen, Albrecht 79 Stimmen. Wieder war für ihn eine Stimme aus dem anderen Lager gekommen. Er war wie 1976 zum zweiten Mal in geheimer Wahl mit der Stimme eines Abweichlers gewählt worden. Damit war auch das fünfte konstruktive Misstrauensvotum in der 40-jährigen Geschichte des Niedersächsischen Landtags erfolglos geblieben. Albrecht erklärte: „Regierungen werden vom Parlament und nicht von Medien erhalten oder gestürzt." Er regierte bis zum Ende der Legislaturperiode.

Ministerpräsident Dr. Albrecht bezeichnete das Jahr 1988 als eines der erfolgreichsten seiner zwölfjährigen Regierungszeit, aber auch als eines der bittersten. Der 19. Dezember 1988 habe für ihn einen entscheidenden Wendepunkt markiert. Er erklärte, den Beginn seines ursprünglich für diese Zeit geplanten dritten Lebensabschnittes, in dem er einmal etwas „völlig anderes" machen wollte, weiter hinausschieben zu wollen. Er möchte nicht nur als Spitzenkandidat in den Wahlkampf gehen, sondern „selbstverständlich auch weiter regieren – wenn es die Wähler wollen". Er bereue es nicht, laut über seinen Abschied von der Politik nachgedacht zu haben; denn er halte es für ehrlich, das auch zu sagen, was man wirklich denkt.

Eine andere Seite von Ernst Albrecht

Im kleinen Kreis – den liebte er wesentlich mehr als offizielle Pressekonferenzen – zeigte Ministerpräsident Dr. Ernst Albrecht sein „Sonntagsgesicht". Da konnte man den unterhaltsamen, geselligen, geradezu leutseligen Albrecht erleben. Wenn der rundblick schrieb, „Albrecht war das Gegenstück eines Politikers zum Anfassen. Seine Stimme hatte die Art von Entschiedenheit, die Widerspruch zu einem tollkühnen Unternehmen macht und wenige zugleich dazu reizt", dann hatte er sicher die generelle Zustimmung der niedersächsischen Journalisten. Denn der Ministerpräsident konnte auch ganz anders sein, wie das Beispiel der Entlassung seines langjährigen Regierungssprechers Staatssekretär Dr. Hilmar von Poser zeigt. Als er seinen Schreibtisch freiwillig räumen wollte, um als Mittvierziger und früherer langjähriger Journalist nicht im Staatsdienst zu versauern, sondern noch einmal in die Medienwirtschaft zurückzukehren und den Zeitpunkt selbst bestimmte, empfand sein Dienstherr das offenbar als Majestätsbeleidigung.

1985 hatte Albrecht seinen Pressechef schon einmal nicht ziehen lassen, als der ein lukratives Angebot vom ZDF bekommen hatte. Jetzt aber nahm von Poser das Angebot an, in die Geschäftsleitung der AVE-Gesellschaft für Medienbeteiligung, eine Tochtergesellschaft der Holtzbrinck-Gruppe, einzutreten. Er schloss einen kurzfristigen Vertrag ohne Versorgungsansprüche ab; denn diese glaubte der 45-jährige Regierungssprecher als Staatssekretär, der in den einstweiligen Ruhestand versetzt worden war, nach zwölfjähriger Amtszeit vom Land Niedersachsen zu bekommen. Entsprechende Zusagen der Staatskanzlei lagen ihm vor. Als sich aber der Steuerzahlerbund einschaltete und als es in einem gewissen Teil der Presse einen Aufschrei über den angeblichen „Abzocker" von Poser gab, wurden die Zusagen zurückgezogen. Der Staatssekretär selbst erklärte, es sollte eigentlich ein ganz normaler Vorgang sein, wenn sich eine Landesregierung nach zwölf Jahren von ihrem Regierungssprecher trennt und einen neuen einstellt mit neuen Ideen und frischem Elan. In der Regel liege das Dienstalter von Regierungssprechern bei etwa drei Jahren. Mit Rücksicht auf seine Familie müsse der Familienvater mit drei Kindern allerdings auf Versorgungsbezügen bestehen. Nachdem er seinerzeit vor seinem Wechsel nach Hannover nach fast siebenjähriger Tätigkeit beim Westdeutschen Rundfunk (WDR) in Bonn schon einmal auf alle Ansprüche verzichtet habe, könne er sich das ein zweites Mal nicht leisten, zumal er nicht rentenversichert sei. Doch entgegen seinen Erwartungen drängte die Landesregierung den Staatssekretär zum Verzicht auf den größten Teil seiner ihm zustehenden Versorgungsbezüge. Als das bekannt wurde, ergriff eine Reihe niedersächsischer Zeitungen für den Regierungssprecher, dem andere Versorgungsdenken vorgeworfen hatten, Partei. Ein Blatt schrieb:

„Es ist gut, daß sich Staatssekretär von Poser nun mit einer klaren Aussage zu Wort gemeldet hat. Das lichtet den Dschungel von Gerüchten und Halbwahrheiten, den übelwollende Kritiker haben wuchern lassen. Noch besser wäre es gewesen, wenn Ministerpräsident Ernst Albrecht selbst etwas zur Klärung der Angelegenheit beigetragen hätte. Und dies hätte man auch erwarten, wenn nicht gar voraussetzen können: Albrechts wohl loyalster Gefolgsmann, der zwölf Jahre lang nicht nur an der öffentlichen Darstellung, sondern auch an der Formulierung von Albrecht-Politik entscheidend beteiligt war und viel für Niedersachsens Ansehen in der Republik getan hat, hat es nicht verdient, daß sein Regierungschef nun schweigsam oder unbeteiligt einer Rufmordkampagne zuschaut. Jemanden wie von Poser läßt man nicht im Regen stehen – auch dann nicht, wenn die Durchsetzung des ‚Albrecht-Plans' zugegeben viel Energie und Zeit bindet."

In einer anderen Zeitung wurde unter der Überschrift „Abschieds-Zoff statt Blumen" u. a. kommentiert:

„Albrecht opferte seine Fürsorgepflicht der sensibilisierten politischen Lage. Er kämpft an der Spitze der armen Länder um finanziellen Spielraum und fürchtet deshalb jeden Verdacht, daß er unsolide mit dem Steuergeld umgehen könnte. von Poser hat vertrauensselig auf den Lohn für die gute Tat gesetzt und an besseren Tagen nicht daran gedacht, daß er nicht der erste sein könnte, der über das Sprichwort ‚Undank ist der Welt Lohn' nachzudenken hat."

In einem Kommentar des *Nord-Report* habe ich selbst damals unter der Überschrift „Kein Wort des Dankes?" geschrieben:

„Wenn in diesen Tagen der in den einstweiligen Ruhestand versetzte Pressechef der niedersächsischen Landesregierung, Staatssekretär Dr. Hilmar von Poser, sang- und klanglos Abschied nimmt, dann ist das Land Niedersachsen um ein Kuriosum reicher, das wahrlich kein gutes Licht auf die Landesregierung wirft. Ausgerechnet der einzige Staatssekretär, der den verschiedenen Regierungen des Ministerpräsidenten Albrecht von Anfang an, seit 1976, ununterbrochen treu gedient hat, muß in Unfrieden scheiden. Ausgerechnet der Staatssekretär, von dem man weiß oder doch annehmen muß, daß er zu den Vertrautesten in der Umgebung des Regierungschefs gehört, muß einen so blamablen Abgang haben, den er selbst als Rufmordkampagne empfindet. Das Land Niedersachsen muß Dutzende von ehemaligen Staatssekretären, die in den einstweiligen Ruhestand versetzt worden sind, versorgen, wie das Gesetz es befiehlt. Viele von ihnen können in der freien Wirtschaft viel hinzuverdienen, ohne daß es jemand kümmert. Es hat sich noch keiner darüber aufgeregt. Hilmar von Poser dagegen ist – wohl der einzige politische Staatssekretär in der Bundesrepublik Deutschland – entlassen nach einem Gesetz, das es – noch – gar nicht gibt. Ein Unikum!

Hilmar von Poser hat das an sich schon nicht leichte, bei diesem eigenwilligen und unduldsamen Ministerpräsidenten aber noch schwierigere Amt des Regierungssprechers mit Geschick und Bravour, mit Eleganz und Eloquenz gemeistert – er war immer die Stimme seines Herrn, dem er bis zum letzten Augenblick Loyalität entgegenbringt."

Pressekonferenz mit dem Ministerpräsidenten; vorn von links nach rechts:
Der Vorsitzende der Landespressekonferenz Niedersachsen, Rolf Zick, Ministerpräsident Dr. Ernst Albrecht, Regierungssprecher Dr. Hilmar von Poser.

Zu Besuch bei Honecker in Ostberlin

Das Jahr 1989 brachte landespolitisch erst einmal eine Atempause. Ministerpräsident Albrecht nutzt die Zeit zu einem Besuch beim DDR-
Staatsratsvorsitzenden Erich Honecker in Ostberlin. Kein Mensch
konnte damals auch nur im Entferntesten damit rechnen, dass alles, was
jetzt besprochen und verhandelt wurde, ein halbes Jahr später nach
dem Fall der Berliner Mauer und der Grenzöffnung mit Beseitigung
von Todesstreifen und Stacheldraht Makulatur sein würde. Am 27. April 1989 machte sich Albrecht gemeinsam mit seinem Bundesratsminister Heinrich Jürgens und seinem Umweltminister Dr. Werner Remmers
auf die Reise. Im Gefolge war auch die Landespressekonferenz. Zuerst
ging es vornehmlich um Maßnahmen gegen die bedrohlich zuneh-
mende Verschmutzung der Elbe, die auf mehreren hundert Kilometern
die gemeinsame Grenze zwischen Niedersachsen und der DDR war.
95 % der Giftfracht der Elbe stammten aus der DDR und der Tschechi-
schen Republik. Im Gespräch mit Honecker einigte sich Albrecht
schnell auf den von ihm vorgeschlagenen gemeinsamen Umweltfonds
für die nächsten fünf Jahre sowie über einen deutsch-deutschen Wirt-
schaftstag auf der Hannover Messe 1990. Auch mit der Einrichtung

eines weiteren Grenzübergangs bei Bad Harzburg/Stapelburg war Honecker einverstanden. Die Kosten werde im Wesentlichen Niedersachsen tragen. Besonders wichtig war Albrecht, Honecker auf die Vielzahl von Ausreisewünschen von Bürgern der DDR in die Bundesrepublik anzusprechen. Der Ministerpräsident übergab ihm eine Liste mit zwanzig der dringendsten Fälle. Honecker erklärte, dass sie sofort überprüft und positiv entschieden würden, wenn es nicht ganz besondere Hinderungsgründe gäbe. Honecker kam dann auf die Erfassungsstelle für DDR-Grenzvergehen in Salzgitter zu sprechen, deren Existenz er für einen Eingriff in die Souveränität der DDR hielt. Albrecht erwiderte ihm, dass die Erfassungsstelle dann aufgelöst werden könne, wenn der Anlass für deren Errichtung beseitigt sei.

Neben den Umweltfragen stand dann doch die Diskussion der Elbegrenze wieder im Mittelpunkt der Beratungen. Honecker wiederholte seinen bekannten Standpunkt, die Grenze müsse auf der ganzen Strecke in der Elbmitte verlaufen. Albrecht sah sie dort, wo sie nach dem Text des Londoner Protokolls der Siegermächte eingezeichnet ist, nämlich am Ostufer. Bei einem gemeinsamen Abkommen zwischen beiden Partnern wäre das sonst unweigerlich die Anerkennung der DDR als eigener Staat gewesen. Die Gesprächspartner wurden sich nur einig darüber, dass unbeschadet der unterschiedlichen Rechtsauffassungen über den Verlauf der Grenze die praktischen Fragen des Verkehrs auf der Elbe zu lösen seien.

Nachdem Albrecht nun zum zweiten Mal mit Honecker Einvernehmen über die Behandlung dieser praktischen Fragen der Elbenutzung erzielt hatte, war seine Überraschung umso größer, als er am nächsten Morgen in der DDR-Presse wieder ganz anderes lesen musste. Dies verstärkte seinen Eindruck, dass Honecker die Zügel in der DDR nicht mehr fest n der Hand hatte und dass es Kräfte in seiner Umgebung geben musste, die ihn bei Bedarf korrigierten. Als ihm Honecker beim anschließenden gemeinsamen Essen etwa eineinhalb Stunden lang berichtete, wie zufrieden die Bevölkerung mit der Entwicklung der DDR sei, fragte Albrecht sich, ob der Staatsratsvorsitzende ihn auf die Schippe nehmen wollte. „Je länger er sprach, desto mehr merkte ich, dass er glaubte, was er sagte", erzählte uns der Ministerpräsident später. „So war es für mich geradezu erschütternd zu sehen, wie weit der erste Mann der DDR von der politischen Wirklichkeit seines Landes entfernt war. Ich fragte mich, wie lange ein Regime dauern könnte, das offensichtlich den Kontakt mit seiner Bevölkerung in so hohem Maße verloren hatte."

Wir Journalisten, die wir bei Staatsbesuchen in aller Welt schon viel erlebt hatten, machten dann eine Erfahrung, wie wir sie vorher allerdings nicht für möglich gehalten hätten. Nachdem Albrecht und Vertreter des DDR-Politbüros uns über die Gespräche und Ergebnisse unterrichtet hatten, wollte jeder Journalist natürlich seine Meldungen sofort absetzen. Aber nach zwei Minuten war das gesamte Telefon- und Fernschreibnetz zusammengebrochen. Weder am Tagungsort noch im Hotel oder irgendwo sonst in Ostberlin bekamen wir eine Verbindung nach Westdeutschland. Für die, die es ganz eilig hatten, blieb nur die „Ausreise" über die Zonengrenze mit allen unendlich lange dauernden Formalitäten und Kontrollen am Grenzübergang nach Westberlin.

Albrecht und die Wende

In der Landtagssitzung am 11. Mai 1989, als Ministerpräsident Albrecht über seine Reise zu Honecker berichtete, gab es einen geradezu historischen Schlagabtausch zwischen ihm und dem SPD-Oppositionsführer Schröder. Er sagte wörtlich: „Die Chance, die wir haben, die Einheit als historische Möglichkeit zu bewahren, besteht ausschließlich darin, die territoriale Trennung, die nach dem Zweiten Weltkrieg entstanden ist, zu akzeptieren." Albrecht antwortete: „Wenn wir eine Chance haben wollen, so ist die erste Voraussetzung dafür, dass wir diese Einheit selber wollen." Er fügte hinzu: „Nach den rasanten Veränderungen in der kommunistischen Welt, in Ungarn ebenso wie in Polen, in der Sowjetunion und in der DDR, sage ich: jetzt, am Ende der 8oer Jahre, habe ich ganz andere Hoffnungen als in den vergangenen Jahrzehnten, dass vielleicht sogar ich in meiner Lebenszeit, sonst aber meine Kinder, dieses noch erleben werden."

Dann kam der historische 9. November 1989. Der niedersächsische Ministerpräsident saß, wie Millionen Deutsche, vor dem Fernsehapparat und sah die schicksalsträchtige Pressekonferenz des DDR-Politbüromitglieds Günter Schabowski mit der völlig unerwarteten Aussage, die Grenze sei ab sofort offen. Damit war die Mauer in Berlin endgültig gefallen.

Als sich zwei Tage später über 500 DDR-Bürger des Dorfes Stapelburg unmittelbar an der Zonengrenze versammelten und die Öffnung des Grenzübergangs nach Bad Harzburg forderten, erhielt Albrecht vom Lagezentrum des Innenministeriums in Hannover die Mitteilung, dass wahrscheinlich in Kürze der Grenzübergang Bad Harzburg/Eckertal geöffnet werde. Er setzte sich mit seiner Frau ins Auto, fuhr an die

Unmittelbar nach der Öffnung des Grenzübergangs Mattierzoll trafen Niedersachsens Ministerpräsident Dr. Ernst Albrecht und seine Frau Heidi Adele dort
ein, wurden von den DDR-Bewohnern stürmisch begrüßt und tanzten nach
den Klängen der Drehorgel von Elektromeister Wilfried Niebel aus Zilly (DDR)
den Walzer „Wiener Blut" unter den Augen von Landtagsvizepräsident Ernst
Henning Jahn (hinten) und der BILD-Korrespondentin Anne-Kathrin Berger
(links). Hinten links ist die lange Schlange der Trabi-Autos zu erkennen, mit
denen die DDR-Bürger in den Westen fuhren.

Zonengrenze, wo er von Landtagsabgeordneten erwartet wurde, ging
mit ihnen trockenen Fußes über die Ecker, über die ein Bautrupp die
ersten Bretter gelegt hatte, wurde von drei NVA-Soldaten am anderen
Ufer „militärisch" gegrüßt und erklärte ihnen, dass er einen Spaziergang
durch das Dorf Stapelburg machen wolle, wo man dort wohl ein Bier
trinken könnte. Der NVA-Offizier salutierte, gab ihm die Hand und
antwortete: „Im Kulturhaus." Als Albrecht und seine Begleitung dort
das Gastzimmer betraten, verstummten für Sekunden alle Gespräche.
Aber dann, als der niedersächsische Ministerpräsident erkannt wurde,
brach ein unglaublicher Jubelschrei über die Besucher herein. Er wurde
noch größer, als er nebenan die Gäste der Geburtstagsfeier einer 80-jäh-
rigen Großmutter begrüßte und sofort ein Glas des berühmten DDR-
Rotkäppchensekts eingeschenkt bekam. Albrecht sagte später, es sei für

Ministerpräsident Dr. Ernst Albrecht (links) und Landtagsvizepräsident Ernst Henning Jahn nach der Öffnung der Zonengrenze in Stapelburg (DDR).

die DDR-Bewohner so gewesen, als wenn ein Mann vom Mond gekommen wäre. Er werde diesen Augenblick in seinem Leben nie vergessen. Bald darauf fuhren der Ministerpräsident und seine Frau zur Öffnung des Grenzübergangs Mattierzoll bei Wolfenbüttel, wo der CDU-Landtagsabgeordnete Ernst-Henning Jahn wartete. Nach den Klängen eines DDR-Orgelspielers wurde mitten auf der Straße getanzt. „Die Menschen, meine Frau und mich eingeschlossen, waren immer an der Grenze zwischen Lachen und Weinen. Das Erlebnis war einfach zu stark. Doch in die Freude mischte sich oft die Erinnerung an alle Bitternisse der Vergangenheit und der Gedanke an jene Menschen, für die die Wende zu spät kam", erinnerte sich Albrecht. Die Erlebnisse an der Grenze ließen sich nur unvollkommen in Worte fassen. Jeder, der dabei war, werde sie ein Leben lang nicht vergessen. „Aber man ließ uns keine Zeit, unsere Gefühle auszuleben und die neuen Möglichkeiten menschlicher Erfahrung auszuloten. Die Politik forderte ihr Recht, und dies mit Macht; denn die Probleme waren gewaltig."

Als erstes verkündete der Ministerpräsident vor dem Niedersächsischen Landtag ein Soforthilfeprogramm des Landes in Höhe von 214 Millionen D-Mark für das benachbarte Sachsen-Anhalt. Aber alle weiteren Pläne beendete der Ausgang der nächsten Landtagswahl am 13. Mai 1990 mit der Übernahme der Regierung durch Schröder und Rot-Grün.

Aus der letzten Landtagssitzung gibt es noch eine kleine Anekdote:

Albrecht gab seinen letzten Rechenschaftsbericht vor dem Plenum des Landtags ab. Zum Schluss wollte er auf seine ihm verbleibende Redezeit hinweisen und sprach dabei ungewollt den sehnsüchtigsten Wunsch der Opposition aus als er sagte: „Lassen Sie mich ein Letztes sagen, meine Uhr läuft ab ..." Weiter kam er nicht. SPD und Grüne quittierten diesen Satz mit tosendem Beifall und höhnischen Gelächter.

Der Wahlabend selbst wurde zu einem bundesweiten Medienspektakel, wie es Hannover bis dahin noch nie erlebt hatte. Die Wahlberichterstattung fand zum ersten Male nicht traditionell im relativ kleinen Sitzungssaal des Innenministeriums statt, sondern war besonders wegen des großen Andrangs von Fernsehleuten – sie kamen wegen der bundesweiten Bedeutung der Niedersachsen-Wahl aus ganz Deutschland, und erstmals waren auch die privaten Sender mit dabei – in das hannoversche Leineschloss, den Sitz des Landtags, verlegt worden. Das Wahlergebnis spiegelte in etwa das vorhergesagte Kopf-an-Kopf-Rennen wider: Die SPD erhielt 44,2 % und 71 Mandate, die CDU 42,0 % und 67 Mandate, die FDP 6,0 % und neun Mandate und die Grünen 5,5 % und acht Mandate. Das hieß: für eine neue rot-grüne Koalition gab es eine Mehrheit von drei Mandaten.

Albrechts Abschied – „Hier ist mein Herz zu Hause"

Dr. Ernst Albrecht hatte nach 20 Jahren Parlaments- und Regierungstätigkeit „mit zwei weinenden Augen" politisch Abschied genommen. Persönlich und privat tat er es jedoch auch mit einem lachenden Auge. Nun konnte er seine vor zwei Jahren angekündigte Lebensplanung für seine dritte Lebensphase verwirklichen. Vor der Landespressekonferenz verriet er, dass er mit Stolz auf seine 14-jährige Amtszeit als Regierungschef zurückblickt. Kummer bereitete ihm nur, dass sein politisches Lebenswerk für Niedersachsen durch die künftige rot-grüne Koalition großen Schaden erleiden könnte, „weil die SPD nicht mit Geld umgehen kann". Sie würde ihre im Wahlkampf gemachten Milliarden-Versprechungen nur durch Schulden einlösen können.

Endgültig ging die Ära Albrecht am 2. Juli 1990 zu Ende. Noch einmal gab es einen großen Auftritt vor der Öffentlichkeit und ein großes Strahlen in die Kameras: Ernst Albrecht hatte zu seinem 60. Geburtstag erstmals auf seinen „Landsitz" in Beinhorn eingeladen. Einige hundert Gäste waren gekommen, Freunde, Bewunderer und Getreue aus der Partei, der Landtagsfraktion, der Wirtschaft und dem gesellschaftlichen Leben. Nicht gekommen waren die politischen Gegner. Der neue SPD-Landtagspräsident Horst Milde bildete die Ausnahme.

Bundeskanzler Helmut Kohl führte die Liste der Prominenten an. Er hatte extra einen Umweg auf seinem Flug von Bonn nach Budapest über Beinhorn gemacht. Er sprach von Weggenossenschaft, Kameradschaft und politischer Freundschaft, die man heute in der Politik nicht mehr häufig finde. Er bezeichnete Albrecht als Patrioten, als deutschen Europäer und europäischen Deutschen. Kohls Bitte, den Entschluss zum völligen Abschied von der Politik noch einmal zu überdenken, ist allerdings über den Beinhorn'schen Wiesen verhallt. Wilfried Hasselmann, mit Ernst Albrecht seit 14 Jahren als „Zwei Mann an einer Deichsel" unverbrüchlich und freundschaftlich verbunden, zog mit den ihm eigenen markigen Worten den Schlussstrich: „Ernst hat uns wieder ein Wir-Gefühl, ein Niedersachsen-Gefühl gegeben."

Albrecht nahm es gelassen. Man glaubte ihm, als er vor der idyllisch-ländlichen Kulisse, unter hohen Bäumen und neben seinen weidenden Schafen, sagte: „Hier ist mein Herz zu Hause." Glücklich sei der Mensch, der eine richtige Heimat habe. Den Gästen rief er zu, die Union habe immer noch die richtige Politik gemacht, und wenn man ihm und Wilfried Hasselmann vorwerfe, nicht für die politische Nachfolge gesorgt zu haben, dann sage er: „Unter den alten Eichen ist sehr viel nachgekommen. Die Leute werden sich noch wundern …"

Vielleicht ist es auch typisch für Dr. Albrecht und seinen Umgang mit der Presse, dass er nach der Wahlniederlage von 1990 sich sofort aus der Öffentlichkeit zurückzog. Er nahm an keiner Veranstaltung mehr teil und gab kein einziges Interview. Dabei lagen über 130 Anfragen von Journalisten vor, auch von alten Weggefährten und ihm vertrauten Presseleuten, zu denen auch ich mich zählen durfte. Aber Albrecht bat um Verständnis und sagte, er wolle nun nicht mehr, dass „Leute in meinem Leben herumfummeln", er möchte endlich mal Privatmann sein. Eingeweihte wissen, dass das nur ein frommer Wunsch war. Der Ministerpräsident a. D. hatte einige Jahre später auf nationalem und vor allem internationalem Parkett mindestens ebenso viel zu tun wie vorher als Regierungschef. Er ließ sich allerdings von seinem Nachfolger im Amt des Ministerpräsidenten, Gerhard Schröder, nicht mit der Landesmedaille, der höchsten Auszeichnung des Landes Niedersachsen, beglücken.

2002 ist Albrechts Frau Dr. Heidi Adele gestorben. Kurz vor ihrem Tode schrieb sie ihr letztes Theaterstück *Das blaue Licht*, das zu Pfingsten anlässlich der Doppeltaufe ihrer zwei Enkelkinder Frank Hendrik und Philippa Amalie von 22 ihrer insgesamt 24 Enkelkinder uraufgeführt wurde. Der schmerzliche Verlust hat Ernst Albrecht tief getroffen. Er wurde ein anderer Mensch. Und dann kam nach wenigen Jahren die schleichende, tückische Alzheimer-Erkrankung hinzu. Er wusste es. Ich selbst erinnere mich noch gut an den Tag, als wir beide bei einem Empfang zusammenstanden und uns unterhielten, als immer wieder Freunde, Bekannte, Weggefährten kamen, um ihn zu begrüßen, und er ganz klar sagte: „Sie müssen mir mal Ihren Namen sagen, mein Gedächtnis ist zu über 90 Prozent zerstört." Seine einzige Tochter Ursula, er nannte sie immer liebevoll „Röschen", die derzeitige Präsidentin der Europäischen Kommission von der Leyen, zog 2005 mit ihrer Familie – Ehemann und sieben Kinder – in „Tundrinsheide", den Landsitz in Beinhorn, ein, um den Vater und Großvater zu betreuen. Am 13. Dezember 2014 ist Ernst Albrecht dort gestorben. Mit einem Staatsakt hat Niedersachsen am 22. Dezember 2014 von seinem früheren Landesvater im hannoverschen Opernhaus Abschied genommen.

6. Gerhard Schröder

Als der SPD-Politiker Gerhard Schröder am 21. Juni 1990 im Niedersächsischen Landtag mit den 79 Stimmen der ersten rot-grünen Koalition in Niedersachsen gegen die 76 Stimmen der bisher regierenden CDU/FDP-Koalition zum 6. niedersächsischen Ministerpräsidenten gewählt worden war, hatte er eine wichtige Stufe auf seiner Karriereleiter erreicht. Bei der geheimen Wahl in der konstituierenden Sitzung und eingedenk der Tatsache, dass mehrere geheime Ministerpräsidentenwahlen der vergangenen Jahre große Überraschungen gebracht hatten und dass bei Gott und in Niedersachsen nichts unmöglich ist, hatten wieder Hochspannung und Zweifel geherrscht. Erst als Landtagspräsident Horst Milde (SPD) das Ergebnis bekannt gab: „Für Gerhard Schröder stimmten 79 Abgeordnete ..." weiter kam er nicht, brachen bei der SPD frenetischer Jubel und Beifall aus. Die SPD hatte das „Verräter"-Trauma von 1976 überwunden. Schröder und der SPD-Fraktionsvorsitzende Johann „Joke" Bruns fielen sich in die Arme, die Fraktionsvorsitzende der Grünen, Thea Dückert, überreichte dem neuen Ministerpräsidenten einen Strauß roter Gerbera und drückte den Regierungschef „innig an ihr Herz", wie ein Journalist schrieb.

Für den neuen Ministerpräsidenten stand am Ende allerdings, wie er in seiner vorhergehenden Oppositionszeit oft durchblicken ließ, das Amt des Bundeskanzlers – so wie er nach einer Zechtour in Bonn an den eisernen Gitterstäben des Kanzleramtes gerüttelt hatte: „Ich will hier rein!" Sein Maler Markus Lüpertz bestätigte Schröders Berufswunsch: „Er wollte Kanzler werden." Mit dem 46-jährigen ehemaligen Bundesvorsitzenden der Jusos, dem, als Nachfolger von Peter von Oertzen, amtierenden Vorsitzenden des größten und einflussreichsten niedersächsischen SPD-Bezirks Hannover und derzeitigen Bundestagsabgeordneten Schröder trat in Niedersachsen nicht nur ein Generationswechsel, sondern auch ein Politikwechsel ein. Nach der Kriegs- und Nachkriegsgeneration kam die Enkelgeneration der SPD an die Macht. Nach dem „Landesvater" Ernst Albrecht kam der „Macher"

Gerhard Schröder. Diese beiden niedersächsischen Ministerpräsidenten hätten unterschiedlicher nicht sein können.

Nach meinen Begegnungen und Erlebnissen mit Gerhard Schröder, den ich seit Beginn seines politischen Auftritts in Niedersachsen beobachtet und journalistisch begleitet habe, war der junge, dynamische, ehrgeizige Machtmensch ein Instinktpolitiker. Er konnte charmant und jovial sein, aber ebenso rüde und launisch, polemisch und abweisend. Schröder war eine Kämpfernatur, und wer nicht mit ihm streiten wollte, den nahm er nicht ernst. Er war nicht nur selbstbewusst, sondern wirkte auch arrogant, nicht nur egoistisch, sondern manchmal wie ein Egozentriker, der immer sich selbst im Mittelpunkt sah, vielleicht sogar ein Egomane, krankhaft selbstbezogen. Einer, der Schröder wirklich kennengelernt hat, zumal er unter ihm schrecklich gelitten hat, und der von ihm geradezu mit Missachtung gestraft wurde, sein späterer Nachfolger als niedersächsischer Ministerpräsident, Christian Wulff, beschrieb ihn so: „Schröder gehörte zweifellos zu den Alphatieren. Wenn er einen Raum betrat, war klar, hier kommt der Chef. Seine Sicherheitsbeamten gingen vorweg, sondierten die Lage, und dann war die Bühne frei, niemand konnte mehr übersehen, wer da kam." Man hatte wirklich oft den Eindruck, er duldet niemand neben sich. Schröder interessierte offensichtlich nicht die Historie und die Vergangenheit, auch nicht die Tradition, besonders nicht die der Sozialdemokraten. Sie schien ihm, gerade auch bei seinen Parteigenossen, egal. Für seine Partei war er gewiss nicht immer berechenbar, er neigte oft zu Alleingängen, hatte aber stets den Mut, Entscheidungen zu treffen, von denen er oft nicht wusste, ob man sie überhaupt politisch überleben konnte. Was sein Genosse und Rivale, der damalige Ministerpräsident des Saarlands, Oskar Lafontaine, als Sekundärtugenden bezeichnete, wie Verlässlichkeit, Anstand, Fairness und dergleichen, was die Altvorderen der SPD wie Willy Brandt und Helmut Schmidt noch hochgehalten haben, wurde von Schröder in die Mottenkiste der Geschichte verbannt. Bei ihm und seiner Generation galten andere Maßstäbe. Nicht der bürgerliche Wertekanon und wertegebundenes strategisches Denken, sondern Erfolg, Machtergreifung und Machterhaltung standen im Vordergrund. Schröder hielt seine Partei eher für ein notwendiges Übel. Über die Medien, mit denen er hervorragend umzugehen verstand, schaffte er Tatsachen, so dass die Partei nicht an ihm vorbeikam. Überzeugungen waren nicht unbedingt nötig, und die Familienpolitik beispielsweise war für ihn „Gedöns", wie er einmal sagte. Viele bezeichneten ihn nicht nur als Macher, sondern auch als Macho. Vor allem vergaß er nicht, seine Herkunft als Arbeitersohn aus ärmlichen Verhältnissen mit alleinerziehender Mutter, der Vater war im Krieg gefallen, immer wieder zu unterstreichen. Doch als er später die große weite Welt entdeckte und der „Genosse der Bosse" wurde, vergaß er offensichtlich seine Herkunft, trug die teuren Anzüge des italienischen Modezaren Brioni und rauchte die schweren Cohiba-Zigarren. Auf ihren Geschmack war er gekommen, als er anlässlich eines Besuchs bei Fidel Castro auf Kuba sich gemeinsam mit dem Diktator vom Zigarrenduft umnebeln ließ.

Die Wette mit Schröder

Ich selbst habe meine ersten Gespräche und prägenden Begegnungen mit dem damaligen SPD-Politiker Schröder etwa Mitte der 80er Jahre gehabt. Ein Vorfall war besonders interessant.

Wir schrieben das Jahr 1984. Die nächste Landtagswahl 1986 warf ihre Schatten voraus. Die SPD brauchte und suchte einen neuen Kandidaten für das Amt des Ministerpräsidenten in Niedersachsen. Oppositionsführer Karl Ravens, der als treuer Paladin von Kanzler Helmut Schmidt 1976 gegen Dr. Ernst Albrecht in die Bresche gesprungen war, hatte danach dreimal gegen den niedersächsischen Ministerpräsidenten verloren. Nun sollte es ein anderer machen. Für die SPD-Landtagsfraktion war klar, sie wollte ihren Vorsitzenden, den alten Haudegen und Landtagsvizepräsidenten Helmut Bosse, Landrat in Wolfenbüttel, ins Rennen schicken. Er hatte ohne Zweifel die gesamte SPD-Landtagsfraktion hinter sich. Doch da kam – „wie Ziethen aus dem Busch" – Gerhard Schröder und warf seinen Hut in den Ring. Über eine kleine Heimatzeitung, es waren die *Northeimer Neuesten Nachrichten* (NNN) mit ihrem hannoverschen Korrespondenten Harald Birkenbeul, der sich später als großer Zampano feiern ließ, meldete Schröder seinen Anspruch auf die Kandidatur als Ministerpräsident an. Aber dann war da auch noch die „Bonner Baracke", das SPD-Hauptquartier in der Bundeshauptstadt. Die oberste Parteispitze hatte ganz eigene Pläne für Niedersachsen vor. So kam der Übervater der Sozialdemokraten, Willy Brandt, persönlich nach Hannover in die Landespressekonferenz und stellte uns als Favoritin der Bundes-SPD für die Kandidatur zum niedersächsischen Ministerpräsidenten die frühere Bundesministerin und SPD-Präsidiumsmitglied sowie spätere erste Frau als SPD-Bundesgeschäftsführerin Anke Fuchs, Tochter des früheren Hamburger Bürgermeisters Nevermann, vor. Ich hatte als Vorsitzender der Landespressekonferenz (LPK) die Pressekonferenz zu leiten und sagte zu Anke Fuchs: „Wir haben hier in Hannover aber noch einen Bewerber, der in Niedersachsen Ministerpräsident werden will, das ist Gerhard Schröder." „Schröder?" fragte sie, „der kann bei mir vielleicht mal Staatssekretär werden." Damit zog die SPD-Karawane nach Bonn zurück.

Kurze Zeit später kam der selbsternannte Ministerpräsidenten-Bewerber Schröder zu uns in die Landespressekonferenz. Ich fragte ihn, was er von seiner Mitbewerberin Anke Fuchs halte, die sich hier als Kandidatin vorgestellt hatte. Schröder sagte, selbstbewusst, wie er sich immer gab: „Ich mache das! Und ich werde Ministerpräsident." Ich sagte: „Das glaube ich nicht." Schröder: „Wollen wir wetten?" „Gut" – „Um drei Flaschen Sekt." „Abgemacht." Handschlag.

Und tatsächlich, Gerhard Schröder setzte sich in der SPD durch. Die hannoverschen Sozialdemokraten standen hinter ihm. Die „Bonner Baracke" wollte keinen Bruderkrieg riskieren und zog Anke Fuchs zurück. Die SPD-Landtagsfraktion hielt zwar bis unmittelbar vor der Wahl an Helmut Bosse fest, aber dann musste auch sie einlenken. Schröder war der einzige SPD-Kandidat für die Landtagswahl 1986.

Erst einmal auf die harten Bänke der Opposition und lernen

So kam die Landtagswahl am 15. Juni 1986. Das Pressezentrum war wie immer im Innenministerium in Hannover. Man kannte damals weder Prognosen noch Hochrechnungen. Auch das Fernsehen – es gab ohnehin nur die beiden öffentlich-rechtlichen Anstalten – hatte keine eigene Sendung. Auf einer großen Wahlkreis-Wandkarte wurden nach 22 Uhr die Wahlkreisgewinner mit schwarzen oder roten Fähnchen abgesteckt, so wie die Auszählungen beim Landeswahlleiter eintrudelten. Gerhard Schröder und ich saßen inzwischen einträchtig vor der großen Wandkarte und beobachteten, wie einmal die CDU, dann wieder die SPD vorn lag und wie schließlich die CDU mit 44,3 % knapp vor der SPD mit 42,1 % die Landtagswahl gewonnen hatte und mit den 6 % der FDP eine Koalition bilden konnte.

Schröder war die Enttäuschung anzusehen. Er war seines Sieges eigentlich sehr sicher gewesen; denn die Reaktorkatastrophe im April 1986 in der ukrainischen Stadt Tschernobyl hatte auch den niedersächsischen Wahlkampf völlig umgekrempelt. Der Supergau löste massive Ängste quer durch die gesamte Wählerschaft aus. Besonders die Grünen schwebten in einer Woge des inneren Triumphes. Alles, was sie jahrelang an apokalyptischen Vorstellungen über Atomenergie gepredigt hatten, war nun eingetreten. In Hannover hatten sich die bundesdeutschen SPD-Ministerpräsidenten samt des niedersächsischen Oppositionsführers Schröder für einen Ausstieg aus der Kernenergie ausgesprochen. Aus der bisherigen Richtungswahl war plötzlich eine Stimmungswahl geworden. Sie bescherte den Grünen bei der Landtagswahl zwar 7,1 % der Wählerstimmen, aber auch das reichte nicht für Rot-Grün.

Schröder hatte also die Wette verloren. Ich sagte zu ihm: „So, alter Freund, jetzt musst Du zahlen." Wir waren damals noch per Du. „Na ja", sagte er huldvoll. Die Wette wurde alsbald beim SPD-Presseabend eingelöst. Der damalige Oppositionsführer Karl Ravens und ich als Vorsitzender der Landespressekonferenz hatten diese Einrichtung im italienischen Restaurant „Da Lello" in der hannoverschen Marienstraße ins Leben gerufen, um auch die Opposition mit der Presse regelmäßig zu Wort kommen zu lassen.

Schröder wurde SPD-Fraktionsvorsitzender und Oppositionsführer im Niedersächsischen Landtag, vier Jahre lang. In der ersten Pressekonferenz sagte er uns Journalisten, das Ergebnis der Wahl schmerze ihn. Es bedeute aber nicht Resignation. Der Schmerz werde sich in Kraft verwandeln. Schon jetzt werde der Wahlkampf für 1990 mit Volldampf beginnen. Seinen Sturm auf das Amt des Ministerpräsidenten hat er also nie aufgegeben. Mit allen Mitteln hat er versucht, doch noch das zu erreichen, was ihm die Wähler versagt hatten. Er brauchte das Sprungbrett in Hannover für das Bundeskanzleramt. Darüber wurde im vorigen Kapitel über Ministerpräsident Albrecht eingehend berichtet.

Die Chance zur Revanche

1990 wurde Gerhard Schröder dann doch noch niedersächsischer Ministerpräsident. Zur Landtagswahl hatte er leichtes Spiel. Die CDU-Regierung Albrecht hatte nach 14 Jahren abgewirtschaftet, der Motor der Partei, CDU-Landesvorsitzender Wilfried Hasselmann, war als Innenminister wegen der Spielbank-Affäre 1988 zurückgetreten, der Ministerpräsident selbst hatte laut über seinen dritten Lebensabschnitt fernab der Politik nachgedacht. Er hatte sich aber doch nochmals breitschlagen lassen, mangels eines geeigneten Nachfolgers ein letztes Mal zu kandidieren, wenigstens für eine halbe Legislaturperiode. Dann wollte er als seine Nachfolgerin die CDU-Bundestagspräsidentin Prof. Rita Süssmuth präsentieren. Das war nichts Halbes und nichts Ganzes. Schröder brauchte keine Angst zu haben. Dennoch bot ich ihm, eingedenk unserer Wette vor vier Jahren, die Chance zur Revanche an. „Aber jetzt um Champagner", sagte er. Abgemacht!

So kam der Wahlabend am 13. Mai 1990, erstmals als riesiges Medienspektakel. Nach der Affäre um den mysteriösen Tod des schleswig-holsteinischen Ministerpräsidenten Uwe Barschel sollte Niedersachsen als letzte „schwarze Hochburg" im Norden von den Roten gestürmt werden. Statt der jahrzehntelangen Idylle am Wahlabend im Innenministerium wurde jetzt der Landtag als Pressezentrum hergerichtet. Über hundert Journalisten „aus aller Welt" waren angereist, ein halbes Dutzend Kamerateams des Fernsehens – inzwischen gab es auch die privaten Sender – stand auf der Matte. Schröder war der große Medienstar. Erst spät am Abend konnte ich endlich mit ihm sprechen, ihm gratulieren und ihm anbieten, die nun von mir verlorene Wette einzulösen. Nun musste ich zahlen – diesmal drei Flaschen Champagner. In der Einladung der Pressesprecherin der SPD-Fraktion, Herma Heyken, hieß es dazu:

„Wetten, daß ... ROLF ZICK, der es nicht für möglich gehalten hatte, daß GERHARD SCHRÖDER es am 13. Mai schafft, ebenso dabei sein wird wie der Ministerpräsident? Sie erinnern sich: Es geht um eine verlorene Wette ... und deren Einlösung."

Im Restaurant „Da Lello" haben wir den Champagner gemeinsam getrunken.

Wahlen in der Fernsehdemokratie

Seitdem selbst Landtagswahlen zu bundesweiten Medienspektakeln hochgejubelt werden und Dutzende von Kamerateams und Journalisten aus aller Herren Länder anreisen und sich am Wahlabend um die besten Plätze buchstäblich schlagen, ist für die Landespressekonferenz und die landespolitisch tätigen Journalisten eine völlig andere Situation entstanden. Der Saal des Innenministeriums ist längst zu klein geworden. Auf beiden Etagen des Landtages findet nun das Wahlspektakel statt. Die führenden Politiker, die schon am Eingang durch eine Traube von

Zweimal haben Rolf Zick (rechts) und Gerhard Schröder gewettet, ob er Ministerpräsident in Niedersachsen wird – einmal 1985, als der junge Politiker als junger, noch unbekannter Juso-Vorsitzender gegen den amtierenden CDU-Ministerpräsidenten Dr. Ernst Albrecht antreten wollte, zum anderen 1990, als er als SPD-Oppositionsführer im Niedersächsischen Landtag die Landtagswahl gewinnen wollte. Es ging zuerst um drei Flaschen Sekt, dann um drei Flaschen Champagner. Die erste Wette gewann Rolf Zick, die zweite gewann Gerhard Schröder. Sekt und Champagner wurden bei den traditionellen Presseabenden im „Da Lello" in Hannover getrunken.

Reportern, Fotografen und Kameraleuten geschubst und gedrängt werden und sich durch die Meute hindurchwühlen müssen, werden vor die abgesperrten und dichtumlagerten Fernsehkameras gezerrt, um ihre „Statements", wie das Neuhochdeutsch heißt, abzugeben. Der Wettstreit zwischen den Fernsehanstalten wird rücksichtslos und mit harten Bandagen ausgetragen. Jeder will der erste sein. Jetzt geht es um Sekunden. Wir sind schon eine schöne Fernsehdemokratie! Das wissen natürlich die Politiker, besonders wenn sie Wahlsieger sind.

Und die armen Teufel der schreibenden Presse, die Redakteure der Agenturen und Zeitungen sowie die Korrespondenten, müssen zusehen, wie sie in diesem Trubel und Tohuwabohu am Rande des Fernsehens ein paar Brocken von dem aufschnappen, was die Strahlemänner oder auch die Verlierer und Düpierten einem staunenden Millionen-publikum vor den laufenden Fernsehkameras verkünden, vor allem, dass sie ihren „Wählerinnen und Wählern danken". Kein Politiker vergisst es, obwohl es niemand mehr hören will.

An einem solchen Wahlabend gilt nur noch das Fernsehen. Kaum ein Politiker lässt sich noch herab, mit einem Journalisten zu sprechen, der kein Mikrofon oder keine Kamera bereithält, sondern geduldig mit Block und Bleistift wartet, wie er es jahrein, jahraus bei jeder Pressekonferenz getan hat und noch immer tut. Ja, Wahlabende sind schon ein hartes Brot für die schreibenden Journalisten geworden; leider geht es nicht immer fair zu. Und alle Absprachen, die der Vorstand der Landespressekonferenz Jahr für Jahr wieder mit den Verantwortlichen für den Wahlabend trifft, sind Makulatur, wenn die Lawine rollt. Wie ein Naturereignis geht sie über die besten Vorsätze und Abmachungen hinweg und nimmt die meisten Journalisten gleich mit. So ist das mit dem „Fortschritt". Und nachdem es die erste Prognose und die Hochrechnungen gab, ist die größte Spannung der Wahlabende, die sonst so erwartungsvoll und interessant gewesen sind, nun meistens schon nach wenigen Minuten oder einer halben Stunde vorbei.

Schröder und die Presse

Ministerpräsident Gerhard Schröder hatte von Statur und Habitus eines „Landesvaters" überhaupt nichts. Schröder hatte andere „Qualitäten". Er hatte schauspielerisches Talent. Das kam ihm zustatten, als sich Deutschland Ende der 8oer Jahre in eine „Mediendemokratie" wandelte. Immer mehr bestimmten die Medien, allen voran das Fernsehen – es war gleichzeitig der Beginn des Privat- und Kommerz-Fernsehens – das Bild der Politik. Wer im Fernsehen, immer vor einem Millionen-Publikum, eine gute Figur machte, war der große Zampano. Das war die Bühne für Schröder. Er war der große Medienstar. Auf diesem Klavier verstand er zu spielen. Hier lag seine Begabung, hier konnte er blenden. Und das Volk fiel darauf herein, allen voran die Journaille. Selbst gestandene Journalisten ließen sich oft blenden und waren von ihm fasziniert – bis etlichen später die Augen aufgingen. Dazu kam Schröders kumpelhaftes Auftreten. Viele Presseleute fühlten sich geschmeichelt und glaubten, sich im seinem Glanz sonnen zu können. Schröder war ein Typ zum Anfassen, der Kumpel, mit dem man einen saufen konnte – solange es ihm gefiel…

Das Kabinett à la Schröder

Nach dem alten Sprichwort „Wie der Herr, so das Gescherr" zogen auch im Niedersächsischen Landtag ein neuer Geist und ein neuer Stil ein. Der Ton wurde rauer, die Debatten noch hitziger, der Umgang miteinander noch härter. Das sogenannte Pairing-Verfahren – wenn bei wichtigen Abstimmungen in der einen Fraktion ein Abgeordneter wegen Krankheit oder aus einem anderen wichtigen Grund nicht dabei sein konnte, zog die andere Fraktion ebenfalls ein Mitglied zurück – interessierte Schröder offenbar nicht. Schon während seiner Zeit als Oppositionsführer hatte mal ein CDU-Abgeordneter auf einer Krankenliege in den Plenarsaal geschoben werden müssen.

Nach Knatsch und Querelen hatte der neue Ministerpräsident endlich sein Kabinett zusammen. Es wich nicht unwesentlich von dem „Schattenkabinett" ab, das er uns in der Landespressekonferenz am 12. Januar 1990 vorgestellt hatte: Es sollte zur Hälfte aus Frauen bestehen, „um die notwendige Gleichheit von Frauen und Männern in der Gesellschaft glaubwürdig einzuklagen"; dann sollte die „solide und kompakte Arbeit der Mitglieder der SPD-Landtagsfraktion einbezogen" werden, und schließlich sollten Persönlichkeiten außerhalb des Parteienspektrums und des Parlaments berücksichtigt werden. Vor allem aber hatte Schröder ohne Rücksicht auf einen wahrscheinlichen Koalitionspartner alle Ressorts mit „seinen" Leuten besetzt, um zu dokumentieren, wer hier das Sagen hat. Ganz ist es ihm doch nicht gelungen, denn nach der Wahl brauchte er zum Regieren unbedingt die Grünen, und die forderten ihr Recht. Sie bekamen jedoch nur zwei Ministersessel, das Ministerium für Bundes- und Europaangelegenheiten für ihren Anführer Jürgen Trittin und das neu geschaffene Frauenministerium für Waltraud Schoppe. Das Umweltministerium, das die Grünen wie selbstverständlich für sich reklamiert hatten, gab Schröder bewusst an die parteilose, aus der Greenpeace-Bewegung kommende Aktivistin Monika Griefahn. Für den Regierungschef, der damit schon gleich zeigen wollte, wo es lang geht, war sie „nicht verhandelbar". Mit Helga Schuchardt, die früher einmal der FDP angehört hatte, erhielt eine nun ebenfalls Parteilose das Ministerium für Wissenschaft und Kultur. Neben diesen vier neuen Kabinettsmitgliedern, die teilweise nicht dem Parlament angehörten, leistete sich Schröder noch zwei weitere SPD-Mitglieder ohne Landtagsmandat: Dr. Peter Fischer als Wirtschaftsminister und den Gesamtbetriebsratsvorsitzenden von VW, Walter Hiller, als

Sozialminister. So blieben noch fünf verdiente SPD-Fraktionsmitglieder: Gerhard Glogowski als Innen-, Hinrich Swieter als Finanz-, Rolf Wernstedt als Kultus-, Heidi Alm-Merk als Justiz- und Karl-Heinz Funke als Landwirtschaftsminister. An ihnen kam er offensichtlich nicht vorbei, obwohl gerade Prof. Wernstedt sicher nicht sein „Freund" war. Der wollte nämlich die alte SPD-Ideologie durchsetzen: Chancengleichheit durch Integrierte Gesamtschulen (IGS), womit Schröder offenbar nicht viel anfangen konnte. Als auch noch die Gewerkschaft Erziehung und Wissenschaft (GEW) in dasselbe Horn stieß und dazu Arbeitszeitverkürzungen für Lehrer forderte, war es für den Ministerpräsidenten völlig vorbei. Sein Ausspruch „Lehrer sind faule Säcke, sie sollen mehr und nicht weniger arbeiten" löste im Volke einen Aufschrei, aber auch Zustimmung aus. Auch die Grünen hielt Schröder klein. Nicht nur, dass Trittin nicht Umweltminister wurde, sondern auch, dass er ihre dringendste Forderung, Abschaffung des Verfassungsschutzes, nicht erfüllte. Als Trostpflaster bekamen die Grünen hauptamtliche Frauenbeauftragte in allen Kommunen über 10.000 Einwohnern.

Als das neue Kabinett vereidigt wurde, zeigte sich auch hier, wie sehr sich die Zeiten geändert hatten. Die Frauen in Schröders Riege modifizierten, dem Zeitgeist des Feminismus gehorchend, einfach die Eidesformel. Die Stelle „... und Gerechtigkeit gegenüber jeder*mann üben werde"* änderte Justizministerin Alm-Mark in „... gegenüber *jedem Menschen üben werde"*. Die anderen Ressortministerinnen taten es ihr gleich.

Wiedervereinigung für Schröder eine „Lebenslüge"

In den Anfang der Regierungszeit Schröders fiel 1990 auch die deutsche Wiedervereinigung. Schon vor dem Fall der Mauer in Berlin und des Stacheldrahts und Todesstreifens an der Zonengrenze hatte Schröder, ganz im Gegensatz zu seinem Vorgänger Dr. Albrecht, den drei Hauptstreitpunkten zwischen Niedersachsen und Ostberlin keine Chance gegeben: Elbe-Grenze am Ostufer des Flusses, wie von den Siegermächten nach dem Krieg bestimmt, Erhaltung der Erfassungsstelle Salzgitter für Stasi-Verbrechen und keine eigene DDR-Staatsbürgerschaft. Für Schröder war die Herstellung der deutschen Einheit eine „Lebenslüge", wie er sagte. Er glaubte nicht an die Wiedervereinigung und hätte, wie große Teile der SPD, dieses Kapitel am liebsten zu den Akten legen wollen. Er konnte sich auch 1990 noch nicht damit anfreunden und war offenbar

Bei den Koalitionsverhandlungen mit den Grünen und vor
allem bei der Zusammenstellung des neuen Kabinetts zeigte
der neue Ministerpräsident Gerhard Schröder unmissverständlich, „wo es langgeht" und wer das Sagen hat.

sogar froh, dass viele West-Politiker und öffentlich Bedienstete, Minis-
terialbeamte, Minister und Staatssekretäre, Abteilungs- und Referatslei-
ter, denen die rot-grüne Regierung nicht passte oder die unter Schröder
nichts werden konnten, für eine „Buschzulage" in die ostdeutschen
Länder wechselten, besonders in das benachbarte Sachsen-Anhalt. Man
hatte den Eindruck, dass Schröder sogar sehr zufrieden war, etliche „mit
einem anderen Parteibuch" problemlos loszuwerden, um hier mehr eigenen Leuten mehr Chancen zu geben. In seinem Minister Trittin, einst
Aktivist des Kommunistischen Bund Westdeutschland (KBW) an der
Universität Göttingen und im Herzen offensichtlich immer noch Kom-
munist, hatte er einen Bundesgenossen, wenn nicht gar einen Antreiber.

Bezeichnend für die Stimmung in Niedersachsen ist eine besondere
Begebenheit – Ein „*Festakt mit Peinlichkeit*":

Den „Tag der deutschen Einheit" beging der Niedersächsische Landtag am 4. Oktober 1990 mit einer Sondersitzung. Dem Ereignis angemessen herrschte bei SPD,
CDU und FDP der dunkle Anzug vor. Für die Grünen war das kein Thema. Bei
ihnen waren Jeans und Turnschuhe angesagt. Zwei riesige Blumensträuße links
und rechts des Präsidiums und ein Streichquartett aus Isernhagen verliehen dem
Plenarsaal etwas Festliches. Auf den vollbesetzten Zuschauertribünen konnte

Landtagspräsident Horst Milde, „stellvertretend für die alte Generation", die in Kriegs- und Nachkriegszeiten die Opfer gebracht habe, den früheren Ministerpräsidenten Alfred Kubel begrüßen, stellvertretend für die junge Generation, „auf der unsere Hoffnungen ruhen", die 10. Klasse einer polytechnischen Oberschule der ehemaligen DDR und die 10. Klasse der Realschule Helmstedt. Ministerpräsident Gerhard Schröder ließ sich entschuldigen. Er war in Berlin. Auf der Regierungsbank fehlte der Grünen-Minister Trittin. Auch die Fraktionsvorsitzende der Grünen, Thea Dückert, fehlte. Auf der Pressetribüne herrschte kein Andrang. Nicht eine einzige Fernsehkamera war aufgebaut. Bei anderen Ereignissen drängeln sich hier manchmal ein halbes Dutzend Fernsehteams.

Der Festakt begann mit einer dem Ereignis angemessenen staatsmännischen Rede des Landtagspräsidenten Horst Milde. Die Veranstaltung endete mit Peinlichkeiten. Schon während der Festansprache des früheren Braunschweiger Oberlandesgerichtspräsidenten Rudolf Wassermann (SPD), die vorwiegend von starken Beifallskundgebungen der CDU und FDP begleitet war, hatte Niedersachsens „First Lady" Hiltrud Schröder protestierend den Saal verlassen, als der Redner sagte, es wäre nicht zur großen Fluchtbewegung und damit Umwälzung in der DDR gekommen, wenn, wie es Schröder und viele Politiker verlangt hätten, die DDR-Staatsbürgerschaft nicht gefordert worden wäre. Mit dem Schluss der Rede verließen auch die Ministerinnen Schoppe und Griefahn den Saal. Die gesamte Fraktion der Grünen folgte, als das Streichorchester das Kaiser-Quartett von Haydn intonierte, das die Grundlage für die Melodie der deutschen Nationalhymne ist. Weil die Abgeordneten glaubten, es sei schon das Deutschlandlied, erhoben sie sich zögernd, einer nach dem anderen, von den Plätzen, um sich gleich wieder zu setzen, als sie den Irrtum erkannt hatten. Anschließend konnte mit einiger Mühe dann doch noch die Nationalhymne von einem Teil der Abgeordneten gesungen werden. Offensichtlich hatten Wassermanns Rede, die sich viele sicher „anders" vorgestellt hatten, das Streichquartett und die Einstellung zur Hymne Verwirrung gestiftet.

Politisierung der Landespressekonferenz gescheitert

Mit der Regierungsübernahme durch den neuen Ministerpräsidenten Schröder gab es nicht nur einen Politik- und Generationswechsel, sondern auch einen Wechsel der Pressepolitik. Das bekam sehr schnell die Landespressekonferenz (LPK) zu spüren. Denn die Pressereferenten der Landesregierung waren nun nicht mehr wie bisher die Sprecher ihres Ministeriums, sondern eher die „Propagandisten" ihres Ministers. Bisher gingen Regierungswechsel an den meisten Pressereferenten nahezu spurlos vorüber. Sie blieben oft auch unter einem neuen Minister auf ihren Posten, denn sie waren ja die Vertreter ihres Hauses und „dienten" nicht nur ihrem Herrn. Manche Pressereferenten arbeiteten unter drei oder vier Ministern, völlig unabhängig vom Parteibuch. Ich glaube, die meisten Referenten hatten überhaupt keins. An die neue Situation mussten sich die Journalisten der Landespressekonferenz erst gewöhnen. Denn Regierungssprecher und Pressereferenten waren ihre ständigen Partner, mit denen sie sich dreimal in der Woche zu den Routinekonferenzen trafen, seit 1947 jeden Montag, Mittwoch und Freitag morgens um 10.30 Uhr.

Problematisch und geradezu dramatisch wurde es, als Schröder offensichtlich versuchte, die LPK, besonders den Vorsitz, in seine Hand zu bekommen. Er wusste, welches wichtige Machtinstrument das sein konnte. Begonnen hatten die Versuche bereits 1988, als Schröder als damaliger Oppositionsführer im Landtag zum Sturm auf die Landesregierung geblasen hatte, um Dr. Albrecht zu stürzen, mit der Hilfe der „linken Kampfpresse" unter Führung der Korrespondenten Eckart Spoo (*Frankfurter Rundschau*) und Jürgen Hogrefe (*Spiegel*). Das geschah ausgerechnet zu der Zeit, als ich das gesetzliche Rentenalter um etliche Jahre überschritten hatte und den Zeitpunkt für gekommen hielt, mein Vorstandsamt in der Landespressekonferenz nach rund drei Jahrzehnten in jüngere Hände zu legen, bevor andere mir sagten, dass es Zeit sei zu gehen. So stellte ich mich bei der Jahresversammlung der LPK 1988 nicht mehr zur Wiederwahl. Als Nachfolger hatte ich den Leiter des ZDF-Studios Hannover, Detlef Sprickmann Kerkerinck, vorgeschlagen. Aber zur großen Überraschung der Mehrheit der LPK tauchte zum ersten Mal in der LPK-Geschichte plötzlich ein Gegenkandidat auf: ausgerechnet Jürgen Hogrefe, der ehemalige Pressesprecher der Grünen, derzeitiger hannoverscher Korrespondent des *Spiegel* und Wortführer der „linken Kampfpresse". Seit Jahren war er nicht zu den Konferenzen der LPK gekommen, um unsere Institution hatte er sich nie gekümmert. Jetzt wollte (oder sollte?) er sie übernehmen. Sicher hatte sich der Geist der LPK in letzter Zeit geändert. Plötzlich waren Gegensätze aufgebrochen, die jahrelang nicht zu spüren gewesen waren. Auf einmal überfluteten gegensätzliche, auch politisch gefärbte Strömungen unsere Arbeitsgemeinschaft, ausgerechnet – oder vielleicht gerade – seit diesem Jahr 1988, das politisch zu den turbulentesten und aufregendsten der niedersächsischen Landesgeschichte zählte. Nun wurde auch die Landespressekonferenz in parteipolitische Richtungskämpfe verstrickt.

Doch in der turbulenten Jahresversammlung 1988 der Landespressekonferenz wurde Sprickmann Kerkerinck in einer Kampfabstimmung, die es bis dahin nie bei uns gegeben hatte, zum neuen Vorsitzenden gewählt, allerdings erst im zweiten Wahlgang gegen Hogrefe. Dieser wurde jedoch auch in den Vorstand gewählt. Nun brachen unruhige Zeiten aus, es bildeten sich starre Fronten, sodass sogar eine Spaltung der LPK drohte. Vieles zielte im Laufe des Jahres auf einen Sturz des neuen Vorsitzenden hin. Auf einmal mischten noch andere Kollegen mit, die sich jahrelang nicht um uns gekümmert hatten. Sprickmann Kerkerinck, neu und unerfahren in diesem Amt, warf nach einem Jahr das Handtuch.

Über 40 Jahre lang war die Landespressekonferenz Niedersachsen eine wahrlich unabhängige, allseits geachtete und wohlangesehene, vor allem aber von der Politik völlig unabhängige, selbständige Institution. Das konnte doch nicht durch die jetzt ausgebrochenen, möglicherweise gesteuerten Richtungs- und Führungskämpfe mit einem Mal vorbei sein! Wer sollte die LPK in dieser Situation, um es dramatisch zu sagen, retten? Dem neuen Vorstand, dessen Sitzungen oft durch kontroverse Diskussionen geprägt waren, war es nicht gelungen, die Probleme zu lösen. Da kamen immer mehr Kollegen, vor allem die vom alten Stamm der LPK, zu mir, dem alten Vorsitzenden, und meinten: „Du musst es noch einmal machen!" Aber ich hatte vor einem Jahr gesagt, meine Zeit sei vorbei. Doch sollten Leute, die sich bis dahin nie um die LPK gekümmert hatten, die um des Machtanspruchs willen die LPK als politisches Instrument benutzen wollten das Ruder übernehmen? Oder sollte ich wortbrüchig werden und noch einmal gegen die „Opposition" antreten?

Ich habe nächtelang mit mir gerungen. Dann stellte ich mich noch einmal zur Wahl. In freier demokratischer Entscheidung sollten die Mitglieder der Landespressekonferenz selbst bestimmen, wohin ihr Weg gehen sollte. Für mich persönlich war es ein Abenteuer. Ich wusste, dass mir mein Wortbruch rücksichtslos um die Ohren geschlagen würde, auch in der Öffentlichkeit, die von den internen Querelen in der LPK natürlich keine Ahnung hatte. Aber im Augenblick galt es, die Landespressekonferenz über die Krise zu bringen. So also ging ich zuversichtlich in die Jahresmitgliederversammlung der LPK im Januar 1989. Mein Gegenkandidat war, wie bei meinem Vorgänger, wiederum Jürgen Hogrefe. Ich wurde gewählt, wenn auch nicht mit der früher gewohnten meistens einstimmigen Mehrheit. Jürgen Hogrefe kam aber wieder mit in den Vorstand. In diesem Interimsjahr war ich vor allem um einen Kompromiss und um den Ausgleich mit der internen Opposition bemüht. Das gelang mir, ich konnte wieder Ruhe und Zuversicht in die LPK bringen. Als allmählich klar wurde, dass die Landespressekonferenz politisch nicht zu manipulieren oder gar zu vereinnahmen war, gab die „Opposition" auf.

Beim Ministerpräsidenten musste man allerdings den Eindruck haben, dass er enttäuscht war. Es schien so, als ob er die Landespressekonferenz geradezu mit Verachtung strafen wollte. Es machte Gerhard Schröder zwar immer noch, im Gegensatz zu seinen Vorgängern, Spaß, mit der Presse umzugehen, besonders wenn die Fernsehkameras liefen; doch es wurde auch deutlich, dass ihn sein „Job", wie er sein Amt selbst bezeichnete, in Niedersachsen immer weniger befriedigte. Die Landespressekonferenz musste mit ansehen, wie sich der medienwirksame Schwerpunkt Schröders mehr und mehr von Hannover weg und hin auf bundesweites Parkett verlagerte. Die spektakulären Auftritte, und davon gab es auf dem Weg zur angestrebten Kanzler-Kandidatur oder zum Parteivorsitz mehr als genug, fanden nicht in der niedersächsischen Landeshauptstadt statt. Gerhard Schröder war bundesweit der gefragte Politiker und Medienstar. Was ist schon eine Routine- oder Kabinettspressekonferenz mit der Landespressekonferenz im hannoverschen Leineschloss gegen einen Auftritt vor den Kameras der deutschen Nachrichtensendungen in Bonn oder später in Berlin, bei „Wetten, daß …?", in Talkshows oder Fernsehmagazinen mit einem Millionen-Publikum?

Spannung und Irritation zwischen Landesregierung und Landespressekonferenz

Die Landespressekonferenz bekam das mehr und mehr zu spüren. So war schon im Protokoll der Mitgliederversammlung von 1993 nachzulesen:

„Wenn, wie der Herr Ministerpräsident, Politiker ohne stichhaltige Begründung einer angekündigten Pressekonferenz fernbleiben, so ist dieses zu bedauern und ärgerlich. Über wirksame Sanktionsmöglichkeiten verfügt die Landespressekonferenz jedoch nicht."

Und das Protokoll der Mitgliederversammlung vom 22. Juni 1994 begann:

„Die Informationspolitik der Landesregierung hat in der Landespressekonferenz Zorn und Ärger ausgelöst. Sie war das Thema eines Gesprächs zwischen LPK-Vorstand und dem Sprecher der Landesregierung. Dabei wurde der Versuch der Landesregierung, beim Thema DASA-Lemwerder in handverlesenen Hintergrundgesprächen Einfluß zu nehmen, nachdrücklich zurückgewiesen."

Die Zusammenarbeit gipfelte schließlich darin, dass der LPK-Vorsitzende Christian Sier von der Landespressekonferenz aufgefordert wurde, einen „Offenen Brief" an den Regierungschef zu schreiben. Darin hieß es am 15. März 1996 unter anderem:

„Anhaltende Spannungen und Irritationen zwischen Landesregierung und Landespressekonferenz sind Anlaß für uns, sich jetzt an Sie zu wenden, zumal wir das Vertrauensverhältnis, das beide Seiten für ihre jeweilige Arbeit brauchen, gefährdet sehen. Sie selbst, Herr Ministerpräsident, werfen Journalisten vor, Minister stürzen zu wollen, Herr Minister Swieter stellt uns im Plenum gewissermaßen als Dummköpfe hin und Frau Ministerin Alm-Merk wertet Journalistenfragen als ‚blöde'. Hier sind mehr als nur Stilfragen berührt. Noch schwerer wiegt, daß uns wichtige Kabinettsthemen vorenthalten werden. Wenn zudem Pressesprecher, namentlich Regierungssprecher Staatssekretär Heye, mehr und mehr dazu übergehen, Fragen zu kommentieren, statt sie zu beantworten, dann ist die Grenze des Hinnehmbaren erreicht."

Nach einem Hinweis auf das Niedersächsische Pressegesetz und die Auskunftspflicht der Behörden hieß es abschließend:

„Im Auftrag der Mitgliederversammlung der LPK bitten wir Sie, sehr geehrter Herr Ministerpräsident, dafür zu sorgen, daß wir zu einem sachbetonten und konstruktiven Umgang miteinander zurückfinden."

Das war schon harter Tobak.

Mit Schröders neuem Stil gegenüber den bodenständigen Medien in Hannover änderte sich auch die Zusammenarbeit mit den ständigen Partnern der LPK, den Pressereferenten. Das ging so weit, dass sie allen Ernstes den Antrag beim LPK-Vorstand stellten, eine Routinekonferenz in der Woche zu streichen. Einige der Journalisten hatten den Eindruck, am liebsten würde die „andere Seite" nur noch bei Bedarf kommen. Mit der inzwischen herangereiften neuen Journalistengeneration auf der einen und den ideologisch-politisch „gepolten" Pressereferenten auf der anderen Seite hatte sich der Umgang miteinander in der Landespressekonferenz sehr stark verändert.

Auch mein persönliches Verhältnis zum Ministerpräsidenten Schröder hatte sich im Lauf der Zeit verändert. Mein Rücktritt vom Vorsitz der Landespressekonferenz fiel ausgerechnet in die Anfangszeit von Schröders Regierungszeit in Hannover. Aber ich hatte als Chefredakteur des landespolitischen Korrespondenzdienstes *Nord-Report* immer noch genug mit ihm zu tun. Hierzu eine kleine Anekdote:

Seit Kubels Zeiten war es Tradition, dass ich jeweils zum Jahreswechsel in einem großen Interview mit dem Ministerpräsidenten über die Bilanz des abgelaufenen und die Vorschau des kommenden Jahres berichtete. Als ich Ende 1990 zum ersten Male zu Schröder in seiner Eigenschaft als Regierungschef kam, wie üblich morgens um 11 Uhr, fragte er mich als erstes: „Was wollen wir trinken? Sekt, Wein, Cognac?" Ich war verblüfft. Bei Kubel oder Albrecht gab es zur Not eine Tasse Kaffee, und nun dieses Angebot. Es wurde ein recht lustiges Gespräch.

In diesem Zusammenhang ist eine weitere Anekdote interessant, die von Schröders damaligem Bürochef Frank-Walter Steinmeier überliefert ist:

Ministerpräsident Schröder trieb es auf seinem Weg vom Genossen der Bosse nicht nur in die höchsten Wirtschaftskreise, sondern auch zu anderen hochgestellten Persönlichkeiten. So lud er, nachdem er vier Wochen im Amt war, den hannover-schen Professor Madjid Samii, einen der berühmtesten Gehirnchirurgen der Welt und Präsident der Weltorganisation der Gehirnchirurgen, zu einem Gespräch in die Staatskanzlei ein. Schröder persönlich schenkte dem Gast eine Tasse Kaffee ein und gab Zucker und Milch dazu. Sein Büroleiter Steinmeier riss Mund und Augen auf. Bei der Verabschiedung sagte er zu Prof. Samii: „Sie müssen ja einen guten Eindruck auf den Ministerpräsidenten gemacht haben. Das hat er ja noch nie ge-macht, einem Gast selbst Kaffee zu servieren." Samii meinte: „Das ist Motivation, davon versteht Schröder was."

Meine Begegnungen mit Gerhard Schröder wurden dann immer selte-ner und mein Verhältnis zu ihm immer förmlicher, weil ich Mitte der 90er Jahre mein Pressebüro meiner Tochter Anne-Maria Zick, die seit 20 Jahren ebenfalls als Journalistin tätig war, übergeben hatte und nicht mehr täglich aktiv im Geschäft war. Dennoch war ich auch weiterhin in der Landespolitik zu Hause und interessierter Beobachter.

Alleinherrscher Schröder auf dem Höhepunkt der Macht

1994 war der Ministerpräsident und Medienstar Schröder auf dem Hö-hepunkt seiner Macht in Niedersachsen. Das bewies die Landtagswahl am 13. März 1994. Mit 44,3 % der Wählerstimmen und 81 Mandaten erzielte die SPD nicht nur eines ihrer besten Ergebnisse der Nachkriegs-zeit, sondern auch die absolute Mehrheit im Niedersächsischen Land-tag. Schröder konnte, wenn auch nur – wie in Niedersachsen nicht un-gewöhnlich – mit einer Stimme Mehrheit allein regieren. Er brauchte endlich keinen lästigen Koalitionspartner mehr. Die CDU war auf 36,4 % und 67 Sitze abgerutscht, die Grünen hatten 2 % auf 7,4 % und

Als Vertreter Niedersachsens des Mehrheitseigners von Volkswagen gehörte der niedersächsische Ministerpräsident Gerhard Schröder auch zum Aufsichtsrat des Konzerns – ein „Genosse der Bosse". Auf dem Foto sieht man (von links nach rechts) den Ministerpräsidenten Schröder mit dem obersten VW-Chef Carl Hahn und dem Vorsitzenden des VW-Gesamtbetriebsrates Walter Hiller, den Schröder später als niedersächsischen Sozialminister ins Kabinett holte.

nun 13 Mandate zugelegt, die FDP hatte mit 4,4 % wieder einmal den Einzug in das Landesparlament verpasst. Schröder war endlich die Grünen, die nun auf den harten Oppositionsbänken Platz nehmen durften, und damit auch ihren Vorreiter Jürgen Trittin los. Damit löste der Regierungschef auch gleich dessen Ministerium für Bundes- und Europaangelegenheiten auf. Die bisher parteilose Umweltministerin Monika Griefahn, die bald in die SPD eintrat, nahm er mit ins neue Kabinett, das außer den beiden Grünen Trittin und Waltraud Schoppe, die von der SPD-Frau Christine Bührmann ersetzt wurde, das alte blieb. Schon im Wahlkampf, den Schröder mit seiner hochprofessionellen „Viererbande" Staatssekretär Frank Walter Steinmeier, Staatskanzleiabteilungsleiterin Brigitte Zypries, Chefsekretärin Sigrid Krampitz und Regierungssprecher Uwe-Karsten Heye führte, war die CDU für Schröder kein Gegner. Sie hatte sich von dem Schock des Regierungsverlustes von 1990 noch nicht erholt und war wegen des neuen Hoffnungsträgers, des 35-jährigen Osnabrücker Rechtsanwalts und in der Landespolitik völlig unerfahrenen Neulings Christian Wulff, heillos zerstritten.

Ministerpräsident Schröder konnte die nächsten vier Jahre nach Herzenslust nahezu ungehemmt schalten und walten, wie er wollte. Das ist dem Land jedoch nicht gut bekommen.

Zuerst wurde der „Juliusturm" geplündert, den die außerordentlich sparsame, wenn nicht gar geizige, frühere Finanzministerin in der

Ministerpräsident Schröder auf dem Höhepunkt der Macht. Nach dem hochprofessionellen Wahlkampf der „Viererbande" Staatssekretär Frank-Walter Steinmeier, Staatskanzleiabteilungsleiterin Brigitte Zypries, Chefsekretärin Sigrid Krampitz und Regierungssprecher Uwe-Karsten Heye gegen den völlig unerfahrenen Polit-Neuling Christian Wulff hatte Gerhard Schröder die Landtagswahl am 13. März 1994 mit absoluter Mehrheit der SPD gewonnen und konnte allein, ohne lästigen Koalitionspartner, regieren. Das Foto zeigt den stolzen Sieger im Plenarsaal des Niedersächsischen Landtags in Hannover unter dem Niedersachsen-Ross an der Wand des Leineschlosses.

CDU-Regierung Albrecht, Birgit Breuel, eingerichtet hatte. Als 1989/90 nach der Wende für die DDR-Bürger alle Türen und Tore zum Westen offen waren, fielen sie in Niedersachsen ein, das die längste Zonengrenze aller Bundesländer hatte, und kauften, was nicht niet- und nagelfest war, besonders (alte) Autos, Kühlschränke Fernseher, Haushaltsgeräte, Lebensmittel und vieles, vieles, was sie seit Jahrzehnten in der DDR entbehrt hatten und was nun im Westen wie im Schlaraffenland ausgebreitet vor ihnen lag. Die Geschäfte blühten in Niedersachsen, das Geld floss, und die Kassen füllten sich. Auch die Landeskasse bekam ihren Teil ab. Birgit Breuel legte ihn auf die „hohe Kante". Die Finanzministerin konnte nicht ahnen, dass dem nachfolgenden Regierungschef Schröder der Sinn nicht nach Sparen stand. Dass die Sozis nicht mit Geld umgehen können, war im Volke allgemeine Erkenntnis. Nun festigten die Sozialdemokraten ihren wenig schmeichelhaften Ruf als Schuldenkönige, schrieb die Presse. Niedersachsen kam bald als „Flächenland mit hohem Schuldenberg" daher. Dass für den neuen

Ministerpräsidenten die Finanzpolitik, die er gern anderen überließ, offensichtlich ebenso „Gedöns" war wie die Frauenpolitik, erfuhr man aus den Medien. Nach seiner Meinung war im Land nach 14 Jahren CDU-Politik viel nachzuholen. Also gab Schröder das Geld aus. Und wenn es fehlte, wurden Kredite aufgenommen. Das hatten doch alle Vorgänger auch getan. Es gab ja (noch) niemandem und kein Gesetz, das ihm Zügel anlegte. Wenn zwischendurch Sparmaßnahmen nötig waren, wurden sie von der ihn verehrenden Presse verteidigt und oft als vorübergehende Notwendigkeit dargestellt. So war es kein Wunder, dass die Schulden im Landeshaushalt immer weiterwuchsen. Die CDU-Opposition konnte in jeder Landtagssitzung wettern, soviel sie wollte. Das prallte von Schröder ab. Auch dass die Opposition den immer größeren Schuldenberg und Verschwendung von Steuergeldern zum Wahlkampfthema machte, interessierte weder den Regierungschef noch das Wahlvolk. Viele Wähler profitierten ja von der Großzügigkeit ihres neuen Ministerpräsidenten. Als der Bund der Steuerzahler am 3. März 1997 im Niedersächsischen Landtag eine Schuldenuhr installierte, lag der Schuldenstand bei 32 Milliarden Mark, wie man in großen Lettern ablesen konnte, und der Sekundenzeiger packte unweigerlich jede Sekunde 20 Mark drauf. Und so ging es weiter. Die Marke von über 60 Milliarden Euro Schulden, die das Land Niedersachsen inzwischen angehäuft hatte, wurde auf der Schuldenuhr am 11. November 2013 übersprungen. Das waren rund 7.500 Euro Schulden pro Kopf der Bevölkerung. Am meisten hatten Schröder und seine direkten Nachfolger dazu beigetragen.

Landtagswahl als Kanzler-Macher

Grotesk wurde es zur nächsten Landtagswahl 1998. „Schröderland war abgebrannt", die CDU hatte sich gefangen, Wulff hatte politisch die eindeutig besseren Karten. Allerdings kamen aus Bonn keine lauen Frühlingswinde, sondern eher starker Gegenwind, an dem Wulff sicher nicht unschuldig war. Aber auf der Bonner Bühne braute sich inzwischen auch noch etwas anderes zusammen. Die SPD suchte für die Bundestagswahl im September 1998 einen Kanzlerkandidaten. Dabei ging es drunter und drüber. Der vormalige SPD-Vorsitzende Rudolf Scharping war längst aus dem Rennen. Sein Nachfolger Oskar Lafontaine wollte es werden. Der niedersächsische Ministerpräsident Schröder auch. Da fiel der SPD-Spitze der geniale Schachzug ein, den Diadochenkampf indirekt durch die niedersächsische Landtagswahl entscheiden zu lassen. Schröder tönte, wenn er mehr als 2 % gegenüber der letzten Landtagswahl verlöre, wolle er kein Kanzlerkandidat werden. Wer also Schröder wählte, wählte nicht nur einen Niedersachsen in das höchste deutsche Regierungsamt, sondern der verhinderte auch den eher ungeliebten Lafontaine als Herausforderer von Helmut Kohl. Es war unfassbar: Wulff stand mit einem Mal gemeinsam mit Lafontaine und Kohl zur Abstimmung. Wer weder Wulff in Niedersachsen noch Kohl oder Lafontaine auf der Bundesebene wollte, musste also Schröder wählen.

Für die Wahlentscheidung zur Landtagswahl in Niedersachsen spielten die Landespolitik und die schlechte Hinterlassenschaft des SPD-Ministerpräsidenten Schröder und seines Kabinetts auf einmal überhaupt keine Rolle mehr. Und CDU-Herausforderer Christian Wulff stand da und konnte nichts dagegen machen. Er konnte nur den SPD-Wählern sagen, ihr wählt doch einen Kandidaten, der überhaupt nicht Ministerpräsident und nicht in Hannover bleiben will. Am Sonnabend vor der Wahl war auch noch in allen niedersächsischen Tageszeitungen auf einer riesigen zweiseitigen Anzeige zu lesen: „Der nächste Kanzler muß ein Niedersachse sein". Die Anzeige war anonym geschaltet worden. Später fand der „Stern" heraus, dass der hannoversche Finanzdienstleister AWD mit Carsten Maschmeyer, ein Spezi von Schröder, der Auftraggeber war und über eine halbe Million D-Mark investiert hatte.

Dann kam der Schicksalstag, der 1. März 1998. Die SPD errang bei der Landtagswahl mit 47,9 % das höchste Ergebnis, das sie je in der Nachkriegszeit erzielt hatte. Damit war klar: Gerhard Schröder wird Kanzlerkandidat der SPD für die Bundestagswahl im nächsten September. Für die CDU wurde es ein schwarzer Tag. Sie erhielt 35,9 % der Stimmen. Das waren noch einmal 0,5 % weniger als vier Jahre zuvor, als es das seit Jahrzehnten schlechteste Wahlergebnis gegeben hatte. Die Grünen kamen auf 7,0 %, das waren 0,4 % weniger als 1994, und die FDP scheiterte mit 4,953 % wegen weniger hundert Stimmen wiederum an der Fünf-Prozent-Klausel, obwohl sie über 0,5 % zugelegt hatte.

Aber die nackten Zahlen sagen ja nichts über die verrückteste Situation, die es je bei einer Landtagswahl in Niedersachsen gegeben hat. Denn es ging überhaupt nicht um eine Niedersachsen-Wahl, sondern einzig und allein darum, ob die Niedersachsen Gerhard Schröder zum Kanzlerkandidaten und damit zum Herausforderer des Bundeskanzlers Helmut Kohl machen konnten und wollten. So wählten selbst uralte CDU-

Stammwähler die SPD und Schröder, damit ja erstmals ein Niedersachse Bundeskanzler wird. Hier ging es nicht um Landespolitik und Argumente, hier ging es allein um Emotionen und einen riesigen Wahltrick.

Das wusste natürlich auch die internationale Presse. Hannover erlebte zur Landtagswahl einen Ansturm der Medien, wie es ihn bis dato noch nie gegeben hatte. Rund 2.000 Journalisten aus über hundert Medien des In- und Auslands hatten sich im Pressezentrum des hannoverschen Leineschlosses angemeldet. In den Gängen des Landtags herrschte ein babylonisches Sprachengewirr. Wer die Schlacht und den rücksichtslosen Einsatz der Fotografen und Kameraleute um die besten Plätze beim Eintreffen der Gladiatoren erlebt hat, wunderte sich, dass es nicht mehr Verletzte gegeben hat als Schröders kleine, zierliche Frau Doris, die sich ihren Weg durch die Menge bahnen wollte und im erbarmungslosen Gewühl arg lädiert wurde. Wie die Motten zum Licht flog der instinktsichere, strahlende, medienverwöhnte Wahlsieger Schröder von einer Kamera und von einem Scheinwerfer zum anderen. Zu bedauern waren wieder die armen Teufel der schreibenden Zunft, die mit ihren Schreibblöcken in der Hand im Gewühl das Ohr in Richtung Mikrofon richten mussten, um „die Brosamen, die von des Herrn Tische fielen", aufzuschnappen. Dass hier eine Landtagswahl stattfand und dass es auch einen Herausforderer gab, interessierte niemanden. Der CDU-Chef Christian Wulff war an diesem Abend so einsam wie selten. Friedrich der Große, der „alte Fritz", hätte zum strahlenden Sieger wohl seinen bekannten Spruch gesagt: „Er muss nicht so viel können, aber er muss Fortune haben."

Schröder und seine Frauen

In der Politik hatte Schröder zweifellos genug Glück und Erfolg. Aber im Privatleben haperte es offensichtlich daran. Nach zwei gescheiterten Ehen heiratete er 1984 seine dritte Ehefrau Hiltrud Schwetje, genannt Hillu. Sie wurde fortan seine treibende Kraft und Triebfeder, die ihm oft schon mal sagte, wo es lang geht. Die „Kennedys der niedersächsischen Provinz", konnte man in der Presse lesen. Sie begnügte sich nicht damit, sich nur im Hintergrund zu halten. In der Staatskanzlei wurde ihr, auch ohne öffentliches Amt, eigens ein Büro eingerichtet. Sie schrieb sogar ein politisches Buch, in dem sie nicht mit Attacken gegen den früheren Ministerpräsidenten Dr. Albrecht sparte.

Einmal scheint jedoch offenbar ihr Instinkt versagt und ihr Zorn über ihren Verstand gesiegt zu haben – als ihr Mann mit einer anderen Frau daherkam, einem eigentlich politisch unbekannten Persönchen, der Journalistin Doris Köpf. 1997 hatten es die Journalisten auf einer Pressefahrt zu einer Bohrinsel des Norwegischen Gasunternehmens „Statoil", als es um eine Gasleitung durch die Nordsee und das Wattenmeer ging, herausgekriegt. In der Presse war zu lesen, Hillu schmiss ihren Gerhard kurzerhand aus dem gemeinsamen Haus in Immensen bei Lehrte. Wie Freunde weiter zu berichten wussten, soll er bei seinem Freund Götz von Fromberg, einem bekannten Rechtsanwalt, in Hannover kampiert haben. Bei von Fromberg traf sich oft eine illustre Herrengesellschaft im Partykeller beim „Krökeln", wie die Hannoveraner das Tischfußballspiel nennen, und traditionell gab es zu Weihnachten den Gänsebraten.

Wenn Hillu damals allerdings geahnt hätte, dass ihr Mann einmal Bundeskanzler werden würde und sie damit Deutschlands „First Lady" hätte werden können, hätte sie vielleicht taktisch klüger gehandelt. Wer weiß, wohin sich Hillu am liebsten gebissen hätte, als ihr Gerhard nach Bonn und dann nach Berlin zog – nicht mit ihr, sondern mit Doris, die er als seine vierte Frau 1997, wenige Wochen nach der Scheidung, geheiratet hat. Aber auch diese Ehe ist inzwischen gescheitert. Was Eingeweihte schon länger wussten oder ahnten, erfuhr die Weltöffentlichkeit am 27. März 2015 über die Medien: „Gerhard Schröder und seine Ehefrau Doris haben sich nach 18 Jahren getrennt." Während sie bei Niedersachsens SPD-Innenminister Boris Pistorius Trost fand, segelte er zum fünften Male in den Hafen der Ehe. Nach der vierten Scheidung heiratete der 74-jährige Altkanzler im Mai 2018 in Seoul die 48-jährige Südkoreanerin Soyeon Kim, die sich schon bald auf dem hannoverschen Standesamt in Soyeon Schröder-Kim eintragen ließ.

Nach der Bundestagswahl auf dem Weg ins Kanzleramt

Am 27. September 1998 war die Bundestagswahl. Es kam, wie es kommen musste: Die CDU/CSU stürzte auf einen bisher nie gekannten Tiefpunkt von 35,1 % ab. Die SPD erhielt 40,9 %. Vier Jahre zuvor hatte Bundeskanzler Kohl noch mit 41,3 % gegen 40,6 % der SPD gewonnen. Die FDP verlor 1,3 % und kam auf 6,2 %, die Grünen büßten 1,2 % ein und erhielten 6,7 % der Wählerstimmen. Strahlender Sieger war der künftige Bundeskanzler Gerhard Schröder. Am 27. September 1998

Bundeskanzler Gerhard Schröder im Bundeskanzleramt. Hier fühlte er sich zu Haus, von hier aus regierte er „die Welt".

wurde er zum 7. Bundeskanzler der Bundesrepublik Deutschland gewählt. Er bildete, nach dem hannoverschen Muster von 1990, die erste rot-grüne Regierung auf Bundesebene.

Bei der nächsten Bundestagswahl 2002 reichte es für Bundeskanzler Gerhard Schröder und die SPD gerade noch zu einer knappen Mehrheit. Es reichte aber nicht für eine weitere volle Legislaturperiode. Denn je mehr die Querelen besonders in seiner Partei zunahmen, desto weniger wurde das Ansehen in der Bevölkerung. Schröder wollte und brauchte 2005 Neuwahlen. So stellte er am 1. Juli 2005 im Bundestag die Vertrauensfrage in der Absicht, dass das Parlament sie negativ bescheiden würde, damit der Bundespräsident das Parlament auflösen konnte. Schröder erhielt nicht das Vertrauen, Bundespräsident Horst Köhler löste den Bundestag am 22. Juli 2005 auf und setzte Neuwahlen für den 18. September 2005 an.

Schröders Schauspiel mit der „Elefantenrunde"

Die Bundestagswahl wurde spannend und dramatisch wie selten in der an Ereignissen reichen deutschen Parlamentsgeschichte der Nachkriegszeit. Der Wahlabend wurde gekrönt durch Schröders Auftritt in der sogenannten „Elefantenrunde" der Parteivorsitzenden im gemeinsamen Fernsehen von ARD und ZDF. Weil Kanzler Schröder selbst auftreten wollte, ließ der SPD-Parteivorsitzende Franz Müntefering ihm den Vortritt. Es wurde eine denkwürdige Veranstaltung, ein riesiges Spektakel nach typischer Schröder-Manier, das in der bundesdeutschen Geschichte seinesgleichen sucht und in die Historie eingegangen ist. Und es war Schröders letzter großer politischer Auftritt als Bundeskanzler der Bundesrepublik Deutschland im öffentlichen Fernsehen.

Die Vorhersagen aller Meinungsforschungsinstitute hatten einen hohen und klaren Wahlsieg der CDU/CSU vorausgesagt. Doch schon die ersten den Parteizentralen zugespielten inoffiziellen Prognosen wenige Stunden vor Schließung der Wahllokale am 18. September 2005 um 18 Uhr deuteten eine Sensation an. Statt des haushohen Sieges würde die Union auf etwa 36 % abstürzen, und die im Keller geglaubte SPD würde raketenartig auf etwa 35 % hochschießen. Nachdem Schröder im Willy-Brandt-Haus im Freundeskreis den vorzeitig von ihm erwarteten Sieg schon entsprechend gefeiert und die ersten noch mehr Mut machenden Hochrechnungen abgewartet hatte, die das Unmögliche nun doch möglich erscheinen ließen, eilte er siegestrunken in die „Elefantenrunde". Vom ersten Moment an riss Schröder die Aufmerksamkeit auf sich. Er ließ durch ständiges Dazwischenreden keine geordnete Diskussion aufkommen und duldete keinen geordneten Dialog. Die verdutzten und überraschten Moderatoren Nikolaus Brender (ZDF) und Hartmann von der Tann (ARD) kamen kaum zu Wort. Offensichtlich wollte Schröder erst einmal seinen aufgestauten Zorn über die Medienberichterstattung im Wahlkampf loswerden und dann seinen angeblichen Überraschungssieg genüsslich demonstrieren. „Ein typischer Schröder", wie Kenner hinterher feststellten. Der Witz war eine total verkehrte Welt. CDU-Chefin Angela Merkel hatte die Wahl gewonnen, musste sich aber als Verliererin fühlen und kehrte erst zum Schluss der Veranstaltung in die Realität zurück. Nur der FDP-Vorsitzende Guido Westerwelle bot dem Noch-Kanzler Paroli. Als der auch ihm mehrfach ins Wort fiel und fragte, ob Westerwelle die Geschichte der sozialliberalen Koalition aus den 70er Jahren kenne, sagte er: „Ich bin vielleicht jünger als Sie, aber nicht blöder."

Und dies ist von Schröders „historischen" Aussprüchen hängen geblieben: „Niemand außer mir ist in der Lage, eine stabile Regierung anzuführen, niemand." – „Verglichen mit dem, was in den Medien geschrieben und gesendet worden ist, gibt es einen eindeutigen Verlierer, und das ist nun wirklich Frau Merkel." – „Glauben Sie im Ernst, dass meine Partei auf ein Gesprächsangebot von Frau Merkel bei dieser Sachlage eingige, indem sie sagt, sie möchte Bundeskanzlerin werden. Also, ich meine, wir müssen die Kirche doch mal im Dorf lassen." – „Die kann das nicht!" – „Die Deutschen haben doch in der Kandidatenfrage eindeutig votiert." – „Frau Merkel wird keine Koalition unter ihrer Führung mit meiner sozialdemokratischen Partei hinkriegen, das ist eindeutig, machen Sie sich doch nichts vor." Schröders damalige Ehefrau Doris meinte hinterher, sein Auftritt an diesem Abend sei „suboptimal" gewesen.

Gerhard Schröder hatte sich zu früh gefreut. Das amtliche Endergebnis dokumentierte für CDU/CSU 35,2 % und für die SPD 34,2 %. Die FDP kam auf 9,8 % und die Grünen erhielten 8,1 %. Die im Vorfeld der vorgezogenen Wahlen durch eine Fusion der „Wahlalternative für Soziale Gerechtigkeit" (WASG), eine Abspaltung von der SPD unter Führung des früheren Schröder-Opponenten Oskar Lafontaine, mit der ostdeutschen kommunistischen PDS gebildete „Linkspartei" kam auf 8,7 %. Weil die Liberalen eine mögliche „Jamaika"-Koalition von SPD, Grünen und FDP strikt ablehnten, blieb zum Schluss nur eine Große Koalition von Union und SPD unter Führung der neuen Bundeskanzlerin Angela Merkel.

Ausgesorgt

Am 22. November 2005 nahm Gerhard Schröder endgültig Abschied von der offiziellen Politik. Aber er hatte vorgesorgt und ausgesorgt. Es gibt wohl kaum einen deutschen Politiker, der, aus ärmlichen Verhältnissen kommend, sich in der Politik hochgearbeitet und es schließlich zum Millionär gebracht hat, wie in den Gazetten zu lesen war. An seinem 70. Geburtstag konnte er sagen, er habe es geschafft. Er hat mit den Mächtigsten dieser Welt zu Tisch gesessen, es gibt keinen Staatsmann von Bedeutung, dem er nicht die Hand geschüttelt und von denen er viele umarmt hat. Seine in über 20 Jahren auf Landes- und Bundesebene gewonnenen und geschlossenen Kontakte und Freundschaften haben sich ausgezahlt im wahrsten Sinne des Wortes. Geld spielt nun kaum mehr eine Rolle. Unmittelbar nach seinem Ausscheiden aus der aktiven Politik sorgte Schröders „Freund" Putin, Russlands Staatspräsident, den er als „lupenreinen Demokraten" gelobt hatte, für Beschäftigung sowie für Ein- und Auskommen. Schröder wurde Vorsitzender des Aufsichtsrats des Pipeline-Konsortiums NEGP Company, einer Tochtergesellschaft des russischen Staatskonzerns Gazprom, mit Büro in der Schweiz. Unmittelbar daneben im Schweizer Steuerparadies Zug liegt ein weiteres Büro für seinen Beratervertrag mit dem Ringier-Verlag, dem größten in der Schweiz. Dass Schröder daneben auch Berater der Rothschild-Bank ist, haben Eingeweihte ebenso kolportiert wie seine Beratertätigkeit für das chinesische Außenministerium, dem er helfen soll, die traditionelle chinesische Medizin in Europa populär zu machen, und seine Mitgliedschaft im dreiköpfigen Direktorium des russisch-britischen Ölkonzerns TNK-BP. Vor allem aber wurde er 2006 in den erlauchten Kreis der Redner-Agentur „Harry Walker" in New York aufgenommen, wo in seiner Kategorie zwischen 50.000 und 75.000 Dollar für einen Vortrag bezahlt werden sollen. Und dass sein alter hannoverscher Spezi Carsten Maschmeyer für den Erwerb der Verwertungsrechte an Schröders Autobiografie *Entscheidungen – Mein Leben in der Politik* mal soeben zwei Millionen Euro hingeblättert haben soll, wie mehrere Medien berichteten, ist fast nicht der Erwähnung wert.

Eben „Typisch Schröder"

Nach Gerhard Schröders Einzug in das Kanzleramt war er für mich außerhalb der medialen Reichweite, und meine journalistische Begleitung seiner politischen Tätigkeit war vorbei. Sein neues Zuhause waren Bonn, Berlin und die Welt. Mein journalistisches Zuhause war und ist bis heute die niedersächsische Landespolitik. Wenn wir uns bei Veranstaltungen oder sonst wo in Hannover gelegentlich treffen, bleiben immer noch ein herzlicher Händedruck und ein kleiner Plausch über frühere Zeiten.

Im Nachhinein habe ich mir gesagt, Gerhard Schröder war unter den vielen Hunderten Politikern, die ich im Laufe meines über 70-jährigen Journalisten-Lebens kennengelernt habe, gewiss eine der herausragenden Persönlichkeiten und keineswegs eine der Schlechtesten. Er war ein Vollblutpolitiker eigener Prägung, der in der Nachkriegsgeschichte Niedersachsens und Deutschlands seine Spuren hinterlassen hat, ein Politiker, der viel bewegt und auch mit dem Ausscheiden aus der aktiven Politik im Gegensatz zu vielen anderen Zeitgenossen noch „etwas zu sagen" gehabt hat und das immer noch tut – eben „typisch Gerhard

Schröder". Ich bin dankbar, dass ich ihn, wie seine Vorgänger und Nachfolger im Amt des niedersächsischen Ministerpräsidenten, längere Zeit journalistisch und menschlich begleiten durfte.

Der „abstrakte" Schröder

Und ebenso typisch ist auch der „abstrakte" Schröder in der Ahnengalerie der niedersächsischen Landesfürsten der Nachkriegszeit. Alle Vorgänger und Nachfolger von Gerhard Schröder als Ministerpräsidenten Niedersachsens haben sich in Öl malen lassen für die Ahnengalerie der Staatskanzlei in der hannoverschen Planck-Straße. Aber Schröders Porträt fällt buchstäblich völlig aus dem Rahmen. Abstrakt, mit groben Pinselstrichen in Schwarz, Ocker und Gelb hat es sein Freund, der Dresdner Maler Max Uhlig (Jahrgang 1937), geschaffen. Zwei Stunden hat ihm Schröder in Dresden Modell gesessen. Auf den ersten Blick ist sicher keine Ähnlichkeit zu erkennen. Aber dem ehemaligen niedersächsischen Ministerpräsidenten gefällt es. Auch seine damalige Frau Doris Schröder-Köpf meinte, es sei ein wunderschönes Bild und „drückt den Geschmack meines Mannes aus".

Neben dem Ölgemälde, das wahrlich nicht jedermanns Geschmack ist, mögen zum Abschluss noch zwei weitere ähnliche Beispiele Gerhard Schröders Hang zum Skurrilen charakterisieren. Da ist zunächst, kurz nach seiner Wahl zum niedersächsischen Ministerpräsidenten, seine Anordnung, das bisherige traditionelle niedersächsische Landeswappen, das springende Niedersachsen-Ross, durch ein neues Signet zu ersetzen. Der neue Regierungschef entschied sich für einen Wettbewerbsvorschlag, der einen stilisierten Pferdekopf darstellen sollte: In Strichmännchen-Manier: Punkt, Komma, Strich – fertig ist das Pferdegesicht. Schon bei der Vorstellung in der Landespressekonferenz hat es großes Kopfschütteln hervorgerufen. Doch es zierte jahrelang Briefköpfe, Wappen, Fahnen usw. – bis ein CDU-Ministerpräsident dem Niedersachsen-Ross wieder auf die Sprünge half.

Und dann ist da noch das 13 Meter hohe Kirchenfenster, das der Maler und Schröderfreund Markus Lüpertz entworfen hat, das 150.000 Euro kosten soll und das Gerhard Schröder der Marktkirche in Hannover, einem Wahrzeichen der Landeshauptstadt, spenden will. Es zeigt neben einem stilisierten Reformator Martin Luther u. a. noch fünf übergroße Schmeißfliegen und hat in Hannover zu einem Sturm der Entrüs-

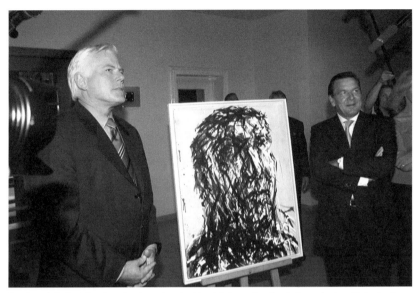

Gerhard Schröder (rechts) und sein Nachfolger im Amt des niedersächsischen Regierungschefs, Gerhard Glogowski (links), bei der Vorstellung des Ölgemäldes im Sommer 1999 in der Staatskanzlei in Hannover.

tung geführt und heftige Diskussionen ausgelöst. Außerdem schwebt noch ein vom Urheberrechtserben vor dem hannoverschen Landgericht angestrengter Prozess. Darin hat der Stiefsohn des Architekten Dieter Oesterlen, der den Wiederaufbau der im Krieg durch amerikanische Bomber stark zerstörten Marktkirche geleitet und verantwortet hat, Klage gegen den Maler Lüpertz eingereicht, weil das Fenster die bewusst schlicht gehaltene Konzeption des Kirchenraumes störe. Doch die Kirchengemeinde der hannoverschen Marktkirche rechnet damit, dass das bunte Glasfenster im Jahre 2021 eingesetzt werden kann, womit sich auch sein Stifter Gerhard Schröder auf wundersame Weise und typisch für ihn verewigen könnte.

Drei Ministerpräsidenten in einer Legislaturperiode

7. Gerhard Glogowski

Nach seiner Wahl zum Bundeskanzler hatte der niedersächsische Ministerpräsident Gerhard Schröder Hannover verlassen, um als erster niedersächsischer Regierungschef Deutschland zu regieren. So kam es, dass Niedersachsen die kurioseste Legislaturperiode seiner Nachkriegsgeschichte erlebte. Innerhalb von nur 14 Monaten hatte das Land drei SPD-Ministerpräsidenten nacheinander. Gerhard Schröder hatte noch die Legitimation durch eine gewonnene Landtagswahl, aber die beiden Nachfolger wurden ohne viel Federlesens mit der Mehrheit der rot-grünen Abgeordneten im Niedersächsischen Landtag durchgesetzt. Am 27. Oktober 1998 war Gerhard Schröder zum Bundeskanzler gewählt worden. Schon einen Tag später, am 28. Oktober 1998, wurde sein „Kronprinz", der ehemalige Braunschweiger Oberbürgermeister und seit 1990 Innenminister in Schröders Kabinett, der 55-jährige Gerhard Glogowski, zum neuen Ministerpräsidenten gewählt. Er regierte indessen mehr schlecht als recht gerade einmal 14 Monate. Dann fegte ihn die Presse mit Enthüllungsgeschichten wie beispielsweise eine in den Medien als „Braunschweiger Edelsause" titulierte Affäre oder gesponserte Hochzeitsfeiern und Flitterwochen aus dem Amt. Bundeskanzler Schröder reiste nach Hannover, um zu retten, was nicht mehr zu retten war, und Gerhard Glogowski, der bis zuletzt alle gegen ihn erhobenen Vorwürfe bestritt, nahm am 26. November 1999 seinen Hut. Auf diese Weise hatte bis dahin noch nie die Amtszeit eines niedersächsischen Ministerpräsidenten geendet. Es war die kürzeste, die es je in Niedersachsen gegeben hat. Gerhard Glogowski war ein „Parteisoldat alter SPD-Schule". Das Amt des Regierungschefs in Niedersachsen war viel zu schnell über ihn gekommen. Er hätte Innenminister bleiben sollen. Das passte besser zu ihm. 1999 folgte ihm Sigmar Gabriel, Vorsitzender der SPD-Fraktion im Niedersächsischen Landtag. Er regierte den Rest der Legislaturperiode bis 2003.

Meine persönlichen Begegnungen und Bekanntschaften, Erlebnisse und Erfahrungen mit Gerhard Glogowski beziehen sich vornehmlich auf seine Zeit als Innenminister und stellvertretender Ministerpräsident ab 1990, als ich noch „in Amt und Würden" war. Seine äußerst kurze Zeit als Ministerpräsident habe ich als interessierter Beobachter mehr von der Tribüne aus verfolgt, weil ich inzwischen mein Amt als Vorsitzender der Landespressekonferenz niedergelegt und mein Pressebüro mit dem landespolitischen Korrespondenzdienst *Nord-Report* meiner Tochter Anne-Maria Zick übergeben hatte.

An „Glogo" ging kein Weg vorbei

Acht Jahre hatte Gerhard Glogowski, „Glogo" wurde er allenthalben bei Freund und Feind genannt, seinem „Herrn und Meister" Gerhard Schröder treu gedient, bis der nicht gerade glücklich amtierende Innenminister auf dessen Sessel in der niedersächsischen Staatskanzlei Platz nehmen durfte. An dem bisherigen stellvertretenden Ministerpräsidenten und „Kronprinzen" war jedoch kein Weg vorbeigegangen.

Glogowski war in ein sozialdemokratisches Arbeitermilieu hineingeboren und darin aufgewachsen. Sein Leben lang hatte er es als seine

Auf Gerhard Schröder (links) folgte Gerhard Glogowski, an dem offensichtlich kein Weg vorbei ging.

politische Heimat betrachtete. Mit seinem Vorgänger hatte er zwar die Herkunft, aber nicht den Werdegang, doch vieles andere gemein. Beide waren zwar in die Lehre gegangen und hatten danach den zweiten Bildungsweg mit Abitur in Abendkursen und Besuch der gewerkschaftsnahen Akademie „Wirtschaft und Politik" in Hamburg beschritten; aber während Schröder den direkten eleganten Weg eines Machtmenschen für seine Karriere ging, musste Glogowski den Weg über die „Ochsentour" der Partei nehmen. Es hat ihm jedoch nicht geschadet, dass er die Politik von der Pike auf mit dem Anfang in der Kommunalpolitik gelernt hat. Mit 23 Jahren war er Ratsherr, mit 29 Jahren Oberbürgermeister der Stadt Braunschweig.

Glogowski ist 1943 in Hannover-Linden geboren. Nach seiner Kindheit und Jugend in Bonn, wo sein Vater Fahrer für den damaligen SPD-Vorsitzenden Erich Ollenhauer und für den SPD-Fraktionsvorsitzenden im Deutschen Bundestag, Herbert Wehner, war und wo Glogowski und seine Familie in höchsten SPD-Kreisen, auch beim legendären Parteigründer Kurt Schumacher, verkehrte, fand er als junger Mann in Braunschweig seine endgültige Heimat. Hier ist er im wahrsten Sinne des Wortes groß geworden, auch politisch. Zweimal war er Oberbürgermeister, regierte nicht nur die Stadt, sondern auch den „Freundeskreis für Braunschweig", den andere als „Braunschweiger Klüngel" bezeichneten. Er war ständig auf Achse, kümmerte sich um alle und alles, vor allem auch um den Fußballclub „Eintracht Braunschweig", dessen Präsident er zeitweise war, bis er Ehrenpräsident wurde. Der Bau des neuen Eintracht-Stadions an der Hamburger Straße war sicher sein Verdienst. Dem im Rheinland aufgewachsenen Kommunalpolitiker war es auch zu verdanken, dass in Braunschweig der Karneval eingeführt und die Stadt zu Niedersachsens Karnevalshochburg wurde. Ab Mitte der 70er Jahre lief in Braunschweig nichts ohne Glogowski und seine Freunde, die er überall untergebracht hatte. Er war, wie in seinem Leib- und Magen-Heimatblatt, in der *Braunschweiger Zeitung*, zu lesen war, der „König von Braunschweig".

Der Braunschweiger wurde in Hannover nicht warm

Ab 1978 ging es auf der Karriereleiter eine weitere Sprosse nach oben. Glogowski wurde Abgeordneter des Niedersächsischen Landtags und blieb es 25 Jahre lang bis 2003. Aber die niedersächsische Landeshauptstadt war und wurde nie sein Zuhause, selbst oder gerade die eigenen Genossen machten es dem Braunschweiger schwer. Doch Gerhard Schröder holte ihn 1990 als Innenminister in sein erstes rot-grünes Kabinett und machte ihn gleich zu seinem Stellvertreter. Es wurde indessen für Glogowski kein Zuckerschlecken, nicht für ihn persönlich und auch nicht für seine Partei.

Ich hatte den Eindruck, dass „Glogo" auch mit der Presse und besonders mit der Landespressekonferenz nie richtig warm geworden ist. Er war alles andere als ein Medienstar. Dazu war er zu dröge. Diese Aufgabe nahm ihm schon zu seiner Zeit als Innenminister sein Chef, der Ministerpräsident, jederzeit gern ab, Glogowski kam aus seinem Schatten nicht heraus. Als er selbst Ministerpräsident war, lief ihm der Vorsitzende der SPD-Landtagsfraktion, der rhetorisch wesentlich begabtere Sigmar Gabriel, den Rang ab. Ohne ihn traf der Regierungschef Glogowski ohnehin keine Entscheidungen. Und so stand er auch medial im Schatten seines Fraktionsvorsitzenden. Bezeichnend für mich war ein Interview mit Glogowski – nicht, weil überhaupt nichts angeboten wurde, nicht mal ein Glas Wasser, sondern weil er ungeniert mit Gabriel telefonierte. Man merkte, dass „die Presse" in Hannover nicht „sein Ding" war und ihn offensichtlich wenig interessierte. Das ist mit der *Braunschweiger Zeitung* sicher anders gewesen.

Überhaupt merkte man, dass er seine Freunde in Braunschweig und nicht in Hannover hatte. Dabei bot er der Presse immer wieder reichlich Gelegenheit zu Schlagzeilen, besonders wenn er gegen den Stachel löckte. Die politische Überzeugung des rechten Sozialdemokraten stimmte schon seit langem nicht mehr mit derjenigen der SPD-Mehrheit überein. Er stand auf vielen Feldern für eine harte Linie, für Sicherheit und Ordnung, gerade nach den berüchtigten „Chaos-Tagen" der randalierenden Punker 1995 in Hannover und den Ausschreitungen der autonomen Szene in Göttingen sowie nach den harten Polizeieinsätzen gegen Gorleben-Protestierer und Atomkraftgegner bei Castor-Transporten. Allerdings musste sich der Innenminister auch zu Zugeständnissen bewegen lassen. Um die Linken in der SPD zu beruhigen, amputierte er den Verfassungsschutz, und um die Jusos zu besänftigen, wurde in Niedersachsen als erstem Land der Bundesrepublik das Wahlalter bei Kommunalwahlen auf 16 Jahre gesenkt.

Und während die einen die von Glogowski eingeführte Direktwahl der Bürgermeister und Oberbürgermeister sowie die Abschaffung der von der britischen Besatzungsmacht nach dem Krieg angeordneten

Zweigleisigkeit mit ehrenamtlichen und eher repräsentierenden Bürgermeistern und dem Stadtdirektor als versiertem Verwaltungchef, als großen Erfolg priesen, wurde diese tief in die Kommunalpolitik einschneidende Reform von anderen als Fehlgriff bezeichnet und verflucht.

Auf der einen Seite war es für Gerhard Glogowski geradezu ein menschliches Bedürfnis, Freundschaften zu schließen, innerhalb und außerhalb der Politik. In Braunschweig war es ihm hervorragend gelungen. Auf der anderen Seite stellten sich ebenso selbstverständlich vor allem politische Gegner ein. Exemplarisch mag das Verhältnis in den 90er Jahren zwischen ihm und den Grünen gewesen sein, die er partout nicht mochte, und mit dem damaligen grünen Europa- und Bundesratsminister Jürgen Trittin, dessen Herkunft als ehemaliger Aktivist des Kommunistischen Bundes Westdeutschlands (KBW) in Göttingen immer wieder deutlich wurde. Glogowski war das ein Dorn im Auge, vor allem wenn es um Asyl- und Ausländerrecht oder Gorleben und die Castor-Transporte ging. Es war die Zeit der unglaublich hohen Asylbewerberzahlen in sechsstelliger Höhe, die zu unhaltbaren Zuständen in den Kommunen führten. SPD und Union hatten sich seinerzeit auf Bundesebene zu einem Parteienkonsens zur Änderung des Asylrechts im Grundgesetz zusammengefunden, bei dem Glogowski keine unbedeutende Rolle gespielt hatte, sehr zum Leidwesen der Grünen. Trittin ließ sich zu der Zeit in seinen berühmt-berüchtigten „Londoner Thesen" bei einer Rede vor dem Goethe-Institut in der britischen Hauptstadt dazu hinreißen, Deutschland als ein „in allen Gesellschaftsschichten und Generationen rassistisch infiziertes Land" zu verunglimpfen. Der Union und auch seinem damaligen Koalitionspartner SPD hielt er vor, nur „rassistische Antworten auf Flüchtlingsfragen" zu geben. Trittins Ausflug an die Themse endete im Niedersächsischen Landtag mit einem Misstrauensantrag der CDU-Fraktion gegen den Grünen-Politiker. Für eher konservative Sozialdemokraten wie Glogowski und vor allem den damaligen Landtagspräsidenten Horst Milde war es sehr bitter, als sie bei der geheimen Abstimmung mit geballter Faust in der Tasche wegen der Ein-Stimmen-Mehrheit der Koalition ausgerechnet dem verhassten Trittin das Vertrauen aussprechen mussten.

Eine Ära wurde zur traurigen Episode

Als Ministerpräsident Schröder 1998 seinen Sessel in der niedersächsischen Staatskanzlei geräumt hatte und Deutschland erst von Bonn aus und seit dem Wiederaufbau des Berliner Reichstags mit der ersten Sitzung des Deutschen Bundestages am 19. April 1999 von Berlin aus regierte, begann in Niedersachsen die Ära Glogowski, die eher eine traurige Regierungsepisode wurde. Schröderland war abgebrannt, der alte Regierungschef hatte seinem Nachfolger eine böse Hinterlassenschaft eingebrockt. Ein Blick in die Finanzbücher zeigte einen riesigen Schuldenberg. Schröders große Wahlsiege waren für Wahlgeschenke an sein Volk durch den tiefen Griff in die Landeskasse teuer bezahlt worden, wie der Bund der Steuerzahler meinte. „Er hat mir eine Menge Dreck hinterlassen", wird der neue Ministerpräsident Glogowski zitiert, der gleich in seiner ersten Regierungserklärung vor dem Landtag ausrief, dass nun mit harten Kürzungen und schmerzhaften Eingriffen gerechnet werden müsse und eisernes Sparen das Gebot der Stunde sei. Das brachte Polizei und Feuerwehr gegen ihren früher so geliebten Dienstherrn auf. 6.000 Uniformierte demonstrierten in Hannover, weil er gerade auch ihnen harte Kürzungen zumutete. Desgleichen heulten die Gewerkschaften von der GEW über die ÖTV bis zur IG Metall auf. Es war kein guter Start für den neuen Regierungschef.

Zum Regieren brauchte Glogowski auch eine eingespielte Mannschaft. Die hatte er nicht, unter anderem weil Schröder seine besten Leute, hinter vorgehaltener Hand hieß es bezeichnenderweise „Maschsee-Mafia", mitgenommen hatte. Frank-Walter Steinmeier, Chef der Staatskanzlei, und Regierungssprecher Uwe-Karsten Heye waren ebenso abhandengekommen wie „Glogos" bester Mann Claus Henning Schapper, Staatssekretär im Innenministerium, und Brigitte Zypries, Staatssekretärin im Sozialministerium, die zu Otto Schily ins Bundesinnenministerium wechselte. Mit seinem neuen Chef der Staatskanzlei, dem Peiner SPD-Unterbezirksvorsitzenden und Bildungsgeschäftsführer des SPD-Bezirks Braunschweig, Peter-Jürgen Schneider, hatte der Ministerpräsident auch keine allzu große Freude, zumal mit Schneider und Büroleiter Matthias Wehrmeyer, „Glogos" engstem Vertrauten, ergebensten Adlatus und „Mädchen für alles", die alten Intimfeindschaften aus Juso-Zeiten wieder aufbrachen und Konflikte vorgezeichnet waren.

Zu Schröders Erbe, an dem Glogowski schwer zu knabbern hatte, gehörte auch die große Hypothek mit den Stahlwerken Peine/Salzgitter. Um sie vor einer feindlichen Übernahme zu schützen, hatte Schröder sie mithilfe des Landes und der Norddeutschen Landesbank verstaatlicht. Die Arbeiter freute es, und Schröder gewann die nächste Wahl. Aber die Probleme waren damit nicht gelöst. Da nützte auch nicht viel, dass Glogowski als Minister und Ministerpräsident bis zu zehn Aufsichtsräten angehörte, von Großunternehmen wie der Volkswagen AG über die Nord/LB und die Braunschweigischen Kohlebergwerken bis zu den Stahlwerken Peine/Salzgitter, und „überall seine Finger drin hatte". Für ihn war das ein selbstverständliches Geben und Nehmen. Man unterstützte sich gegenseitig, und jedem tat es gut. Für die Mentalität eines Gerhard Glogowski war es gelebte und praktizierte Solidarität. Dass dieses aber leicht zu eigener Vorteilsnahme oder, wie böse Zungen gleich behaupteten, zu Korruption ausarten könnte, kam ihm nicht in den Sinn. Das war für ihn schlicht undenkbar. Er war von seiner sozialdemokratischen Herkunft her offensichtlich anders „gepolt".

Dazu passt ein geradezu bissiges Zitat des früheren Vorstandsmitglied der Preussag Stahl AG, Hans-Joachim Selenz:

> „Schröders Kollege Glogowski, Innenminister in seinem Kabinett, sitzt im Aufsichtsrat der Preussag Stahl AG, nutzt aber die Sitzungen, die er fast regelmäßig besucht, vor allem zum intensiven Entspannen vor einem guten Essen. Er ist Aufsichtsrat wie aus dem Bilderbuch. Als Minister ist er mit den hier behandelten Fachfragen nicht vertraut und stellt somit auch keine dummen Fragen. (…) Was sich hinter den Kulissen tut, ist ihm ziemlich gleichgültig. Der Rotwein zum delikaten Essen ist dafür umso wichtiger."

Als Glogowski nach 20 Jahren sein Mandat im Aufsichtsrat der Salzgitter AG niedergelegt hatte, wurde ihm das als Flucht aus der Verantwortung angekreidet. Das war auch das Signal für die Metall-Unternehmer, sich aus dem seit Jahren bestehenden „Bündnis für Arbeit" zurückzuziehen. Auch sonst hatte Glogowski das Talent, sich immer mehr Feinde zu machen, vor allem in der eigenen Partei. Erst legte er sich mit dem Kanzler Schröder an, dann auch mit der Spitze der SPD-Landtagsfraktion, die von dem jungen, aufstrebenden Sigmar Gabriel geführt wurde, der mit seinen Genossen Wolfgang Jüttner und Thomas Oppermann kein Befehlsempfänger der Landesregierung sein wollte. Im Kabinett stand der Sozialist alter Prägung und bekennende Braunschweiger ohnehin allein gegen die neu-sozialistischen Bildungsbürger und zahlenmäßig weit überlegenen Hannoveraner. Aber Glogowski regierte das Land nach alter Väter Sitte, ohne Rücksicht auf Verluste. Das konnte nicht gut gehen. Und so kam, was kommen musste. Innerhalb einer Woche, vom 21. bis 26. November 1999, brach für den niedersächsischen Ministerpräsidenten Gerhard Glogowski eine Welt zusammen.

Enthüllungsgeschichten über gesponserte Hochzeit und „Braunschweiger Edelsause"

Die Spatzen pfiffen es schon seit langer Zeit von allen Dächern in Braunschweig, bald auch in Hannover: Glogowski regiert wie ein Feudalherr, lässt es sich gut gehen – auf Kosten anderer. Er glaubt ernsthaft, das stehe ihm zu. So wussten Eingeweihte von seiner gesponserten Hochzeit mit seiner zweiten Frau Dr. Marianne Horstkötter, Referatsleiterin im niedersächsischen Landesministerium, im Sommer 1999. Zwei Braunschweiger Brauereien hatten sich nicht lumpen lassen, die 160 Gäste, unter ihnen Bundeskanzler Schröder und VW-Chef Ferdinand Piëch, mit dem nötigen Freibier zu versorgen. Eine weithin berühmte Braunschweiger Kaffeerösterei wollte nicht nachstehen und spendierte das heiße Getränk. Die Nord/LB und die Preussen Elektra trugen zum Unterhaltungsprogramm bei. Im *Spiegel* war später zu lesen: „Ein Buffet für 13.000 Mark, Bier und Kaffee gratis." Für den jungen Ehemann Glogowski und die Presseabteilung der Staatskanzlei waren das „Werbemaßnahmen zur Stärkung der niedersächsischen Wirtschaft".

Für Ministerpräsident Glogowski, der, wie in der *Braunschweiger Zeitung* zu lesen war, gerade im Wiener Opernhaus die Aufführung von *Don Giovanni* besuchte, und seine Freunde kam die Hiobsbotschaft am Sonnabend, 20. November 1999: Am Sonntag, 21. November 1999, bringt die *Welt am Sonntag* eine große Enthüllungsgeschichte. Was Eingeweihte längst wussten, wurde nun auch einer großen Öffentlichkeit in aller Breite und Ausführlichkeit genüsslich serviert. Nicht nur die gesponserte Hochzeitsfeier, sondern auch den Hochzeitsurlaub „erlebte" das Publikum mit. Dazu geisterte ein Foto durch die Gazetten. „Schöne Ferien" stand auf einer großen Fahne des hannoverschen Reisekonzerns TUI, vor der das jung vermählte Ehepaar Glogowski auf einem Schiff im Roten Meer posierte, wo es die Flitterwochen im Robinson-Club verbrachte. Die Leute fragten nicht mehr, ob es Zufall war, dass das große TUI-Logo im Blickpunkt stand. Deutlich wurde das ohnehin, als die Glogowskis im Oktober 1999 einen Urlaub auf Mallorca unterbrachen, um mit der TUI an den Nil zu fliegen, wo in einer romantischen nächtlichen Kulisse vor den Pyramiden Verdis Oper *Aida* aufgeführt wurde. Dass dieser Abstecher hinterher auf verschlungene Weise zum Staatsbesuch bei der ägyptischen Regierung erklärt wurde, war schon peinlich, und das glaubte auch niemand. Dazu zeigte sich das Krisenmanagement der hannoverschen Staatskanzlei diesen Enthüllungsgeschichten offensichtlich nicht gewachsen. Nicht nur einmal musste die Pressestelle Meldungen und Erklärungen, die am Tag zuvor im Brustton der Überzeugung hinausposaunt worden waren, hinterher zurückziehen oder korrigieren.

Es kam weiterhin knüppeldick für Glogowski. Täglich gab es neue Enthüllungen und vermeintliche Skandale. Besonders die sogenannte „Braunschweiger Edelsause", die auch schon einige Monate zurücklag und kein Geheimnis mehr war, wurde nun in allen Einzelheiten aufgetischt. Zum Abschied ihres Geschäftsführers hatten die Braunschweiger Stadtwerke, in deren Aufsichtsrat Glogowski saß, eingeladen und keine Mühen und Kosten allein für ein opulentes Buffet gescheut, das nach Zeitungsberichten weit über 50.000 Mark gekostet haben soll. Aber da war mit den Braunschweiger Stadtwerken doch noch etwas anderes, erinnerten sich Braunschweiger Redakteure und kramten die fröhliche Sause aus dem Jahr 1988 hervor, die Glogowski und sein Aufsichtsrat samt Geschäftsführung mit einem gecharterten Sonderzug nach München zum Oktoberfest mit Übernachtung im Nobelhotel „Vier Jahreszeiten" veranstaltet hatten – ohne groß auf die Kosten zu schauen.

Wie das so ist, wenn die Lawine erst einmal rollt, dann findet und erfindet die heißhungrige Journaille immer neue Geschichten, Skandale und Skandälchen. Längst vergessene Kleinigkeiten werden zu riesigen Sensationen aufgebläht, wie jetzt bei Glogowski vermeintlich nicht ordentlich abgerechnete Aufsichtsratsbezüge an die Staatskasse, der Ärger mit den Mietern seiner Eigentumswohnungen oder eine säumige Zahlung für die Benutzung der Dienstwohnung im Gästehaus der Landesregierung. Immer wieder musste die Pressestelle der Staatskanzlei Erklärungen abgeben, immer wieder ging vieles daneben. Doch den Ministerpräsidenten schien das nicht sonderlich anzufechten. „Glogo" meinte, er sei Politiker und Chef einer Landesregierung und müsse sich um die Politik und das Wohl des Landes kümmern, er sei aber kein Buchhalter, der alle Rechnungen zu kontrollieren und abzuzeichnen habe. Und überhaupt seien das doch alles keine großen Staatsaffären.

Selbst Bundeskanzler Gerhard Schröder (vorn sitzend) kam zurück nach Hannover, um zu retten, was für seinen Nachfolger Gerhard Glogowski (dahinter stehend) nicht mehr zu retten war; (ganz rechts) Regierungssprecher Uwe-Karsten Heye, ebenfalls sehr nachdenklich.

Womit er wohl recht hatte. Es war die Summe etlicher meist relativ kleiner Verfehlungen, Ungeschicklichkeiten, Großzügigkeiten, Selbstgefälligkeiten, vielleicht auch Skandälchen und vieler Halbwahrheiten, aber immer ein gefundenes Fressen für die Presse. Selbst in der *Welt* hieß es: „Nicht die Größe des Bereicherungstriebs, sondern die Kleinheit des Vorgangs verwundert."

Aber für den niedersächsischen Ministerpräsidenten war schließlich das Maß voll und das Fass übergelaufen. Am 26. November 1999 um 17 Uhr, fünf Tage nach der ersten Enthüllungsgeschichte der „Welt am Sonntag", erklärte Gerhard Glogowski seinen Rücktritt vom Amt des Ministerpräsidenten. Er wollte „das Land, seine Familie, seine Partei und seine Freunde schützen", erklärte er. Dass er große Schuld auf sich geladen hätte, glaubte er nicht.

Es ist die Ironie des Schicksals, dass ausgerechnet der damalige Oppositionsführer Christian Wulff gegen den Ministerpräsidenten Glogowski wetterte und ihm vorwarf, seine Unabhängigkeit und Handlungsfähigkeit verloren zu haben. Wulff hatte Glogowskis Rücktritt gefordert. Als dieser schneller kam als erwartet, setzte der CDU-Politiker einige Monate nach dem Abschied noch eins drauf. Er meinte, zumindest das

Übergangsgeld müsse gekürzt werden. Wulff konnte damals nicht ahnen, dass einige Jahre später genau diese Forderungen ausgerechnet gegen ihn erhoben würden.

Eine große Freundesschar, die heute noch alljährlich am 11. Februar in Braunschweig Glogowskis Geburtstag feiert und von der alten Zeit schwärmt, vergisst dabei nicht die Tragik seiner Lebensleistung. Er hatte das Amt des Ministerpräsidenten haben wollen, schon weil mancher in seiner Partei es ihm nicht gönnen mochte. Es gab allerdings auch wohlmeinende Beobachter, die der Überzeugung waren, das Amt des Ministerpräsidenten sei nicht die ideale Position für den „Innenminister aus Berufung" gewesen. Als es zur Krise kam, fühlte sich „Glogo", wie ein guter alter Freund bezeugte, von manchen in seiner Partei nicht hinreichend unterstützt, sogar als Opfer von Intriganten. Er war enttäuscht vom unsolidarischen Verhalten seiner SPD-Genossen, er war tief getroffen und ging. Damit endete auch ein Leben für die SPD, die ihm und der er viel zu verdanken hatten. Fragte man ihn später nach einer Bilanz, so erlebte man einen Menschen, der mit sich und seiner Vergangenheit im Reinen war. Er pflege wie eh und je seine Freundschaften, und er sei ohne Groll und zufrieden. „Wenn man so alt ist wie ich, will man anderen nichts Böses mehr unterstellen", sagte er an seinem 70. Geburtstag in Braunschweig.

Dass ihn die Stadt Braunschweig vorher schon, zu seinem 65. Geburtstag am 11. Februar 2008, zum Ehrenbürger gemacht hatte, wenn auch mit heftigen und kontroversen Diskussionen, war für Gerhard Glogowski gewiss die größte Genugtuung und bewies seine große Beliebtheit und Dankbarkeit. Kein anderer niedersächsischer Ministerpräsident kann sich dieser Ehre rühmen.

Später Frieden

Zum Schluss dieses Kapitels sei noch eine sehr versöhnliche besondere Begebenheit als Verdienst Glogowskis erzählt. Rund neun Jahre hat es gedauert, bis zwei einstige politische Kontrahenten und ehemalige niedersächsische Ministerpräsidenten späten Frieden miteinander schlossen: Dr. Ernst Albrecht, der von 1976 bis 1990 Niedersachsen regierte, und Gerhard Schröder, der von 1990 bis 1998 Landeschef war. Beide erhielten 1999 im Landesmuseum in Hannover aus der Hand des niedersächsischen SPD-Ministerpräsidenten Gerhard Glogowski die höchste Auszeichnung, die das Land Niedersachsen zu vergeben hat – die 1956 vom damaligen DP-Ministerpräsidenten Heinrich Hellwege gestiftete und nur an 30 gleichzeitig lebende Träger zu verleihende Landesmedaille „Für Verdienste um Niedersachsen". Schon Dr. Albrechts Nachfolger Gerhard Schröder wollte seinem Vorgänger die höchste Auszeichnung verleihen. Aber der CDU-Politiker wollte sie nicht aus den Händen Schröders entgegennehmen. Zu tief saßen offenbar die Verletzungen, die der SPD-Linke seinem Vorgänger am Ende von dessen Amtszeit unter anderem mit den angeblichen Skandalgeschichten zugefügt hatte. Nun bezeichnete Dr. Albrecht bei der Verleihung diese gemeinsame Ehrung mit Schröder als „etwas ungewöhnlich" und sprach von „Zwiespältigkeit beim Entgegennehmen dieser Auszeichnung". Es sei jedoch erfreulich, dass es bei allen Auseinandersetzungen im Kampf um die Macht doch noch die Gemeinsamkeit der Demokraten gebe. Und Schröder, inzwischen zum Bundeskanzler aufgestiegen, entgegnete, in der Politik gebe es zwar Gegner im Machtkampf, aber keine Feindschaften. Damit wurde eine langjährige politische und persönliche Rivalität begraben.

8. Sigmar Gabriel

1999 war ein Jahr großer Ämterübergaben. In Deutschland folgte dem Bundespräsidenten Roman Herzog der SPD-Politiker und ehemalige nordrhein-westfälische Ministerpräsident Johannes Rau, in Russland übergab der russische Präsident Boris Jelzin sein Amt an seinen Wunschnachfolger Wladimir Putin, und in Hannover folgte dem zum Abdanken gezwungenen Ministerpräsidenten Gerhard Glogowski der SPD-Politiker Sigmar Gabriel. Schon einen Tag nach Glogowskis Rücktritt stand der bullige, umtriebige SPD-Fraktionsvorsitzende im Niedersächsischen Landtag, gerade einmal 39 Jahre alt, auf der Matte. Er sollte mit Schröders Segen der dritte SPD-Ministerpräsident in etwas mehr als einem Jahr werden. Landtags-Oppositionsführer und CDU-Landeschef Christian Wulff forderte dagegen als sauberste Lösung die Auflösung des Parlaments und Neuwahlen, damit nicht zum zweiten Male innerhalb so kurzer Zeit ein Ministerpräsident ohne Legitimation durch die Wähler regieren könne. Er halte es für richtig, die Bevölkerung zu fragen und es nicht den SPD-Zirkeln zu überlassen, wer Niedersachsen führen soll. Doch die SPD setzte die Wahl von Gabriel zum neuen niedersächsischen Ministerpräsidenten durch. Dabei erhielt er überraschenderweise zwei Stimmen mehr als die 83 der SPD-Fraktion. Das löste Irritationen bei der Opposition von CDU und Grünen aus. Wer die „Überläufer" waren, was man ja in der niedersächsischen Parlamentsgeschichte zur Genüge kennt, kam natürlich nicht heraus. Jede Partei schob der anderen den schwarzen Peter zu, wobei den Grünen die größere Nähe zur SPD zugetraut wurde. Gabriel war damit der bis dahin jüngste Regierungschef eines deutschen Bundeslandes. Er regierte, ebenfalls mehr schlecht als recht, bis zum Ende der Legislaturperiode 2003, richtete noch mehr Schaden an und häufte noch mehr Schulden auf, wie ihm die Opposition vorwarf.

Gabriel war, nicht nur von der Statur, sondern auch vom Alter her, schon ein etwas anderes Kaliber als sein Vorgänger. Er war auch nie der Typ eines Landesvaters. Wegen seiner Umtriebigkeit und seiner sprunghaften Unberechenbarkeit gehörte er eher zu jenen Politikern, die gern

Ein herzlicher Chefwechsel in der Staatskanzlei – Ministerpräsident Gerhard Glogowski (links) ging, Ministerpräsident
Sigmar Gabriel kam.

Schlagzeilen lieferten und die bei den einen damit interessant waren, bei
anderen jedoch unpopulär wurden. Bei den Journalisten der Landespressekonferenz ging der Spruch herum und in den Zeitungen war immer wieder zu lesen, dass er „jeden Tag eine neue Sau durchs Dorf
treibt". Niedersächsische Verlässlichkeit war das nicht. Oppositionsführer Christian Wulff und die CDU sahen die ganze Angelegenheit
mit gemischten Gefühlen. Bei Glogowski als Gegner im Wahlkampf
um die nächste Landtagswahl hätte sich der CDU-Politiker sicher
keine großen Gedanken zu machen brauchen. Viele, auch SPD-Leute,
sahen im glücklosen zurückgetretenen SPD-Regierungschef Glogowski eher einen Wahlkampfhelfer für die CDU. Gabriel war jedoch von
anderem Format.

Ich selbst habe mit Sigmar Gabriel als einzigen niedersächsischen Ministerpräsidenten in 60 Jahren Landesgeschichte weniger näheren direkten
persönlichen Kontakt bekommen. Das lag sicher eher an mir, weil ich,
inzwischen als 80-Jähriger und längst ohne Amt und Würden, darauf
keinen so großen Wert legte, sondern die Landespolitik mehr von der
Tribüne aus beobachtete. Dennoch blieb es nicht aus, dass wir miteinander sprachen.

Als Ziehsohn von Schröder und Glogowski

Der 1959 in Goslar geborene Sigmar Gabriel kommt politisch ursprünglich aus der linken marxistischen Ecke. Als Jugendlicher gehörte er zur „Sozialistischen Jugend Deutschlands – Die Falken", bei denen er es bis zum Mitglied des Bundesvorstands brachte. Er war, wie er damals bekannte, Bekenner der marxistischen Thesen. Doch wie sich bald herausstellte, waren Ideologien nicht seine Sache, Gabriel war eher Pragmatiker. Der ehemalige Obergefreite der Bundeswehr und studierte Lehrer war bereits 1977 als Gymnasiast in Goslar in die SPD eingetreten und gehörte dem Bezirksverband Braunschweig an. Seine politische Karriere begann er in der Kommunalpolitik in seiner Heimatstadt. Der erste große Schritt auf der Karriereleiter gelang 1990 mit dem Einzug in den Niedersächsischen Landtag. Vier Jahre später war er innenpolitischer Sprecher der SPD-Landtagsfraktion und zum Ende der Legislaturperiode schon stellvertretender Fraktionsvorsitzender. Nach der Landtagswahl 1998 wurde er mit Ministerpräsident Schröders Gunst und Gnaden endgültig Fraktionsvorsitzender. Die damals mächtigsten und einflussreichsten niedersächsischen SPD-Politiker Schröder und sein Nachfolger Glogowski waren seine Gönner und Ziehväter; Schröder war sein Förderer in Hannover und im Landtag, Glogowski in Braunschweig und in der Partei. Sein ärgster Rivale in der Fraktion, der Alt-Linke Heinrich Aller, wurde von Schröder mit dem Amt des Finanzministers als Trostpflaster entschädigt.

In der niedersächsischen SPD war und blieb Gabriel jedoch immer umstritten. Er galt als unberechenbar, sprunghaft und zu sehr auf sein eigenes Fortkommen bedacht. Als Gabriel 1998 in seiner ersten großen Rede als Fraktionsvorsitzender sich den CDU-Oppositionsvorsitzenden Christian Wulff „zur Brust" nahm und ihn als jungen, berechnenden und von maßloser Selbstüberschätzung gezeichneten Politiker darstellte, glaubten neben den Journalisten auf der Tribüne auch viele Abgeordnete, selbst in den eigenen Reihen der SPD, an Selbstdarstellung und Selbstbezeichnung des brillanten und rhetorisch äußerst begabten jungen Redners und Hoffnungsträgers der SPD.

Inzwischen war Ministerpräsident Schröder nach der Bundestagswahl Bundeskanzler in Berlin und Innenminister Glogowski sein Nachfolger als Ministerpräsident in Hannover geworden. Manchmal kommt es nämlich schneller, als man denkt, und plötzlich war nach der „Glogo-Affäre" der Posten des niedersächsischen Regierungschefs frei.

Eigentlich wäre Gabriel, der Liebling seiner Ziehväter, sogleich „dran" gewesen. Aber da war ja noch die mächtige niedersächsische SPD-Parteistruktur mit regionalem Bezirksproporz und dementsprechenden Rivalitäten. So gaben mächtige Bezirksfürsten wie Wolfgang Jüttner, Vorsitzender des alles beherrschenden größten und einflussreichsten SPD-Bezirksverbandes Hannover, das Feld natürlich nicht kampflos preis. Doch Chefs kleinerer SPD-Bezirke, wie etwa Garrelt Duin von Weser-Ems, verbündeten sich lieber gegen die Mächtigen. Als es zum Schwur kam, sprachen sich sieben gegen drei Bezirksvertreter für Gabriel aus, und selbst die Mehrheit der SPD-Landtagsfraktion stellte sich mit 49 gegen 32 hinter ihren Vorsitzenden. Vermutlich hatten Gabriels große Förderer immer noch ihre Hand im Spiel. So also konnte er ihr Erbe antreten, auf dem Chefsessel in der Staatskanzlei Platz nehmen und persönlich an seinem ersten Arbeitstag den Medien die erste Pressemitteilung diktieren. In seiner ersten Regierungserklärung vor dem Landesparlament zeigte er sich als Pragmatiker, der vor allem das Land modernisieren und von Ideologien und Dogmen Abschied nehmen wollte.

Dem „Ziehvater" Bundeskanzler Gerhard Schröder (links) sei Dank vom neuen niedersächsischen Ministerpräsidenten Sigmar Gabriel (rechts). Er konnte das Erbe seines „Ziehvaters" Schröder antreten.

Zwei, die sich offensichtlich gut verstehen – der neue Ministerpräsident Sigmar Gabriel (rechts) und der Vorvorgänger und ehemalige Ministerpräsident Gerhard Schröder (links).

Gabriel in seiner Partei immer umstritten

Zunächst nahm der neue Ministerpräsident keine Personalveränderungen vor, weder in der Staatskanzlei noch im Kabinett. Alle Minister blieben auf ihren Posten. Lediglich Glogowskis Intimus, Büroleiter Matthias Wehrmeyer, musste seinen Stuhl räumen; Gabriel holte sich als neuen Büroleiter und Vertrauten Cornelius „Conny" Schley. Aber nach einem Jahr, am 13. Dezember 2000, gab es völlig überraschend und gleichsam als vorgezogene Weihnachtsbescherung ein großes Revirement und Stühlerücken im Kabinett – „typisch Gabriel" konnte man sagen; denn wieder ging er an seiner SPD-Fraktion völlig vorbei. Dafür holte sich der Regierungschef externe Experten. Für den glücklosen Justizminister Wolf Weber kam der prominente Kriminologe Prof. Dr. Christian Pfeiffer, Direktor des Kriminologischen Forschungsinstituts Niedersachsen und Professor an der Universität Hannover; die überraschte und sicher auch verärgerte Sozialministerin Heidi Merk wurde abgelöst von Dr. Brigitte „Gitta" Trauernicht, Staatsrätin und Chefin der Senatskanzlei der Freien und Hansestadt Hamburg; das Wirtschaftsministerium von Peter Fischer übernahm Dr. Susanne Knorre, Prokuristin und Leiterin der Konzernkommunikation der Preussag AG.

Unmut und Ärger in Partei und Fraktion waren vorprogrammiert. Der zuvor geschasste Matthias Wehrmeyer sagte dazu, Sigmar Gabriel habe genau das nicht hingekriegt, was die Genossen befürchtet hätten, nämlich die Partei hinter sich zu scharen, statt um sich zu schlagen. Damit sei die Partei sozusagen „in die Luft geflogen".

Ein Mann der Alleingänge

Aber es blieb nicht bei diesem ersten Alleingang. Der umtriebige Ministerpräsident konnte nicht stillsitzen und nichts tun, wie gerade auch die Journalisten immer wieder erlebten; stets musste er etwas aushecken – tatsächlich „jede Woche eine neue Sau durchs Dorf treiben". Oft trieb es ihn daheim über das Wochenende um, besonders wenn es um seine Pläne für eine Umgestaltung von Land und Partei ging. Aus dem Nichts heraus zauberte er Vorschläge aus dem Hut, völlig am Kabinett und Fraktion vorbei, und posaunte sie hinaus in eine verdutzte Presse und Öffentlichkeit. Ein Musterbeispiel eines weiteren Alleingangs – „typisch Siggi" – waren seine Vorstellungen über eine Bildungsreform im Jahr 2000. Es ging ihm um die Zusammenlegung von Schulformen und vor allem um die Abschaffung der Orientierungsstufe, ein Grundpfeiler und Sakrileg sozialdemokratischer Schulpolitik. Nun sollten die Kinder wieder nach der vierten Grundschulklasse direkt auf das Gymnasium gehen können.

Ebenso schlimm wie die inhaltliche Ausgeburt seiner Vorstellungen war die Art ihrer Publizierung. Gabriel gab sein gedankliches Elaborat seinem Pressesprecher Volker Benke, der nichts Eiligeres zu tun hatte, als dieses der Presse umgehend weiterzugeben. So erfuhr die verdutzte, oft verärgerte und enttäuschte Kultusministerin Renate Jürgens-Pieper am nächsten Morgen aus der Zeitung, wie sie ihre niedersächsische Schulpolitik zu gestalten habe. Um das Chaos komplett zu machen, musste ausgerechnet die Kultusministerin auf dem nächsten SPD-Landesparteitag, der einen endgültigen Beschluss über die Schulpolitik fassen sollte, „diesen Unsinn" vor dem Parteivolk erläutern und auch noch verteidigen. Journalisten können sich noch gut daran erinnern, dass der Ministerpräsident mit ihnen am Rande des Parteitags plauderte und scherzte, während sich seine Ressortministerin vor einem irritierten Parteitagsvolk abstrampelte. So ging die Sache zunächst aus wie das bekannte Hornberger Schießen.

„Anmerkungen mit grüner Tinte"

Später allerdings keilte die Kultusministerin zurück. In ihrer Anfang 2018 erschienenen Autobiographie *Anmerkungen mit grüner Tinte* rechnete sie mit ihrem früheren Regierungschef und SPD-Genossen ab und zahlte ihm seine damaligen Eigenmächtigkeiten heim: „Das Muster hieß: Ich kann es besser. Ich will im Rampenlicht stehen. Ich will die Schlagzeile des nächsten Tages bestimmen." Dabei sei er unberechenbar gewesen, schroff und aggressiv, dazu auch misstrauisch besonders gegenüber Fachpolitikern, die er als ewige Bedenkenträger ansah, die es mit frischen Ideen zu überwinden galt, schrieb Jürgens-Pieper. Aber beim Umsetzen der Ideen verliere er meistens das Interesse und stelle eben eine neue Idee vor. Es war ein ewiger Kreislauf, so wie im Film *Und täglich grüßt das Murmeltier.* Bewundert hat die damalige Kultusministerin an ihrem Regierungschef seinen schnellen Intellekt und die außerordentlichen rhetorischen Fähigkeiten. Doch sie kreidete ihm in ihrem Buch an, dass es ihm an wichtigen traditionellen Umgangsformen gemangelt habe. In der Presse konnte man lesen, Renate Jürgens-Piepers Nachfolger als Kultusminister, der CDU-Politiker und spätere Landtagspräsident Bernd Busenmann, den sie gebeten hatte, ihr Buch im Niedersächsischen Landtag vorzustellen, habe süffisant darauf hingewiesen, dass der Mann aus Goslar ein eigenes Kapitel in ihrem Buch gekriegt habe und „sie hat sich geöffnet und Einblicke zugelassen, die Politiker üblicherweise nicht zulassen". Wenn der Ministerpräsident Gabriel wegen Bandscheibenbeschwerden im Krankenhaus lag und wenn es ihm dort oder am Wochenende langweilig war, habe er selbst Papiere geschrieben und sofort an Journalisten weitergegeben, ohne seine Kultusministerin zu fragen. In der Landespressekonferenz hieß es: „Gabriel schreibt ein neues Schulgesetz und die Ministerin sitzt beim Friseur."

Gabriel zog sich durch solche Eskapaden, die für seine gesamte Regierungszeit kennzeichnend wurden, immer mehr den Zorn von Partei und Fraktion zu. Dabei hatten die Genossen doch nach Schröders acht Jahren Alleinherrschaft so sehr auf Mitsprache und Einbindung gehofft. Doch der Ministerpräsident wurde seinem Herrn und Meister Schröder immer ähnlicher und machte nach ihm die steilste Karriere eines niedersächsischen SPD-Politikers in Berlin: Von 2009 bis 2017 Bundesvorsitzender der Sozialdemokratischen Partei Deutschlands, bis ihn der Parteitag im Dezember 2015 mit nur 74,3 % wiederwählte, dem zweitschlechtesten Ergebnis, das je ein SPD-Bundesvorsitzender erzielt hatte, und bis er im Januar 2017 ausgerechnet in einem *Stern*-Interview auf den Parteivorsitz und auf die Kanzlerkandidatur für die nächste Bundestagswahl verzichtete.

Die Presse konnte ihm nicht böse sein

In der Presse wurde genüsslich ausgebreitet, wie der sprunghafte, unstetige, aber doch recht einflussreiche Gabriel an der Partei vorbeiregierte, „rücksichtslos, ruppig, uneinsichtig – wie damals Schröder". Immer wieder konnte man lesen, wie er seine Minister und Genossen ständig düpierte und dass er Stilfragen demonstrativ missachtete. So gern viele Journalisten Gabriel mochten, so unbarmherzig hauten sie ihm seine Alleingänge und seinen Umgang ausgerechnet mit seiner Partei um die Ohren. Dabei hatte gerade die Landespressekonferenz ein ausgesprochen gutes Verhältnis zum Regierungschef. Einerseits lieferte er durch seine Alleingänge und ungewöhnlichen Maßnahmen natürlich viel Stoff und Schlagzeilen.

Andererseits ging er offen mit den Journalisten um. Die Presseabende und Hintergrundgespräche waren meistens sehr ergiebig. Es machte ihm auch nichts aus, sich zu entschuldigen, wenn er einmal danebengetappt hatte. Der Dicke – „lieber dick als doof" sagte er seinen Spöttern – war ein Gemütsmensch, aber auch ein Choleriker. Vieles hatte er mit seinem Vorgänger und Vorbild Schröder gemein. „Man konnte ihm nicht böse sein", charakterisierte ihn eine Journalistin. Allerdings kühlte das gute Verhältnis zum Ende der Legislaturperiode immer mehr ab.

Manches kann man vielleicht auch mit seinem politischen Ur-Ahnen Hinrich Wilhelm Kopf vergleichen, bei dem für Journalisten, im Gegensatz zu Staatssekretären, immer ein Platz freigehalten wurde. Allerdings ist vom ersten niedersächsischen Ministerpräsidenten nicht bekannt, dass er seine Staatssekretäre und Pressesprecher der Ministerien abkan-

Gabriel: „Lieber dick
als doof!"

zelte und herunterputzte, wenn ihm etwas nicht gefiel, wie es Gabriel
tat. Pressesprecher Benke, der bei den Kabinettssitzungen am Katzen-
tisch zuhören durfte, kann ein Lied davon singen. Er erinnert sich auch
noch gut daran, dass Leisetreter und „Softis" beim Ministerpräsidenten
keine Chance hatten; aber wenn ihm jemand Kontra gab oder, wie Wissenschaftsminister Thomas Oppermann, ihn anbrüllte „mit mir nicht,
Siggi!", zuckte er zusammen, aber er honorierte die Courage.

Strahlen vor Millionenpublikum

Es soll nicht unerwähnt bleiben, dass es für den Glückspilz Gabriel auch
Glücksmomente und schöne Seiten im stressigen Amt gab. Gleich zu
Anfang seiner Regierungszeit als Ministerpräsident hatte ihm ein besonderes Ereignis unerwarteten Auftrieb, große Popularität und eine Zeit
nach seinem Geschmack gegeben: Die Weltausstellung EXPO 2000, die
unter der Devise „Mensch – Natur – Technik" vom 1. Juni bis 31. Oktober 2000 als erste Weltausstellung in Deutschland ausgerechnet in
Hannover stattfand und in seine Regierungszeit fiel. Der Ministerpräsident konnte sich fast jeden Tag mit einem anderen Potentaten oder Prominenten aus aller Welt, mit Königen, Präsidenten, Staatschefs, Kom-

missaren oder Scheichs, der Öffentlichkeit zeigen und mit ihnen um die Wette in die Kameras grinsen, um dann im Fernsehen vor einem Millionenpublikum oder von den Titelseiten vieler Zeitungen zu strahlen. Die ganze Welt machte Bekanntschaft mit dem „Dicken aus Niedersachsen", der in Hannover regierte. Wie sein Vorgänger Schröder war er dann in seinem Element.

Der Absturz

Doch ebenso schnell wie Ministerpräsident Gabriel die Karriereleiter hinaufsprang, ist er sie holterdipolter wieder heruntergepurzelt. Teilweise geschah das aus eigenem Verschulden, wenn sein Führungsstil weder das Kabinett noch die Fraktion oder die Partei einbezog und seine Alleingänge nicht dem Land und nicht seiner Partei dienten; teilweise waren ihm seine Gönner und Förderer abhandengekommen. Glogowski ruhte nach seinem Rücktritt in Braunschweig auf seinem politischen Altenteil aus, Kanzler Schröder hatte in Berlin genug um die Ohren, um die Bundestagswahl 2002 zu gewinnen. Ein Jahr vor der Landtagswahl von 2003 war die SPD in Niedersachsen in den Umfragen zum ersten Male von der CDU überholt worden. Und dann ging Gabriels dilettantischer Wahlkampf völlig daneben. Fast täglich waren ihm neue Ideen eingefallen, aber weder seine Wahlkampfhelfer noch die Wähler konnten offensichtlich etwas damit anfangen. Auch dass er als überparteilicher Landesvater inszeniert werden sollte, wurde ein Reinfall. Doch noch schlimmer war es, dass er sich mit seinem Ziehvater und Kanzler anlegte. Als Schwerpunkt der Wahlkampfaussage für die Landtagswahl war die Parole „Ein Prozent Vermögenssteuer für hundert Prozent Bildung" ausgegeben worden. Gabriel wollte sich für die Wiedereinführung der Vermögenssteuer stark machen. Aber dieser Schuss ging nach hinten los. Denn Bundeskanzler Schröder wollte die Zinssteuer, jedoch nicht die Vermögenssteuer einführen. So mussten in einer Nacht- und Nebelaktion sogar alle Wahlplakate überklebt werden. In der Presse war zu lesen: „Schröders Machtwort war der Genickschuss für Gabriel". Und der *Spiegel* kommentierte, dem Wahlkampf habe auf einmal ein Leitmotiv und ein Schlüsselthema gefehlt. Die niedersächsischen Sozialdemokraten stünden konzeptlos und ideenlos da. Als Gabriel trotzig reagierte, ließ Schröder ihn fallen. Von nun an überlagerte die Bundespolitik mit vielen negativen Einflüssen den niedersächsischen Wahlkampf. Gleichzeitig war es für Gabriel auch mit der Sympathie der Medien vorbei. Schlimmer hätten die Kommentare kaum kommen können.

Dann kam das niederschmetternde Wahlergebnis der Landtagswahl vom 2. Februar 2003: Gabriel und die Sozialdemokraten stürzten so tief ab, wie noch nie in der Nachkriegsgeschichte. Die SPD verlor 12,4 % und kam auf gerade noch 33,4 %. Die CDU legte um 14,5 % zu und erreichte 48,3 %. Die FDP gewann 8,1 %, die Grünen 7,6 %. Der bisherige Ministerpräsident war mit Pauken und Trompeten durchgefallen, die SPD musste nach 13 Jahren wieder in die Opposition. Der bisherige Oppositionsführer Christian Wulff hatte es im dritten Anlauf geschafft und konnte mit der FDP die neue Regierung bilden. Die zweite große Sensation dieser Wahl war die Tatsache, dass die CDU 91 von den 100 niedersächsischen Wahlkreisen direkt gewann und der SPD nur noch neun übrigblieben. Nahezu alle SPD-Hochburgen, selbst Hannover, bis auf zwei Mandate, und Braunschweig wurden von der CDU erobert. Das bedeutete u. a., dass sie 14 Überhangmandate bekam. Sie wurden, nach dem Wahlgesetz, durch 14 Ausgleichsmandate kompensiert, zehn für die SPD und je zwei für FDP und Grüne, sodass der Landtag nun 183 Abgeordnete zählte und aus allen Nähten platzte.

Ministerpräsident a.D. Sigmar Gabriel biss in den sauren Apfel und wurde, ebenfalls ein Novum in der niedersächsischen Parlamentsgeschichte, vom Regierungschef zum Oppositionsführer „degradiert". Die Presse kommentierte, der Überflieger sei abgestürzt. Er selbst sagte später vor der Landespressekonferenz, er sei zur Spitzenkandidatur für die Landtagswahl im Jahr 2008 bereit. „Warum hätte ich sonst den Fraktionsvorsitz angestrebt?", fragte er. Bei der neuen bürgerlichen Landesregierung löste das allerdings große Skepsis, bei vielen sogar Gelächter aus. Immerhin hatte der Bund der Steuerzahler die drei niedersächsischen SPD-Ministerpräsidenten, die in einer Legislaturperiode das Land Niedersachsen regierten, als Deutschlands „Schuldenkönige" tituliert. Unter der Alleinregierung Gabriels waren die Schulden, die die Vorgänger Schröder und Glogowski angehäuft hatten, sogar noch verdoppelt worden – „um sagenhafte 93 Euro pro Sekunde", wie der Steuerzahlerbund-Vorsitzende Bernhard Zentgraf mit einem Blick auf die unbarmherzig tickende Schuldenuhr sagte.

Der Verlust des höchsten niedersächsischen Staatsamtes wurde Gabriel allerdings dadurch versüßt, dass er Vorsitzender des SPD-Bezirks Braunschweig und stellvertretender Vorsitzender des SPD-Landesverbands Niedersachsen wurde. Und, für viele wie zum Hohn, „belohnte"

der SPD-Bundesvorsitzende und Bundeskanzler Schröder seinen Zieh-
sohn mit dem neu geschaffenen Amt des „Beauftragten für die Popkul-
tur und Popdiskurs der SPD", kurz „Popbeauftragter". In Anlehnung
an den bekannten Sänger Iggy Pop hieß der ehemalige Ministerpräsident in der Presse fortan „Siggi Pop".

Abschied von der Politik und freiberuflicher Unternehmer?

Als ganz Deutschland über den Popbeauftragten höhnte und spottete,
besonders die SPD-Spitzengenossen in Berlin, als ihm die katastrophale
Wahlniederlage und sein Absturz schwer aufs Gemüt geschlagen waren,
erwog Gabriel, aus der Politik auszusteigen. Zunächst suchte er neben
seinem Vorsitz der SPD-Landtagsfraktion und dem Amt des Popbeauftragten der SPD ein lukratives wirtschaftliches Standbein. Am 1. November 2003 gründete er in Halle/Saale gemeinsam mit dem Rechtsanwalt Lutz Lehmann, einem seiner vielen, jungen, guten Freunde, eine
Gesellschaft bürgerlichen Rechts (GbR) mit dem ominösen Namen
Communications Network Services (CoNeS). So wurde aus dem umtriebigen Politiker ganz nebenbei noch ein Unternehmer. Und niemand
wusste davon, am allerwenigsten die eigenen Parteigenossen. Grundlage
des Zwei-Mann-Unternehmens war ein Beratervertrag mit der Volkswagen AG über rund 100.000 Euro. Es ging offiziell um „Beratung und
Analyse europäischer Industriepolitik". In Wirklichkeit ging es vermut-
lich um die Strategie, wie VW auf die Politik der EU-Kommission in
Brüssel Einfluss nehmen könnte. Gabriel, der 25 % der Anteile an
CoNeS hielt, erwartete einen Gewinnanteil von etwa 30.000 bis 35.000
Euro. Allerdings stieg er nach einem Jahr aus der Firma wieder aus.

Gabriel und die VW-Affäre

Alles wäre sicher friedlich verlaufen und vergessen worden, wenn nicht
im Februar 2005 eine VW-Affäre ans Tageslicht gekommen wäre, die
nicht nur Niedersachsen in Mitleidenschaft zog, sondern auch weit darüber hinaus politisch hohe Wellen schlug. Seit 1990 gab es nämlich bei
Volkswagen eine Vereinbarung, wonach VW-Mitarbeiter weiterhin von
VW alimentiert werden und ihre vollen Bezüge bekommen, wenn sie
ein Landtags-, Bundestags-, Europaparlaments- oder sonstiges politi-

sches Mandat übernehmen. Davon profitierten u. a. auch die beiden VW-Angestellten und SPD-Landtagsabgeordneten Ingolf Viereck, Bürgermeister in Wolfsburg, und Hans-Hermann Wendhausen. Doch jetzt waren Journalisten dahintergekommen und hatten eine Lawine ins Rollen gebracht. Im Niedersächsischen Landtag war der Teufel los. Landtagspräsident Jürgen Gansäuer nahm pflichtgemäß Ermittlungen auf und dachte über Rückzahlungen nach. Die bedröppelt dastehende SPD-Fraktion versuchte, für ihre Genossen Verständnis aufzubringen und ihnen Rückhalt zu geben. Der Rechtsbeistand der beiden betroffenen SPD-Abgeordneten erklärte, er halte Rückzahlungen für verfassungswidrig und werde notfalls bis zu den höchsten Gerichten gehen.

Für die CDU-Regierungsfraktion war die Affäre natürlich ein gefundenes Fressen, das sie mit der FDP und Teilen der Grünen weidlich ausschlachtete. Der Parlamentarische Geschäftsführer der CDU-Fraktion, Bernd Althusmann, bezeichnete die Drohung gegenüber dem Landtagspräsidenten, den Rechtsweg bis zum Europäischen Gerichtshof für Menschenrechte beschreiten zu wollen, als eine Provokation der Öffentlichkeit und des Parlaments. Die SPD habe durch ihr Verhalten das Vertrauen in die Politik und in den Parlamentarismus zerstört. Mit der Rechtfertigung der Gehaltsbezüge der betroffenen Abgeordneten offenbare sie auch das schlechte Gewissen in ihren Reihen, zumal der SPD-Fraktionsvorsitzende Gabriel in der letzten Landtagssitzung den Regierungsfraktionen noch vorgehalten hatte, sie mischte sich in ein schwebendes Verfahren ein.

Als ob dieses alles noch nicht genug wäre, kam der größte Paukenschlag noch oben drauf. Ausgerechnet in diese ohnehin aufgeheizte Stimmung platzten am 3. Februar 2005 Zeitungsmeldungen über Gabriels bisher völlig geheim gehaltene lukrative Beratertätigkeit für die Volkswagen AG. Nun kam es knüppeldick für den SPD-Politiker, ausgerechnet für ihn, der, wie ihm der Vorsitzende der CDU-Landtagsfraktion, David McAllister, vorhielt, „in den letzten Wochen in zahlreichen Talk-Shows den Aufklärer bei Nebentätigkeiten und den selbsternannten Anwalt der sozialen Gerechtigkeit gespielt hat." Und dann tischte die CDU eine Reihe wörtlicher Zitate des nun ertappten Fraktionsvorsitzenden und ehemaligen für VW arbeitenden „Freiberuflers" auf:

„Wir werden im Landtag erneut beantragen, die Vorschriften für Nebentätigkeiten und -einkünfte zu verschärfen. Die Diskussionen der vergangenen Wochen haben gezeigt, dass die bestehenden Regeln nicht ausreichend sind" (am 6. Januar 2005). „Wir sollten die Regeln für Nebentätigkeiten verschärfen. Transparenz ist die einzige Chance, Legales von Illegalem zu trennen" (13. Januar 2005 in der ZDF-Sendung *Berlin Mitte*). „Ich fordere absolute Transparenz für alle Formen von Einkünften" (am 18. Januar 2005 in der Sitzung der SPD-Landtagsfraktion). „Wenn die CDU dagegen ist, Freiberufler zu mehr Transparenz gegenüber der Öffentlichkeit zu verpflichten, so ist dies vorgeschoben" (am 19. Januar 2005). Und als Krönung gab es den stenografischen Bericht der Januar-Plenardebatte mit der Attacke Gabriels gegen Ministerpräsident Christian Wulff: „... Wer die ganze Wahrheit kennt und nur die halbe Wahrheit nennt, ist trotzdem ein ganzer Lügner."

Der Generalsekretär der CDU in Niedersachsen informierte die Presse mit der Mitteilung:

„Bei VW scheint es nicht mit rechten Dingen zuzugehen, wenn der SPD-Oppositionsführer zur persönlichen Sinnfindung und auf dem Weg in die Selbständigkeit mit 100.000 Euro gecoacht wird. Für ‚Die da oben' 100.000 Euro zahlen in Zeiten des Ein-Euro-Jobs – das schadet dem Ansehen von Politik und Wirtschaft gleichermaßen. Gabriel ist der elfte SPD-Abgeordnete seit der außer Kraft gesetzten Richtlinie von 1990, der von VW Geld bekommen hat – bei unklarer Gegenleistung. Es ist seine Aufgabe, den Augiasstall SPD-Bezirk Braunschweig auszumisten. Doch jetzt ist klar: Damit würde man den Bock zum Gärtner machen. Es ist schon verwunderlich, dass nach den Debatten der vergangenen Wochen erst wieder Presserecherchen etwas öffentlich gemacht haben und Gabriel erst unter Druck die lukrative Verbindung zu VW offenlegt. Kein anderer Politiker hat in den vergangenen Wochen das Wort Transparenz so inflationär verwendet wie er. Gabriel muss jetzt klären, wie der Beratervertrag zustande kam, wer im Konzern den Auftrag erteilt hat und was ihn selbst besonders qualifiziert, ein Weltunternehmen wie VW zur europäischen Industriepolitik zu beraten."

Gabriel hat offenbar nicht geahnt, mit welcher Wucht ein Bumerang auf ihn zurückfliegen kann. Am 4. Februar 2005 trat er vor die Landespressekonferenz. Natürlich war es nicht der strahlende Ministerpräsident früherer Jahre, der mit den ihm sattsam bekannten Journalisten flachsen und plaudern konnte. Jetzt saß ein geknickter Politiker vor ihnen, der zu retten versuchte, was nicht mehr zu retten war. Er habe ja für die Firma *CoNeS* gearbeitet, nicht für VW, verriet er den Medienvertretern. Deshalb habe ihm der Landtagspräsident auch bescheinigt, mit seinem Nebenjob nicht gegen das niedersächsische Abgeordnetengesetz verstoßen zu haben. Aber gerade die Journalisten, die er vor sich hatte, wussten doch, dass er als Ministerpräsident und als Vertreter des Landes Niedersachsen, das rund 20 % am Aktienkapital von VW hält, jahrelang im Aufsichtsrat von VW gesessen hatte, dass er mit der Konzernspitze auf Du und Du war und dass er natürlich offene Türen einrannte, als er den Beratervertrag haben wollte.

Als er in der Pressekonferenz noch gefragt wurde, ob er denn wohl *Community Network Services* auch in gutes Deutsch übersetzen könne, kam der „alte Siggi" wieder zum Vorschein, indem er mit den Journalisten scherzte, sie könnten doch selbst so gut Englisch, um zu wissen, dass es „Kommunikation Netzwerk-Dienste" heißt. Immerhin wurde gerätselt, ob er die Journalisten auf den Arm nehmen wollte, oder ob es der Lehrer Gabriel wirklich nicht besser gewusst hat.

Die SPD stand hinter dem reuigen Sünder

Viel schlimmer war für den Fraktionsvorsitzenden Gabriel offensichtlich die „Abrechnung" in der SPD-Landtagsfraktion. Er zeigte sich reuig und zerknirscht und wies auf seinen Zustand nach der katastrophalen Wahlniederlage sowie auf seine Absicht hin, sich aus der Politik zurückzuziehen. Er räumte ein, einen politischen Fehler begangen zu haben, aber keinen Verstoß gegen Verhaltensgrundsätze des Parlaments. Am Ende hatte der reuige Sünder noch Glück. Im *rundblick* war darüber zu lesen:

Nach dem ersten Schock über das Bekanntwerden der Beratertätigkeit von SPD-Fraktionschef Sigmar Gabriel für VW hat sich die SPD am Wochenende mit einer öffentlichen Erklärung hinter Gabriel gestellt. Darin äußert Parteichef Wolfgang Jüttner Verständnis für den Ausflug seines Fraktionsvorsitzenden in die Freiberuflichkeit und unterstreicht, dass dabei die Vorgaben des Abgeordnetengesetzes nicht verletzt worden seien. Daher gebe es keinen Grund, den Vorgang zu skandalisieren. Gabriel habe zudem sowohl die Anforderungen erfüllt, die der Entschließungsantrag seiner Fraktion zur Verschärfung der Transparenzregeln formuliert hatte, als auch die Anforderungen des kürzlich vom Kabinett verabschiedeten Verhaltenskodex. Jüttner schlägt dennoch vor, dass die öffentlich aufgeworfenen Fragen im Zusammenhang mit Vertragsbeziehungen von Unternehmen mit einer Landesbeteiligung und Unternehmen, an denen Abgeordnete oder hauptamtliche Kommunalpolitiker beteiligt sind, im Ältestenrat geklärt werden. Dabei sei darauf zu achten, dass immer noch existierende Geschäftsbeziehungen anderer Politiker mit den gleichen Maßstäben beurteilt werden – unabhängig von deren Parteizugehörigkeit."

Allerdings haben viele SPD-Abgeordnete die Solidaritätserklärung nur mit geballter Faust in der Tasche unterstützt. Als einziger versagte Alfred Reckmann seinem Fraktionsvorsitzenden offen und demonstrativ die Gefolgschaft mit der Begründung, mit Gabriel sei keine Wahl mehr zu gewinnen. „Sigmar, pack ein und zieh weiter!"

Und weiter auf der Karriereleiter

Wie heißt es doch im Leben: Die Zeit heilt alle Wunden. Offensichtlich gilt das auch für Politiker. Denn für das Stehaufmännchen Sigmar Gabriel ging es schon bald wieder auf der Karriereleiter nach oben. Nach der wegen der Auflösung des Deutschen Bundestages vorgezogenen Bundestagswahl 2005 trat er zum ersten Male als Kandidat im Wahlkreis Salzgitter-Wolfenbüttel an und gewann das Direktmandat mit 52,3 %. In Berlin kam es zur Großen Koalition unter der CDU-Kanzlerin Angela Merkel. SPD-Parteichef und Vizekanzler Franz Müntefering wollte einige Kabinettsposten mit jungen Genossen besetzen, und siehe da: Er machte aus Siggi Pop einen Umweltminister. Dabei soll von ihm der Rat an Gabriel gekommen sein, sich in die Arbeit und in die Akten zu stürzen. Der neue Minister tat es offensichtlich mit Erfolg und konnte u. a. maßgeblich dazu beitragen, in der Europäischen Union das allmähliche Verbot der herkömmlichen Glühlampen anzustoßen und durchzusetzen.

Nachdem Gabriel im Oktober 2009 vom SPD-Parteivorstand mit 77,7 % für das Amt des SPD-Bundesvorsitzenden nominiert worden war, wurde er auf dem SPD-Bundesparteitag am 13. November 2009 mit 94,2 % der Delegiertenstimmen zum Bundesvorsitzenden gewählt – „das schönste Amt nach Papst", wie sein Vorgänger Franz Müntefering einmal sagte. Bei der nächsten Großen Koalition 2014 brachte es Gabriel dann zum Bundesminister für Wirtschaft und Energie und sogar auch noch zum Vizekanzler. „Wer weiß, was aus ‚Siggi Pop' nun noch werden kann?" fragte man sich damals. Und siehe da: Erst einmal sank sein Stern wieder in der Parteiführung. Mit dem zweitschlechtesten Ergebnis nach Oskar Lafontaine 1995 erhielt er bei seiner Wiederwahl auf dem Bundesparteitag im Dezember 2015 nur noch 74,3 % der Delegiertenstimmen. Als es dann um die Kanzlerkandidatur für den Bundestagswahlkampf 2017 ging, schmiss Gabriel die Brocken hin. In einem Exklusiv-Interview mit dem *Stern* erklärte er seinen Verzicht und zu allem Überfluss auch noch den Rücktritt vom Parteivorsitz. Stattdessen schlug er den Präsidenten des Europäischen Parlaments, Martin Schulz, für beide Posten vor. So entging Sigmar Gabriel, nachdem er im Januar 2017 Nachfolger des inzwischen zum Bundespräsidenten avancierten Bundesaußenministers und ehemaligen niedersächsischen SPD-Politikers Frank-Walter Steinmeier geworden war, der Verantwortung für die dramatische Wahlniederlage der SPD bei der Bundestagswahl 2017.

Allerdings lernten Partei und Öffentlichkeit einen Sigmar Gabriel kennen, weltweit anerkannt und von Erfolg gekrönt, einen völlig „neuen Siggi", wie es kaum jemand, der ihn in Niedersachsen kennengelernt und mit ihm zusammengearbeitet hatte, für möglich gehalten hätte. Doch dann ließen ihn seine Partei und vor allem deren neue Bundesvorsitzende Andrea Nahles eiskalt fallen, als nach endlosen, quälenden Verhandlungen im Frühjahr 2018 endlich – und mit unübersehbarem Zutun des Bundespräsidenten Frank-Walter Steinmeier – doch noch eine Große Koalition mit der Union unter Führung der bisherigen CDU-Bundeskanzlerin Angela Merkel zustande gekommen war, in der es für Sigmar Gabriel keinen Platz am Kabinettstisch mehr gab. In Berlin pfiffen es die Spatzen von den Dächern und in der Presse war zu lesen: In der neuen SPD-Führung sollten alte Rechnungen bezahlt werden.

Ich selbst, der ich gerade auch ihn, einen „meiner" niedersächsischen Ministerpräsidenten, und sein Wirken auf Landes-, Bundes- und internationaler Ebene immer gern und aufmerksam „vom Sofa aus" beobachtet habe, halte Sigmar Gabriel immer noch für einen der begabtesten SPD-Politiker der derzeitigen Generation. Deshalb war es schade, dass seine Karriere ausgerechnet auf dem Höhepunkt seines segensreichen Wirkens als Bundesaußenminister schon wieder enden musste. Immerhin möchte ich ihm einen vorderen Platz in meinen Zeitzeugenerinnerungen einräumen.

9. Christian Wulff

Den größten Anlauf aller bisherigen niedersächsischen Ministerpräsidenten zum Regieren hat Christian Wulff genommen. Neun Jahre brauchte der Oppositionsführer im Niedersächsischen Landtag, in denen er zwei schwere Wahlniederlagen gegen Ministerpräsident Gerhard Schröder hinnehmen und verdauen musste, bis er endlich 2003 am Ziel seiner Wünsche war und Regierungschef in Niedersachsen wurde. Nach der letzten Wahlniederlage von 1998 war klar: Nun kam Wulffs letzte Chance. Eine dritte Pleite würde er politisch nicht überleben. Es musste alles auf eine Karte gesetzt werden – und sie stach. Mit einem Traumergebnis bei der Landtagswahl von 48,3 %, das waren 12,4 % mehr als bei der Wahl zuvor, wählten die Niedersachsen Christian Wulff am 2. Februar 2003 zum neuen Regierungschef. Die absolute Mehrheit hatte er um einen Sitz verpasst. Jetzt bildeten CDU und FDP, die wieder in den Landtag eingezogen war, erneut eine Koalition.

Hier gleich eine Anekdote:

Am Nachmittag des Wahltages, als klar war, dass er die Wahl haushoch gewinnen würde, rief Christian Wulf bei Helmut Kohl in Oggersheim an, mit dem er schon seit Jahren, seit der Spendenaffäre, kein Wort mehr gesprochen hatte. Der „Dicke" war vorbereitet, denn Wulff hatte wenige Wochen vorher Kohls Fahrer Eckhard Seeber bei einem zufälligen Aufeinandertreffen um die Privatnummer Kohls gebeten, was der Fahrer natürlich sofort seinem Chef weitergemeldet hat. „Ich möchte Ihnen sagen, dass Sie einen Anteil an meinem Wahlsieg haben", sagte Wulff dem Alt-Kanzler am Telefon. Das war ein Friedensangebot, das Kohl auch sofort annahm. Zwei Männer, die als nachtragend galten und mit dem Gedächtnis eines Elefanten ausgestattet waren, rauften sich in der Stunde des Sieges wieder zusammen. Sie warfen keinen Blick zurück, sondern verabredeten sich zu einem Treffen. Dass Kohl, der ein enges Verhältnis zu Hessens damaligem Ministerpräsidenten Roland Koch pflegte, sich bei Wulffs Anruf mit den Worten „Roland?" gemeldet hat, wie es der Spiegel berichtete, wies Wulff entschieden zurück. Das galt in Unionskreisen eher als Spezialität von Bayerns Ministerpräsidenten Edmund Stoiber, der die Jüngeren unter den CDU-Kollegen einfach mal am Telefon durcheinanderbrachte.

Von der Jugend an in die Politik

Christian Wulff wurde am 19. Juni 1959 in Osnabrück geboren. Seine Kindheit und Jugend waren von großen familiären Problemen überschattet. Nach der Scheidung der zweiten Ehe der Mutter traf 1975 ein schlimmer Schicksalsschlag die Familie, als die Ärzte bei ihr die tückische Krankheit Multiple Sklerose feststellten, die schon nach drei Jahren zur Lähmung führte. Der junge Gymnasiast Christian Wulff musste die Verantwortung, Betreuung und Pflege für die Mutter und für die neun Jahre jüngere Schwester übernehmen. Die Politik wurde ein gewisser Ersatz für den vaterlos aufgewachsenen Jungen.

Christian Wulff wurde Schülersprecher seines Gymnasiums, gehörte dem ersten Landesschülerrat in Niedersachsen an und war 1978, als 18-Jähriger, Bundesvorsitzender der Schüler-Union, die gerade in ihren Anfängen steckte, mit Sitz im Bundesvorstand der CDU. Sein Idol war damals Bundeskanzler Helmut Kohl, der sein politischer Ziehvater werden sollte. Dieser sagte, er erkenne sich in dem jungen Mann wieder, der so sei, wie er es gewesen ist, als er noch Fraktionschef im Landtag von Rheinland-Pfalz war. Kohl hielt Wulff für „eines der größten politischen Talente der Union". Nach dem Abitur und während des Jura-Studiums ging seine Karriere weiter steil nach oben. Von 1979 bis 1983 war er Mitglied des Bundesvorstands der Jungen Union (JU), 1983 deren Landesvorsitzender in Niedersachsen und ein Jahr später Mitglied des Landesvorstands der CDU in Niedersachsen. Der angehende Politiker scheute sich nicht vor der „Ochsentour" in der Partei.

Der Eklat zur ersten Nominierung als Ministerpräsidentenkandidat

Wulffs Einstieg in die große Politik stand allerdings unter keinem guten Stern. Sein erster Auftritt auf der landespolitischen Bühne und seine Nominierung zum Spitzenkandidaten der CDU in Niedersachsen zur nächsten Landtagswahl 1994 waren von einem großen Eklat und einer Zerreißprobe der Landespartei begleitet. Schon 1992 hatte der Kultusminister a. D. Dr. Werner Remmers aus dem Emsland Christian Wulff als seinen Nachfolger im Vorsitz des CDU-Bezirks Osnabrück-Emsland durchgesetzt. So kam sein Name auch mit auf die Liste, die der CDU-Landesvorsitzende Josef Stock nach einem Landesvorstandsbeschluss für Spitzenkandidaten zur nächsten Landtagswahl zusammenstellen sollte. Aber die altgedienten Landtagsabgeordneten, allen voran der Fraktionsvorsitzende Jürgen Gansäuer, meinten, jetzt schon auf den „jungen Mann" zu setzen, sei ein zu großes Risiko. Er solle für 1994 erst einmal üben, um dann 1998 vielleicht gegen den übermächtigen SPD-Ministerpräsidenten Gerhard Schröder antreten und gewinnen zu können. Doch Wulff hatte Fürsprecher bis in höchste CDU-Kreise. Stock und Remmers hatten inzwischen mit Kohls ehemaligem Kanzleramtsminister, dem Osnabrücker Rudolf Seiters, und Kohl selbst gesprochen. Für sie kam „kein anderer als Wulff mehr infrage", wie Seiters sagte. Als der Landesvorsitzende Stock nach dieser Rückendeckung die Zusage von Wulff hatte und dies dem Fraktionsvorsitzenden Gansäuer mitteilte, reagierte dieser schroff und verärgert.

Dann kam die dramatische Plenarwoche vom 19. bis 24. Oktober 1992. Fieberhaft wurden Kulissengespräche geführt, durchweg am Rande der Landtagssitzung. Alles war höchst vertraulich und unter dem Siegel der Verschwiegenheit. Aber wer garantierte dafür, dass sich nicht doch einer verplapperte oder gar gezielt einen Journalisten informierte?

Am 22. Oktober 1992 nachmittags rief der landespolitische Redakteur der *Hannoverschen Allgemeinen Zeitung (HAZ)*, Dr. Hans-Peter Sattler, den CDU-Landesvorsitzenden Stock an: „Der Bericht über die Nominierung von Wulff ist fertig, er steht morgen in der Zeitung, auch der Kommentar dazu, aber Sie kommen gut weg." Stock dementierte heftig und bezeichnete die Sache als reine Spekulation. Er informierte sofort Gansäuer: „Ich glaube, das wird morgen in der HAZ stehen." Trotz des Dementis stand am nächsten Tag in der Zeitung ganz groß auf der ersten Seite: „CDU-Landesvorsitzender Stock: Nachwuchspolitiker Wulff soll 1994 gegen Schröder antreten". Das schlug natürlich wie eine Bombe ein und löste bei der CDU ein politisches Erdbeben aus. Im Landtag interessierte sich niemand mehr für die Tagesordnung. Im Foyer und auf allen Gängen wurde diskutiert und beratschlagt. In der CDU-Fraktion herrschte bei vielen tiefe Betroffenheit. Besonders der Fraktionsvorsitzende Gansäuer war sehr gekränkt. Er und Stock hatten doch vereinbart, nur im Einvernehmen zu handeln. Die Veröffentlichung in der Zeitung wirkte auf ihn, als wäre sie von Stock gelenkt, selbst wenn sie das nicht gewesen sein sollte. Gansäuer fühlte sich enttäuscht und getäuscht. Seine Getreuen sprachen von Verrat. CDU-Landesschatzmeister Dr. Dietrich Hoppenstedt wollte hiernach nicht mehr mit dem Landesvorsitzenden Stock zusammenarbeiten und trat aus großer Verärgerung sogar von seinem Amt zurück.

Bei Wulff stand in der Osnabrücker Anwaltskanzlei das Telefon nicht mehr still. Schließlich war die gesamte Telefonanlage zusammengebrochen. Journalisten aus aller Welt, die ihn nicht kannten, wollten mit ihm sprechen und wissen, wer er eigentlich ist. Auch in Hannover war er noch ziemlich unbekannt. Er selbst sagte später, er hätte mit einer etwas positiveren Resonanz aus der Partei und Fraktion gerechnet. Ausgerechnet diejenigen, die sich für eine Verjüngung ausgesprochen hatten, organisierten jetzt den Aufstand. Am Nachmittag fuhr Wulff auf Einladung des Fernsehsenders *SAT 1* nach Hannover, um erstmals im Fernsehen aufzutreten. Dort haben ihn auch die meisten Landtagsabgeordneten überhaupt zum ersten Male in ihrem Leben gesehen. Es gab für ihn viel Zustimmung und Aufmunterung. Der Hildesheimer Hartmut Möllring trommelte abends eigens seinen CDU-Kreisverband zusammen und warb für den „kommenden Mann der niedersächsischen CDU".

Die CDU-Landtagsfraktion kam zu einer Sondersitzung zusammen. Es gab jedoch „kein Schlachtefest und keinen Scherbenhaufen", wie Teilnehmer berichteten. Gansäuer, Stock und Wulff wurden zwar attackiert, aber nicht beschädigt. Gansäuer und Stock wurden aufgefordert, eine Spitzenkandidatur zu prüfen. Als Herausforderer des Ministerpräsidenten Schröder brauche man einen Politiker mit großer parlamentarischer Erfahrung. Den Abgeordneten war allerdings auch klar, dass nicht die Fraktion, sondern die Partei letztlich zu entscheiden hatte.

Nach der Sitzung erklärte der Fraktionsvorsitzende Gansäuer, ihn treibe kein persönlicher Ehrgeiz, aber er wolle nun ernsthaft überlegen, ob er doch als Herausforderer von Ministerpräsident Schröder antreten solle. Am Votum der großen Mehrheit der CDU-Fraktion könne er nicht einfach vorbeigehen. Aber er wolle nicht gegen Josef Stock kandidieren; das hätten sie sich schon vor langer Zeit in die Hand versprochen. Allerdings hätte Gansäuer Grund genug gehabt, sich nicht weiter an dieses Versprechen zu halten, nachdem Stock, wie sich Teilnehmer der Sondersitzung gut erinnern konnten, dort zugegeben hatte, mit dem Redakteur der *Hannoverschen Allgemeinen Zeitung*, Sattler, gesprochen zu haben, auch nachdem und obwohl die beiden Kontrahenten vereinbart hatten, nur im Einvernehmen zu handeln.

Am nächsten Tag warf Gansäuer den Hut in den Ring. Er erklärte, es sei für ihn eine Frage der Ehre, sich dem Willen seiner Fraktion zu beugen und selbst gegen Schröder anzutreten. Eigentlich fühle er sich nicht für einen Ministerpräsidenten geboren. Deshalb habe er eine Kandidatur bisher immer abgelehnt. Doch wenn Stock auf seinem Vorschlag

Wulff beharre, dem er gegen Schröder keine Chance gab, müsse er es eben selbst versuchen.

Gansäusers Rücktritt verhindert Kampfabstimmung und Spaltung der CDU

Am 6. November 1992 fand in Hannover die mit Spannung erwartete Sitzung des CDU-Landesvorstands statt, auf der ein endgültiger Vorschlag über die Spitzenkandidatur für den Sonderparteitag am 30. Januar 1993 verabschiedet werden sollte. „Als ich intern davon ausgehen musste, dass weder Josef Stock, noch Jürgen Gansäuer, weder Rita Süssmuth, noch Rudolf Seiters, ebenso wenig Prof. Schreiber zur Verfügung standen, habe ich deutliche Präferenzen für Christian Wulff artikuliert", bekannte der Landesvorsitzende Stock. Wulff spreche ein breites Wählerspektrum an, insbesondere auch die jungen Wähler, außerdem brauche die CDU einen Kandidaten, der „Zug in den Kamin bringt".

Und dann kam die große Überraschung, die ihren Niederschlag in einer Abschlusserklärung fand:

„Der Landesvorstand der CDU in Niedersachsen hat in einer sehr eingehenden Diskussion die Frage der Spitzenkandidatur erörtert und die Arbeit von Jürgen Gansäuer und Christian Wulff gewürdigt.

Jürgen Gansäuer hat dabei seine persönliche Entscheidung mitgeteilt, zur Lösung innerparteilicher Probleme für eine Kandidatur nicht zur Verfügung zu stehen. Christian Wulff ist nunmehr der Kandidat für die Spitzenkandidatur auf dem Landesparteitag, der am 30. Januar 1993 stattfinden wird."

Damit war „die Kuh vom Eis". Der Landesvorstand zollte dem Fraktionsvorsitzenden Gansäuer für seine honorige Entscheidung große Anerkennung. Er sagte später in einem Gespräch, er habe damals schwer mit sich gerungen, nachdem er sich von der Fraktion hatte in die Pflicht nehmen lassen. Nach eingehenden Gesprächen mit Freunden und nach gründlichen Überlegungen sei er zu der Überzeugung gekommen, dass es der CDU nicht guttäte, wenn durch eine Kampfabstimmung die Spaltung der Partei riskiert würde. Außerdem wollte er das Amt des Fraktionsvorsitzenden nicht beschädigen. Sein persönliches Interesse sei es, wie er immer wieder betont habe, ohnehin nicht gewesen, Ministerpräsident zu werden. „Dafür bin ich nicht geboren". erklärte Jürgen Gansäuer.

Wulff erinnerte sich an ein Gespräch mit Dr. Albrecht, bei dem ihm der frühere Ministerpräsident gesagt habe, er rate ihm ab, für 1994 zu kandidieren, weil Schröder auf dem Höhepunkt seiner Macht und Popularität sei. Das würde vermutlich noch bis zur nächsten Landtagswahl 1998 anhalten. „Wenn Sie dann wieder verlieren, sind Sie weg vom Fenster. Und das wäre zu schade für Sie selbst und für die CDU in Niedersachsen", habe Albrecht damals gesagt. Aber er, Wulff, habe ihm geantwortet, er sei überzeugt, dass er es packen könnte. Er habe die Risiken und auch die Chancen gesehen, das Land regieren zu können. „Ich traute mir das zu."

Auf einem Sonderparteitag der CDU in Niedersachsen am 30. Januar 1993 wurde Christian Wulff mit 96 % der abgegebenen Stimmen zum Spitzenkandidaten für die Landtagswahl 1994 gewählt. „Ich bin gern und mit großer Motivation bereit, das Amt zu übernehmen", sagte er. Die Delegierten hörten es gern und applaudierten stehend.

Wulff verlor zwei Landtagswahlen gegen Schröder

Für die niedersächsische CDU, aber auch für Wulff selbst war die Kandidatenwahl der erste Schritt auf dem Weg in eine neue Ära. Der zweite Schritt folgte im Juni 1994 mit Wulffs Wahl als Nachfolger von Josef Stock zum neuen Landesvorsitzenden der CDU in Niedersachsen. Dazwischen lagen allerdings ein schwarzer Tag in der Geschichte der niedersächsischen Christdemokraten und ein herber Schock für den jungen Spitzenkandidaten Wulff. Die Landtagswahl am 13. März 1994 ging mit Pauken und Trompeten verloren. Die CDU erreichte nur 36,4 % der Stimmen. Das waren 5,6 % weniger als bei der vorhergehenden Landtagswahl 1990. Es war auch das schlechteste Wahlergebnis, das die niedersächsische CDU, sieht man von der Anfangszeit der 50er Jahre mit der damals noch selbständigen Deutschen Partei ab, je erzielt hat. Wulff sagte später: „Wenn ich heute daran denke, wie unprofessionell und laienhaft wir den Wahlkampf 1993 gemacht haben, dann ist es erstaunlich, dass wir doch so viele Stimmen bekommen haben. Ich hatte keine professionelle Beratung und stand mit eineinhalb Mitarbeitern aus Osnabrück gegen Schröder und seine hochprofessionelle Wahlkampf-Armada." Die Wahlforscher stellten fest, dass nur 34 % der Befragten glaubten, die CDU stehe geschlossen hinter Christian Wulff, und nur 63 % der CDU-Anhänger identifizierten sich mit ihrem Spitzenkandidaten.

Doch noch schlimmer war die Wahlniederlage vier Jahre später zur Landtagswahl am 1. März 1998. Nach der „verrücktesten" Wahl, die es in Niedersachsen je gegeben hatte – Ministerpräsident Schröder hatte seine Kanzlerkandidatur daran geknüpft, und fast die Hälfte alle Wähler, darunter auch viele CDU-Anhänger, wählten Schröder, damit ein Niedersachse Kanzler wird – hatte Christian Wulff keine Chance. (Im Kapitel über Schröder wurde darüber eingehend berichtet).

Als Christian Wulff jeweils nach den Wahlniederlagen 1994 und 1998 am nächsten Tag mit hängendem Kopf im CDU-Präsidium in Bonn antreten musste, damals als kooptiertes Vorstandsmitglied, hatte er sich geschworen: Das muss anders werden. Die erste Erkenntnis war ihm schon in der Zeit von 1990 bis 1994 gekommen: Man braucht den Partei- und Fraktionsvorsitz, um im Land bekannt zu sein und um Erfolg zu haben. Nach 1998 war in ihm die weitere Erkenntnis gereift, man braucht ein bundespolitisches Amt, um bundesweit stattfinden zu können. Denn während er abends auf einem Hoffest sprach, erschien sein Kontrahent Schröder im Fernsehen in der Tagesschau. Da wusste Wulff, wenn er Erfolg haben wollte, und 2003 war seine letzte Chance, musste er jetzt auch in der Liga auf höchster Parteiebene mitspielen.

Der „Anden-Pakt"

Schon vor der Bundestagswahl 1998 hatte Christian Wulff deshalb mit dem CDU-Bundesvorsitzenden Helmut Kohl ein intensives Gespräch gehabt und entsprechende Aufmunterung bekommen. Er hatte inzwischen auch gelernt, wie man seine Bataillone zusammenholt und hinter den Kulissen „kungelt". Mit der ihm eigenen Zielstrebigkeit scharte er auf einem Treffen der norddeutschen CDU-Landesverbände deren Vorsitzende, ferner die alten Seilschaften der Jungen Union, vor allem aber die „jungen Wilden" und die Mitglieder des ominösen „Anden-Pakts" um sich. Es war jener angebliche Geheimbund, den zwölf Mitglieder einer Delegation der Jungen Union am 25. Juli 1979 auf einem Nachtflug von Caracas nach Santiago de Chile in Whiskylaune geschlossen hatten. Der Sage nach versprachen sie sich Loyalität, keiner dürfe gegen ein anderes Mitglied kandidieren oder öffentlich dessen Rücktritt fordern; sie wollten Einfluss nehmen auf die Politik und sich gegenseitig fördern, bis aus jedem „etwas geworden" sei. Zu diesem Bund, dem u. a. noch Peter Müller, Roland Koch, Günther Oettinger, Dieter Althaus,

Matthias Wissmann, Franz Josef Jung, Volker Bouffier, Elmar Brok, Hans-Gert Pöttering und (als „Generalsekretär") Bernd Huck angehörten, ist Christian Wulff 1981 hinzugestoßen. Er erklärte allerdings in einem Gespräch, der „Anden-Pakt" sei nie ein Geheimbund gewesen. Das sei ebenso eine Erfindung der Presse wie die Behauptung eines Schwures oder Gelübdes, niemals gegeneinander anzutreten. Es sei ein Kreis von jungen Leuten gewesen, die alle jung in der Politik angefangen hatten und die panisch die Altersgrenze von 35 Jahren und das Ausscheiden aus der Jungen Union gefürchtet hätten. Mindestens einmal im Jahr haben sie sich getroffen und private Auslandsreisen unternommen, um sich zu bilden. Kairo, Athen, Malta, Zypern, Madrid, Tel Aviv, Paris seien einige Stationen gewesen. „Alles, was sich sonst um diesen ‚Anden-Pakt' rankt, ist erfunden", sagte Wulff.

Wulff erstmals bei Merkel und den „Großen" in Bonn

Als sich auch Kohls Nachfolger im Amt des CDU-Bundesvorsitzenden, Wolfgang Schäuble, dem Wulffs Vorstöße zur Parteireform und zur Kabinettsumbildung aufgefallen waren, hinter den Kulissen für den Niedersachsen stark gemacht hatte, um eine Verjüngung der Führungsebene zu erreichen, konnte er Wulff als stellvertretenden Bundesvorsitzenden der CDU Deutschlands durchdrücken. Der so Avancierte erinnert sich auch heute noch gern an jene erste Zeit im Bundesvorstand und an die Zusammenarbeit mit Schäuble und auch mit dem Vorsitzenden der CDU/CSU-Bundestagsfraktion, Friedrich Merz, die ihm bei seinem Wahlsieg 2003 sehr geholfen haben, sowie vor allem mit Angela Merkel, die er später als Bundesvorsitzende vorschlug. Sein erstes längeres Gespräch mit ihr hatte in der Berliner Charité stattgefunden, wo sie einen Knöchelbruch auskurierte. Als Merkel 1990 Frauenministerin wurde und eine persönliche Referentin suchte, hat ihr Wulff eine junge Mitstreiterin aus der Schüler-Union in Osnabrück empfohlen. Es war Beate Baumann, die Merkels engste Vertraute wurde und jahrelang bis in die höchsten Ämter ihre treueste Mitarbeiterin und auch Kanzler-Beraterin war und immer noch ist. Wulff, der damals nicht ahnen konnte, dass Merkel und Baumann ein unzertrennliches Gespann würden, hat auch für Merkel und einen weiteren niedersächsischen Politiker die Hand im Spiel gehabt. Denn auch Merkels vorgesehener Parlamentarischer Staatssekretär in ihrem Amt als Umweltministerin im Kabinett

Kohl kam aus Niedersachsen. Es war der FDP-Politiker und frühere niedersächsische Wirtschaftsminister Walter Hirche. Merkel fragte sofort bei Wulff an und ließ sich die Telefonnummer vom früheren niedersächsischen Ministerpräsidenten Dr. Albrecht geben, um sich zu erkundigen, wie er mit Hirche zusammengearbeitet habe und was zu beachten sei. So also hat Christian Wulff für Deutschlands Bundeskanzlerin Schicksal gespielt. Das Verhältnis zwischen beiden war jedoch eine sehr eigenartige Beziehung und recht zwiespältig.

Drei SPD-Ministerpräsidenten überlebt

Als Oppositionsführer im Niedersächsischen Landtag hat Christian Wulff ab 1998 drei SPD-Ministerpräsidenten erlebt und überlebt. Nach dem Dämpfer durch die Bundestagswahl am 22. September 2002, bei der sich Kanzler Schröder mit hauchdünner Mehrheit noch einmal retten konnte, schickte Wulff am Tag nach der Wahl seinen stellvertretenden Landesvorsitzenden Friedbert Pflüger und CDU-Generalsekretär David McAllister in die Landespressekonferenz. Er selbst begab sich in das CDU-Präsidium nach Berlin. Er hoffte, damit vermeiden zu können, dass ihm in der heimischen Presse so kurz vor der Landtagswahl ein Verliererimage angehängt werden könnte. Pflüger verkaufte den Journalisten in Hannover die Botschaft: „Jetzt erst recht". Und McAllister hatte plötzlich einen Einfall, den er, ohne jegliche Absprache oder Rückendeckung, der verblüfften Presse spontan preisgab: Die CDU in Niedersachsen habe bis zur Landtagswahl einen „Masterplan" gehabt, in dem eine mögliche Niederlage bei der Bundestagswahl ohnehin einkalkuliert gewesen sei. Die Journalisten hatten eine Botschaft, die sie halbwegs von der Bundestagswahl ablenkte. Die große Überraschung gab es allerdings in der niedersächsischen Landespartei und bei ihrem Vorsitzenden Wulff. Denn niemand wusste etwas von einem Masterplan. Es gab ihn ja gar nicht. Doch in den eigenen Reihen sorgte die Nachricht für Aufbruchstimmung, Wulff war aus der Schusslinie und zufrieden.

Die Erlösung – Christian Wulff endlich Ministerpräsident

Dann kamen die Landtagswahl in Niedersachsen am 2. Februar 2003 und für Christian Wulff endlich der Sieg und die Erlösung. Als am Wahlabend um 18:16 Uhr die ersten Hochrechnungen über die Bildschirme des Fernsehens flimmerten, waren die Überraschung perfekt und die Spannung dahin. Die eigentliche Sensation war nur der riesige Unterschied der Stimmenzahl zwischen den beiden großen Parteien CDU und SPD: 48,3 % der Wählerstimmen, und damit 12,4 % mehr als bei der Wahl 1998, für die CDU, nur noch 33,4 % gegenüber 47,9 % vor vier Jahren, also minus 14,5 %, für die SPD. Die CDU in Niedersachsen hatte unter Führung ihres Landesvorsitzenden Wulff einen ihrer größten Wahlsiege in ihrer über 60-jährigen Geschichte errungen. Die absolute Mehrheit wurde nur um einen einzigen Sitz verpasst. Der Wahlsieger kann sich nicht erinnern, dass er jemals so gefeiert worden ist und selbst so gefeiert hat wie an jenem Wahlabend des 2. Februar 2003. Die Anhänger der niedersächsischen CDU ließen ihren strahlenden Gewinner immer wieder hochleben, nahmen ihn auf ihre Schultern und stimmten aus vollen Kehlen das Niedersachsen-Lied an. Mit fulminanten 48,3 % konnte Wulff in den neuen Landtag einziehen. Dass die absolute Mehrheit hauchdünn verpasst wurde, kam dem CDU-Vorsitzenden gar nicht mal so ungelegen. Denn mit der FDP sollte es ja ohnehin eine Koalition geben. Sie war unter ihrem Landesvorsitzenden Walter Hirche mit 8,1 % der Wählerstimmen (+ 3,2 %) erstmals seit 1994 wieder in den Landtag eingezogen und mit 15 Mandaten vor den Grünen mit 7,6 % (+ 0,6 %) und 14 Mandaten drittstärkste Partei geworden. „Lieber eine satte Mehrheit mit der FDP als eine knappe Alleinregierung", sagte Wulff. Und so wurde am 2. Februar im Alten Rathaus in Hannover und auf CDU-Wahlpartys im ganzen Land nicht nur das überragende Ergebnis der Union, sondern auch eine künftige bürgerliche Regierung gefeiert.

Christian Wulff versprach schon an diesem Abend, Brücken bauen zu wollen. „Wer gute Vorschläge macht, dem hören wir zu, auch wenn sie aus der Opposition kommen", sagte er. Den anstrengenden Wahlkampf sah man ihm in diesen Stunden nicht mehr an. „Meine Schwächen sind meine Stärken geworden", verriet er.

Dramatischer Übergang in der Staatskanzlei

Nach 13 Jahren SPD-Herrschaft wurde Niedersachsen jetzt also wieder von der CDU regiert. Und so sah das erste Kabinett Wulff aus: Ministerpräsident Christian Wulff (43, CDU); Wirtschaftsminister und stellvertretender Ministerpräsident Walter Hirche (62, FDP); Innenminister Uwe Schünemann (38, CDU); Finanzminister Hartmut Möllring (51, CDU); Kultusminister Bernd Busemann (50, CDU); Minister für Wissenschaft und Kultur Lutz Stratmann (42, CDU); Sozialministerin Ursula von der Leyen (44, CDU); Justizministerin Elisabeth Heister-Neumann (47, CDU); Landwirtschaftsminister Hans-Heinrich Ehlen (53, CDU); Umweltminister Hans-Heinrich Sander (57, FDP).

Christian Wulff wurde am 4. März 2003 in der konstituierenden Sitzung des Niedersächsischen Landtags der 15. Wahlperiode in geheimer Wahl zum neuen Ministerpräsidenten des Landes Niedersachsen gewählt. Von 181 Abgeordneten (zwei Mitglieder der Grünen fehlten) erhielt er 105 Stimmen der Koalitionsfraktionen CDU und FDP; SPD und Grüne stimmten offensichtlich geschlossen gegen ihn. Es gab, wie schon am Wahlabend, wieder riesigen Jubel bei der CDU, Gratulationen von der FDP, Freude bei Wulff. Der neue Ministerpräsident wurde umringt, von Gratulanten, Kamerateams und Fotografen fast erdrückt. Es blieb kaum die Möglichkeit zur Umarmung von Ehefrau Christiane und Tochter Annalena oder für einen Händedruck vom Ministerpräsident a. D. Dr. Ernst Albrecht.

Die Amtsübergabe vom bisherigen Ministerpräsidenten Sigmar Gabriel an seinen Nachfolger im Amtszimmer des Regierungschefs in der Staatskanzlei bezeichneten manche Teilnehmer als heikel oder gar als dramatisch. Gabriel sollen beim Abschied die Tränen in den Augen gestanden haben. Auch Wulffs Stimme habe gezittert, hieß es, als er in einer kurzen Ansprache vor den Mitarbeitern der Staatskanzlei sagte, er setze auf ihre Loyalität, nicht das Parteibuch zähle, sondern Fähigkeiten und Einsatz.

Die Ära Wulff begann mit hartem Sparkurs

Für Niedersachsen begann 2003 eine neue Ära und für Christian Wulff als Ministerpräsident ein weiterer Schritt auf der Karriereleiter. Wie so oft in seiner politischen Laufbahn, war er auch jetzt mit 43 Jahren wieder der Jüngste – der jüngste Ministerpräsident Deutschlands.

Ende August 2003 fand in Cuxhaven der erste Landesparteitag der CDU in Niedersachsen nach der gewonnenen Landtagswahl und nach der Regierungsübernahme durch die CDU in Niedersachsen statt. Er stand ganz im Zeichen des Blicks in die Zukunft und erinnerte teilweise an „alte Hasselmann-Zeiten", als es der CDU gut ging und als man zu Recht vom „Familientreffen" der Partei sprach. Die 360 Delegierten hatten auf dem für einen Tag angesetzten Parteitag, der unter dem Motto „Aufbruch für Niedersachsen und die CDU" stand, ein strammes Programm zu bewältigen. Sie berieten und verabschiedeten den Leitantrag der niedersächsischen CDU zur Europawahl und brachten selbst zwei konfliktträchtige Anträge, die vorher entschärft worden waren, zügig über die Bühne. So wurde über die Frage, ob Gemeinden in Zukunft Frauenbeauftragte nicht mehr hauptamtlich beschäftigen sollen, nicht abgestimmt, sondern der CDU-Landtagsfraktion zur Erledigung überwiesen, desgleichen ein Antrag, den Landtag von 155 auf 135 Sitze zu verkleinern.

Ein gut gelaunter Landesvorsitzender Christian Wulff hielt vor einem gut gelaunten Parteitag eine schwungvolle, teils witzige Rede und erntete immer wieder Beifall. In seiner positiven Bilanz nach einem halben Jahr Regierungsverantwortung sagte er: „Die beste Politik ist die, die das macht, was sie vorher angekündigt hat." Und das heiße sparen, sparen und noch mal sparen. So erhielt Wulff selbst für die Passage Beifall, als er die Kürzungen der Bezüge von Beamten verteidigte. Dies sei die bisher schwierigste Entscheidung seiner Regierung gewesen. „Aber wenn wir nicht kürzen, wird das Land bald zahlungsunfähig sein." Angefangen hatte der Ministerpräsident in seiner eigenen Behörde: In der Staatskanzlei wurde die Zahl der Abteilungen von fünf auf vier und die der Referate von 33 auf 29 gekürzt. Das Ergebnis des knallharten Sparkurses war, dass Niedersachsen als einziges Bundesland im ersten Halbjahr 2003 weniger neue Schulden als im vergleichbaren Vorjahreszeitraum gemacht hatte.

Eine Folge des Sparkurses war aber auch eine Demonstration von Beamten, vorwiegend Polizisten, die mit Flugblättern und Trillerpfeifen die Parteitagsteilnehmer vor der Tagungshalle mit ohrenbetäubendem Krach empfingen. Hier war der neue Innenminister Uwe Schünemann gefragt, zu beruhigen und zu beschwichtigen und vor allem zu erklären.

Auch die ersten Umfrageergebnisse im Jahr 2004 zeigten, dass die Niedersachsen mit der seit einem Jahr amtierenden CDU/FDP-Koalition unter dem neuen CDU-Ministerpräsidenten Christian Wulff zufrieden oder sogar sehr zufrieden waren. Obwohl die neue Landesregierung durch ihr rigoroses Sparprogramm der Bevölkerung Einschränkungen staatlicher Leistungen in einem Umfang zumutete, wie es die Bürger bisher nicht gekannt hatten, zeigte die Mehrheit Verständnis für diese Maßnahmen. Denn es ging um den Schuldenabbau und damit um die Zukunft der kommenden Generationen. Die SPD-Opposition, die den riesigen Schuldenberg angehäuft hatte, warf der Nachfolgeregierung zwar „Eiseskälte und Unbarmherzigkeit" vor, doch 44 % der Befragten sprachen der CDU und 7 % der FDP ihr Vertrauen aus. Und vier von fünf Niedersachsen gaben an, mit Christian Wulffs Arbeit an der Spitze der Landesregierung sehr zufrieden zu sein.

Der nächste CDU-Landesparteitag im August 2004 war von Harmonie und Selbstbewusstsein geprägt. Mit 97,3 % der Delegiertenstimmen wurde der Landesvorsitzende Christian Wulff wiedergewählt. Generalsekretär Friedrich-Otto Ripke überreichte ihm als Dank für eine zehnjährige erfolgreiche Führung der Landespartei eine zehn Jahre alte Eiche zum Einpflanzen, „gleichsam als Sinnbild für Standhaftigkeit und Gradlinigkeit, für feste Verwurzelung, kraftvoll und auf Dauerhaftigkeit angelegt."

Endgültig angekommen

Niedersachsens Ministerpräsident Christian Wulff war nach etwa zwei Jahren endgültig in der Regierungsverantwortung angekommen. Vorbei waren die Zeiten, in denen er als Oppositionsführer noch mit scharfer Zunge, großer Freude und hohem Unterhaltungswert die Politik der SPD-Landesregierung gegeißelt hatte. Auch die Euphorie über den Wahlsieg, die innerhalb von Partei, Regierung und Landtagsfraktion lange Zeit nicht enden wollte, hatte sich nun gelegt. Wulff hatte auf dem letzten Parteitag, der ihm in den schwierigen Zeiten leerer Staatskassen und einschneidender Sparvorhaben mit einem geradezu sozialistischen Wahlergebnis eindrucksvoll den Rücken stärkte, keine wirkliche Jubelrede gehalten. Er wirkte ernst und staatstragend, offenbar vollständig genesen von dem Trauma des ewigen Verlierers, das ihm und seiner Partei so lange zu schaffen gemacht hatte. Nur gelegentlich fiel er zurück in alte Zeiten und gab der schwächelnden SPD-Konkurrenz noch einmal einen Seitenhieb mit. Wulffs Blickrichtung ging eher nach vorn. Er schwor die Parteibasis nachdrücklich auf die Notwendigkeiten eines strikten Konsolidierungskurses ein, der sich auch von Demonstranten vor der Tür – ob von der Polizei oder von den Blindenverbänden – nicht irre machen lassen dürfe. Auch wenn er sich bei Letzteren gesprächsbereit zeigte, war doch überdeutlich, dass „nicht die ersten, die demons-trieren, auch die ersten sind, die wir verschonen". Und er verkündete Visionen, „damit die Partei auch ein positives Ziel vor Augen hat, von einem Land, das in zehn Jahren zum zweiten Mal Pisa-Sieger wird, in dem der Transrapid durch die Lande saust und der Tiefwasserhafen Ja-dePort bei Wilhelmshaven ein Wirtschaftszentrum geworden ist". Nicht zuletzt sah der Windenergie-Fan Wulff in der Zukunft ein Meer von Windrädern sich drehen – an der Nordsee oder wo immer.

Dennoch vermittelte der Ministerpräsident durchaus den Eindruck, dass er auf dem Teppich geblieben ist und sich seiner Verantwortung und des Ernstes der Lage bewusst war. Er war offenbar wild entschlos-sen, das Land nach und nach in Ordnung zu bringen und nicht die Pa-kete, die ihm zu schwer waren, einfach stehen zu lassen, wie er es seinem Amtsvorgänger Gabriel vorwarf. Den Eindruck, dass er in Wahrheit längst nach höheren Weihen auf der Bundesebene schielt, der immer mal wieder durch die Medien und durch die Reihen seiner Parteifreunde geisterte, vermittelte er allerdings auf diesem Parteitag wahrlich nicht.

Eine große Enttäuschung für Wulff und seine CDU war dann der Ausgang der Bundestagswahl am 18. September 2005. Alle Vorhersagen hatten der neuen Kanzlerkandidatin und Hoffnungsträgerin der Union, Angela Merkel, die einen grundlegenden Wechsel in der Politik verspro-chen hatte, einen klaren Sieg prophezeit. Zum ersten Male in der deut-schen Nachkriegsgeschichte sollte eine Frau, dazu eine „aus dem Os-ten" und Quereinsteigerin aus der Wissenschaft in die Politik und mit 51 Jahren die jüngste Kanzlerkandidatin, nach sieben Jahren Politik un-ter dem SPD-Kanzler Schröder nun Bundeskanzlerin werden. Die Wahl war vorgezogen worden, nachdem die rot-grüne Koalition in Berlin gescheitert war und Kanzler Schröder die Auflösung des Parlaments be-antragt hatte. Die Union war mit nur 35,2 % zwar Wahlsiegerin und die rot-grüne Bundesregierung war abgewählt worden, die SPD hatte 34,2 % und die Grünen hatten 8,1 % erreicht, aber die CDU/CSU und die FDP, die auf 9,8 % gekommen war, hatten nicht die gewünschte Mehrheit, da auch die PDS/Die Linke mit 8,7 % in den Bundestag ein-ziehen konnte. Somit ließen die Wähler keine andere Wahl als eine Große Koalition, allerdings unter Führung der neuen Bundeskanzlerin Angela Merkel.

Durch ein relativ befriedigendes Wahlergebnis in Niedersachsen konnten die niedersächsischen Christdemokraten 21 Abgeordnete in den neuen Bundestag entsenden. Weil darunter etliche Spitzenpolitiker

Lässig, aber zielstrebig und erfolgreich – Ministerpräsident
Wulff war in der Regierungsverantwortung angekommen.

waren, wie beispielsweise die niedersächsische Sozialministerin und
Albrecht-Tochter Dr. Ursula von der Leyen, die dem neuen CDU/
CSU/SPD-Kabinett als Bundesministerin für Familie, Senioren, Frauen
und Jugend angehören sollte, und Spitzenkandidat Friedbert Pflüger,
der Parlamentarischer Staatssekretär im Bundesverteidigungsministe-
rium unter Minister Franz Josef Jung wurde, drehte sich in Hannover
das Personalkarussell. Das gab dem Ministerpräsidenten die Möglichkeit, sowohl auf der Ebene der Minister als auch auf der der Staatssekretäre mehr Frauen in die Landesregierung zu holen.

Vom Land des Schwächelns zum Land des Lächelns

Der CDU-Landesparteitag 2007 in Oldenburg war gekennzeichnet
durch die einmütige Verabschiedung des Regierungsprogramms „Zu-
kunftsland Niedersachsen" für die bevorstehende Legislaturperiode des
Landtags von 2008 bis 2013, vor allem aber durch die kämpferische Rede
des Landesvorsitzenden und CDU-Spitzenkandidaten Christian Wulff,
durch die angriffslustige, mitreißende Rede des Landtagsfraktionsvorsitzenden David McAllister und durch die staatstragende, aufmunternde

Rede der CDU-Bundesvorsitzenden, Bundeskanzlerin Angela Merkel. In seiner einstündigen Rede schwor der Parteivorsitzende Wulff die Delegierten auf den bevorstehenden Wahlkampf ein. „Wir haben den Karren aus dem Dreck gezogen", rief er stolz aus und fügte hinzu: „Niedersachsen ist vom Land des Schwächelns zum Land des Lächelns geworden." Er werde mit den Niedersachsen „gemeinsam unser Land bewegen", sagte er und erklärte als Ziel, Bayern und Baden-Württemberg als innovative und wirtschaftsstarke Länder ein- und überholen zu wollen. Mit unnachahmlicher Eloquenz und Temperament versetzte der CDU-Landtagsfraktionsvorsitzende David McAllister die Delegierten in euphorische Stimmung: „Dieser Ministerpräsident ist ein Glücksfall für die Menschen in Niedersachsen. Das wollen wir zur Landtagswahl am 27. Januar 2008 beweisen." So stand der anschließende Wahlkampf ganz im Zeichen des Spitzenkandidaten Christian Wulff.

Die Landtagswahl selbst brachte den erwarteten Sieg der CDU mit 42,5 % der Wählerstimmen. Ministerpräsident Wulff konnte mit der FDP, die mit 8,2 % als drittstärkste Kraft hinter der SPD mit 30,3 %

Ein erfolgreiches Trio, Ministerpräsident Christian Wulff (Mitte) mit Ministerin Dr. Ursula von der Leyen (rechts) und Landtagsfraktionsvorsitzender David McAllister, das Niedersachsen vom Land des Schwächelns zum Land des Lächelns gemacht hat.

rangierte, die Koalition fortsetzen. Der Einzug der SED-Nachfolge-partei „DIE LINKE", die ein Mitglied der DKP in ihren Reihen hatte, das jedoch aus der Fraktion ausgeschlossen werden musste, und die katastrophal niedrige Wahlbeteiligung – mit 57,1 % die niedrigste in der über 60-jährigen Geschichte des Landes – waren die so nicht erwarteten Überraschungen dieser Landtagswahl.

Dazu auch eine kleine Anekdote:

Während des Wahlkampfes hatte Ministerpräsident Wulff beim niedersächsischen privaten Rundfunksender *ffn* behauptet, die Wahlbeteiligung werde höher sein als bei der Landtagswahl 2003. Die Redaktion hielt dagegen und schloss eine Wette ab: Wenn Christian Wulff verlöre, müsse er sich einen Bart wachsen lassen. Und tatsächlich, der Ministerpräsident verlor, ließ sich in den Osterferien einen Bart stehen, kam zum Fototermin, machte gute Miene zum bösen Spiel und ließ sich den Bart wieder abrasieren. Beobachter meinten: „Der Bart stand ihm gut. Er machte ihn etwas ‚landesväterlich‘."

Trennung und Bindung

Wie seine junge Frau ihren bärtigen Gatten fand, ist nicht bekannt. Apropos junge Frau. Einen Knacks gab es in Wulffs Biografie, als er sich im April 2006 nach 22-jähriger Ehe von seiner Frau Christiane trennte. Gerade in der christlich geprägten, konservativen niedersächsischen CDU stieß dieser Schritt wirklich nicht auf ungeteilten Beifall. Darf ausgerechnet ein katholischer Ministerpräsident, der Vorbild sein soll, so etwas tun? Bei Schröder, Fischer, Lafontaine und Genossen krähte kein Hahn danach, wenn sie sich drei- oder viermal scheiden ließen. Aber bei dem „lieben Wulff?" Ich selbst habe mit ihm in einem Interview darüber gesprochen. Er sagte, dass er Ehe und Familie nach wie vor für die beste Form des Zusammenlebens und für die Keimzelle der Gesellschaft sehe. Aber wenn sich im Leben Entwicklungen ergeben, die dieses Zusammenleben erkennbar nicht mehr garantieren können, wenn sich die Lebenskreise der Partner völlig verschieben und man in der Gefahr ist, etwas zu heucheln, was nicht ist, dann sollte man, wie er es getan habe, sich einvernehmlich und mit viel gegenseitigem Respekt voreinander trennen, die Verantwortung für die gemeinsame Tochter auch gemeinsam übernehmen und dieses auch vor der Öffentlichkeit bekennen. „Wir werden uns auch in Zukunft fair begegnen und in Freundschaft verbunden bleiben, aber nicht als Paar", sagte Wulff. Letztlich sei es für seine Frau besser gewesen, die in der Öffentlichkeit unter diesem Druck sehr gelitten habe, und es sei für ihn besser gewesen, weil er jetzt glücklich sei und Unterstützung finde. In der neuen Verbindung mit Bettina Körner vereinigten sich die gemeinsamen Interessen außerordentlich stark. Wenn man einen neuen Menschen kennenlerne, mit dem man auf der gleichen Wellenlänge liege und auch politisch die Chemie stimme, mit dem man reden und lachen könne, der einem zuhöre, aber auch kritisiere, dann sei das ein Glücksfall, sagte Wulff in dem Interview.

Der CDU-Landesvorsitzende zeigte sich besonders zufrieden, dass seine Partei – wie der Landesparteitag 2006 in Braunschweig später bewiesen hatte – diese Trennung in fairem freundschaftlichen Einvernehmen und ohne dass die Tochter Annalena leidet, akzeptiert hat und dass sein Privatleben in der Öffentlichkeit fair behandelt wurde.

Die seltsame Wandlung des Christian Wulff

Dass Ministerpräsident Christian Wulff Frau und Tochter verlassen habe, teilte er der Öffentlichkeit übrigens (wieder) über die *Bild-Zeitung* mit. Damit war ihm deren Wohlwollen sicher. Aber auch von der übrigen Presse wurde er in diesem Falle sehr fair behandelt. Ebenfalls via *Bild-Zeitung* erfuhr die Öffentlichkeit, dass Christian Wulff und Bettina Körner im März 2008 geheiratet hatten. Wulff, damals niedersächsischer Ministerpräsident, und Bettina Körner, damals Pressereferentin bei der *Continental AG* in Hannover, danach Pressereferentin im Großburgwedeler Drogerie-Unternehmen *Rossmann*, hatten sich 2006 auf einer Delegationsreise nach Südafrika kennengelernt, die sie im Einvernehmen mit der niedersächsischen Staatskanzlei organisiert hatte. Damit begann die seltsame Wandlung des Christian Wulff. „Betty", wie Bettina im Vertrauten- und Bekanntenkreis liebevoll genannt wurde, hatte offensichtlich eine magische Kraft auf ihren ein Dutzend Jahre älteren neuen Partner ausgeübt; sie machte aus ihm einen anderen Menschen, innerlich und äußerlich. Dem inzwischen fast Endvierziger merkte man Züge eines geradezu jungenhaften Liebhabers an, wie Beobachter mitteilten, von denen es natürlich sehr viele gab – was ja nichts Ungewöhnliches oder gar Schlechtes ist, auch nicht für Politiker. Die Boulevard-Presse und besonders auch die *Bild-Zeitung* stürzten sich auf das neue „Traumpaar der deutschen Politik", das immer wieder Fotos und Schlagzeilen für die Titelseiten der Magazine und Klatschspalten lieferte.

Nach Wulffs Scheidung im Februar 2008 war im März 2008 geheiratet worden. Bettina Körner brachte den fünf Jahre alten Sohn Leander aus einer früheren Beziehung mit, Wulffs 14-jährige Tochter Annalena, für die beide Eltern das Sorgerecht hatten, lebte weiterhin bei ihrer Mutter; sie hatte aber ein ausgesprochen gutes Verhältnis zu ihrem Vater. Im Sommer 2008 kam der gemeinsame Sohn Linus zur Welt. Die Familie lebte in dem ominösen Klinkerhaus in Großburgwedel in der Region Hannover, das später zum Ausgangs- und Streitpunkt eines großen Dramas wurde. Ich selbst hatte die Ehre und das Vergnügen, die Wulffs, als er Bundespräsident war, dort zum Kaffeetrinken zu besuchen und mir Haus und Garten anzusehen. Dabei war das Auffallendste, das es nirgendwo einen Polizisten, Personenschützer oder sonstige Wachmannschaft gab, sodass ich bei der Ankunft glaubte, am falschen Ort zu sein, bis mir der Hausherr selbst die Tür öffnete.

Den Höhepunkt der medienwirksamen Aufmerksamkeit erlebte das Ehepaar Wulff, als es 2010, nach Wulffs Wahl zum Bundespräsidenten, als jüngstes und beliebtestes Präsidentenpaar Deutschlands ins Schloss Bellevue in Berlin einzog und die Welt-Presse „Kopf stand", wie ein Berichter hinausposaunte. Nun gab es für den Boulevard keine Grenzen mehr. Das deutsche Staatsoberhaupt glänzte mit seiner hübschen, attraktiven Gattin an seiner Seite wie noch keiner vorher. Selbst Miesepeter mussten eingestehen, dass „Betty" eine sehr gute Figur machte, schick, telegen, groß und blond. Ich hatte sie, bevor sie „Frau Wulff" war, als ganz normale Kollegin kennengelernt, intelligent, selbstbewusst und selbstsicher, mit der man über alles reden und sich unterhalten konnte. Ich habe auch, als wir gemeinsam einmal in einer Jury saßen, bei ihr zu Hause auf dem Küchentisch Fotos ausgesucht und sie als eine sympathische junge Frau erlebt. Was dann später passierte, soll an dieser Stelle nicht Gegenstand der Betrachtung und Berichterstattung sein.

Auch die Journalisten in Hannover merkten die seltsame Wandlung des Herrn Wulff. Man sah es an vielen Äußerlichkeiten ebenso wie an seinem Umgang mit der Presse. Aus dem Kabinett hörte man: „Der Wulff hat zwei Gesichter", einige nannten ihn den „doppelten Wulff". Er konnte mal so und mal so sein, mal gut, mal böse, mal ausgelassen, mal launisch. Langjährigen Beobachtern war Wulffs Zwiespältigkeit nicht verborgen

Der „doppelte" Wulff. Das Foto zeigt Ministerpräsident
Christian Wulff vor einem Wahlplakat. Beobachter
meinten, es habe Symbolcharakter.

geblieben. Auf der einen Seite der selbstbewusste, lockere, Rat suchende
Politiker, auf der anderen Seite unsicher, misstrauisch, kontrollierend,
vor allem nachtragend und mit dem Gedächtnis eines Elefanten behaftet,
der an ihm vermeintlich begangene Missetaten nicht vergisst.

Ohne Zweifel war Christian Wulff auch einer der beliebtesten Ministerpräsidenten, die Niedersachsen je gehabt hat. Das hat auch seine
letzte Landtagswahl am 27. Januar 2008 gezeigt, die die CDU sinniger-
weise völlig auf seine Person und seine Beliebtheit abgestellt hatte und
damit gut gefahren ist. Nicht umsonst gehörte Wulff auch lange Zeit zu
den wichtigsten und beliebtesten Politikern Deutschlands – wenn man
dem ZDF-Politbarometer Glauben schenken kann. Was allerdings zu
größten Zweifeln Anlass gibt, wenn man gesehen hat, wie ein Polit-Uni-
kum wie der Grüne Joschka Fischer jahrelang an der Spitze dieser ominösen Skala stand. Wer mag ausgerechnet ihn, den vorbestraften Turn-
schuh-Revoluzzer, wohl immer und immer wieder gewählt haben?
fragte sich jeder politisch denkende Mensch. Oder ist die große Mehrzahl der Deutschen wirklich politisch so dumm?

Ministerpräsident Wulff wusste auch auf dem Klavier der Medien
zu spielen, sowohl bei den Journalisten der Landespressekonferenz in

Niedersachsen als auch besonders beim Fernsehen. Er machte hier, wie man so sagt, immer eine gute Figur, selbstsicher, kompetent und charmant. Bei der *Bild-Zeitung* war er ein gern gesehener Gast. Und *Bild* macht bekanntlich Volkes Stimme. Allerdings, Christian Wulff war kein „Original" im klassischen Sinne. Dazu war er zu wenig volkstümlich. So gibt es auch vom ihm relativ wenige Anekdoten.

Der Paukenschlag – Rücktritt als Parteivorsitzender

Wenige Wochen nach seiner erneuten Wahl zum Ministerpräsidenten, zu der er sich wegen einer verschleppten Virusgrippe vom Krankenbett ins Parlament geschleppt und sichtbar gezeichnet den minutenlangen Jubel und Beifall der Abgeordneten der erneuerten CDU/FDP-Koalition entgegengenommen und genossen hatte, gab es einen unerwarteten Bruch im politischen Leben des Christian Wulff: Am 11. April 2008 teilte er seiner völlig überraschten Partei, einer ebenso irritierten Presse sowie der Bevölkerung mit, dass er sein Amt als Vorsitzender der CDU in Niedersachsen niederlegen und sich nach 14-jähriger Amtszeit beim nächsten CDU-Landesparteitag am 14. Juni 2008 in Celle nicht mehr um den Vorsitz bewerben werde. Das war ein Paukenschlag. „Was war los mit dem Ministerpräsidenten?", fragte man sich nicht nur in Niedersachsen, sondern auch in Berlin. Gerüchte und Spekulationen schossen ins Kraut. Wulff selbst sagte dazu, er wolle damit einen eigenen Beitrag zur Verbreiterung der niedersächsischen CDU-Spitze und zur Erneuerung der CDU in Niedersachsen leisten. Zur Begründung sagte der Parteivorsitzende weiter: „Die kontinuierliche Erneuerung der CDU in Niedersachsen ist unser aller Anliegen und eine zentrale Aufgabe. Ich möchte mich jetzt nach meiner Wiederwahl als Ministerpräsident des Landes Niedersachsen ganz auf das Land, auf die Regierungsarbeit, meinen Osnabrücker Wahlkreis und meine Aufgabe als stellvertretender Bundesvorsitzender der CDU Deutschlands konzentrieren. Mit David McAllister schlage ich meiner Partei einen kommunal- und landespolitisch erfahrenen und erfolgreichen Nachfolger vor. Die Zukunft hat begonnen. Im Hinblick auf die anstehenden Wahlen zum Europäischen Parlament und zum Deutschen Bundestag 2009 und die Kommunalwahlen 2011 ist der Wechsel im Amt des Landesvorsitzenden der CDU in Niedersachsen der richtige Schritt zum jetzigen, richtigen Zeitpunkt. Anderenfalls wäre ich in Kürze der dienstälteste Landesvorsitzende der CDU Deutschlands."

Am 14. Juni 2008 hat es bei der CDU in Niedersachsen den entscheidenden Wechsel gegeben. Der 37-jährige Vorsitzende der CDU-Landtagsfraktion, David McAllister aus Bad Bederkesa, wurde beim Landesparteitag in Celle von den knapp 400 Delegierten mit der überwältigenden Mehrheit von 98,9 %, bei nur vier Gegenstimmen, zum neuen Vorsitzenden der CDU in Niedersachsen gewählt.

Der nicht wieder zur Wahl angetretene Christian Wulff und David McAllister wollten, wie sie betonten, nunmehr gemeinsam als „Tandem" die Partei und die Politik in Niedersachsen weiter auf Kurs halten und voranbringen. Ihr Vorbild war das „Gespann" Albrecht/Hasselmann – „Zwei an einer Deichsel", wie der Bauer Hasselmann damals sagte. Ministerpräsident Christian Wulff verabschiedete sich aus dem Amt als Landesvorsitzender mit einer staatstragenden Rede und einer positiven Bilanz seiner 14-jährigen Vorstandtätigkeit sowie seiner fünfjährigen Regierungszeit. „Ich war neun Jahre Fraktionsvorsitzender, 14 Jahre Parteivorsitzender und begeisterter Ministerpräsident. Das Letztere möchte ich noch lange Zeit bleiben. Doch ich wollte nie dienstältester Landesvorsitzender sein", sagte er. Sein Erbe wolle er einem jungen und zugleich erfahrenen und vielversprechenden Politiker anvertrauen. David McAllister werde eine CDU in Niedersachsen übernehmen, eine Landespartei, die hervorragend dasteht. Sie stelle mit Prof. Dr. Hans-Gert Pöttering den Präsidenten des Europäischen Parlaments und fünf Europa-Abgeordnete, die Bundesministerin Dr. Ursula von der Leyen und zwei Parlamentarische Staatssekretäre sowie vier Mitglieder des Präsidiums der CDU Deutschlands, so viele wie noch nie zuvor; ferner stelle sie in Niedersachsen mit Hermann Dinkla den Landtagspräsidenten, auch den Ministerpräsidenten, sieben Minister und 68 Landtagsabgeordnete; kommunalpolitisch sei sie die stärkste Kraft im Land. Die CDU in Niedersachsen sei mit rund 75.000 Mitgliedern der zweitgrößte Landesverband der CDU Deutschlands und habe in Niedersachsen die meisten Mitglieder aller Parteien. Sie habe geordnete Finanzen, mit dem „Wilfried-Hasselmann-Haus" eine neue Parteizentrale in Hannovers Hindenburgstraße und eine hoch angesehene Mitgliederzeitung. Auf diese Erfolge und diese Bilanz, die im Wesentlichen sein Werk waren, konnte der CDU-Vorsitzende Wulff mit Recht stolz sein.

Abschließend sagte Christian Wulff, die jetzige Staffelübergabe aus eigenem Antrieb und zur rechten Zeit sei ein wohl bedachter und richtiger Schritt in die Zukunft, um die Spitze der Partei zu verbreitern und schon heute die Weichen für morgen zu stellen. Er selbst wolle und könne sich nun mehr und voll einbringen an der Seite von Angela Merkel in der Bundespolitik.

Die Presse fragte: Was will Wulff wirklich?

Dieser letzte Satz von Christian Wulff über Angela Merkel alarmierte und schreckte die bundesdeutsche Presse auf. Sie sah Wulffs Paukenschlag als Zeichen dafür, dass er sich auf der politischen Berliner Bühne zurückmelden wolle, nachdem er seit der von Kanzlerin Merkel zumindest geduldeten, vielleicht sogar beeinflussten „Klatsche" eines 66-prozentigen demütigenden Wahlergebnisses als Parteivize beim letzten CDU-Bundesparteitag Ende 2006 sich schmollend weitgehend aus der Parteispitze zurückgezogen und Präsidiumssitzungen auch schon mal geschwänzt hatte.

Es wurde gerätselt, warum Wulff den Machtverlust in der Landespartei riskierte. Die große Frage in Berlin war: Was will Wulff wirklich? In der Presse konnte man lesen: Merkel traut Wulff nicht. Zu keinem CDU-Spitzenpolitiker hat sie ein derartig zwiespältiges Verhältnis wie zu dem Niedersachsen, und keiner in der Führungsetage gibt sich so

Haben Christian Wulff und Angela Merkel wirklich etwas ausgeheckt?

undurchsichtig wie Wulff. Als Erklärung wurden genannt, Wulff sei Strippenzieher für Merkel nach der CDU-Spendenaffäre von Bundeskanzler Kohl gewesen, sei aber, wie der gesamte „Anden-Pakt", 2002 zum bayerischen Stoiber als möglichen Kanzlerkandidaten umgeschwenkt. Damit sei Wulff aus Merkels engstem Kreis herausgefallen, die enttäuscht war und ihm von da an misstraute, wie Wulff selbst bemerkte. Dann sei die Zeit gekommen, dass er nach seiner Wahl zum niedersächsischen Ministerpräsidenten zum Sprung in die erste Reihe der Bundespolitik angesetzt habe und fast ein Jahr lang der beliebteste Politiker der Deutschen war, zumindest nach dem Politbarometer, die ihn in Umfragen lieber zum Kanzlerkandidaten als Merkel haben wollten. Aber das war auch die Zeit, in der er in Hannover klar gesagt hatte, sein Platz sei in Niedersachsen. Durch die nach Kanzler Schröders Rücktritt für 2005 überraschend vorgezogenen Bundestagsneuwahlen sei es mit einer möglichen Konkurrenz zwischen Wulff und Merkel vorbei gewesen; ihr sei die Kandidatur in den Schoß gefallen. Politisch kam danach beim CDU-Bundesparteitag 2006 die bekannte Abreibung für Wulff. Er zog sich also zurück. Interessant ist in diesem Zusammenhang ein Interview im *Stern*, in dem Wulf erklärte, er sei „kein Alphatier und traue sich das Amt des Bundeskanzlers nicht zu". Diese Aussage wurde dann als Bestätigung für die in Berlin kolportierte Version gesehen, Bundeskanzlerin Merkel und Christian Wulff hätten bei einem gemeinsamen Frühstück die Vereinbarung getroffen, Wulff erhebt keinen Anspruch auf eine Kanzlerkandidatur, dafür werde die Kanzlerin ihn als nächsten Bundespräsidenten vorschlagen.

Wulff: Mein Platz ist in Hannover

Vor Journalisten der Landespressekonferenz in Hannover hatte er vorher schon gesagt, er strebe trotz seiner hohen Popularitätswerte auf Bundesebene eine Kanzlerkandidatur definitiv nicht an und stelle sich demonstrativ hinter die CDU-Vorsitzende Angela Merkel als Kandidatin für das höchste Regierungsamt. „Ich bin mit ganzem Herzen Ministerpräsident von Niedersachsen und möchte das bleiben. Mein Platz ist in Hannover", sagte Wulff. Was seine Person im Bundestagswahlkampf betreffe, möchte er „den Ball flach halten und mich nicht wichtiger nehmen als ich bin". Die amtierende Bundesregierung unter Kanzler Schröder ist seiner Meinung nach „am Ende ihres Lateins" und damit

Am 30. Juli 2010, einen Monat nach dem Rücktritt des Bundespräsidenten Horst Köhler, der sich von den Medien ungerecht angegriffen gefühlt hatte, wurde der niedersächsische Ministerpräsident Christian Wulff zum Bundespräsidenten und damit in das höchste deutsche Staatsamt gewählt. Im dritten Wahlgang hatte er in der Bundesversammlung in Berlin mit 625 Stimmen knapp die erforderliche Mehrheit erreicht. Sein Haupt-Gegenkandidat war der, ausgerechnet vom niedersächsischen Vorsitzenden der Fraktion der Grünen im Bundestag, Jürgen Trittin, schlitzohrig vorgeschlagene und von der SPD unterstützte parteilose Joachim Gauck, der erste Bundesbeauftragte für die Aufarbeitung der Stasi-Unterlagen. Das Foto zeigt den Verlierer Gauck (rechts unten) bei der Gratulation des Siegers Wulff. Niemand konnte im Entferntesten ahnen, dass schon zwei Jahre später der umgekehrte Fall eintreten würde.

ein „schlagbarer Gegner". Angesichts der „faulen Hand von Schröder" würden auch keine wesentlichen Veränderungen mehr eintreten, die das Blatt für Rot-Grün noch wenden könnten. Wulff sprach sich zudem deutlich gegen eine Große Koalition in Berlin aus. „Man braucht keine Zweidrittelmehrheit, um Reformpolitik zu machen", meinte er. Dazu brauche man Rückgrat und Mut.

Alle Spekulationen um einen Diadochenkampf zwischen zwei so ähnlichen CDU-Spitzenpolitikern hatten ein Ende, als Wulff zum Bundespräsidenten vorgeschlagen und 2010 gewählt wurde. Bis heute hält sich in Berlin allerdings das üble Gerücht, die Kanzlerin habe damit wieder mal einen Konkurrenten „entsorgen" wollen.

Als Christian Wulff 2010 Bundespräsident war, war die Welt der „Patchwork"-
Familie mit (von links nach rechts) Bettina mit ihrem Sohn Leander Balthasar,
Wulffs Tochter Annalena, davor der gemeinsame Sohn Linus Florian und
Bundespräsident Christian Wulff unterm Weihnachtsbaum noch in Ordnung.
Danach gab es die Trennung, Versöhnung, kirchliche Hochzeit und Bettinas
zweite Trennung.

Die dann folgende außerordentlich dramatische und tragische Zeit
des Christian Wulff mit dem strahlenden Beginn als jüngster deutscher
Bundespräsident aller Zeiten, mit „Betty" an seiner Seite, mit dem
Rücktritt vom Amt nach einer Medienhetze und medialen „Hinrichtung", wie es sie bis dahin in Deutschland noch nie gegeben hatte, mit
einem Prozess vor dem Landgericht Hannover und Wulffs „Freispruch
erster Klasse" sowie mit der Trennung von seiner zweiten Frau und der
„Wiedervereinigung" von Christian und Bettina Wulff im Wonnemonat
Mai 2015, alles das kann an dieser Stelle kein Thema sein. Hier geht es
um die Zeit Wulffs als neunter Ministerpräsident von Niedersachsen.

Abschied von einem „Landesvater"

Seit dem Ende der Regierungszeit von Ministerpräsident „Schorse"
Diederichs, also nach über 30 Jahren, hatte Niedersachsen wieder einmal einen „Landesvater". Die Niedersachsen haben Christian Wulff
durchweg so erlebt. Von seinen Vorgängern kamen weder der ab 1970

regierende SPD-Politiker Alfred Kubel noch der 14 Jahre lang amtierende CDU-Ministerpräsident Dr. Ernst Albrecht, die dann folgenden SPD-Ministerpräsidenten Gerhard Schröder, Gerhard Glogowski und Sigmar Gabriel schon gar nicht dem Bild eines Landesvaters nahe. Sie waren eher sogenannte „Landesmanager". Christian Wulff sollte man das landesväterliche Attribut trotz seiner Jugend und trotz seines Charakterbildes als Typ „sympathischer Schwiegersohn" schon zugestehen. Er zog unermüdlich durch das Land, schüttelte Hände, hielt launige Reden, hörte den Leuten zu, ließ ihre Sorgen und Nöte notieren, wirkte ausgleichend und gelassen. Ein Kumpeltyp oder Biertischstratege, wie etwa sein legendärer Vorgänger Wilfried Hasselmann oder sein Nachfolger David McAllister, ist er allerdings nie gewesen. Dazu war er nicht geboren.

Vor höchster niedersächsischer CDU-Prominenz wurde die Chronik *Die CDU in Niedersachsen*, geschrieben von Rolf Zick, vorgestellt. Darin konnten auch die Ministerpräsidenten Christian Wulff (rechts) und Dr. Ernst Albrecht (links) lesen, wie sie die Geschichte ihrer Partei ebenso wesentlich geprägt haben wie die Geschichte und Politik des Landes Niedersachsen in der Nachkriegszeit und was sie für dieses Land geleistet haben.

Allerdings möchte ich anfügen, dass ich Christian Wulff neben Dr. Ernst Albrecht persönlich sehr viel näher kennen gelernt habe als die meisten anderen niedersächsischen Ministerpräsidenten, zumal ich als Chronist der Dokumentation der CDU in Niedersachsen der Nachkriegsgeschichte eine Reihe von eingehenden und sehr persönlichen Gesprächen mit ihm geführt habe.

Es ging in unseren sehr offenen Gesprächen vor allem um die Person Christian Wulff, um sein ganz privates Leben mit der Familie, zum anderen um das Drama mit den Medien, um die mediale Hinrichtung als Staatsoberhaupt. Gerade als Journalist hat mich dieses einmalige Vorkommnis in der Nachkriegsgeschichte der deutschen Presse außerordentlich tief betroffen gemacht. Wulff selbst hat am 5. Oktober 2015 zum ersten Male nach langem Schweigen in einer öffentlichen Veranstaltung der Konrad-Adenauer-Stiftung im Schloss Herrenhausen in Hannover in einem Streitgespräch mit dem ehemaligen Kanzleramtsminister von Gerhard Schröder, Prof. Bodo Hombach, sich gerechtfertigt, nachdem er kurz zuvor in einem Interview mit dem Publizisten Manfred Bissinger gesagt hatte, er strebe wieder eine aktive Rolle an, in der er weder Opfer noch Märtyrer sein wolle, sondern wieder Akteur. Dabei kündigte Wulff an, sich Themen der Zukunft zu widmen, von der ökologischen Tragfähigkeit unserer Erde bei wachsender Weltbevölkerung bis hin zu Fragen des Friedens angesichts zunehmender religiös motivierter Konflikte. Doch so wie es bei der SPD unverständlich war, dass sie mit ihrem Ministerpräsidenten a. D. Sigmar Gabriel einen ihrer Besten fallen gelassen hat, so ist es bei der CDU ebenso unverständlich, mit Ministerpräsident a. D. Christian Wulff auch einen ihrer Besten politisch stehen gelassen zu haben.

10. David McAllister

Ein Schotte auf Niedersachsens „Thron"

David James McAllister, dem zehnten Ministerpräsidenten Niedersachsens, ist das Amt des Regierungschefs praktisch in den Schoß gefallen. Durch den plötzlichen Wechsel seines Vorgängers Christian Wulff nach Berlin, der am 30. Juni 2010 nach dem ebenso überraschenden Rücktritt von Horst Köhler zum neuen deutschen Bundespräsidenten gewählt worden war, wurde der Chefsessel in der niedersächsischen Staatskanzlei frei. Wer anders als „Kronprinz" McAllister, der Wulff schon im Amt des Vorsitzenden der CDU-Landtagsfraktion und des Landesvorsitzenden der CDU in Niedersachsen beerbt hatte, kam auch jetzt wieder für die Nachfolge infrage? McAllister wurde am 1. Juli 2010 zum neuen niedersächsischen Ministerpräsidenten gewählt. Mit dem 39-jährigen „britischen" Niedersachsen gab es einen noch jüngeren Politiker als jüngsten Regierungschef in der Bundesrepublik Deutschland, als sein Vorgänger es war. Zugleich lenkte erstmals in der deutschen Nachkriegsgeschichte ein geborener Brite die Geschicke eines deutschen Bundeslandes. Seine Amtszeit dauerte jedoch nur zweieinhalb Jahre. Sie war, nach den 14 Monaten des Gerhard Glogowski, die zweitkürzeste eines Ministerpräsidenten in Niedersachsen. Denn nach der Landtagswahl am 20. Januar 2013 übernahm die SPD wieder die Regierung in Hannover. McAllister blieb einfacher Abgeordneter und mutierte zum Hinterbänkler.

David McAllister wurde 1971 als Sohn eines Zivilbeamten der britischen Besatzungsarmee und einer deutschen Lehrerin für Deutsch und Gesang in West-Berlin geboren. Sein Vater stammte aus dem schottischen Glasgow und hatte im letzten Krieg in der britischen Armee gegen die deutsche Wehrmacht in Deutschland gekämpft. McAllister hat die deutsche und die britische Staatsbürgerschaft und wurde zweisprachig Deutsch und Englisch erzogen. Er ging in Berlin zur Schule und erinnert sich noch gut daran, dass er dort 1980 „mit einer Rede für Franz Josef Strauß Wahlkampf gespielt" hat und 1986, die Familie war nach der Pensionierung des Vaters nach Bad Bederkesa gezogen, als 15-Jähriger in die Junge Union eintrat, „um den Wahlkampf gegen Gerhard Schröder mitzumachen". Zwei Jahre später wünschte er sich zu seinem 17. Geburtstag von seinen Eltern die Mitgliedschaft in der CDU, weil er sich den Beitrag von seinem Taschengeld nicht leisten konnte. Auch weiterhin waren Wahlkämpfe, meistens an der Seite des Cuxhavener Landrats Martin Döscher, seine Vorliebe. Groß war die Enttäuschung über die verlorene Landtagswahl 1990. Umso eifriger war sein Einsatz in der Wahlkampfmannschaft von Christian Wulff 1994, besonders als Fahrer für die „Schatten-Ministerin" Annette Schavan.

Inzwischen hatte der Abiturient McAllister von 1989 bis 1991 als Zeitsoldat beim Panzerbataillon 74 in Cuxhaven-Altenwalde gedient und dann als Stipendiat der Konrad-Adenauer-Stiftung sein Studium der Rechtswissenschaften aufgenommen. Nach dem ersten Staatsexamen fand er Zeit, sich endlich auch aktiv in die Politik einzumischen. Christian Wulff und Martin Döscher erkannten das große Talent des jungen Nachwuchspolitikers und ermutigten ihn, sich um ein Landtagsmandat zu bemühen. 1998 zog David McAllister mit 27 Jahren als jüngster Abgeordneter in den Niedersächsischen Landtag ein. Seine ersten Sporen verdiente er sich als Vorsitzender des Ausschusses für Jugend und Sport und als stellvertretendes Mitglied im Untersuchungsausschuss gegen den seinerzeitigen SPD-Ministerpräsidenten Gerhard Glogowski. McAllister fühlte sich schon damals vom CDU-Fraktionsvorsitzenden Wulff geehrt, weil er in der erlesenen Truppe als Stellvertreter mitwirken durfte, in der die späteren Minister Bernd Busemann, Hartmut Möllring und Uwe Schünemann ordentliche Mitglieder sowie Lutz Stratmann und Bernd Althusmann Stellvertreter waren.

Aber das war erst der Anfang einer steilen, einmaligen politischen Karriere, wie sie nur Ausnahmetalente erreichen. Mit Bravour nahm er 2002 die nächste Sprosse auf der Karriereleiter, den Posten des Generalsekretärs der CDU in Niedersachsen und damit des Wahlkampfleiters für Christian Wulff auf dem Weg zum niedersächsischen Regierungschef. Die Teilnehmer des CDU-Landesparteitages in Celle können sich noch gut an die Jungfernrede McAllisters als neuer Generalsekretär erinnern. Nach anfänglicher Nervosität im mucksmäuschenstillen Tagungssaal steigerte er sich immer mehr, bis seine Eloquenz und Begeisterung die

Zuhörer geradezu von den Sitzen rissen. Das hatten selbst im Dienst ergraute alter Parteimitglieder noch nicht erlebt. 97,8 % Delegiertenstimmen bei der Wahl zum Generalsekretär waren die Quittung für diese mitreißende Rede.

Nachdem er ein Jahr später 2003 nach dem Sieg der CDU in Niedersachsen bei der Landtagswahl und der Wahl von Christian Wulff zum niedersächsischen Ministerpräsidenten dessen Nachfolger als Vorsitzender der CDU-Landtagsfraktion geworden war, verlief der letzte große Sprung auf der Karriereleiter sieben Jahre später 2010 sehr kurios. Die nach dem überraschenden Rücktritt von Bundespräsident Horst Köhler erfolgte Nominierung von Wulff als Nachfolger hatten vor allem der *Spiegel* und die *Frankfurter Allgemeine Zeitung* sowie zunächst auch noch der *Stern* mit allen Mitteln zu verhindern versucht, weil nach ihrer Meinung Joachim Gauck der bessere Mann sei. Ihn, den Pastor aus der ehemaligen DDR und ersten Bundesbeauftragten für die Stasi-Unterlagen, hatte ausgerechnet der Niedersachse Jürgen Trittin, Fraktionsvorsitzender der Grünen im Deutschen Bundestag, schlitzohrig und sicher mit Hintergedanken – ein Schelm, wer sich Böses dabei denkt – vorgeschlagen; denn der parteilose Gauck wäre gewiss der „geborene" Kandidat des bürgerlichen Lagers gewesen, vielleicht sogar der beste. Aber Kanzlerin Merkel hatte sich, aus welchen Gründen auch immer, für Wulff entschieden.

Nicht nur bei offiziellen Reden vor großer Kulisse, sondern besonders auch bei Diskussionen an jedem Ort und bei jeder Gelegenheit war David McAllister (vorn, 2. von links) in seinem Element.

Hierher passt sicher eine kleine Anekdote:

David McAllister traf die Nachricht vom Rücktritt des Bundespräsidenten Horst Köhler an einem Montag, 31. Mai, auf dem Weg zum Flughafen Hannover-Langenhagen. Als kooptiertes Mitglied der niedersächsischen CDU-Landesgruppe der Bundestagsfraktion der Union wollte er an einer Reise in die Türkei teilnehmen. Ohne zu ahnen, was für Folgen Köhlers Rücktritt gerade für Niedersachsen und für die CDU haben würde, flog McAllister mit nach Istanbul. Aber schon am Dienstag und Mittwoch „liefen die Drähte heiß". Der niedersächsische CDU-Chef musste endlose Telefongespräche mit Hannover und Berlin führen. Am Mittwoch darauf erfuhr er von Ministerpräsident Christian Wulff, dass dessen Kandidatur als Bundespräsident und Nachfolger von Horst Köhler bekanntgegeben würde. McAllister war zum Stillschweigen verurteilt. Doch als er nach dem Gespräch leichenblass in den Kreis seiner CDU-Kollegen zurückkehrte und eröffnete, er müsse dringend nach Hannover zurückkehren, ahnten die, dass etwas sehr Wichtiges vorgefallen sein musste. So flog „Mac", wie er von Freunden genannt wurde, als Fraktionsvorsitzender in Istanbul ab und landete drei Stunden später als Ministerpräsidenten-Kandidat in Hannover.

David McAllister neuer Ministerpräsident in Niedersachsen

Auch die Wahl des Bundespräsidenten am 30. Juni 2010 war für McAllister und die niedersächsischen Wahlmänner und -frauen mit Kuriositäten gespickt. Nachdem es bei den beiden ersten Wahlgängen keine absolute Mehrheit für einen Kandidaten gegeben hatte, war es für den dritten, entscheidenden Wahlgang später Abend geworden. Der für die Organisation der niedersächsischen Versammlungsteilnehmer zuständige CDU-Fraktionsgeschäftsführer Ulrich Dütemeyer geriet in arge Bedrängnis: Der letzte Zug aus Berlin in Richtung Hannover würde in etwa einer Stunde abfahren, und am nächsten Morgen, 1. Juli 2010, war im Niedersächsischen Landtag die entscheidende Sitzung mit der Wahl des neuen Ministerpräsidenten McAllister angesetzt. Dazu mussten „alle Mann an Bord" sein. Dütemeyer bestellte also vorsichtshalber einen Omnibus. Und das war gut so. Als die niedersächsischen Abgeordneten nach dem dritten Wahlgang nachts gegen zwei Uhr in Hannover ankamen, hatten sie gerade noch ein paar Stunden Zeit zum Schlafen, um am Morgen pünktlich im Landtag zu sein und so am 1. Juli 2010 ihren bisherigen Fraktionsvorsitzenden McAllister mit den Stimmen der CDU/FDP-Koalition zum neuen Ministerpräsidenten zu wählen.

Zu den wichtigsten Gratulanten nach seiner Wahl zum neuen niedersächsischen Ministerpräsidenten im Landtag in Hannover gehörten für David McAllister seine beiden Töchter.

CDU-Generalsekretär Ulf Thiele gratulierte als einer der ersten: „Mit David McAllister hat Niedersachsen einen hervorragenden neuen Ministerpräsidenten und Nachfolger für Christian Wulff. Er wird unser Land auch in Zukunft erfolgreich voranbringen. Das Wahlergebnis zeigt, dass die Koalitionsfraktionen von CDU und FDP geschlossen hinter ihm stehen. Niedersachsen kann sich auch zukünftig auf eine mutige und verantwortungsbewusste Regierung verlassen."

McAllister hatte sofort die bisherigen Ministerinnen und Minister in sein Kabinett berufen, die nach der Bestätigung durch den Landtag ihren Amtseid leisteten und ihre Ämter offiziell wieder übernahmen. Er kündigte in seiner ersten Regierungserklärung an, die erfolgreiche Politik der vergangenen sieben Jahre in Niedersachsen fortsetzen zu wollen. „Insofern stehe ich für Kontinuität. Der Koalitionsvertrag von CDU und FDP vom 25. Februar 2008 gilt unverändert auch für die kommenden Jahre. Wir sind auf einer Langstrecke unterwegs und nehmen deshalb schon die nächsten Etappen in den Blick." Die neue Landesregierung halte daran fest, die Nettoneuverschuldung auf null herunterzuführen und den Konsolidierungskurs der vergangenen sieben Jahre konsequent fortzusetzen, „weil wir dies der Zukunft unseres Landes, unseren Kindern und Enkelkindern schuldig sind". Neue Akzente wolle die neue Landesregierung vor allem in den Bereichen Bildung, Energie und Integration setzen. Der neue Regierungschef betonte in seiner ersten Regierungserklärung weiter, dass er vor allem bei diesen wichtigen Themen der Landespolitik konkrete Arbeitsaufträge an die Kabinettsmitglieder verteilt habe. Das Thema Integration sei auch für ihn als neuen Ministerpräsidenten eine Schlüsselaufgabe des 21. Jahrhunderts. Weitere Kernthemen der neuen Landesregierung seien noch die Energie und die Umstellung auf Ressourcen schonende Umwelttechnologien. „Denn Niedersachsen ist Energieland Nummer 1, und das wollen wir bleiben."

Einen ersten Wermutstropfen gab es für den neuen Regierungschef, als ausgerechnet der Chef der Staatskanzlei, Staatssekretär Lothar Hagebölling, erklärte, mit seinem langjährigen Regierungschef Christian Wulff nach Berlin ins Bundespräsidialamt ziehen zu wollen. Das traf McAllister in diesem Augenblick wie ein Keulenschlag. Denn schon am nächsten Sonntag, also in drei Tagen, stand eine seit langem geplante und organisierte Delegationsreise nach China mit 90 hochkarätigen deutschen Unternehmern und vorbereiteten wichtigen Verhandlungen und Geschäftsabschlüssen auf dem Programm. Niedersachsen wäre also unmittelbar nach dem Amtsantritt des neuen Ministerpräsidenten in Hannover ohne Führung gewesen, ohne Regierungschef und ohne Chef der Staatskanzlei. Aus Berlin kam zwar der Rat, die Reise abzusagen. Aber sie war gerade für McAllister außerordentlich wichtig, und er konnte und wollte auch nicht die 90 Mitreisenden düpieren und die ohnehin empfindlichen chinesischen Gastgeber beleidigen. Zwischen Donnerstag und Sonntag blieben ihm gerade drei Tage Zeit, einen neuen Chef der Staatskanzlei zu suchen. Sein Blick in die Runde der höchsten Regierungsbeamten blieb an Dr. Christine Hawighorst, Staatssekretärin im niedersächsischen Kultusministerium, hängen. Er traf sich mit ihr zum Mittagessen, beide verstanden sich auf Anhieb, sie bat sich zwei Tage Bedenkzeit aus, und zu völlig ungewohnter Zeit und an völlig ungewohntem Ort, Sonntagvormittag, 4. Juli 2010, im Flughafen Hannover-Langenhagen, lud der neue Ministerpräsident die Journalisten zur Pressekonferenz ein, um ihnen seinen ersten großen Personalerfolg mitzuteilen. Er erwies sich als Glücksgriff, wie die nachfolgende Zeit zeigte.

Einigermaßen beruhigt konnte McAllister die China-Reise antreten und erfolgreich zurückkehren.

Ein weiterer Glücksgriff und Nachfolger für den ebenfalls „mit seinem Herrn und Meister" nach Berlin abgewanderten Regierungssprecher Olaf Glaeseker war der langjährige Pressesprecher der Landtagsverwaltung, Dr. Franz Rainer Enste, der sowohl mit dem „Geschäft" als auch mit dem Umgang mit der Landespressekonferenz und den akkreditierten Journalisten bestens vertraut war.

Der neue Ministerpräsident McAllister hat seine Rolle als neuer „Landesvater" vom ersten Tag an angenommen, wie politische Beobachter feststellten. Aus dem angriffslustigen, oft polarisierenden Fraktionschef, der keine Gelegenheit ausließ, die Opposition zurechtzuweisen, wurde schnell ein ausgleichender, zusammenführender, vielleicht auch über der Parteipolitik stehender Regierungschef. Auch für die Parteiführung gab es eine Arbeitsteilung. Der Landesvorsitzende McAllister konzentrierte sich als Regierungschef weiterhin auf Niedersachsen und die Landespolitik. Dr. Ursula von der Leyen, Bundesministerin und stellvertretende CDU-Bundesvorsitzende, war der „Brückenkopf" der Partei in der Bundeshauptstadt Berlin. Bei allen entscheidenden Fragen wollte McAllister jedoch auf der Bundesebene Präsenz zeigen.

McAllister ein Jahr Regierungschef

In einer Bilanz nach den ersten hundert Tagen der McAllister-Regierung hob der neue Ministerpräsident hervor, dass er die Politik der Vernunft und der Glaubwürdigkeit fortsetze. Kontinuität und Verlässlichkeit bildeten das Markenzeichen dieser neuen Landesregierung. Die wesentlichsten Punkte aus seiner Regierungserklärung vom 1. Juli 2010 seien bereits erfolgreich umgesetzt.

Am 30. Juni 2011 konnte McAllister sein einjähriges Dienstjubiläum als Ministerpräsident von Niedersachsen feiern. Im ersten Jahr als Regierungschef habe er bereits mutige und richtungsweisende Entscheidungen getroffen, sagte Generalsekretär Thiele und nannte als größte Erfolge den engagierten Einsatz für die Energiewende in Deutschland mit großen Chancen für Niedersachsen, die Einführung der Oberschule, die niedrigste Arbeitslosenquote in Niedersachsen seit der Wiedervereinigung, die höchste Aufklärungsquote von Straftaten in der Geschichte des Landes, die Vollendung des Jade-Weser-Ports, eine moderne Integrationspolitik, den Ausbau des frühkindlichen Bildungswesens, vor allem aber die weitere Sanierung der Landesfinanzen. „Das sind die Markenzeichen dieser Landesregierung unter dem neuen Ministerpräsidenten", sagte der Generalsekretär.

Die stellvertretende Bundesvorsitzende, Bundesarbeitsministerin Dr. Ursula von der Leyen, wies auf die bedeutende Rolle hin, die Niedersachsen seit dem Amtsantritt von McAllister in der Bundespolitik spielt. Niedersachsen sei in Berlin wie kaum ein anderes Bundesland präsent. „Mich freut besonders, dass die niedersächsische Landesregierung auch noch die unionsgeführten Bundesländer im Bundesrat mit viel Geschick und Durchsetzungsstärke koordiniert. Unser Ministerpräsident David McAllister ist auf der Berliner Bühne hoch angesehen, er setzt sich beharrlich für niedersächsische Interessen ein und behält dabei immer den Blick fürs Ganze", sagte die niedersächsische Bundespolitikerin. Und der Parlamentarische Staatssekretär Dr. Hermann Kues fügte hinzu: „David McAllister agiert immer besonnen. Er ist im aufgeregten Berliner Politikbetrieb eine wohltuende Ausnahme."

Besonders stolz war McAllister auf den Einstieg für die Einführung der neuen Oberschule in Niedersachsen. Sie solle an die Stelle von Haupt- und Realschulen sowie Kooperative Gesamtschulen (KGS) treten, wenn der Schulträger es wünscht. Auch die Integrierte Gesamtschule (IGS) könne als Angebotsschule in eine Oberschule umgewandelt werden. Er unterstütze den Vorschlag von CDU-Kultusminister Bernd Althusmann für einen schrittweisen Übergang zur teilgebundenen Ganztagsschule mit empfehlenden Nachmittagsangebot an zwei Schultagen. Vor allem unterstütze er die Bestandsgarantie für Gymnasien als Erfolgsmodell. Als der nächste CDU-Bundesparteitag im November 2011 in Leipzig die Oberschule als Modell für alle deutschen Bundesländer empfahl, war der niedersächsische Ministerpräsident glücklich und zufrieden. Und als auf Initiative von McAllister die Europa-Politik in den Mittelpunkt der Parteitagsdebatten gerückt wurde, kannten Stolz und Zufriedenheit keine Grenzen. Selbst Bundeskanzlerin Angela Merkel war von dem neuen, aufstrebenden niedersächsischen Ministerpräsidenten und CDU-Landesvorsitzenden angetan. Sie wies auf die europäische Staatsverschuldungskrise hin und mahnte: „Scheitert der Euro, scheitert Europa. Der Euro ist nicht nur das Symbol der europäischen Einigung, sondern auch der Garant für Wachstum und sozialpolitische Stabilität in Deutschland." David McAllister hatte den ersten großen Schritt nach Europa getan.

Für den Regierungschef David McAllister (Mitte) war Niedersachsen immer der politische Schwerpunkt. „Statthalter" in der niedersächsischen Landeshauptstadt und Generalsekretär der Partei war Ulf Thiele (links), „Brückenkopf" in der Bundeshauptstadt Berlin war Bundesministerin Dr. Ursula von der Leyen.

Über McAllisters starken Auftritt auf dem CDU-Bundesparteitag in Leipzig war in der Presse zu lesen, das alles habe auch mit der nächsten Landtagswahl zu tun. McAllister möchte in der CDU neue Akzente setzen, und auf Landesebene sei dies mit den Beschlüssen zum Mindestlohn schon gelungen, wie es zuvor auch mit den Themen Schulreform und Ausstieg aus der Atomenergie gewesen sei. Die CDU entwickele sich nach links, und das eröffne ihr neue Koalitionsoptionen. McAllister ließ auch keinen Zweifel daran, dass er fest entschlossen sei, das Land über 2013 hinaus zu regieren. Den politischen Gegnern hat er empfohlen, sie möchten sich schon einmal „warm anziehen". Der Ministerpräsident hat seine Amtszeit genutzt, sich dem Wahlvolk als Vertreter einer neuen Politikergeneration vorzustellen. Er gab nichts auf Ideologien, sei es in der Schul- oder Atompolitik, sondern er suchte möglichst oft den direkten Weg, um Lösungen zu finden, die der Sache dienen. Das kam gerade in seiner Partei nicht immer gut an, zumal er das häufig hinter verschlossenen Türen tat und nicht vor einem Wald von Mikrofonen. Aber es öffnete dem CDU-Politiker ganz andere Bündnismöglichkeiten. Möglicherweise musste McAllister bei seinem Wahlkampf im Interesse der Wahlchancen seiner Partei auch die Rücksichtnahme auf seine Berliner Parteifreunde fallen lassen. Der konziliante Umgang, den er gegenüber der Kanzlerin und einigen schwierigen Persönlichkeiten pflegte, hatte sich bislang nur begrenzt ausgezahlt.

Ein großes Lob kam auch aus Wolfsburg vom Aufsichtsrat des *Volkswagen*-Konzerns. Der niedersächsische Ministerpräsident ist als Vertreter des Mehrheitsaktionärs – Niedersachsen ist mit rund 20 Prozent an VW beteiligt – qua Amt im Aufsichtsrat des Konzerns. „Es ist verblüffend, wie schnell sich Ministerpräsident McAllister in die hochkomplexe Materie eingearbeitet hat und wie engagiert er sich für Volkswagen in der ganzen Welt einsetzt", bescheinigte ihm der VW-Vorstand. Das sei gut für Wolfsburg, gut für Niedersachsen, gut für Deutschland und gut für VW.

In der *Hannoverschen Allgemeinen Zeitung* konnte man lesen, der 40-jährige Ministerpräsident, jüngster Regierungschef der Republik, habe in dem einen Jahr in diesem Amt einige Häutungen erlebt; die Veränderungen hätten sich nach und nach ergeben. Die Rolle als Generalist in der CDU und an der Spitze der Fraktion sowie später der Partei, die er jahrelang ausgeübt habe, seien ihm auf den Leib geschneidert: fit in den Details der täglichen Landespolitik, erfahren im Umschiffen heikler Situationen und vor allem schlagfertig, wenn es um die Erwiderung oppositioneller Angriffe ging. Doch als Ministerpräsident die großen Linien der Bundespolitik vorgeben und noch dazu gezielte Duftmarken setzen, damit man ihn in Berlin wahrnimmt, das sei für ihn anfangs ein fremdes Terrain gewesen. Die Reaktorkatastrophe von Fukushima hätte dann einen Wandel bewirkt. Seine atomkritische Haltung, mit der er noch im Herbst 2010 zu den Verlierern in der Bundes-CDU gehört hatte, hätten ihn nach der Katastrophe in Japan plötzlich zu einer Symbolfigur der christdemokratischen Kernkraftgegner in Deutschland werden lassen. Auf einmal habe McAllister auch bundespolitisches Profil bekommen.

Prince Charles empfing seinen „Landsmann"

Danach flog der niedersächsische CDU- und Regierungschef am 20. Dezember 2011 erst einmal zu politischen Gesprächen nach England. Im Mittelpunkt standen Fragen des Abzugs der britischen Truppen aus

Niedersachsen sowie die Planungen für die Landesausstellung 2014 aus Anlass des Beginns der hannoversch-britischen Personalunion vor 300 Jahren. Dazu wurde Ministerpräsident McAllister von Prince Charles, dem Sohn der britischen Königin, im Clarence House in London empfangen. Der niedersächsische Regierungschef informierte den Prince of Wales über den Stand der Planungen für die große Landesausstellung „Als die Royals aus Hannover kamen" und bat ihn, in seiner Funktion als Chairman der Royal Collection die Schirmherrschaft zu übernehmen. Ebenso setzte er sich dafür ein, dass ein Mitglied der königlichen Familie die Ausstellung in Hannover eröffnete. Beide Gesprächspartner lobten die guten partnerschaftlichen Beziehungen, die das Vereinigte Königreich und Niedersachsen seit langer Zeit pflegen. In seinem Gespräch mit dem neuen britischen Verteidigungsminister Philip Hammond informierte sich McAllister über den bis 2020 geplanten Abzug der britischen Streitkräfte aus Niedersachsen. Er hob hervor, dass die betroffenen Kommunen großes Interesse hätten, rechtzeitig die konkreten Zeitplanungen zu erfahren. Der britische Verteidigungsminister sagte zu, die niedersächsische Seite auf dem Laufenden zu halten. Seine Regierung schätze Ministerpräsident David McAllister sehr als Ansprechpartner, der engagiert die Interessen Niedersachsens und der betroffenen Standortkommunen vertrete.

Einige Ereignisse des Jahres 2011 sollen nicht unerwähnt bleiben. McAllister und die niedersächsische Ministerin für Soziales, Frauen, Familie, Gesundheit und Integration, Aygül Özkan, wurden vom *World Economic Forum* in Genf zu „Young Global Leaders 2011" ernannt. Mit dem Titel werden jedes Jahr junge Führungskräfte aus der ganzen Welt ausgezeichnet, die in den Bereichen Wirtschaft, Politik, Wissenschaft oder Kultur einen wichtigen Beitrag für die Gesellschaft leisten. Die jordanische Königin Rania Al Abdullah, Präsidentin des Auswahlausschusses, zeigte sich überzeugt, „dass David McAllister und Aygül Özkan in ihrer Amtszeit viele Möglichkeiten haben, die Zukunft der Welt zu prägen". Der Kreis der „Young Global Leaders" trifft sich regelmäßig, um weltweit an unterschiedlichsten Projekten zu arbeiten. McAllister erklärte, diese Treffen seien eine gute Möglichkeit, Niedersachsen in der Welt weiter bekannt zu machen.

Außerdem verlieh Ministerpräsident McAllister Niedersachsens ältestem landespolitischen Journalisten und letzten lebenden Zeitzeugen der Nachkriegsgeschichte, dem Chronisten dieses Buches, Rolf Zick, zu

Ehrfurchtsvoll nimmt Rolf Zick (links) die große Ehrung durch
den Regierungschef McAllister entgegen.

seinem 90. Geburtstag am 16. April 2011 für sein journalistisches Lebenswerk die Niedersächsische Landesmedaille, die höchste Auszeichnung, die das Land zu vergeben hat, „weil er mit seinem umfangreichen publizistischen Schaffen für das Land Niedersachsen Außergewöhnliches geleistet hat".

„Affäre Wulff" vor der Landtagswahl

Um die Jahreswende 2011/2012 gab es in Niedersachsen eine der spektakulärsten Affären der Nachkriegsgeschichte. Christian Wulff, einst Oppositionsführer im Niedersächsischen Landtag, von 2003 bis 2010 Ministerpräsident und ab 30. Juni 2010 Bundespräsident, war nach wochenlanger Medienkampagne am 17. Februar 2012 vom höchsten Staatsamt zurückgetreten. Was dann zwei Jahre lang bis zum endgültigen richterlichen Freispruch folgte, sucht seinesgleichen. Auch wenn die „Affäre Wulff" monatelang die Schlagzeilen der Medien beherrschte und den Politikbetrieb in Niedersachsen teilweise lahmlegte, musste die Arbeit weitergehen, zumal Anfang Januar 2013 die nächste Landtagswahl anstand. Nach einer Umfrage der Gesellschaft für Markt- und Sozialforschung vom Anfang des Jahres 2012 würden die Niedersachsen bei einer Direktwahl den amtierenden Ministerpräsidenten McAllister mit 52 % und seinen Herausforderer, Hannovers Oberbürgermeister Stephan Weil, mit nur 30 % wählen. Noch deutlicher war der Abstand mit 52 zu 25 % bei der Frage nach der Regierungskompetenz. McAllister war zwar hochbeliebt, aber damals ohne ausreichenden Partner, die FDP war bei den Umfragen auf 3 % abgesackt. Allerdings hätte es auch für Rot-Grün nicht gereicht. So ging McAllister Mitte des Jahres 2012 in den Wahlkampf. Er stand unter dem Motto: „So machen wir das", oder auf Plattdeutsch „So mok wi dat". Der Ministerpräsident sagte vor Journalisten: „Ich werde mich ernsthaft darum bemühen, dass wir in Niedersachsen keine Schlammschlacht machen. Weil diese Landtagswahl bundespolitisch sehr emotional aufgeladen sein wird, wollen wir keine Schärfe und keine Emotionalität in den Wahlkampf bringen – harte Auseinandersetzungen, aber nicht unter der Gürtellinie. Wir wollen in diesem Land vernünftig miteinander umgehen, dass Demokraten sich anschließend noch in die Augen sehen und sich die Hand reichen können. Wir sind ein Land von Maß und Mitte."

Aber in der rauen politischen Wirklichkeit in Niedersachsen blieb der Appell des Ministerpräsidenten bei der Opposition völlig ungehört. So war beispielsweise in der Aktuellen Stunde der Juni-Plenarsitzung des Landtags vielmehr von der „Skandalchronik" der Landesregierung und von „institutionellem Rassismus" die Rede. Für den erst am Anfang stehenden Wahlkampf ließ das nichts Gutes erahnen. Überhaupt geriet jede Landtagssitzung vom Frühjahr bis zur Sommerpause zur Schlacht um die Macht. Die Opposition von SPD, Grünen und Linken hatte sich an den Hinterlassenschaften vom zurückgetretenen Bundespräsidenten und früheren Ministerpräsidenten Wulff festgebissen. Sie war fest entschlossen, die Folgen dem derzeitigen Ministerpräsidenten McAllister und seiner Regierung anzuhängen. Die meisten Abgeordneten sehnten sehnsüchtig die parlamentarische Sommerpause herbei, um danach endlich wieder zur normalen Landtagsarbeit zurückzukehren. Es gab bis zum Ende der Legislaturperiode wirklich noch genug zu tun.

Das halbe Kabinett ging „baden"

Dass Ministerpräsident McAllister und sein Kabinett auch andere Schlagzeilen und Schadenfreude produzieren konnten, als sie in den Fluten des Zwischenahner Meeres unfreiwillig baden gingen, soll nicht unerwähnt bleiben; denn sie überlebten eine Bootshavarie körperlich, seelisch und politisch unbeschadet.

Bei der alljährlichen Klausurtagung der CDU-Landtagsfraktion diesmal in Bad Zwischenahn, an der auch das gesamte Landeskabinett teilnahm, war zur Entspannung und Erholung von der anstrengenden Tagesordnung ein Drachenbootrennen auf dem Zwischenahner Meer angesagt. Fröhlich stiegen die Abgeordneten und mit ihnen die Vertreter der Landesregierung und der Medien in die Boote, begleitet und beobachtet von einem großen Aufgebot von Bildberichtern und Kameraleuten der Presse und des Fernsehens. Angeführt wurde die Bootsflotte vom Ministerpräsidenten, der auf dem ersten Boot unter dem Gesang von Seemannsliedern die Trommel schlug und den Takt vorgab, während die „Mannschaft" tüchtig in die Riemen greifen musste. Nach etwa drei Kilometern passierte es: Eine Bugwelle brachte McAllisters Boot aus unerklärlichen Gründen zum Kippen und im Zeitlupentempo zum Kentern. Die gesamte Besatzung plumpste ins gerade einmal 12 Grad „warme" Wasser – „Kapitän" McAllister, Sozialministerin Aygül Özkan und Kultusminister Dr. Bernd Althusmann von den Christdemokraten sowie Umweltminister Dr. Stefan Birkner und Wirtschaftsminister Jörg Bode von den Freien Demokraten, dazu die CDU-Fraktionsspitze und etliche mutige Journalisten, die sich mit den Politikern ins Boot getraut hatten. Es war das große Glück, dass die Rettungsboote der Deutschen Lebensrettungs-Gesellschaft (DLRG), für die der Ministerpräsident am Vormittag die Schirmherrschaft übernommen hatte, die Drachenboote begleiteten und die pitschnassen Havaristen umgehend aus dem Wasser ziehen konnten. Das alles geschah vor den Augen der mitgereisten Medienvertreter und den unbestechlichen Objektiven der Kameras. Viele von ihnen schossen die Bilder ihres Lebens. Und natürlich wurde alles dokumentiert und genüsslich kolportiert. Völlig durchnässt und frierend wurden die Geretteten an Land gebracht und erst einmal in Decken gehüllt, bis endlich im Hotel eine heiße Dusche die teilweise geschockten „Schiffbrüchigen" wieder zum Leben erweckte. Allerdings war der Wunsch nach trockenen Kleidern eine andere Frage. Wer hätte denn mit einem solchen Ende gerechnet nach dem alten Seemanns-Gassenhauer „Eine Seefahrt, die ist lustig, eine Seefahrt, die ist schön"?

Etliche nahmen es allerdings auch mit Humor, besonders McAllister, der, noch vor Nässe triefend, den trocken gebliebenen feixenden Journalisten „ironisch-staatstragend in die Blöcke diktierte", das Geschehen sei kein Symbol für einen drohenden Untergang der schwarz-gelben Koalition in Niedersachsen, wie man später lesen konnte. Und was hatte der Regierungschef noch am Vormittag bei der Übernahme der Schirmherrschaft über die DLRG gesagt? „Diese Organisation schafft die Voraussetzungen dafür, dass sich die Menschen auf dem Wasser in Niedersachsen in Küstenregionen, Binnenseen und Bädern wohl und sicher fühlen können." Er und seine Leidensgenossen haben es prompt buchstäblich am eigenen Leibe erfahren.

Schuldensenkung statt Wahlgeschenke

Im November 2012 gingen McAllister und seine CDU/FDP-Regierungskoalition in Hannover mit einem mutigen Beschluss an die Öffentlichkeit: Schuldensenkung statt Wahlgeschenke. Angesichts der nicht unbeträchtlichen Verbesserungen der finanziellen Situation sollte die Neuverschuldung des Landes weiter zurückgefahren werden. Ministerpräsident McAllister erklärte, damit könne das Neuverschuldungsziel von 2014 bereits 2012 erreicht werden. Im Dezember-Plenum des Niedersächsischen Landtags solle ein entsprechender Gesetzesvorschlag vom Parlament beschlossen werden, damit er noch in dieser Wahlperiode in Kraft treten könne.

Dieser Schritt war ebenso riskant wie unpopulär, aber ehrlich. Denn die Erfahrungen haben gelehrt, dass mit der Ankündigung von Einsparungen und „den Gürtel enger schnallen" noch keine Partei eine Wahl gewinnen konnte. Blut, Schweiß und Tränen sind in der breiten Wählerschaft überhaupt nicht attraktiv, dagegen aber millionenschwere Wahlgeschenke, die die Parteien bisher immer noch versprochen haben – und allzu oft nicht halten konnten.

So zeigte ein Blick in die Wahlprogramme der Opposition, dass neben größeren Summen für Bildung und Soziales vor allem die Abschaffung der Studiengebühren ganz oben stand. Sie hatten den niedersächsischen Hochschulen bisher jährlich rund 100 Millionen Euro zur eigenen Verfügung eingebracht. Nun versprachen alle drei Oppositionsparteien im Kleingedruckten, die finanziellen Ausfälle komplett auszugleichen – durch Steuergelder. Also sollen auch die Kleinverdiener ein gebührenfreies Studium selbst für die Kinder von Großverdienern bezahlen. Und selbstverständlich wurde auch noch der Schuldenabbau versprochen. Die Vorlage des Gesetzes der Regierungskoalition kommentierte der

SPD-Spitzenkandidat, Hannovers Oberbürgermeister Stephan Weil, dagegen mit den Worten: „Alles Kokolores".

Das CDU-Drama der Landtagswahl 2013

Eine Woche vor der entscheidenden Niedersachsen-Wahl lag die Landesregierung nach den letzten Umfragen erstmals mit Rot-Grün gleichauf. In einer Meldung des Hamburger Meinungsforschungsinstituts GMS hieß es: „Wenn am kommenden Sonntag in Niedersachsen Landtagswahl wäre, würden sich 41 % der Wahlberechtigten für die CDU entscheiden, während die SPD 33 % erreichte; die Grünen würden 13 % erzielen, und die FDP wäre mit 5 % wieder im Landtag vertreten. Die Linke und die Piraten würden mit jeweils 3 % den Einzug in den Landtag verfehlen." Wie sich Wahlforscher doch irren können. Dann nahm das Schicksal seinen Lauf.

Nach einem der spannendsten und dramatischsten Wahlabende, nach einem Wahlkrimi ohnegleichen, kam am 20. Januar 2013 kurz vor Mitternacht das endgültige Aus der CDU-geführten Landesregierung unter Ministerpräsident David McAllister. Mit dem bisher knappsten Ergebnis, das es jemals bei einer Landtagswahl in Niedersachsen gegeben hat, musste sich Schwarz-Gelb von Rot-Grün geschlagen geben. Gerade 0,4 % oder ein einziges Mandat betrug der Unterschied zwischen den beiden Lagern. Es war für die CDU und FDP unfassbar. Die Enttäuschung war riesengroß. Dabei hing das eine, fehlende Mandat für die CDU am seidenen Faden, u. a. ausgerechnet im „sicheren" Wahlkreis Hildesheim, den Finanzminister Hartmut Möllring freiwillig aufgegeben hatte, mit verheerenden Folgen. Dem CDU-Kandidaten fehlten 334 Stimmen.

Hier das amtliche Endergebnis der Landtagswahl 2013 in Niedersachsen: CDU 36,0 % (54 Sitze); SPD 32,6 % (49), Grüne 13,7 % (20), FDP 9,9 % (14). Die Wahlbeteiligung betrug 59,4 % (2008 = 57,1 %).

Das bedeutete: 1.654.892 Zweitstimmen = 69 Mandate für SPD und Grüne, 1.652.520 Zweitstimmen = 68 Mandate für CDU und FDP. Damit gab es wieder, wie schon so oft in Niedersachsens Nachkriegsparlamentarismus, eine Ein-Stimmen-Mehrheit der diesmal rot-grünen Koalition unter dem neuen SPD-Ministerpräsidenten Stephan Weil.

Die eigentliche Sensation dieses Wahlabends war das Abschneiden der FDP. 9,9 % der Zweitstimmen standen bei den Liberalen zum Schluss zu Buche. Es war ganz offensichtlich, dass viele, allzu viele CDU-Wähler, die unbedingt die bisherige CDU/FDP-Regierung behalten wollten, dieses Mal der FDP ihre Zweitstimme gaben, damit sie ja über die Fünf-Prozent-Hürde kommen sollte. Abzulesen ist das einmal daran, dass die CDU bei ihren Erststimmen für die Direktkandidaten 42,6 % und bei den Zweitstimmen, also für die Landeslisten der Parteien, nur 36,0 % erhielt. Sie verlor bei den Zweitstimmen rund 170.000 – offensichtlich als „Leih-Stimmen" für die FDP.

Während Ministerpräsident McAllister und die CDU bitter enttäuscht, ja geradezu entsetzt und am Boden zerstört waren, herrschte bei SPD und Grünen eitel Freude. Zwar hatte Rot-Grün gehofft und gebangt, aber nicht fest mit der Regierungsübernahme gerechnet. Ausschlaggebend war das gute Wahlergebnis der Grünen mit 13,7 %, ihr bisher höchster Stand in der niedersächsischen Landtagsgeschichte. Obwohl die SPD mit 32,6 % das zweitschlechteste Wahlergebnis ihrer Geschichte eingefahren hatte, konnte sie nun mit ihrem Spitzenkandidaten Stephan Weil regieren.

Zunächst hatte es am Wahlabend für McAllister und die bisherige CDU/FDP-Regierungskoalition gar nicht so schlecht ausgesehen. Bei den ersten Prognosen und Hochrechnungen lag sie sogar knapp vorn. Dann ging es auf und ab. Lange Zeit sah es nach einem Patt aus. Das Wechselbad der Gefühle wurde immer unerträglicher, bis auf den allerletzten Metern Rot-Grün mit dem hauchdünnsten Vorsprung aller Zeiten durch das Ziel ging und nach zehn Jahren den Machtwechsel in Niedersachsen erzwang. Ja, das Schicksal kann oft ungerecht sein, wie es besonders die CDU empfand. Objektive Beobachter meinten, eigentlich hätte es doch zur Landtagswahl 2013 gar keinen Grund gegeben, die CDU nicht wieder zu wählen wegen ihres strahlenden Spitzenkandidaten David McAllister mit weitem persönlichen Vorsprung vor dem SPD-Herausforderer Stephan Weil und nach der so erfolgreichen Regierungsarbeit. Aber vielleicht wollten viele Wähler nach zehn Jahren mal wieder „andere Gesichter sehen". Das hat es ja gerade in Niedersachsen immer wieder gegeben.

Den „Tiefschlag" hat vor allem der Ministerpräsident David McAllister nicht verdaut. Auch sein persönliches hervorragendes Wahlergebnis mit 64,4 % in seinem Wahlkreis Hadeln/Wesermünde konnte ihn nicht trösten. Fassungslos verließ er die öffentliche Bühne. Er war von seinem

Wahlsieg so überzeugt, dass er offenbar nicht einmal einen „Plan B für die Zeit danach" in der Tasche hatte. Nun wollte er vermutlich nicht das Schicksal seines Vorvorgängers, des damaligen SPD-Ministerpräsidenten Sigmar Gabriel, teilen, der 2003, als er sich ebenfalls zum ersten Male in einer Landtagswahl dem Votum der Bürger stellen musste und die Wahl gegen den CDU-Herausforderer Christian Wulff mit Pauken und Trompeten verlor. Gabriel übernahm die Rolle des SPD-Landtagsfraktionsvorsitzenden und Oppositionsführers. Aber ohne die Unterstützung eines Regierungsapparates scheiterte er kläglich.

Nachdem am Wahlabend endgültig feststand, dass die Landtagswahl 2013 für die CDU verloren war, hatten sich der Ministerpräsident David McAllister, der Landtagsfraktionsvorsitzende Björn Thümler, CDU-Generalsekretär Ulf Thiele, Staatssekretärin Christine Hawighorst, Chefin der Staatskanzlei, und CDU-Fraktionsgeschäftsführer Ulrich Dütemeyer im Landtag zusammengesetzt und bis morgens um drei Uhr die Lage analysiert. „Wir waren uns schnell einig, dass die Verantwortung in der CDU in Niedersachsen in Zukunft auf mehrere Schultern verteilt werden muss", erinnert sich McAllister. Er selbst habe kein Amt in der Fraktion annehmen wollen, weil er das für konsequent hielt. So sei klar gewesen, er bleibe CDU-Landesvorsitzender und Björn Thümler CDU-Landtagsfraktionsvorsitzender.

Ebenso konsequenterweise hat er sich nur ein einziges und letztes Mal im Niedersächsischen Landtag zu Wort gemeldet, als er im März 2014 sein Landtagsmandat niederlegte, um als Spitzenkandidat der CDU Deutschlands für die Europawahl in den Wahlkampf zu ziehen. „Ich habe mich komplett zurückgenommen, um der neuen CDU-Fraktionsführung im Landtag alle Freiheiten und Möglichkeiten zu geben", erklärte McAllister später in einem Gespräch sein Verhalten nach der verlorenen Landtagswahl.

In der Staatskanzlei habe er großen Wert daraufgelegt, unmittelbar nach der Wahl die Amtsgeschäfte an seinen Nachfolger „ordentlich und mit Würde" zu übergeben. „Das haben wir tadellos geschafft. Es gab kein Nachtreten, auf beiden Seiten nicht." Letztlich sei er für den fairen Stil des persönlichen Umgangs miteinander, der vom Verzicht auf gegenseitige Verletzungen geprägt war, im Landtagswahlkampf gelobt worden. Danach sei er vier Wochen mit seiner Familie in die USA gereist, um Abstand von den monatelangen Strapazen und vom dramatischen Geschehen zu gewinnen. Vor dem Hintergrund, dass er als Kandidat für die Wahl zum Europa-Parlament nominiert worden war, sagte der Landesvorsitzende: „Ich gebe zu, dass ich das Jahr 2013 genutzt habe, mein internationales Profil zu schärfen." So habe er viele politische Gespräche in London, Paris, Madrid, Warschau, Bukarest und anderen europäischen Hauptstädten geführt, vor allem aber auch in Brüssel und Luxemburg.

Abschied vom Landtag

Früher als erwartet schied der CDU-Landtagsabgeordnete und Ministerpräsident a. D. David McAllister aus dem niedersächsischen Landesparlament aus. Mitte März 2014 legte er sein Mandat nieder. Damit endete eine Bilderbuchkarriere in der niedersächsischen Landespolitik. Der Deutsch-Schotte hatte nahezu alle Ämter, die Christian Wulff für ihn freimachte, übernommen. Die Presse kommentierte: „McAllister, den seine Freunde gern Mac nennen, genoss und genießt noch heute eine sehr hohe Popularität, vor allem in der eigenen Partei, aber auch in der niedersächsischen Bevölkerung. Dennoch gelang es ihm nicht, das ererbte Regierungsamt bei der Landtagswahl 2013 zu verteidigen; er scheiterte an nur wenigen hundert Stimmen – eine Niederlage, die er nur schwer akzeptieren konnte. Das Herz des CDU-Politikers, der in Bad Bederkesa zu Hause ist, schlägt allerdings in besonderer Weise für die Partei, der er als Landesvorsitzender auch weiter verbunden sein wird. Relativ schnell hatte er sich aber dazu entschlossen, auf Dauer nicht als Oppositionspolitiker zu agieren, sondern in die Europapolitik zu wechseln, für die er aufgrund seiner Zweisprachigkeit und seiner britischen Wurzeln besonders gute Voraussetzungen mitbringt."

In der CDU-Landtagsfraktion hat McAllister nach 16-jähriger Zugehörigkeit eine große Lücke hinterlassen, selbst wenn er sich im zurückliegenden Jahr dort öffentlich kaum zu Wort gemeldet hat und auch keine wirkliche Funktion hatte. Dennoch hatte sein Wort in der Fraktion noch immer Gewicht.

Über den Abschied vom Landtag hieß es im landespolitischen Hintergrund- und Informationsdienst *rundblick* unter der Überschrift „Mac ist weg":

„Mit einer bewegenden Abschiedsrede, seine ersten und letzten Plenarrede dieser Legislaturperiode, hat sich Ministerpräsident a. D. David McAllister vom Landesparlament verabschiedet. Mit der Drucksachennummer 17/1349 (Feststellung eines Sitzverlustes) endet im Landtag eine 16-jährige, in weiten Teilen sehr intensive parlamentarische Arbeit des früheren CDU-Fraktionsvorsitzenden, der diese Zeit als sehr spannende, ereignisreiche und erfüllende Jahre bezeichnete: zehn Jahre in Regierungsverantwortung, sechs in der Opposition – ‚das eine schöner als das andere‘. Er habe viele positive Erfahrungen machen dürfen, nicht nur, aber besonders in der eigenen Fraktion und auch beim langjährigen Koalitionspartner FDP, aber auch sehr kollegiale Erfahrungen mit Abgeordneten von SPD und Grünen, zum Teil hinter den Kulissen. Dass er es insgesamt auf sieben Ordnungsrufe gebracht habe, vor allem zu Beginn seiner Parlamentstätigkeit, seiner ‚Sturm- und Drangphase‘, daran konnte sich McAllister kaum erinnern, aber er habe diese Dinge ‚mit Sigmar Gabriel, Wolfgang Jüttner und Rebecca Harms schon lange geklärt‘, sagte er. Für ihn sei der Landtag der zentrale Ort der demokratischen Willensbildung, an dem alle Fraktionen die Aufgabe hätten, die Regierung zu kontrollieren. Neben dem leidenschaftlichen und kontroversen Diskurs in allen denkbaren Themenfeldern sei jedoch die Europapolitik immer von einem hohen Maß an Einigkeit geprägt gewesen. ‚Die europäische Einigung ist und bleibt auch im 21. Jahrhundert das große Versprechen von Frieden, Freiheit, Wohlstand und sozialer Sicherheit in Europa‘, betonte McAllister, der sich jetzt vollständig dem Europawahlkampf widmen will.‘“

Wörtlich heißt es dann im Protokoll des Niedersächsischen Landtags dazu weiter:

„Wenn ich dazu, Herr Ministerpräsident, ab Juli einen Beitrag leisten kann, dann bin ich gerne dazu bereit, parteiübergreifend niedersächsische Interessen in Brüssel und Straßburg zu vertreten. Ich wünsche meiner Nachfolgerin im Landtag, der Abgeordneten Aygül Özkan, alles Gute. Und Ihnen allen wünsche ich im Sinne unseres Landes Niedersachsens viel Erfolg. Machen Sie es gut! auf Wiedersehen!“ (Starker, nicht enden wollender Beifall – Die Abgeordneten von CDU und FDP erheben sich von den Plätzen – Mitglieder aller Fraktionen sowie Mitglieder der Landesregierung verabschieden sich von David McAllister und überreichen Blumen sowie Präsente). – Präsident Bernd Busemann: ‚Er darf nicht weglaufen! (David McAllister verlässt den Plenarsaal). Meine Damen und Herren, nun ist er weg. (Heiterkeit) Ich wollte eigentlich im Namen des Hauses noch einige freundliche Anmerkungen machen. Dieser nachhaltige Applaus, die freundlichen Wünsche, die David McAllister begleiten, kommen von Herzen und machen deutlich: Das eine sind die Ämter, das andere sind die Lebensabschnitte. Wir haben hier 16 Jahre lang einen hervorragenden Parlamentarier in unterschiedlichen Funktionen erlebt, der als Mensch, als Persönlichkeit, als Parlamentarier uns alle beeindruckt und die Herzen aller gewonnen hat. Nun hätte ich ihm noch sagen wollen, dass er in der 14. Wahlperiode 56 Redebeiträge geliefert hat, in der 15. Wahlperiode 215 Redebeiträge. Die sieben Ordnungsrufe hatte er offenbar noch selbst im Gedächtnis. Das alles waren Dinge, die mildernde Umstände verdienen, und anderes mehr. Gelegentlich wird ja gemutmaßt: Ist Mac weg? – Auch wenn er politisch nach

Brüssel geht, wenn die Wählerinnen und Wähler es denn so fügen, so gilt auch für Brüssel: Das Höchste, was du im Lande werden kannst, ist sowieso nur Niedersachse. So gesehen, bleibt er einer von uns (Zustimmung bei der CDU und bei der FDP). Wenn in einigen Jahren – da bin ich mir beinahe sicher, wie wir ihn so kennen – alle Menschen in Europa von Helsinki bis Lissabon und von Dublin bis Bukarest wissen, wo Bad Bederkesa liegt, ist alles gut gelaufen, letztendlich auch für Niedersachsen. Wir wünschen David McAllister – er ist hier schon entfleucht und befindet sich auf neuen Wegen – alles Gute. Am Ende machen wir alle Politik für Niedersachsen. (Zurufe: Er ist wieder da!) – David alles Gute. Und denke daran: Die in Brüssel müssen immer wissen, wo Bad Bederkesa liegt, nämlich in Niedersachsen.' (Beifall bei der CDU und bei der FDP)."

Der große Erfolg der Europawahl

Dann kam der 25. Mai 2014, der Tag der Europawahl. Er wurde zum Tag des Erfolgs und der Genugtuung besonders für David McAllister, der als Spitzenkandidat der CDU Deutschlands ins Rennen gegangen war. Die CDU in Niedersachsen wurde mit großem Abstand die stärkste politische Kraft im Lande und erzielte das beste Wahlergebnis aller CDU-Landesverbände Deutschlands. Dazu gab es einen klaren persönlichen Sieg des CDU-Spitzenkandidaten McAllister. Er meldete sich erfolgreich auf der großen politischen Bühne zurück: „Mac is back!"

Dem Wahlsieger McAllister gab das Wahlergebnis, knapp eineinhalb Jahre nach der bitteren Wahlniederlage bei der Landtagswahl 2013, neue Hoffnung und Kraft, nun wieder durchzustarten. Er wertete seine Wahl auch als Vertrauensbeweis für sich persönlich. Schon jetzt schloss er eine Rückkehr in die niedersächsische Landespolitik aus. „Meine parlamentarische Zukunft liegt im Europäischen Parlament in Straßburg und Brüssel. Punkt!", erklärte er kategorisch auf bereits aufkommende Spekulationen politischer Gegner und Teilen der Presse.

McAllister ließ jedoch auch keinen Zweifel daran, dass er weiterhin Vorsitzender der CDU in Niedersachsen bleiben möchte, zumindest bis zur Umsetzung der großen Parteireform der CDU in Niedersachsen. Sie sah in der Organisation eine Anpassung an die Bundes-CDU vor mit Vorstand und Präsidium an der Spitze. Dazu war die Verteilung der Verantwortung auf mehrere Schultern vorgesehen. Das operative Geschäft sollte von der CDU-Landtagsfraktion wahrgenommen werden, für Grundsatzfragen und Parteibeschlüsse sollte die Partei zuständig sein. Außerdem sollte sie in Zukunft „jünger, weiblicher und bunter" werden.

Ein letztes Mal wurde David McAllister auf dem Landesparteitag am 12. September 2014 in Braunschweig als Landesvorsitzender wiedergewählt, er erhielt 90 % der Stimmen. Er war acht Jahre lang Landesvorsitzender, bis er am 26. November 2016 von Dr. Bernd Althusmann abgelöst wurde.

Der CDU-Bundesparteitag im Dezember 2014 in Köln wählte ihn in das Präsidium der CDU Deutschlands. Der Landesparteitag im September 2015, der als reiner Arbeitsparteitag gedacht war, wurde indessen von der allgegenwärtigen Flüchtlingswelle und Asylpolitik überrollt. Noch einmal gab der Landesvorsitzende McAllister den Ton an, als er eine ökonomisch-ökologisch-politische europäische Asylpolitik anmahnte; eine derartige Flüchtlingskrise sei von Deutschland allein auf Dauer nicht zu bewältigen, rief der künftige Europapolitiker unter Beifall der Mitglieder in den Saal.

Von Hannover nach Brüssel

Die politische Bilanz des 10. niedersächsischen Ministerpräsidenten David McAllister kann sich durchaus sehen lassen. Dem Glückspilz waren die höchsten politischen Führungsämter Niedersachsens wie Vorsitzender der Landtagsfraktion, Landesvorsitzender der CDU in Niedersachsen und Ministerpräsident des Landes allerdings in den Schoß gefallen. Jedes Mal, wenn sein Vorgänger Christian Wulff auf seiner Karriereleiter nach oben gestiegen und ein Amt frei gemacht hatte, rückte McAllister einfach nach und kletterte auf seiner Leiter auch eine Sprosse höher. Und jedes Mal war er einer der Jüngsten. Aber er, den man getrost als geborenen Politiker bezeichnen kann, hat auch bewiesen, dass er seinen Aufgaben gewachsen war. Manchmal hat er seinen Vorgänger, seinen Herrn und Meister, sogar noch übertroffen. Dazu hat es McAllister verstanden, wie einst sein großes Vorbild, der unvergessene Volkstribun und CDU-Landesvorsitzende von 1968 bis 1990, Wilfried Hasselmann, mit seiner frischen und offenen Art und großer Eloquenz seine Zuhörer und Anhänger zu begeistern, mitzureißen und zu überzeugen.

Inzwischen startete David McAllister als Abgeordneter des Europäischen Parlaments in Straßburg und Brüssel eine neue, ebenso erfolgreiche Karriere und ist auch international in Europa und in der Weltspitze angekommen Am 22. November 2014 wurde er auf dem Gipfeltreffen der Internationalen Demokratischen Union (IDU), die 1983 als Par-

Der seinerzeitige luxemburgische EU-Kommissionspräsident Jean-Claude Juncker (rechts), einer der wichtigsten Europa-Politiker in Brüssel, hat frühzeitig das Talent des deutsch-schottisch-niedersächsischen Europa-Abgeordneten David McAllister erkannt. Das Foto zeigt die beiden europäischen Vollblutpolitiker auf dem CDU-Bundesparteitag in Berlin im April 2014.

teienverband der politischen Mitte in London gegründet worden war, im südkoreanischen Seoul zu einem der Vizepräsidenten des weltweiten Verbandes christdemokratischer und konservativer Parteien gewählt. In der Europäischen Union ist er u. a. seit Ende 2014 neuer ständiger Berichterstatter des Europa-Parlaments für Serbien, um die Beziehungen zum Kosovo zu normalisieren und sich um Rechtstaatlichkeit zu bemühen. Am 22. Oktober 2015 wählte ihn der Kongress der Europäischen Volksparteien (EVP) in Madrid zum neuen Vizepräsidenten in das Präsidium mit 89 %, dem besten Wahlergebnis aller Vizepräsidenten. Im Europa-Parlament ist McAllister u. a. Vorsitzender des Ausschusses für Auswärtige Angelegenheiten (AFET) und stellvertretendes Mitglied im Ausschuss für internationalen Handel (INTA) sowie im Ausschuss für Sicherheit und Verteidigung, ferner Mitglied der Delegation für die Beziehungen zur Parlamentarischen Versammlung der NATO und der

Delegation für die Beziehungen zu den Vereinigten Staaten sowie Vorsitzender der *UK Coordination Group* und Brexit-Beauftragter des EU-Parlaments.

Zum Schluss soll nicht vergessen werden, dass David McAllister ein ganz besonderes Verhältnis zur Presse hatte. Zur Landespressekonferenz ging er sehr gern. Hier war seine Bühne, hier konnte er sein Talent, Können und seine Eloquenz ausspielen, wobei manchmal der Unterhaltungswert höher war als der Informationswert. Bei den Journalistinnen und Journalisten war er, vor allem in der Zeit als Fraktionsvorsitzender, angesehen, teils beliebt und befreundet, was gelegentlich in Kumpanei ausarten konnte. Als Ministerpräsident bewies er sich als kompetent und seriös sowie als außerordentlich zugänglich und auskunftsfreudig. Ich glaube, die LPK hatte immer Spaß mit David McAllister.

11. Stephan Weil

Stephan Weil ist der elfte niedersächsische Ministerpräsident seit der Gründung des Landes Niedersachsen 1946, und er ist der siebente sozialdemokratische Regierungschef des Landes nach Hinrich Wilhelm Kopf, Dr. Georg Diederichs, Alfred Kubel, Gerhard Schröder, Gerhard Glogowski und Sigmar Gabriel. Für mich ist er der letzte in der stolzen Ahnengalerie niedersächsischer Landesfürsten der 75 Jahre Nachkriegsgeschichte unseres Bundeslandes, die ich kennenlernen durfte. Er war 2013 völlig unerwartet mit dem knappsten Landtagswahlergebnis aller Zeiten gewählt worden.

Ich selbst habe Stephan Weil nicht „offiziell" als amtierenden Ministerpräsidenten erlebt. Denn als er 2013 erstmals sein Amt antrat, war ich bereits 92 Jahre alt und nicht mehr aktiv journalistisch tätig. Aber als Ehrenvorsitzender der Landespressekonferenz und Buch-Autor habe ich die niedersächsische Landespolitik immer noch ständig außerordentlich interessiert beobachtet. Und ich habe es mir nicht nehmen lassen, auch mit Stephan Weil, wie mit allen seinen Vorgängern von Kopf bis McAllister, Interviews zu führen und Kaffee zu trinken.

Der Einsteiger von oben

Stephan Weil ist, nach dem Gründer des Landes und ersten Ministerpräsidenten Hinrich Wilhelm Kopf, der einzige niedersächsische Regierungschef, der nicht über die Landespolitik in das höchste Amt des Landes gekommen ist. Er war vorher nie „einfacher" Landtagsabgeordneter, hat nie eine Landtagsfraktion kennen gelernt, weder als Regierungspartei noch als Opposition. So wie er schon in der Kommunalpolitik gleich Kämmerer oder gar Oberbürgermeister der niedersächsischen Landeshauptstadt Hannover wurde, so stieg er auch in der Landespolitik gleich „von oben her" ein. Stephan Weil war, wie er selbst sagte, ein Spätzünder in der hohen Politik. Als er Oberbürgermeister wurde, war er bereits 48 Jahre alt, Ministerpräsident wurde er mit 54 Jahren.

Ja, Stephan Weil ist auch ein Glückspilz der Geschichte des Landes. Er hat, wie wir später noch erfahren werden, eine Bilderbuchkarriere als Jurist und Beamter hingelegt, die ihresgleichen sucht. Und er hat eine Politikerkarriere gestartet, wie sie vor ihm kaum ein anderer Regierungschef geschafft hat. Obwohl er weder Abgeordneter noch Fraktionsmitglied war, trotzte er mit gesundem Selbstbewusstsein allen Anfeindungen. Dabei ist es geradezu paradox, dass der SPD-Mann Weil Ministerpräsident wurde, obwohl die SPD bei der Landtagswahl in Niedersachsen 2013 ihr zweitschlechtestes Wahlergebnis in 75 Jahren Nachkriegsgeschichte erzielte. Aber das focht den Polit-Spätzünder nicht an. Ohne Ochsentour in der Partei als Treppenterrier und Ortsvereinskassierer war er SPD-Landesvorsitzender geworden und sogar Oberbürgermeister einer Landeshauptstadt, ohne vorheriges Mandat auch Regierungschef. Immer gleich von oben rein. Das war seine Devise.

Dabei war Stephan Weil durchaus nicht unpolitisch gewesen. Zum Schulanfang wusste er natürlich noch nicht, was er werden wollte und was er einmal werden würde.

Aber schon in der Jugendzeit schlug sein Herz „links", geprägt durch das Elternhaus und die Politik von Willy Brandt, wie er verriet. Als 24-Jähriger ist er 1980 in die SPD eingetreten, war Juso-Vorsitzender im Unterbezirk Hannover-Stadt, wurde Vorsitzender des SPD-Unterbezirks Hannover-Stadt und im Januar 2012 sogar Landesvorsitzender der SPD Niedersachsen. Zwei Monate später erhielt er auch als Direktkandidat einen hannoverschen Wahlkreis. Im Juni 2012 setzte ihn die SPD auf Platz 1 der Landesliste und wählte ihn zum Spitzenkandidaten für die Landtagswahl 2013, nachdem ein Jahr zuvor der vorherige SPD-Landesvorsitzende Olaf Lies im Kampf um diesen Posten durch Mitgliederentscheid „herausgekegelt" worden war.

So problemlos und gerade wie seine politische Karriere war, verlief auch Stephan Weils Bilderbuchkarriere als Jurist und Beamter – schnurstracks und ohne Unterbrechungen – vom Abitur 1977 über Zivildienst, Jurastudium an der Universität Göttingen mit 1. und 2. juristischem Staatsexamen, dann Rechtsanwalt, Richter und Staatsanwalt, Abordnung an das niedersächsische Justizministerium mit Aufstieg bis zum Ministerialrat; alles innerhalb von 20 Jahren. Über das Amt des Stadtkämmerers in Hannover 1997 ging es 2006 direkt in das Amt des Oberbürgermeisters der niedersächsischen Landeshauptstadt, wieder nach seiner Devise: Immer gleich von oben rein.

Dass Stephan Weil 2013 auch gleich von oben in die Landespolitik einstieg und auf Anhieb Ministerpräsident wurde, hätte er sich allerdings nicht träumen lassen. Denn der gelernte Jurist und praktizierende Beamte hatte den Politikbetrieb sicher nicht als Lebensmittelpunkt herbeigesehnt. Aber er hatte Karriere gemacht, weil er Politik gemacht hatte. Dabei hatte ihn ausgerechnet die Landespolitik vorher nicht wirklich interessiert. So gab es offensichtlich auch keine besonderen Beziehungen zu Gerhard Schröder, der ab Mitte der 80er Jahre des vorigen Jahrhunderts die landespolitische Szene Niedersachsens aufgemischt und seit 1990 als Ministerpräsident acht Jahre lang beherrscht hatte. Als Politiker habe Schröder, dessen Erbe nach Meinung Weils nachhaltiger ist als das der CDU-Bundeskanzlerin Angela Merkel, ihn jedoch mitgeprägt, sagte Weil in einem Gespräch. Da er nicht unter einem Mangel an Selbstbewusstsein leidet, habe er die Chance ergriffen, nach der Landtagswahl 2013 einen möglichen Regierungswechsel in Niedersachsen herbeizuführen. Außerdem sei er seiner Partei, der er seine Karriere verdankt, „etwas schuldig" gewesen. Doch das hannoversche Rathaus als Chef zu verlassen, sei ihm schwergefallen. Allerdings habe er, im Nachhinein betrachtet, wohl einiges richtig gemacht.

Das unfassbare Glück der Landtagswahl 2013

Mit mageren 27 % Bekanntheitsgrad war Stephan Weil gegen 53 % des amtierenden CDU-Ministerpräsidenten David McAllister 2012 in den Landtagswahlkampf gezogen. Wenige Monate vor der für den 20. Januar 2013 angesetzten Wahl lag die SPD bei 33 %, während die CDU mit 38 % rechnen konnte; die Grünen wurden von den Wahlforschern mit 13 %, FDP und Linke mit je 5 % angegeben. Die regierende CDU/FDP-Koalition setzte im Wesentlichen auf die bisherige Regierungsmannschaft, der SPD-Spitzenkandidat Weil gab der Öffentlichkeit sein Schattenkabinett scheibchenweise bekannt. Fünf Männer und fünf Frauen sollten es sein. Die Presse kommentierte: „Die Mannschaft von Weil kommt so bieder daher wie er selbst" oder „Schattenkabinett verbreitet keinen Glanz, dafür gepflegte Langeweile". Überraschend war, dass Doris Schröder-Köpf, Gattin des früheren niedersächsischen Ministerpräsidenten und ehemaligen Bundeskanzlers Gerhard Schröder, die im Kampf um einen hannoverschen SPD-Wahlkreis als Politik-Neuling und ohne jegliche parlamentarische Erfahrung eine erfahrene und beliebte SPD-Landtagsabgeordnete und Funktionärin „rausgeboxt" hatte, nicht auf Weils Ministerliste stand. Wohlmeinende Genossen meinten, es wäre des Guten zu viel gewesen, eine weithin politisch unbekannte Prominentengattin gleich auf einen Ministersessel zu katapultieren. Überraschend fanden politische Beobachter dagegen, dass mit Anke Pörksen eine Frau aus Hamburg für das Justizressort geholt werden sollte.

So kam die Landtagswahl am 20. Januar 2013. Über den Wahlkampf und den ebenso überraschenden wie dramatischen Ausgang der Wahl ist bereits im vorigen Kapitel bei Ministerpräsident McAllister eingehend berichtet worden. Für den Wahlsieger und designierten neuen niedersächsischen Ministerpräsidenten Stephan Weil war der Wahlabend, wie er sich erinnerte, „der aufregendste, aber nicht der schönste Abend". Vor lauter Adrenalinausstoß sei er gar nicht zum Nachdenken gekommen. Endgültig realisiert habe er den großen Erfolg erst am nächsten Tag: „Und dann habe ich mich, genauso wie es damals als Oberbürgermeister war, nun als Ministerpräsident hineingestürzt und hineingearbeitet in die neue Situation." Dann kamen aufregende Tage mit Koalitionsgesprächen und einer Regierungsbildung mit Bündnis 90/Die Grünen. Doch beflügelt von der Begeisterung des unverhofften Wahlsieges war alles schnell und ziemlich unkompliziert vonstattengegangen, zumal sich Sozialdemokraten und Grüne schon in der Opposition angefreundet und vielfach die gleichen Ziele hatten. Allerdings gab es bei der Besetzung des Kabinetts bei einigen „gehandelten" Personen auch herbe Enttäuschungen. Mit einem Schattenkabinett hatte der neue Ministerpräsident zwar die Grundlagen gelegt, aber jetzt verlangte der Koalitionspartner, der die neue Regierung durch sein hervorragendes Wahlergebnis überhaupt erst möglich gemacht hatte, natürlich seine „Belohnung". So erhielten die Grünen immerhin vier der neun Ministerposten. Weil musste „manchen Freunden die schlechte Nachricht überbringen und den Lebenstraum zunichtemachen". Die große Überraschung war allerdings, dass die als Justizministerin aus Hamburg geholte Regierungsdirektorin Anke Pörksen nun neue Regierungssprecherin wurde. Nicht nur dass damit erstmals eine Juristin und kein Presse-Profi Chef der Pressestelle der Landesregierung in der Staatskanzlei wurde, sondern auch weil eine Beamtin von der Gehaltsgruppe A 15 vor dem Sprung auf die Staatssekretärsgruppierung B 9 stand.

„Die haben mir gar nicht zugehört!"

Am 19. Februar 2013 konstituierte sich der neue Niedersächsische Landtag und wählte den SPD-Spitzenkandidaten Stephan Weil mit der Ein-Stimmen-Mehrheit der neuen rot-grünen Koalition zum elften niedersächsischen Ministerpräsidenten. Anschließend wurde er vom Landtagspräsidenten vereidigt.

Es war ein denkwürdiger Tag für den 54-jährigen SPD-Politiker, der anschließend seine Jungfernrede hielt, zum ersten Male in seinem Leben vor dem Landesparlament und dann gleich als Regierungserklärung.

Weil begann seine Ausführungen, sehr geschickt, mit dem Dank an die bisherige Landesregierung und seinen Amtsvorgänger McAllister, dem er ausdrücklich seinen „Respekt für Arbeit und Engagement für unser Land Niedersachsen" zollte, sowie mit einem Angebot zur offenen und respektvollen Zusammenarbeit aller Fraktionen. So weit so gut. Doch dann ging es zur Sache. Es ist schon interessant, im Landtagsprotokoll nachzulesen, wie ein Neuling die Landespolitik verändern, erneuern und teilweise auf den Kopf stellen wollte. Dass er bei seiner Rede vor allem von den abgelösten bisherigen Regierungsfraktionen CDU und FDP oft attackiert, teilweise verlacht und verhöhnt wurde, zeigt, wie aufgeheizt die Stimmung im Plenarsaal war: Tatendrang, Siegeszuversicht bis Überheblichkeit auf der einen Seite, Wut, Zorn, noch nicht verkraftete Enttäuschung über verlorene Macht auf der anderen Seite. Die akribisch, wenn nicht gar pedantisch vorbereitete Regierungserklärung des Neulings, programmatisch, optimistisch, visionär, teilweise vielleicht auch illusorisch, wurde von ständigen Zwischenrufen, teils höhnischem Gelächter immer wieder unterbrochen. Es war gewiss keine Sternstunde des Parlaments.

Eine in der SPD-Spitze kolportierte Anekdote mag die Stimmung beschreiben:

Der neue Ministerpräsident Stephan Weil, der sich wirklich bemühte, seiner ersten Rede im Landtag eine politische, wenn nicht gar staatsmännische Note zu geben und dabei ständig von der Opposition missachtet und attackiert wurde, beschwerte und beklagte sich hinterher bitterlich bei seinen Genossen und Ziehvätern: „Die haben mir gar nicht zugehört!"

Dabei ging es dem neuen Ministerpräsidenten vornehmlich um den demografischen Wandel als zentrales Zukunftsthema auch in Niedersach-

sen, um den Klimawandel und die Folgen einer stetig intensiveren Land-
und Ernährungswirtschaft sowie um die Schlüsselfrage der Zukunftsin-
vestitionen nach dem Grundsatz „Nicht sparen, koste es, was es wolle",
sondern „Sparen und Investieren". Vor allem aber ging es um Bildungspolitik als Kernthema der gesellschaftlichen Entwicklung und hier um
die leidige Schulpolitik. Wörtlich betonte Weil: „Wir brauchen keinen
vordergründigen Streit um Schulstrukturen, der in Niedersachsen buchstäblich seit Jahrzehnten tobt. Damit will die Landesregierung Schluss
machen. Wir werden keine bestehenden Schulformen abschaffen, wir
werden keine neuen Schulformen einführen. Wir werden die Voraussetzungen dafür schaffen, dass vor Ort die Schulen angeboten werden, die
Eltern und Kommunen als Schulträger tatsächlich wollen. Deswegen
werden wir die Diskriminierung von Gesamtschulen beenden, insbesondere die Fünfzügigkeit abschaffen. Gesamtschulen werden wieder
Ganztagsschulen sein. Ihrem pädagogischen Konzept folgend, wird das
Abitur nach neun Jahren möglich sein." Und weiter: „Die neue Landesregierung steht für mehr Qualität. aber auch für mehr Gerechtigkeit in
der Bildungspolitik. Deswegen werden wir den Weg der Inklusion intensiv verfolgen – wohlwissend, dass es ein langer Weg sein wird. Und
deswegen sind wir entschieden dafür, die Studiengebühren abzuschaf-
fen. Sie sind das Symbol für eine Politik, die Bildung vom Geldbeutel
der Eltern abhängig macht." Die neue Landesregierung werde sich für
eine Finanzausstattung des Landes einsetzen, die Bildungsinvestitionen
möglich macht, zum Beispiel durch einen höheren Spitzensteuersatz.
Schließlich ging es noch um die Energiewende und vor allem um den
Umbau der Agrarpolitik. Statt einer Politik, die die 40.000 bäuerlichen
Betriebe vor die Alternative „Wachsen oder Weichen" stellt, sollen diese
Betriebe im Rahmen einer sanften Agrarwende gezielt gefördert werden. „Eine Revolution in der Agrarpolitik ist von dieser Landesregierung nicht zu erwarten, eine Evolution in enger Zusammenarbeit mit
der Wirtschaft sehr wohl."

Von nun an in der Profiliga

Nachdem der neue Ministerpräsident vom bisherigen Ministerpräsidenten die Staatskanzlei in der hannoverschen Planckstraße übernommen
hatte, „ordentlich und mit Würde", wie es offiziell hieß, begann für
Stephan Weil ein völlig neuer Lebensabschnitt.

Ein stolzer Chef in der Staatskanzlei, im Hintergrund die Ahnengalerie der Ministerpräsidenten „in Öl".

Der eingefleischte Fußball-Fan merkte schon bald, dass er von nun an in einer ganz anderen Liga spielen musste: Profiliga statt Bezirksliga. Dazu brauchte man das entsprechende Personal. Weil versuchte es unter anderem gleich mal mit vier Staatssekretären in der Staatskanzlei. Aber für den landespolitischen Neuling und seine ebenso unerfahrene Regierung konnte es trotz der immer noch anhaltenden Euphorie über den gelungenen Wahlsieg nicht auf Anhieb funktionieren. Journalistische Beobachter meinten, Weil sei zu Beginn seiner Amtszeit als Ministerpräsident außerordentlich schwer „in die Hufe gekommen", wie man im Pferdeland Niedersachsen zu sagen pflegt. Das sei auch verständlich, zumal er mit 54 Jahren zum ersten Male die Staatskanzlei, das Machtzentrum der Regierung, von innen gesehen habe und ebenso den Landtag, in einem Alter, in dem sich manche Politiker und Abgeordnete schon auf das parlamentarische Altenteil vorbereiten.

Auch die Journalisten der Landespressekonferenz waren enttäuscht. Nach den vielversprechenden Ankündigungen Weils bei den nahezu wöchentlich stattfindenden Presseterminen in der Wahlkampfzeit waren die Erwartungen groß. Doch es passierte wenig. Im Gegenteil. Obwohl das niedersächsische Pressegesetz „die Behörden verpflichtet, den Vertretern der Presse die der Erfüllung ihrer öffentlichen Aufgabe dienenden Auskünfte zu erteilen", und „allgemeine Anordnungen, die einer Behörde Auskünfte an die Presse verbietet, für unzulässig erklärt", hatten die Journalisten oft den Eindruck, was im Kabinett verhandelt und beschlossen wird, sei für die Presse tabu, und die Regierung fühle sich eher als Gralshüter von Staatsgeheimnissen. Alles schien auf einmal sehr geheim. Überhaupt dauerte es längere Zeit, bis die regierenden Neulinge lernten, mit der Presse umzugehen.

Dazu machte es die Landtagsopposition, die offensichtlich ihre Wahlniederlage immer noch nicht wahrhaben wollte, der neuen rot-grünen Koalition durch ständige Aggressivität und grundsätzliche Ablehnung aller Vorschläge und Anträge nicht gerade leicht. In der Presse war zu lesen, dass die politischen Lager in Niedersachsen fest gefügt sind: Hier die rot-grüne Koalition, da die schwarz-gelbe Opposition, einander in herzlicher Feindschaft verbunden. Keine christdemokratische Hand erhob sich zum Applaus, wenn ein Sozialdemokrat eine Rede hielt; kein Liberaler spendete einem Grünen jemals Beifall. Das Klima im Landtag war vergiftet, wie man es lange nicht mehr erlebt hatte.

Es war kein Wunder, dass sich Presse und Opposition nahezu darüber einig waren, dass das erste Jahr der rot-grünen Koalition ein Jahr des landespolitischen Stillstands war. Die Vorwürfe galten der „ideologisch motivierten Schulpolitik" mit Bevorzugung der Gesamtschulen gegenüber den Gymnasien ebenso wie dem verhinderten Konsolidierungskurs, weil „trotz Rekordsteuereinnahmen mehr Schulden als vorher" gemacht würden. Besonders kritisiert wurde die Aufblähung der Verwaltung und hier vor allem der Staatskanzlei wegen der personellen Aufstockung auf oberster Ebene mit allein vier Staatssekretären, sechs Abteilungsleitern und durch die „Wiedereinführung der Bezirksregierungen durch die Hintertür" mit vier sogenannten Landesbeauftragten mit einer Abteilungsleiterbesoldung nach B 6, die die bisherigen Leiter der Regierungsvertretungen nach B 2 oder B 3 ersetzen sollten. Dass Ex-Kanzler-Gattin Doris Schröder-Köpf mit einem eigenen Büro als Landesbeauftragte für Migration und Teilhabe auch in der Staatskanzlei angesiedelt wurde, galt als Trostpflaster.

Trotz aller Kritik, in der Landesregierung wurde auch gearbeitet, wie ein Blick in die Kabinettsrunde zeigt.

Bewährung in der Flüchtlings- und VW-Krise

Aber offenbar wurde der neue Ministerpräsident von vielen unterschätzt. Mit einer Beharrlichkeit sondergleichen, mit Fleiß und Ausdauer arbeitete er sich in sein neues Amt hinein, wie man es bei diesem drögen Beamtentyp nicht für möglich gehalten hätte. Beobachter hatten den Eindruck, Stephan Weil blühte geradezu auf. Das kam dann besonders bei zwei entscheidenden Krisen zum Ausdruck, die 2015 gerade auch Niedersachsen außerordentlich berührten und den Regierungschef auf eine harte Probe stellten: Die Flüchtlingskrise und die *Volkswagen*-Krise.

Ein Flüchtlingsstrom überrollte das Land

Im Sommer 2015 begann die größte Flüchtlingsbewegung auf der Welt nach dem 2. Weltkrieg. Sie machte auch vor Deutschland und Niedersachsen nicht halt. Millionen von Flüchtlingen und Asylbewerbern, vor allem aus dem Bürgerkriegsland Syrien und aus Afrika, verließen vor Kriegen und gewaltsamen Auseinandersetzungen oder aus Armut und schlechten Zukunftsaussichten ihre Länder und suchten vor allem in Deutschland eine neue Heimat und Perspektive. Ein großer Strom von Menschen überrollte das Land und führte zu katastrophalen, in dieser Generation nie gekannten Verhältnissen. Sie bescherte dem Land die größte Herausforderung der Nachkriegszeit, und sie war für den neuen Ministerpräsidenten Stephan Weil eine riesige Bewährungsprobe.

Das dringendste Problem war zunächst die Unterbringung der Flüchtlinge und Gestrandeten. In einer Regierungserklärung im September 2015 vor dem Niedersächsischen Landtag sagte Ministerpräsident Weil, in Niedersachsen sei der schnelle und konsequente Ausbau unserer Aufnahmeeinrichtungen von höchster Priorität. Die bestehenden Einrichtungen seien völlig überfüllt. Zur Entlastung seien im Nachtragshaushalt zunächst 30 Millionen Euro vorgesehen. Wichtig sei dabei vor allem auch eine Kostenerstattung für die Kommunen. „In Niedersachsen machen wir Nägel mit Köpfen. Die Landesregierung hat beschlossen, dem Landtag einen zweiten Nachtragshaushaltsplan in Höhe von 300 Millionen Euro für das laufende Jahr vorzulegen", sagte Weil später. Der Löwenanteil solle den Landkreisen, Städten und Gemeinden zukommen. „Wir lassen die niedersächsischen Kommunen nicht im Stich", rief der Ministerpräsident im Landtag unter dem Beifalle der Abgeordneten aus,

Auch einen Besuch bei Papst Franziskus im Vatikan in Rom nutzte Ministerpräsident Stephan Weil, um auf die riesigen Flüchtlingsprobleme hinzuweisen.

„wir können es uns leisten, weil sich die Finanzlage des Landes in den vergangenen zweieinhalb Jahren wesentlich stabilisiert hat."

Weil betonte weiter, unsere Gesellschaft sei in der Lage, die Herausforderungen des Jahres 2015 erfolgreich zu meistern, allerdings nicht auf unabsehbare Zeit. „Deswegen muss in der Bundespolitik eine durchgreifende und nachhaltige Beschleunigung der Asylverfahren stattfinden." Sie müsse im Mittelpunkt aller Überlegungen stehen. Und dafür müsse kein Buchstabe in einem Gesetz geändert werden. Allerdings müsse die Verwaltung schneller, flexibler und oftmals pragmatischer werden. „Wir stehen zum Grundrecht des Asyls. Aber wir können nicht die Hoffnungen aller Menschen erfüllen", fügte Weil hinzu. Ein modernes Einwanderungsrecht sei überfällig; denn Deutschland sei nun einmal ein Einwanderungsland. Dieser Einsicht müssten endlich Taten folgen.

Im Mittelpunk der Integrationsarbeit solle die Sprachförderung stehen. Deshalb werde Niedersachsen die Zahl der Sprachlernklassen auf etwa 550 nahezu verdoppeln und auch zehn Millionen Euro zur Sprachförderung für Erwachsene bereitstellen. Zusammenfassend erklärte der Ministerpräsident: „Die Landesregierung ist sich der Bedeutung von Arbeit und Bildung für die Integration sehr bewusst. Mit unseren Vorschlägen stellen wir das nachdrücklich unter Beweis. Flüchtlinge, die nach Niedersachsen kommen und die hierbleiben, sollen die Chance haben, ein erfolgreiches Leben zu führen." Abschließend erklärte er in seiner Regierungserklärung: „Niedersachsen präsentiert sich in diesen Tagen mitfühlend, mitmenschlich und weltoffen. Für uns in Niedersachsen ist nicht entscheidend, wo einer herkommt, sondern wo wir gemeinsam hinwollen. Das ist das moderne Niedersachsen im Spätsommer 2015. Ich bin froh und stolz, Bürger dieses Landes zu sein!" Beifall bei den Regierungsfraktionen. Solche Töne hatte man lange nicht im Landesparlament gehört. Weil war angekommen.

Vom Diesel-Skandal völlig überrascht

Schwieriger und wesentlich heikler wurde es für den Regierungschef dann einen Monat später bei der Unterrichtung des Landtags über den Skandal und die Krise bei der *Volkswagen AG* in Wolfsburg, in deren Aufsichtsrat Ministerpräsident Stephan Weil gemeinsam mit dem damaligen Wirtschaftsminister Olaf Lies für das Land Niedersachsen saß. Die schwere Krise habe ihn im September 2015 völlig unvermittelt überrascht und seitdem in Atem gehalten, verriet er dem Parlament. Nach einem kurzen Rückblick über das besondere Verhältnis Niedersachsens zu „seinem", mit 120.000 Mitarbeitern größten privaten Arbeitgeber, sagte Weil, er sei tief betroffen und entsetzt darüber, dass bei *Volkswagen* über etliche Jahre hinweg Abgaswerte bei Dieselmotoren manipuliert worden seien. Dieses Vorgehen sei unverantwortlich, völlig inakzeptabel und durch nichts zu rechtfertigen. „Damit ist gegen Gesetze verstoßen und damit ist Vertrauen missbraucht worden. Das darf sich nie wiederholen. Dieses Entsetzen wird auch von der überragenden Mehrheit der Beschäftigten bei *Volkswagen* geteilt."

Und dann fasste der Ministerpräsident den Sachverhalt so zusammen: Vor etwa zehn Jahren seien strategische Überlegungen darüber angestellt worden, wie *Volkswagen* in den Vereinigten Staaten von Amerika mit einem Dieselmotor Erfolg haben könnte. Es sollte ein verbrauchsarmer Motor sein, der bewusst als ökologisches und grünes Produkt positioniert werden könnte. Es sei aber nicht gelungen, die strengen Abgaswerte in den USA einzuhalten. Deshalb sei der fatale Entschluss gefasst worden, eine Software zu entwickeln, die die Abgasentwicklung unterschiedlich steuert, ob auf dem Prüfstand oder im Straßenverkehr. In den Folgejahren wurde diese Software auch in anderen Modellen mit Dieselmotoren und auf anderen Märkten eingesetzt. Als Wissenschaftler Abweichungen in der Schadstoffkonzentration feststellten, flog der Schwindel auf. Nach einjährigen Gesprächen mit amerikanischen Aufsichtsbehörden gestand VW die Manipulationen ein, viel zu spät. Seit dem 18. September 2015 haben die US-Behörden die Vorgänge öffentlich gemacht. Ermittlungen über die Verantwortlichen wurden eingeleitet. Eine weltweite Diskussion begann.

Es ging um bis zu elf Millionen Fahrzeuge, die zum geringen Teil in den USA, zum größten Teil auf den europäischen Märkten in die Werkstätten zurückgeholt werden mussten. Über die Schadensbeseitigung hinaus wurden etliche Straf- und Zivilverfahren unter den jeweils geltenden Rechtsordnungen hüben und drüben des Atlantiks eingeleitet. VW musste seine Planungen für Investitionen und Gewinne neu justieren, und auch die Steuereinnahmen der öffentlichen Hand blieben von der VW-Krise nicht unberührt. Die wichtigste Frage war jedoch, ob es *Volkswagen* gelingen würde, das Vertrauen seiner Kunden wieder zurück zu gewinnen und an den unterschiedlichsten Märkten der Welt weiter erfolgreich tätig zu sein.

Die konsequente Aufklärung aller Vorgänge im Zusammenhang mit der Manipulation der Abgaswerte sei für das Unternehmen ein schmerzlicher Prozess, aber die Grundlage für einen im Unternehmensinteresse liegenden Neuanfang, sagte der Ministerpräsident weiter. Dafür habe der Aufsichtsrat eine unabhängige Untersuchung eingeleitet, und das Präsidium habe Strafanzeige wegen des Verdachts strafbarer Handlungen erstattet. Die Staatsanwaltschaft Braunschweig habe bereits Ermittlungen aufgenommen. Vor allem aber sei eine Reihe personeller Konsequenzen gezogen worden. So habe VW-Chef Martin Winterkorn die Gesamtverantwortung übernommen und sei als Vorstandsvorsitzender zurückgetreten. Matthias Müller, der die Marke *Porsche* außerordentlich erfolgreich geführt hat, sollte nun *Volkswagen* aus der aktuell schwierigen Situation herausführen. Auch an der Spitze des Aufsichtsrats hat ein Wechsel stattgefunden; der bisherige Finanzvorstand Hans Dieter Pötsch übernahm den Vorsitz.

Zusammenfassend sagte Weil: „Die Aufarbeitung dieses Skandals erfolgt derzeit mit höchster Priorität und Intensität. Uns allen ist miteinander klar, dass *Volkswagen* Vertrauen zurückgewinnen muss und dass eine rückhaltlose Aufklärung und die notwendigen Konsequenzen beim weiteren Vorgehen die Grundlage für neues Vertrauen bilden. Der Aufsichtsrat treibt diesen Prozess voran." Er vergaß nicht darauf hinzuweisen, er habe keine Hinweise, dass auch die Aufsichtsratsmitglieder der vorherigen Landesregierungen die fatalen Fehlentscheidungen im Unternehmen gekannt haben oder hätten erkennen können. Abschließend betonte Weil: „Die Krise ist auch eine Chance. Der Skandal um manipulierte Abgaswerte ist ganz sicher ein tiefer Einschnitt für den Konzern. Er bietet aber auch die Möglichkeit zu einem Neuanfang. Umweltstandards sind nicht lästig. Sie sind die Grundlage für geschäftlichen Erfolg."

Milliardensegen für Niedersachsen

Und dann soll nicht verschwiegen werden, dass bei aller Trauer und allem Ärger um den VW-Skandal und die Milliarden-Strafen besonders in den USA drei Jahre später ein unverhoffter finanzieller Sonnenstrahl das Land Niedersachsen getroffen hat: Die Staatsanwaltschaft Braunschweig hatte im Juni 2018 ein gegen den VW-Konzern gerichtetes Ordnungswidrigkeitsverfahren abgeschlossen und ein Bußgeld in Höhe von einer Milliarde Euro verhängt; davon entfielen fünf Millionen Euro auf die Ahndung der Ordnungswidrigkeit und 995 Millionen Euro auf das Abschöpfen von durch Diesel-Manipulationen erzielten wirtschaftlichen Vorteilen. Der Milliardensegen ist dem Land Niedersachsen zugutegekommen. Mit dem unverhofften Geld im Landesetat und nachdem auch der VW-Aufsichtsrat wie seit langem nicht mehr zeitweise wöchentlich tagen musste, sondern zur Normalität zurückgekehrt war, konnte auch Ministerpräsident und VW-Aufsichtsratsmitglied Stephan Weil wieder ruhiger schlafen.

Es gab für den niedersächsischen Regierungschef aber auch noch schönere Momente in dieser Zeit. Dazu gehören neben dem Empfang hoher Staatsgäste gewiss die Empfänge von Königinnen – „richtigen" und regierenden aus traditionellen Monarchien, und „gewählten" von Miss-Wahlen über Heidekönigin bis zur Spargelkönigin.

Ministerpräsident Weil (Mitte) mit den höchsten Repräsentanten der Welt – dem amerikanischen Präsidenten Barack Obama (links) und Deutschlands Bundeskanzlerin Angela Merkel 2016 auf der Hannover-Messe.

Eine Grüne brachte die Regierung zu Fall

Ministerpräsident Stephan Weil kam mit der Zeit immer besser in Fahrt. Voll Stolz konnte er nach vier Jahren Regierungszeit verkünden, dass erstmals in Niedersachsen die Schuldenbremse eingehalten wird und zum ersten Male seit 70 Jahren eine Regierung ohne Nettoneuverschuldung auskommt, ferner dass in dieser Legislaturperiode eine Milliarde Euro für den Bildungsbereich zusätzlich bereitgestellt werden können. Er konnte allerdings nicht verschweigen, dass riesig sprudelnde Steuereinnahmen und niedrige Zinsen diese Entwicklung erst begünstigt haben. Außerdem kletterten Weils Umfrageergebnisse deutlich nach oben, bei SPD-Anhängern lag die Zustimmung zu seiner Politik bei 74 %, bei den Grünen bei 70 %, und selbst die Oppositionsanhänger waren mit über 60 % mit dem SPD-Ministerpräsidenten zufrieden.

Dennoch brachte er die erste Amtszeit seines Lebens als Ministerpräsident nicht über die Runden. Am 4. August 2017 erschütterte ein politisches Erdbeben das Land Niedersachsen und brachte die rot-grüne

Regierung mit ihrer Ein-Stimmen-Mehrheit zum Einsturz. Die Landtagsabgeordnete Elke Twesten von der Fraktion Bündnis 90/Die Grünen aus Rotenburg war aus ihrer Partei ausgetreten und zur CDU übergetreten. Kolportiert wurde, die Grünen hätten sie nicht wieder für die nächste Landtagswahl aufstellen wollen. Elke Twesten selbst, seit 20 Jahren eine eher konservative Grüne, die mit ihrer Partei schon längere Zeit übers Kreuz lag, hat später erklärt, der Austritt sei das Ergebnis eines längeren inneren Konflikts gewesen. Und für ein angeblich versprochenes Landtagsmandat bei der CDU, knapp fünf Monate vor der nächsten Landtagswahl, war es ohnehin schon zu spät gewesen.

Während die CDU-Spitze die Überläuferin siegesgewiss „wie eine Trophäe" durch den Landtag zur eilig einberufenen Pressekonferenz führte, witterte man im Regierungslager eher „Verrat", oder, wie Ministerpräsident Weil später in einer – für ihn eigentlich ungewöhnlich emotionsgeladenen – Rede vor dem Landtag sagte, „das böse Wort von unseriösen oder unmoralischen Angeboten". Das könne so nicht stehen bleiben, wetterte der Ministerpräsident weiter. „Wer in einem Land das Sagen hat, das darf nach unserem demokratischen Verständnis am Ende nur durch die Wählerinnen und Wähler bestimmt werden." Diese hätten sich 2013 ganz eindeutig für Rot-Grün entschieden. Genau dieser Wille werde jetzt verletzt.

Übrigens wurden seine SPD-Vorgänger im Amt, Gerhard Glogowski und Sigmar Gabriel, auch ohne die Wählerinnen und Wähler zu Ministerpräsidenten gemacht. Zum freien Mandat der Abgeordneten meinte der Regierungschef, dazu gehöre das Recht auf einen Fraktionswechsel. Doch „nicht alles, was erlaubt ist, darf man auch machen", oder wie es der gelernte Jurist anders ausdrückte: „Wenn etwas legal ist, ist es noch lange nicht legitim."

Aber weil Ministerpräsident Weil, der nun keine Mehrheit mehr hatte, nicht zurücktreten wollte und die Opposition ein konstruktives Misstrauensvotum mit geheimer Abstimmung offensichtlich wegen des zu großen Risikos scheute, einigte sich der Landtag schweren Herzens auf seine Selbstauflösung und auf vorgezogene Neuwahlen. 70 Abgeordnete aller Fraktionen hatten den entsprechenden Antrag eingebracht. Anschließend gab es leidenschaftliche Diskussionen. Vor allem in der rot-grünen Koalition konnte man die Wut im Bauch deutlich spüren. Durch solche Übertritte leiden die Glaubwürdigkeit und Verlässlichkeit der demokratischen Institutionen, hörte man. Die Opposition nahm es gelassener und hoffte auf die Wähler, die nun das Wort hatten.

Zum zweiten Mal Landtagsauflösung

Am 21. August 2017 erklärte der Niedersächsische Landtag der 17. Wahlperiode mit 135 gegen eine Stimme sein Ende. Die Gegenstimme kam von einer CDU-Abgeordneten. Die SPD hatte Fraktionsdisziplin gefordert. Landtagspräsident Bernd Busemann von der CDU sagte: „Es ist ein besonderer Tag, aber nicht das Ende der Demokratie." Der Landtag trat noch einmal zu einer Plenarsitzung zusammen, dann ging es zum Endspurt in den doppelten Wahlkampf. Der Termin der vorgezogenen Landtagsneuwahl war auf den 15. Oktober 2017 festgesetzt worden, drei Wochen nach der Bundestagswahl am 24. September 2017.

Eine Landtagsauflösung geschah übrigens zum zweiten Male in der niedersächsischen Parlamentsgeschichte der Nachkriegszeit. Schon 1970 hatte die damalige CDU-Landtagsfraktion mit ihrem Vorsitzenden Bruno Brandes, den man wegen seiner Abwerbungen von Abgeordneten aus anderen Fraktionen den „Greifvogel" nannte, in der Großen Koalition unter SPD-Führung durch Übertritte von Abgeordneten die Mehrheit gewonnen. Aber auch damals siegte die Vernunft im Parlament, und es beschloss seine Auflösung und Neuwahlen – mit dem Ergebnis, dass hinterher, erstmals in der niedersächsischen Parlamentsgeschichte, nur noch zwei Fraktionen im Landtag saßen, die SPD und die CDU.

Ministerpräsident Weil, der, seitdem er im Februar 2013 zum ersten Male an einer Landtagssitzung teilgenommen und mit Unverständnis die Härte der Auseinandersetzungen, teils unter der Gürtellinie, in dieser Legislaturperiode erlebt hat, bezeichnete die jetzige Stimmung im Parlament als Tiefpunkt. Für die anstehende Neuwahl forderte er die Abgeordneten zu einem sachlichen und menschlich anständigen Wahlkampf auf, „zur engagierten Auseinandersetzung in der Sache auf der Grundlage von Fairness und Verlässlichkeit und dem Wohl des Landes als politischer Richtschnur". Dafür werde er kämpfen.

Keine rosigen Aussichten für den Ministerpräsidenten

Für den niedersächsischen Ministerpräsidenten und seine SPD waren vor allem die überregionalen Vorzeichen für eine Neuwahl des Landtags nicht gerade günstig, um es vorsichtig zu sagen. Die SPD hatte im letzten halben Jahr die Landtagswahlen im Saarland, in Schleswig-Holstein und vor allem erst vor Kurzem in Nordrhein-Westfalen, dem bevölkerungsreichsten Bundesland und Stammland der Sozialdemokraten, verloren und die Regierung eingebüßt. Bundesweit befand sich die SPD in einer katastrophalen Abwärtsspirale, teilweise bis unter 20 Prozent der Wählerstimmen. Dann kam auch noch der schmerzlichste Tiefschlag mit dem unglaublichen Tiefpunkt bei der Bundestagswahl am 24. September 2017 dazu. Mit 20,5 % gab es für die SPD das bisher schlechteste Ergebnis bei einer Bundestagswahl überhaupt. Und das mit ihrem Spitzenkandidaten und unglücklichen Hoffnungsträger Martin Schulz, dem ehemaligen Präsidenten des Europäischen Parlaments. Da war es nur ein schwacher Trost, dass auch die Union von CDU und CSU über acht Prozentpunkte verlor und mit 32,9 % ebenfalls ihr schlechtestes Wahlergebnis seit 1949 erzielte. Und dann war auch noch die Alternative für Deutschland (AfD) zum ersten Mal in den Deutschen Bundestag eingezogen, und das gleich mit 12,6 %. Die regierende Große Koalition aus CDU/CSU und SPD hatte gerade noch 53,4 % erreicht, nach der vorhergehenden Bundestagswahl hatte sie mit 67,2 % begonnen.

Schlamperei in der Staatskanzlei

Fürwahr keine rosigen Aussichten für den niedersächsischen SPD-Ministerpräsidenten, der die nächste Landtagswahl vor sich hatte. Und ausgerechnet jetzt hatte er auch noch in der eigenen Staatskanzlei einen Skandal am Hals. Am 24. Juni 2017 war in der Presse in großen Schlagzeilen von „Schlamperei in Weils Regierungszentrale" zu lesen. Der Chef der Staatskanzlei, Staatssekretär Jörg Mielke, räumte vor Journalisten gravierende Fehler bei der Auftragsvergabe für einen neuen Slogan der Landesregierung ein. Bei einer behördeninternen Prüfung seien in der Pressestelle „erhebliche handwerkliche und rechtliche Mängel bis hin zur Aktenführung, die den Ansprüchen an eine ordnungsgemäße Aufgabenerfüllung nicht genügt", festgestellt worden. Während die Landtagsopposition „Genossenfilz" wegen Bevorzugung der Vergabe des Auftrags an eine SPD-nahe Agentur witterte, stellte sich Mielke vor die für die Pressestelle verantwortliche Staatssekretärin Anke Pörksen, der keinerlei Manipulationen nachzuweisen waren. Verstöße gegen das Vergaberecht räumte Mielke jedoch ein.

Der Ministerpräsident musste seine vertraute Regierungspressesprecherin und versierte Juristin nicht entlassen, wie kürzlich die Staatssekretärin des Wirtschaftsministeriums, die die Verantwortung für manipu-

Anke Pörksen, Sprecherin der Landesregierung (links), im Gespräch mit dem Ehrenvorsitzenden der Landespressekonferenz und Autor Rolf Zick.

lierte Ausschreibungen übernommen hatte. Schon zu Anfang von Weils Regierungszeit hatte der Staatssekretär des Umweltministeriums, der eine Dienstwagenaffäre wegen zu großer Karosse und ungewöhnlicher Klimaanlange heraufbeschworen hatte, seinen Hut nehmen müssen.

Doch noch schlimmer war, dass der Ministerpräsident vier Wochen vor der Bundestagswahl und sieben Wochen vor der Landtagswahl und zehn Tage vor einem SPD-Wahlparteitag, auf dem er zum Spitzenkandidaten vorgeschlagen werden sollte, auch einen seiner engsten Vertrauten, den Bevollmächtigten des Landes Niedersachsen in Berlin, Staatssekretär Michael Rüter, wiederum wegen einer Vergabeaffäre völlig überraschend entlassen musste. Wieder einmal hatte das Krisenmanagement in der Staatskanzlei nicht funktioniert. Allerdings wurde dem Ministerpräsidenten persönlich großer Respekt gezollt, weil er handelte, ohne Ansehen der Person. Rüters Entlassung muss für Stephan Weil eine der dunkelsten Stunden in seiner Amtszeit gewesen sein. In der Presse waren die Schlagzeilen zu lesen: „Es wird immer einsamer um Stephan Weil", „Weils Image als Saubermann angekratzt", „Weil hätte schon früher mit der Faust auf den Tisch hauen müssen und zur Selbstreinigung und Erneuerung mit neuen Leuten, Programmen und Zielsetzungen beginnen müssen. Jetzt ist es dafür zu spät". In den Wahlkampf passten die Geschichten wahrlich nicht.

Weil focht nichts an

Aber das alles focht den Ministerpräsidenten offensichtlich nicht an. Er machte Wahlkampf und hatte sich mit seinem Herausforderer und CDU-Spitzenkandidaten, dem früheren Kultusminister Dr. Bernd Althusmann, auseinanderzusetzen, der nach einigen Jahren für die *Konrad-Adenauer-Stiftung* in Namibia, der früheren deutschen Kolonie Südwestafrika, auf die landespolitische Bühne nach Hannover zurückgekehrt war. Tatkräftige Unterstützung erhielt der Christdemokrat von der Bundeskanzlerin Angela Merkel, die auf einer Wahlkundgebung in Steinhude sagte, nach dem endgültigen Scheitern von Rot-Grün in Niedersachsen würde dem Land ein Wechsel guttun. Der Kanzlerin saß allerdings „das Hemd näher als der Rock"; denn eigentlich war sie wegen der Bundestagswahl am 24. September 2017 und ihres eigenen politischen Überlebens nach Niedersachsen gekommen. So stand im Mittelpunkt ihrer Rede das Zukunftsprogramm der Union für mehr Polizisten, niedrigere Steuern, ein starkes Europa als Friedenssicherung und eine klare Ansage an die Automobilindustrie, gerade auch in Niedersachsen, gemachte Fehler wieder gutzumachen – ohne Steuermittel.

Doch der SPD-Ministerpräsident Stephan Weil selbst traute sich ebenso wie viele Wähler mehr zu als dem immer noch ziemlich unbekannten CDU-Herausforderer Bernd Althusmann. Das zeigte sich auch kontinuierlich in den Umfragen. Von Jahresbeginn 2017 bis in den Sommer hinein lag die CDU vorn, manchmal sogar bei 40 %, während die SPD um die 30 % dümpelte, bis im Spätsommer ein roter Sonnenstrahl am Horizont auftauchte. Weil holte auf. Bei der Frage, wen die Niedersachsen am liebsten als Regierungschef haben möchten, lag er trotz aller Pleiten, Pech und Pannen klar vorn. Und fünf Wochen vor der Landtagswahl war das Rennen völlig offen. Die beiden Volksparteien SPD und CDU lagen bei den Wahlforschen etwa gleichauf. Aber weder Rot-Grün noch Schwarz-Gelb hatten eine Mehrheit.

Doch zunächst starteten alle erst einmal auf die am 24. September 2017, drei Wochen vor der Landtagswahl, stattfindende Bundestagswahl. Und siehe da: Wie schon bei den drei in diesem Jahr abgehaltenen Landtagswahlen im Saarland, in Schleswig-Holstein und in Nordrhein-Westfalen verlor die SPD auch auf der Bundesebene dramatisch. Sie stürzte bei einem Rückgang um über 5 % auf blamable 20,5 % der Wählerstimmen ab. Die Union von CDU und CSU verlor sogar 8,6 %, rettete aber noch 32,9 %. Allerdings zog die Alternative für Deutschland (AfD) erstmals in den Deutschen Bundestag ein, und das auf Anhieb mit 12,6 %, noch vor der FDP mit 10,7 %, der Linken mit 9,2 % und Bündnis 90/Die Grünen mit 8,9 %.

Weil schafft die Sensation in Niedersachsen

Allerdings hatte ausgerechnet Niedersachsen die Ehre der SPD mit immerhin noch beachtlichen 27,4 % bei der Bundestagswahl gerettet. Nach diesem Warnzeichen war die spannende Frage besonders für die beiden Volksparteien natürlich: Wie wirkt sich das Ergebnis der Bundestagswahl auf die drei Wochen später stattfindende Landtagswahl in Niedersachsen aus? Die Antwort kam ebenso überraschend wie sensationell. Die SPD ging mit Ministerpräsident Stephan Weil an der Spitze als strahlender Wahlsieger mit 36,9 % hervor. Das waren 4,3 % mehr als bei der letzten Landtagswahl 2013. Und weil die CDU gar 2,4 % einbüßte und nur noch auf 33,6 % kam, hatte die SPD satte 3,3 % mehr Wählerstimmen als die CDU und war seit langer Zeit wieder stärkste Kraft in Niedersachsen. Mit einer solchen Klarheit der Überlegenheit hatte kaum jemand gerechnet. Stephan Weil sagte später in einem Gespräch mit dem Autor: „Der Wahlsieg war ein großer Triumph, besonders nach der katastrophalen Bundestagswahl. Wenn mir vorher jemand gesagt hätte, dass wir so klar gewinnen würden, dann hätte ich ihn für einen Träumer gehalten. Den Wahlabend habe ich in vollen Zügen genossen, und diesen Tag werde ich mein Lebtag nicht vergessen."

Ein Wermutstropfen in dieser euphorischen Stimmung war allerdings die Erkenntnis, dass der strahlende Sieger Stephan Weil die Regierungsmehrheit in Niedersachsen verloren hatte, weil der bisherige Koalitionspartner, die Grünen, mit 5 % Verlust auf 8,7 % abrutschte. Der Vollständigkeit halber die übrigen Wahlergebnisse der Landtagswahl 2017: FDP 7,5 % (– 2,4 %), Linke 4,6 % (– 1,5 %) nicht mehr im Landtag, aber AfD 6,2 % und damit, ebenfalls auf Anhieb, erstmals im niedersächsischen Landesparlament. Dazu meinte Weil: „Richtig schön wäre der Wahlabend gewesen, wenn die AfD unter 5 % geblieben wäre."

Einzige Möglichkeit: Koalition der „Erzfeinde"

Als Freud´ hier und Leid dort verklungen waren, wurde allen Politikern schnell klar, dass das Wahlergebnis letztlich nur eine Große Koalition aus SPD und CDU unter Führung des bisherigen Ministerpräsidenten Weil zuließ. Denn bei 137 Abgeordneten im Parlament hatte Rot-Grün mit 67 Mandaten keine Mehrheit mehr, und die Linke, die Weil möglicherweise mit ins Boot geholt hätte, war aus dem Landtag geflogen. Eine theoretisch mögliche sogenannte Ampel-Koalition aus SPD, FDP und Grünen oder eine Jamaika-Koalition aus CDU, Grünen und FDP scheiterte daran, dass die FDP unter ihrem Vorsitzenden Dr. Stefan Birkner schon vor der Wahl von vornherein klar und deutlich gemacht hatte, nie und nimmer mit den Grünen in eine Koalition zu gehen.

Mit Bravour ein Meisterstück

Der niedersächsische Ministerpräsident Stephan Weil gehört zu jenen Politikern, die mit dem Amt gewachsen sind, ja, die darüber hinausgewachsen sind. War es 2013 noch ganz großes Glück, dass er Ministerpräsident wurde und mit einer ganz knappen Mehrheit von nur einer Stimme mit einer rot-grünen Koalition regieren konnte, machte er 2017 bei der vorgezogenen Landtagswahl mit Bravour sein Meisterstück. Nicht nur, dass er die seit langem in den Meinungsumfragen weitaus führende CDU auf den letzten Metern einholte, sondern auch am Wahltag vom 15. Oktober 2017 sogar deutlich überholte. Seiner Wiederwahl stand nichts mehr im Weg.

Und dann setzte Stephan Weil noch eins drauf: Völlig geräuschlos und überraschend schmiedete der wiedergewählte Ministerpräsident eine Große Koalition, als er jahrelange „Erzfeinde", wenn man in der Politik überhaupt davon reden darf, wo es doch eigentlich nur politische Gegner gibt, an einen Tisch brachte, Menschen, die sich bis zuletzt noch „bis aufs Blut gereizt und bis aufs Messer bekämpft" hatten. Zweimal trafen sich die beiden Spitzenkandidaten Stephan Weil und Bernd Althusmann zu einem langen und gründlichen Gespräch unter vier Augen im Gästehaus der Landesregierung beim Rotwein. „Althusmann und ich haben schnell zu einander gefunden, weil wir beide wussten, dass wir den Schritt aufeinander zu tun mussten und weil ich ein bekennender Pragmatiker bin und Herr Althusmann ein vernünftiger Mensch ist", erklärte Stephan Weil später in einem Gespräch. In der Politik sei man grundsätzlich auf Vertrauen angewiesen. Damit sollte man jedoch sehr vorsichtig umgehen.

Eine weitere Erklärung gab es dann in der Regierungserklärung des Ministerpräsidenten, als er vor dem Landtag sagte: „Eine Große Koalition war vor der Wahl niemandes Ziel gewesen, doch danach haben wir sehr schnell unsere gemeinsame Verantwortung akzeptiert. Dies ist unverändert eine gute Basis für unsere Zusammenarbeit und eine sehr tragfähige Grundlage für die tägliche Regierungsarbeit. Wir haben schnell und gut zu einander gefunden und arbeiten kollegial, ergebnisorientiert und auch gerne zusammen." Und der CDU-Landesvorsitzende, Vize-Ministerpräsident und Wirtschaftsminister Bernd Althusmann verriet: „Wir haben nach der Wahl relativ schnell erkannt, dass es keine andere Möglichkeit gibt, als eine vernünftige Zusammenarbeit miteinander zu versuchen. Dann haben wir mit einem ziemlichen Vertrauensvorschuss verhandelt, diszipliniert, ohne Hintertürchen und vor allem nicht über die Medien. So haben wir uns kennen gelernt." Nach Meinung von Althusmann ist Stephan Weil ein von Verantwortung getragener, zielbewusster und solider Verhandler. „Wir haben beide eine gewisse Gelassenheit, ruhig an die Dinge heranzugehen, wir haben beide eine große Zielorientiertheit, und gegenseitiger Respekt verbindet uns."

In der Presse wurde das allerdings nicht so positiv gesehen. Viele Journalisten, die seit langer Zeit die landespolitische Szene beobachteten, konnten sich einfach nicht vorstellen, dass jahrelang erbitterte Gegner von heute auf morgen politische Gefährten oder sogar Freunde werden können. Eher war von einer Koalition des Misstrauens zu hören und zu lesen.

Die Koalitionsverhandlungen und die Regierungsbildung waren äußerst geräuschlos und unter Ausschluss der Öffentlichkeit vonstattengegangen. Schon nach fünf Wochen war man sich einig. Selbst gewiefte Journalisten, die sonst immer „das Gras wachsen hörten", waren völlig überrascht. Und das während gleichzeitig auf Bundesebene in Berlin monatelang gekämpft und gerungen wurde, um dort mit Mühe und Not, und erst nach einem „Donnerwetter" des Bundespräsidenten

Frank-Walter Steinmeier, nach über sechs Monaten doch noch eine Große Koalition aus Union und SPD zustande zu bringen. Zum frappierenden Unterschied zwischen Bund und Land sagte der niedersächsische Ministerpräsident: „Die Landespolitik wird erkennbar als ein sehr gutes Beispiel dafür wahrgenommen, was Bürgerinnen und Bürger wirklich von der Politik erwarten dürfen."

Am 22. November 2017 wurde Stephan Weil erneut zum niedersächsischen Ministerpräsidenten für die Dauer der 18. Wahlperiode des Niedersächsischen Landtags gewählt. Von 137 Abgeordneten erhielt er 104 Stimmen. Ihm fehlte nur eine Stimme aus der neuen Koalition von SPD und CDU. Ins Kabinett berief er vier Ministerinnen und sechs Minister, je fünf von jedem Koalitionspartner. Schwerpunkte und Ziele der neuen Landesregierung stellte der Ministerpräsident in seiner

Das zweite Kabinett Weil als Große Koalition in Niedersachsen. Das Foto zeigt untere Reihe von links: Sozialministerin Dr. Carola Reimann (SPD), Wirtschaftsminister und stellvertretender Ministerpräsident Dr. Bernd Althusmann (CDU), Ministerpräsident Stephan Weil (SPD), Landwirtschaftsministerin Barbara Otte-Kinast (CDU), Ministerin für Bundes- und Europaangelegenheiten Birgit Honé (SPD); obere Reihe von links: Kultusminister Grant Hendrik Tonne (SPD), Justizministerin Barbara Havliza (CDU), Wissenschaftsminister Björn Thümler (CDU), Finanzminister Reinhold Hilbers (CDU), Innenminister Boris Pistorius (SPD), Umweltminister Olaf Lies (SPD).

Regierungserklärung unter dem Titel „Innovation, Sicherheit und gemeinsam für ein modernes Niedersachsen" vor.

„Der erfolgreichste deutsche SPD-Politiker"

Während Niedersachsens alter und neuer Ministerpräsident Stephan Weil, seinem eigenen Rat folgend, Politiker sollten sich nicht so wichtig nehmen, in Niedersachsen gemächlich regierte, avancierte er bundesweit zum „Star-Politiker" der deutschen Sozialdemokratie. In den Presse-Kommentaren schoss das Polit-Magazin *Cicero* den Vogel ab, als es den niedersächsischen SPD-Landesvorsitzenden – „den einzigen sozialdemokratischen Wahlsieger der vergangenen zwei Jahre" – unter der Überschrift „Retter in Spe" zum derzeit erfolgreichsten deutschen SPD-Politiker ausrief, „der schon bald ganz dringend in Berlin gebraucht werden könnte". Denn Weil gelte unter Sozialdemokraten als „heimlicher Hoffnungsträger und als aussichtsreicher Anwärter auf die Kanzler-Kandidatur 2021"; man könnte auch sagen: „Stephan Weil ist das letzte Aufgebot einer orientierungslosen Partei, und ohne Weil wird 2021 in der SPD nichts gehen." Allerdings stellte das Magazin in seinem Lobgesang auch fest, dass Weil im Dialog schlagfertig, aber am Rednerpult steif sei, dass er kein Volkstribun sei, oft unbeholfen wirke und nicht so recht überzeugen könne.

In einem Gespräch sagte mir Stephan Weil, dass er zwar öfter in Berlin sei, als hier wahrgenommen werde, und dass er gern seinen Teil dazu beitragen wolle, dass die Bundespartei wieder auf die Beine kommt. Doch er sei durch und durch Hannoveraner und sei ein bodenständiger Typ und fühle sich als Ministerpräsident in Niedersachsen sehr wohl, „und wenn ich mich wohl fühle, mache ich es auch gut".

Der leidenschaftliche 96er

Nun ist Stephan Weil wirklich mit Hannover verwachsen. Das kommt am deutlichsten auch dadurch zum Ausdruck, dass er ein leidenschaftlicher Anhänger von Hannover 96 ist, vor allem der Bundesliga-Fußballmannschaft. Wenn es nur irgendwie möglich ist, verpasst er kein Spiel. In der HDI-Arena sitzt er allerdings nicht, wie die gesamte Prominenz, in einer VIP-Loge, sondern hat seinen Stammplatz in der Fan-Kurve. In einem

Ende 2017 machte der deutsche Bundespräsident Frank-Walter Steinmeier seinen Antrittsbesuch in seiner „alten Heimat" Hannover, wo seine Karriere als Bürochef des damaligen Ministerpräsidenten Gerhard Schröder in der Staatskanzlei in der hannoverschen Planckstraße begann, wo ihn der neu gewählte Ministerpräsident Stephan Weil „offiziell" empfing und begrüßte. Das Foto zeigt das Ehepaar Steinmeier (links) und das Ehepaar Weil (rechts).

Gespräch sagte er, Fußball und Hannover 96 kommen gleich nach der Politik. Seine Laune am Montagmorgen sei abhängig vom Spiel seines Vereins am Wochenende. Wenn die Mannschaft schlecht gespielt hat und er am Montag die Zeitung aufschlägt, „dann ist die ganze Misere wieder da, dann braucht man zwei Tage, um das zu verarbeiten". „Ich kann mich über Fußball unglaublich freuen, aber auch unglaublich ärgern."

Auf meinen Hinweis, dass sein Vorvorgänger Hinrich Wilhelm Kopf, Niedersachsens erster Ministerpräsident nach dem Krieg, einmal gesagt habe, wenn er sich nach der Politik noch eins wünschen könnte, dann wäre es das Amt des Präsidenten der Klosterkammer, und auf meine Frage, ob er, Stephan Weil, der frühere Stadtkämmerer der Landeshauptstadt Hannover, nicht einmal Schatzmeister des Deutschen Fußball-Bundes (DFB) werden möchte, wie es sich der aus Niedersachsen stammende ehemalige CDU-Bundestagsabgeordnete und frühere DFB-Präsident Reinhard Grindel vorstellen konnte, meinte er: „Wenn ich mal mit der Politik fertig bin, dann wäre es schon schön, mit einem gefüllten Sack voller Geld wirtschaften zu können." Aber noch sitzt er bei jedem Spiel auf seinem Stammplatz bei seinen 96-Fans – „weil ich mich dort wohl fühle und weil man dort, wo alle vor Freude brüllen oder vor Frust schimpfen, seinen Emotionen freien Lauf lassen kann", immer mitten unterm Volk.

Niedersachsens Ministerpräsidenten als Fußball-Elf

Bei der gedanklichen Vorstellung „Stephan Weil und der Fußball" ist mir, dem ehemaligen Sportredakteur von 1956 bis 1960, ein Gedankenspiel durch den Kopf gegangen: Niedersachsen hatte bisher elf Ministerpräsidenten, also eine komplette Fußballmannschaft. Wie würde ein Trainer, der sie alle kennt, diese zusammengewürfelte Truppe aufstellen?

Im Tor ganz klar der unbezwingbare Landesvater Hinrich Wilhelm Kopf. Davor in der Viererabwehrkette in der Innenverteidigung der schwergewichtige Heinrich Hellwege und daneben der bedächtige Stephan Weil, linker Außenverteidiger der rücksichtslose Alfred Kubel, rechter Außenverteidiger der spitzbübische Dr. Georg „Schorse" Diederichs. Davor die nach vorn orientierte Viererkette mit den beiden Mittelfeldstrategen Dr. Ernst Albrecht und Christian Wulff; daneben, immer für eine neue Variante gut, Sigmar Gabriel, natürlich auf links, und der eher einlullende Spaßmacher Gerhard Glogowski natürlich auf rechts. Für die Attacke im Sturm selbstverständlich „Acker" Gerhard Schröder, so wurde er schon als ackernder jugendlicher Stürmer in seiner westfälischen Heimat-Fußballmannschaft in Mossenberg genannt, und daneben der junge wieselflinke David McAllister.

Ich glaube, mit einer so stabilen und sicheren Verteidigung, einem so kreativen Mittelfeld und einem so durchschlagskräftigen und angriffslustigen Sturm wäre Niedersachsen nicht zu schlagen. Schade, es ist nur ein Hirngespinst. Zwischen dem Ältesten, Kopf (Jahrgang 1893), und dem Jüngsten, McAllister (Jahrgang 1971), liegen fast 80 Jahre oder drei Generationen ...

Gefragt nach weiteren Hobbys außer Fußball, erwähnte Stephan Weil Lesen sowie Wandern mit Frau und Freunden und besonders noch

Weil zeigt seine Fußballkunst.

das Laufen. So ist er auch beim (Halb-)Marathon von Hannover jedes Mal mit dabei, wieder mitten unterm Volk.

Nicht der Typ eines Landesvaters par Exzellenz

Dennoch ist Stephan Weil, obwohl glücklicher Familienvater und dem Rentenalter näher als jugendlicher Schaffenszeit, nicht der Typ eines Landesvaters par Exzellenz. Dazu scheint ihm die typisch deutsche Beamtenmentalität viel mehr im Blut zu liegen als die väterliche Attitüde. Der Ministerpräsident hat auch wenig oder nichts vom Stil seiner SPD-Vorgänger, des umtriebigen Sigmar Gabriel, des dem Vergnügen nicht abgeneigten Gerhard Glogowski, des Machtmenschen Gerhard Schröder, geschweige denn des Zynikers Alfred Kubel, des dichtenden und philosophierenden Georg Diederichs oder gar des ersten und wirklichen Landesvaters Hinrich Wilhelm Kopf. Weil ist auch nicht der große Denker und Rhetoriker und brillante Redner wie etwa Professor Peter von Oertzen, sein Vorgänger im Amt des SPD-Landesvorsitzenden. Weil ist kein Vielredner. Er liebt es eher abgewogen, bedächtig wie ein Niedersachse, bestimmt und konkret.

Für weitere Charakterisierungen des derzeitigen niedersächsischen Ministerpräsidenten fehlen mir als nicht mehr aktiver, sondern nur noch zuschauender, interessierter landespolitischer Journalist ohne die direkten Begegnungen, Gespräche, Pressekonferenzen oder gemeinsamen Delegationsreisen, die erforderlichen Gelegenheiten und Erfahrungen. Man möge es mir nachsehen.

Das gilt besonders auch für die Beurteilung seines Verhältnisses zur Presse. Um nicht wie ein Blinder von der Farbe zu reden, möchte ich mich deshalb zurückhalten. Ministerpräsident Weil selbst sagte mir im Gespräch, er fühle sich von den Journalisten durchweg fair behandelt und versuche seinerseits, auch sie fair zu behandeln und sie nicht zu instrumentalisieren, sondern ihre Spielregeln zu beachten und sie zu akzeptieren. Er sei auch nicht die große Plaudertasche unter der Sonne und wisse, dass er gelegentlich den Mund zu halten habe.

Allerdings scheint mir als dem gebürtigen südhannoverschen Dransfelder, der aber fast 70 Jahre seines Lebens in Hannover gelebt und gewirkt hat, Stephan Weil, der zwar in Hamburg geboren wurde, aber seit dem 7. Lebensjahr in Hannover lebt, eher der Typ des „bekennenden Hannoveraners", wie er selbst sagt, zu sein – manchmal etwas dröge, bedächtig, solide und nicht gerade mit überschäumendem Temperament gesegnet, aber mit dem Amt weit über sich hinausgewachsen, bundesweit anerkannter Politiker, eingefleischter 96-Fan und begeisterter Teilnehmer und Verfechter des hannoverschen Schützenfestes, des größten seiner Art in der Welt. Ein Mann, der morgens viel grünen Tee, auch Kaffee und Wasser trinkt – „und ab 18 Uhr ein Bier – auch schon mal mit Bratkartoffeln".

„Der belgische Frieden"

Vielleicht passt hierher noch eine kleine Anekdote unter der Überschrift „Der belgische Frieden":

Es gab in Niedersachsen Regierungschefs, die sich, nachdem sie das höchste Amt im Lande übernommen hatten, als Ministerpräsident für alle fühlten und – volks-

Zu einem abendlichen Gespräch mit Journalisten zeigte sich der Ministerprä-
sident Weil (Mitte) immer bereit, hier mit dem langjährigen Vorsitzenden der
Landespressekonferenz, Thorsten Hapke, und seinem Nachfolger im Amt,
Peter Mlodoch, (ganz rechts), links der Ehrenvorsitzende der Landespresse-
konferenz und Autor Rolf Zick, in der niedersächsischen Landesvertretung in
Berlin.

tümlich gesprochen – das Parteibuch an der Garderobe abgegeben hatten. Stephan
Weil zählte nicht unbedingt zu ihnen. Wie er öffentlich bekundete, war es stets ein
„eingefleischter Sozi". Schon als er noch lange vorher als Kämmerer der Landeshauptstadt Hannover mit einem Dezernenten der CDU übers Kreuz lag, hat er
wochenlang kein einziges Wort mit ihm gesprochen. Erst als die beiden städti-
schen Bediensteten während der Weltausstellung EXPO 2000 in Hannover zufällig im belgischen Pavillon zusammentrafen, haben sie so lange Bier getrunken, bis
sie sich wieder vertragen haben. Der „belgische Frieden" habe übrigens dauerhaft
gehalten, betonte Weil später.

KAPITEL II

NIEDERSÄCHSISCHE BESONDERHEITEN AUS 60 JAHREN LANDESPOLITIK

A Höhepunkte

1. Die Gründung des Landes Niedersachsen

Zu den Höhepunkten der niedersächsischen Landespolitik zähle ich zuerst die Gründung des Landes Niedersachsen in den ersten Nachkriegsjahren aus der ehemaligen Provinz Hannover und den selbständigen Ländern Braunschweig, Oldenburg und Schaumburg-Lippe. Diese Leistung namhafter niedersächsischer Politiker unter Federführung des ersten Ministerpräsidenten Niedersachsens, Hinrich Wilhelm Kopf, ist gar nicht hoch genug einzuschätzen und zu würdigen, vor allem, wenn man die damalige unmittelbare Nachkriegszeit nach dem verheerenden Zweiten Weltkrieg mit der völligen Zerstörung Deutschlands betrachtet. Das Land war kaputt, besiegt und besetzt. Die überlebende Bevölkerung war von dem totalen Zusammenbruch des Reiches betäubt und kämpfte um das nackte Überleben. Abermillionen Menschen hatten keine Wohnung, keine Arbeit, kaum etwas zu essen, keine Heimat, keine Perspektive.

Obwohl Deutschland in Trümmern lag – materiell, aber auch geistig und politisch –, dachten beherzte Männer und Frauen bereits im Sommer 1945, wenige Wochen nach der bedingungslosen Kapitulation, an einen politischen Wiederaufbau oder Neubeginn. Es waren durchweg Politiker, die die zwölf Jahre nationalsozialistischer Diktatur mehr oder weniger beschädigt überstanden hatten, Männer aus der Weimarer Republik, die während der NS-Zeit kaltgestellt, eingesperrt oder untergetaucht waren. Am 6. August 1945 hatte der oberste Militärgouverneur der britischen Besatzungszone, General Montgomery, angekündigt, „demnächst" politische Parteien zulassen zu wollen.

Als Anfang einer Staatsneugründung wurde am 23. August 1946 das „Land" Hannover geschaffen, als der stellvertretende Befehlshaber der britischen Besatzungszone im Neuen Rathaus der Stadt Hannover den von der Militärregierung, entsprechend den Vorschlägen deutscher

Stellen, ernannten Mitgliedern des hannoverschen Landtages bekannt gab, dass die bisherige preußische Provinz Hannover fortan die staatsrechtliche Stellung eines Landes besitzen solle. Durch die Verordnung Nr. 46 der Militärregierung wurden die Provinzen des Landes Preußen bzw. die in der britischen Besatzungszone liegenden Teile davon als solche aufgelöst und vorläufig mit der staatsrechtlichen Stellung von Ländern ausgestattet – am 20. September 1946 auf den Tag genau 80 Jahre nach der Unterzeichnung des Prager Friedensvertrages von 1866, durch den nach der von den hannoverschen Truppen gegen die Preußen verlorenen Schlacht bei Langensalza praktisch das Schicksal des Königsreiches Hannover entschieden worden war. Das alte Königreich war zu einer preußischen Provinz „degradiert" worden. Der britische stellvertretende Oberbefehlshaber der Besatzungszone erklärte 1946: „Wir sind der Meinung, daß die Zeit nunmehr gekommen ist, nicht mehr von der Provinz Hannover zu sprechen, sondern ihrer Verwaltung den Namen und die staatsrechtliche Stellung eines Landes zu geben."

Mit der „Verordnung Nr. 55" ein neues Land

Damit wurde die Geburtsstunde des Landes Niedersachsen eingeleitet. Sie wurde dokumentiert durch die „Verordnung Nr. 55" der britischen Militärregierung, im „Amtsblatt der Militärregierung für Deutschland – Britisches Kontrollgebiet – Nr. 15" veröffentlicht, und trat gemäß ihrem Artikel VIII am 1. November 1946 in Kraft. Allerdings hatte die Militärregierung für die Region Hannover die Verordnung Nr. 55 erst mit Schreiben vom 8. November 1946 dem Vorsitzenden des „Gebietsrates Niedersachsen" mit dem Ersuchen zugesandt, sie „allen beteiligten Personen mit möglichst geringer Verzögerung" zu übermitteln. Der „Gebietsrat Niedersachsen" war am 18. Oktober 1945 durch einen „Befehl zur Erleichterung engerer Zusammenarbeit zwischen der Militärregierung Hannover und der Provinz Hannover, dem Lande Braunschweig und dem Lande Oldenburg" installiert worden. Ihm gehörten die Ministerpräsidenten der bereits geschaffenen Länder Braunschweig und Oldenburg und der Oberpräsident der preußischen Provinz Hannover an; später kamen noch der Präsident des Senats der Hansestadt Bremen und das kleine Fürstentum Schaumburg-Lippe dazu. Die Mitglieder des Gebietsrats Niedersachsen hatten sich darauf verständigt, die Funktionen der nicht mehr existierenden obersten Reichsbehörden im Auftrag der Militärregierung wahrzunehmen, und vertraglich geeinigt, regelmäßig zusammenzukommen und grundsätzliche Angelegenheiten zu beraten. Dieser „Gebietsrat Niedersachsen" wurde, nachdem er großartige Vorarbeit geleistet hatte, nach der Bildung des Landes Niedersachsen Ende 1946 aufgelöst.

In der „Verordnung Nr. 55", die zweisprachig, links englisch, rechts deutsch, verfasst worden war, heißt es im Artikel I: „Mit Inkrafttreten dieser Verordnung verlieren die in der Anlage zu dieser Verordnung bezeichneten Länder ihre Selbständigkeit als Länder und werden Teile eines neuen Landes, welches die Bezeichnung ‚Niedersachsen' führt." Und im Artikel II: „Die Hauptstadt Niedersachsens ist Hannover."

Hinrich Wilhelm Kopf zum ersten Ministerpräsidenten ernannt

Als der Gebietsbeauftragte der britischen Militärregierung dem Ministerpräsidenten des Landes Hannover, dem Sozialdemokraten Hinrich Wilhelm Kopf, am 23. November 1946 die Bestätigung seiner Ernennung zum Ministerpräsidenten des Landes Niedersachsen übergeben und die von ihm vorgeschlagenen acht Persönlichkeiten zu niedersächsischen Staatsministern genehmigt hatte, war das Land Niedersachsen „geboren". Kopf war bereits am 1. Mai 1945 zum Regierungspräsidenten in Hannover, am 18. September 1945 zum Oberpräsidenten der Provinz Hannover und später zum Ministerpräsidenten des Landes Hannover ernannt worden. Am 9. Dezember 1946 wurde der erste Niedersächsische Landtag von der Besatzungsmacht ernannt; am 20. April 1947 fanden die ersten freien Landtagswahlen seit 14 Jahren statt. Danach konstituierten sich ein Landtag und eine Landesregierung mit einem Allparteienkabinett.

Dies ist die nüchterne Darstellung der Historie. Sie hört sich einfach und schlüssig an. Aber welcher Mut und welche Arbeit, welche Kraft und Energie zur Überwindung von unendlich vielen Widerständen und unglaublicher Bürokratie und Misstrauen der Besatzungsmacht nötig waren, das ist mit Worten kaum zu beschreiben. Für die heutige Generation ist das alles „Geschichte". Aber es ist ein gutes Zeichen und verstärkt die Ansicht, dass es 1946 eine großartige Leistung war, dieses neue Bundesland zu schaffen, auf dem eine neue Demokratie blühen, wachsen und gedeihen konnte. Zu diesem Thema gehört übrigens auch noch die vorläufige Niedersächsische Landesverfassung und, nach der Wiedervereinigung, die endgültige Niedersächsische Landesverfassung.

Der Kampf galt allein dem Hunger

So wichtig und bedeutungsvoll diese Vorgänge für die politische Neugestaltung Niedersachsens damals auch waren, für das Leben der Bevölkerung waren sie, besonders in der ersten Zeit nach dem Kriegsende, von untergeordneter Bedeutung und erregten kaum tieferes Interesse, ja, bei der Papierknappheit, welche die zwei- oder dreimal wöchentlich erscheinenden Zeitungen auf ein paar Seiten reduzierte, wurden sie zum Teil gar nicht erwähnt oder fanden nur geringe Beachtung. Das wirkliche Interesse, oder besser gesagt: der Kampf, galt allein dem Hunger. Denn wenn die Menschen hungern, interessiert es sie einen Schmarrn, was die Politiker machen. Es sei denn, es geht um Hilfe für das Überleben.

Nur langsam wuchs das Niedersachsen-Bewusstsein

Erst im Laufe der Jahre wurden die wirkliche Bedeutung und die große geschichtliche Leistung klar, die Hinrich Wilhelm Kopf und seine Mitstreiter für die Gründung des Landes Niedersachsen erbracht hatten. Und es dauerte noch einige Jahrzehnte, bis sich auch die Bevölkerung mit dem neuen „Gebilde", mit „ihrem" Niedersachsen identifizierte. Maßgeblichen Anteil daran hatten der 1976 überraschend gewählte neue CDU-Ministerpräsident Dr. Ernst Albrecht und sein CDU-Landesvorsitzender und Landesminister Wilfried Hasselmann. Von diesen beiden Politikern ging der Anstoß auf eine Rückbesinnung zur Heimatgeschichte aus mit dem Ziel, aus den heimatlichen regionalen Bindungen ein Niedersachsen-Bewusstsein zu schaffen. Schon in seiner ersten Regierungserklärung hatte Dr. Albrecht, der neben einer „Welle der Hoffnung" in Niedersachsen bisher nicht gehörte Töne in die Politik bringen wollte, von dem „Wahren, dem Guten, dem Schönen, von Vermittlung von Geschichtsbewusstsein sowie von einer vorurteilfreien Einführung in die Sinnfragen menschlicher Existenz" gesprochen. Auf Initiative des „Volkstribuns" Hasselmann wurde der „Tag der Niedersachsen" ins Leben gerufen. Damit wurde eine Tradition mit dem Ziel begründet, das Landesbewusstsein und das Zusammengehörigkeitsgefühl zu stärken. Hasselmann selbst ließ keine bedeutende Veranstaltung aus, ohne sie mit dem Deutschlandlied ausklingen zu lassen, dem jedes Mal als

„zweite Nationalhymne" das Niedersachsenlied folgte: „Wir sind die Niedersachsen, sturmfest und erdverwachsen."

Das fand in weiten Teilen der Bevölkerung großen Anklang – nur nicht in Oldenburg. Die Oldenburger singen bis heute am liebsten erst dreimal ihre Landeshymne „Heil dir, oh Oldenburg", bevor sie, wenn überhaupt, das Niedersachsenlied anstimmen. Bezeichnend ist in diesem Zusammenhang, dass es trotz vieler Versuche auch über 70 Jahre nach der Gründung der Christlich-Demokratischen Union in Niedersachsen noch nicht gelungen ist, einen einheitlichen niedersächsischen CDU-Landesverband zu schaffen. Er ist immer wieder an der Starrköpfigkeit Oldenburgs gescheitert. Damit ist Niedersachsen das einzige Bundesland in Deutschland mit drei selbständigen CDU-Landesverbänden – Hannover, Brauschweig und Oldenburg – wenn auch unter einem Dach. Vielleicht ist dieses bezeichnende Kuriosum auch nur noch eine Frage der Zeit.

2. Religionsfrieden in Niedersachsen durch Loccumer Vertrag und Konkordat

Zu den Höhepunkten der niedersächsischen Landespolitik gehörten ohne Zweifel auch der „Loccumer Vertrag" von 1955 zwischen dem Land Niedersachsen und den fünf evangelischen Landeskirchen sowie das Konkordat mit dem Heiligen Stuhl in Rom und dem Land Niedersachsen aus dem Jahr 1965. Mit diesen beiden Staatsverträgen wurde schon bald nach der Gründung des Landes Niedersachsen der Religionsfrieden im Land hergestellt und bewahrt. Die Kirchenverträge der Weimarer Republik und besonders die der Zeit des Nationalsozialismus bedurften, wie fast alles nach Deutschlands Wiederaufbau und völliger Neuorientierung nach dem Zweiten Weltkrieg, dringend einer Überprüfung und Neuregelung. Es war ein großes Glück, dass in Hannover einer der bedeutendsten „Kirchenmänner" der Nachkriegszeit, der Landesbischof der Evangelisch-Lutherischen Landeskirche Hannovers, Abt des Klosters Loccum und Mitglied des Exekutivkomitees des Lutherischen Weltbundes, Hanns Lilje, die Geschicke der evangelischen Kirchen leitete. Seiner Weitsicht und seinen guten „Beziehungen" zur niedersächsischen Landesregierung, besonders zum Ministerpräsidenten Hinrich Wilhelm Kopf, sowie der authentischen und souveränen Verhandlungsführung dieser beiden Persönlichkeiten war es zu danken, dass der „Loccumer Vertrag" ziemlich geräuschlos zustande gekommen ist. Er wurde am 19. März 1955 vom niedersächsischen Ministerpräsidenten Kopf sowie den fünf Bischöfen der evangelischen Landeskirchen, an der Spitze Hanns Lilje, im Kloster Loccum feierlich unterzeichnet. Der Vertrag regelt die rechtlichen Beziehungen zwischen dem Land Niedersachsen und den fünf evangelischen Landeskirchen. Zentrale Inhalte sind der öffentliche Auftrag der Kirchen, der Einzug der Kirchensteuer durch den Staat sowie Fragen von Kultur, Bildung – und hier besonders der Schulen und Hochschulen – und Soziales.

Der „Loccumer Vertrag" war der erste umfassende Vertrag zwischen dem Staat und einer Religionsgemeinschaft nach dem Zweiten Weltkrieg und unter Geltung des Grundgesetzes. Er hatte Modellcharakter und Vorbildfunktion für die Staatskirchenverträge, die in der folgenden Zeit in Deutschland abgeschlossen wurden. Seine Regelungen waren im Vergleich zu den Kirchenverträgen aus der Weimarer Zeit weniger staatskirchlich geprägt und beachteten im umfangreicheren Maße die kirchliche Unabhängigkeit. Im „Loccumer Vertrag" erkennen die evangelischen Landeskirchen ausdrücklich die niedersächsische Schulgesetzgebung an. Noch heute geben die evangelischen Bischöfe mit gewissem Stolz zu erkennen, dass sie damit zu einer fortschrittlichen Regelung der Schulfrage, in der erstmals das leidige Problem des Konfessionalismus in der Schule überwunden wurde, beigetragen haben. Und Bischof Lilje bezeichnete noch 1962 diesen Kirchenvertrag als ein „historisches Dokument der Nachkriegszeit", in dem das Verhältnis von Staat und Kirche erstmals in Deutschland „partnerschaftlich" geregelt wurde. Auch die bekannte Formel vom „Öffentlichkeitsauftrag der Kirchen" findet sich als staatliche Anerkennung erstmals in diesem Vertrag.

Das Drama um das Konkordat

So geräuschlos und nahezu problemlos der „Loccumer Vertrag" verhandelt und abgeschlossen wurde, so schwierig, ja, geradezu dramatisch gestalteten sich die Verhandlungen der niedersächsischen Landesregierung mit der katholischen Kirche. Mit ihr wollte Kopf nach dem gleichen Muster zu einer entsprechenden Regelung kommen. Aber die katholischen Bischöfe der Diözesen Hildesheim, Osnabrück und Münster waren völlig anders eingestellt als ihre evangelischen Glaubensbrüder. Vor allem gab es über ihnen noch den Heiligen Stuhl in Rom. Außerdem fehlte die einmalige Idealbesetzung Kopf/Lilje wie beim „Loccumer Vertrag"; denn 1955 hatte der evangelische DP-Politiker Heinrich Hellwege die Regierung in Niedersachsen mit einer bürgerlichen Koalition übernommen. So prallten völlig verschiedene Vorstellungen aufeinander, und schon die ersten Verhandlungen scheiterten. Sie wurden offiziell erst wieder aufgenommen, als Kopf 1959 wieder Ministerpräsident wurde. Aber er und sein hoffnungsvoller Vertrags-„Partner" Bischof Michael Keller aus Münster als Vertreter des Vatikans starben beide im Jahr 1961. Danach machten sich Kopfs Nachfolger Dr. Georg Diederichs und sein SPD-Kultusminister Richard Voigt ans Werk, argwöhnisch verfolgt vom Bonner Außenministerium, das wegen der Verhandlungen mit dem Heiligen Stuhl um seine Kompetenz fürchtete. Erst als das Bundesverfassungsgericht 1961 in seinem sogenannten Fernsehurteil die Kulturhoheit der Länder bestätigt hatte und der Vatikan den Apostolischen Nuntius in Bonn, Erzbischof Konrad Bafile, 1962 mit der Fortführung der Verhandlungen beauftragte, ging es langsam vorwärts. Doch immer wieder gab es große Schwierigkeiten, weil sich die in Hannover mitregierende FDP kategorisch gegen eine „Aufweichung" des maßgeblich von ihr initiierten Schulgesetzes von 1954 mit der Regelung von Bekenntnisschulen wehrte, während katholische Konfessionsschulen eine Kernforderung des katholischen Verhandlungspartners waren. Außerdem gab es aus parteipolitischen Gründen immer wieder Störfeuer aus Bonn und große Bedenken aus Rom, u. a. ob das von der nationalsozialistischen Führung ausgehandelte und unterzeichnete Reichskonkordat vom 30. Juli 1933 abgelöst oder erhalten werden sollte.

Trotz aller Schwierigkeiten und Bedenken fanden die Gesprächspartner bei ihren Verhandlungen, die grundsätzlich streng geheim waren, schließlich doch noch einen Kompromiss. Das niedersächsische Landeskabinett unter Ministerpräsident Dr. Diederichs gab ihm einstimmig, also auch mit den Stimmen der vier FDP-Minister, seinen Segen. So konnte am 26. Februar 1965 das Konkordat feierlich von Ministerpräsident Dr. Diederichs und dem Apostolischen Nuntius, Erzbischof Bafile, unterzeichnet werden.

Die Nachricht schlug jedoch wie eine Bombe ein. Die erstaunte Öffentlichkeit war ebenso überrascht wie der Niedersächsische Landtag, der von dem Inhalt der Geheimverhandlungen nichts wusste, weil er nichts wissen durfte. Er durfte, damit das Konkordat ratifiziert werden konnte, nur annehmen oder ablehnen. Das war insofern besonders schwierig, als die Novellierung des niedersächsischen Schulgesetzes, bei dem es vor allem um die Erhaltung der Konfessionsschulen ging, die Voraussetzung für das Zustandekommen des Konkordats war.

An dem Vertragsentwurf hatte FDP-Kultusminister Dr. Hans Mühlenfeld wesentlich mitgewirkt. Die FDP als Partei, vor allem aber die FDP-Landtagsfraktion unter ihrem Vorsitzenden Winfrid Hedergott, waren jedoch gegen das Konkordat und die Schulgesetznovelle. Sie fürchtete eine weitere Konfessionalisierung des niedersächsischen Schulwesens. Am 28. März 1965 riet eine FDP-Landeskonferenz der FDP-Landtagsfraktion, das Vertragswerk abzulehnen. Wortführer war Hedergott, Zielscheibe war Kultusminister Mühlenfeld, dem die FDP vorwarf, von ihm trotz der vereinbarten Vertraulichkeit nicht rechtzeitig

Ministerpräsident Alfred Kubel (rechts) und der Bevollmächtigte des Vatikans, Dr. Konrad Bafile, bei der Unterzeichnung des Vertrags zur Änderung des Konkordats.

informiert worden zu sein. Auch die Lehrergewerkschaft, die eine „geistliche Schulaufsicht" witterte, blies zum Sturm gegen das Konkordat.

In der denkwürdigen Landtagssitzung am 21. April 1965 musste ausgerechnet der FDP-Kultusminister Mühlenfeld das vom Kabinett einstimmig beschlossene Ratifizierungsgesetz zum Konkordat dem Parlament vortragen. Aber Fraktionschef Hedergott wetterte unter dem Beifall der FDP-Fraktion dagegen. Noch vor der Abstimmung fiel Mühlenfeld um. Er beugte sich der Fraktionsdisziplin der FDP-Fraktion, die nun einmütig gegen das Gesetz stimmte. Ministerpräsident Dr. Diederichs blieb jedoch Herr der Lage: „So nicht mit mir, das Maß ist voll!", schimpfte er, warf den FDP-Kultusminister Mühlenfeld aus der Regierung und die drei anderen FDP-Minister seines Kabinetts gleich hinterher, holte sich vier CDU-Politiker ins Boot und bildete eine Große Koalition. Am 30. Juni 1965, nachdem die neue Regierung in Amt und Würden war, wurde im Landtag endgültig über das Konkordat und die Schulnovelle abgestimmt: 96 Abgeordnete der SPD und CDU stimmten zu, 25 der FDP und einige der SPD, die den Fraktionszwang aufgehoben hatte, lehnten ab, zwei enthielten sich der Stimme. Der Religions- und Schulfrieden in Niedersachsen waren gerettet.

Acht Jahre später wurde das Konkordat noch einmal geändert. Das war notwendig geworden, nachdem das Land Niedersachsen die Eingliederung der Pädagogischen Hochschule Vechta in die Universität Osnabrück und die Umstrukturierung des niedersächsischen Schulwesens unter Wegfall der bisherigen Volksschule plante. Nachdem der Landtag das Zustimmungsgesetz zum Änderungsvertrag verabschiedet hatte, konnten der niedersächsische Ministerpräsident Alfred Kubel und der Bevollmächtigte des Vatikans in Deutschland, Dr. Konrad Bafile, am 22. Mai 1975 das Vertragswerk unterzeichnen.

3. Geschehnisse der deutschen Nachkriegspolitik erstmals in Niedersachsen

Außer diesen beiden exemplarischen Beispielen von Höhepunkten der niedersächsischen Landespolitik gibt es sicher noch viele weitere außerordentlich bedeutende Ereignisse. So hat Niedersachsen in der bundesdeutschen Nachkriegspolitik Geschichte und Geschichtchen geschrieben mit vielen spektakulären Begebenheiten, die in diesem Bundesland zum ersten Male passiert sind.

1965 gab es die erste Große Koalition aus SPD und CDU in Niedersachsen. Sie war gleichzeitig ein Novum in der Bundesrepublik Deutschland. Als das Niedersachsen-Konkordat an der FDP, besser gesagt: an der Partei und Landtagsfraktion, gescheitert war, hatte der SPD-Ministerpräsident Dr. Diederichs die vier FDP-Minister, die treu für ihn und das Konkordat gestritten hatten, aus der SPD/FDP-Koalition rausgeschmissen und eine neue Regierung mit der CDU gebildet.

1970 wurden, ebenfalls erstmals in Niedersachsen und in der Bundesrepublik Deutschland, das Parlament vorzeitig aufgelöst und Neuwahlen angesetzt. Der als „Greifvogel" titulierte CDU-Landtagsfraktionsvorsitzende Bruno Brandes hatte zuerst Abgeordnete der FDP-Fraktion und dann auch der NPD-Fraktion zur CDU-Fraktion herübergezogen, um die Mehrheit in der Regierungskoalition mit der SPD zu bekommen. Doch SPD-Ministerpräsident Dr. Diederichs wollte nicht mit „Nazis" in einer Koalitionsfraktion regieren; zur Entlassung der CDU-Minister fehlte ihm jedoch die Mehrheit im Parlament. Umgekehrt scheiterte ein von der CDU angestrengtes konstruktives Misstrauensvotum gegen den Regierungschef, weil sich in diesen Tagen durch Tod und Nachrücken von Abgeordneten die Mehrheitsverhältnisse zu Ungunsten der CDU wieder geändert hatten. Da setzte sich bei allen Fraktionen die Erkenntnis durch, dass eine Parlamentsauflösung und Neuwahlen die beste Lösung seien.

In der darauffolgenden Landtagswahl 1970 gab es mit SPD und CDU nur noch zwei Parteien im Niedersächsischen Landtag. Auch das geschah zum ersten Male im bundesdeutschen Parlamentarismus. Die

FDP war zum ersten Male in der Nachkriegszeit nicht mehr im Landesparlament vertreten, und die NPD war nach kurzem „Gastspiel" von einer Legislaturperiode wieder aus dem Landtag rausgeflogen.

1976 nach der „Sensation von Hannover" mit der überraschenden Wahl des CDU-Kandidaten Dr. Ernst Albrecht zum Ministerpräsidenten durch drei „Überläufer" aus der SPD/FDP-Koalition hatte er keine Mehrheit im Landtag und musste mit einer Minderheitsregierung gleich zu Beginn seiner Regierungszeit starten. Auch dies hatte es bisher im Nachkriegsdeutschland noch nicht gegeben.

Man sieht schon an diesen wenigen Beispielen, dass die niedersächsische Landespolitik außerordentlich reich an Höhepunkten und oft in einer Vorreiterrolle war. Erwähnenswert ist in diesem Zusammenhang noch, dass Niedersachsen mit Gerhard Schröder sowohl einen Bundeskanzler als auch mit Christian Wulff einen Bundespräsidenten „hervorgebracht" hat. Mit beiden hatte ich das „Vergnügen", sie vom ersten Tag ihrer politischen Laufbahn bis zum Höhepunkt ihrer Karriere journalistisch zu begleiten, mit ihnen Kaffee zu trinken oder auch zu „saufen", vor allem aber Interviews und persönliche Gespräche zu führen. Zur Tradition gehörten meine alljährlich zum Jahresende geführten Interviews mit den Ministerpräsidenten mit der Bilanz des abgelaufenen Jahres und dem Ausblick auf das kommende Jahr.

Das politische Leben gerade der beiden Aufstiegspolitiker Schröder und Wulff war außerordentlich reich an besonderen Ereignissen. Das fing schon mit dem Einstieg in die Landespolitik an; bei Schröder, als es ihm nach vier Jahren als „Lehrling" auf der Oppositionsbank mit vielen parlamentarischen Niederlagen 1990 doch noch gelungen war, den CDU-Ministerpräsidenten Dr. Albrecht abzulösen; bei Wulff, als er sich erst in der eigenen CDU-Fraktion mühsam durchsetzen musste und nach zwei Landtagswahlniederlagen gegen Schröder im dritten Anlauf, als sein SPD-Kontrahent nach Berlin entfleucht war, endlich doch noch Ministerpräsident in Niedersachsen werden konnte.

Desgleichen war das politische Ende dieser beiden höchsten niedersächsischen Politiker außerordentlich dramatisch, besonders für Wulff, als er nach einer gnadenlosen bundesweiten Hetzjagd der Presse vom Amt des Bundespräsidenten zurücktrat, angeklagt und vor Gericht in allen Anklagepunkten freigesprochen wurde, aber politisch erst einmal von der Bildfläche verschwand. Ich habe auch diese beiden „großen Söhne" der niedersächsischen Landespolitik bis zum bitteren Ende journalistisch begleiten dürfen.

B Ereignisse, die besonders im Gedächtnis geblieben sind

1. Die „Schlüter-Affäre"

An erster Stelle möchte ich die sogenannte „Schlüter-Affäre" von 1955 nennen, über die ich später oft genug berichtet habe. Einmal ist sie mir besonders in Erinnerung, weil ich als junger Journalist der *Göttinger Presse* in Göttingen „mit dabei und mitten drin" war, zum anderen, weil sie für mich als damaligem „Stadt-, Feld-, Wald- und Wiesenreporter" das erste Erlebnis mit bundesweitem Hintergrund war. So war ich dabei, als Tausende Göttinger Studenten gemeinsam mit dem aus Protest zurückgetretenen Rektor und Senat der Georg-August-Universität durch die Straßen der Stadt zogen und in der Tradition der berühmten „Göttinger Sieben" sich gegen die Obrigkeiten auflehnten und dagegen protestierten, dass der rechtsextreme FDP-Politiker und FDP-Landtagsfraktionsvorsitzende Leonhard Schlüter, in Göttingen unrühmlich bekannt als erster Chef der Göttinger Polizei nach dem Krieg und seit 1951 Verleger von Schriften mit NS-Gedankengut, Kultusminister in Niedersachsen werden sollte. Schlüter, geboren 1921 in Rinteln/Weser, war eine der schillerndsten politischen Figuren jener Tage. Er hatte zwischen 1945 und 1955 mehr Aufsehen erregt als jeder Altersgenosse in Westdeutschland.

Auf Drängen und Druck der FDP hatte Ministerpräsident Heinrich Hellwege für sein erstes „bürgerliches" Kabinett den Fraktionsvorsitzenden Schlüter zum Kultusminister ernennen müssen. Das rief einen Sturm der Entrüstung und Protest der Göttinger Professoren und Studenten hervor. Weil sich der Regierungschef jedoch von den Professoren nicht erpressen lassen wollte, hielt er an Schlüter fest, bis dieser nach 14 Tagen unter dem Druck der Öffentlichkeit selbst vom Amt des Kultusministers zurücktrat. Darüber ist eingehend im Kapitel über den Ministerpräsidenten Heinrich Hellwege berichtet worden.

Wir Göttinger Journalisten fühlten uns damals, als alle Welt von uns Informationen haben wollte, als Mittelpunkt, Beobachter und Vermittler der deutschen Nachkriegsgeschichte. Allerdings ist uns erst hinterher, als wir wussten, wie die Sache gelaufen war, bewusst geworden, welche politische Dimension dieses Göttinger Drama gehabt hat. Als wir mittendrin steckten und die Ereignisse sich überschlugen, als täglich seitenlange Berichte und jeden Tag neue Stellungnahmen von Politikern, Professoren, Studentenvertretern und anderen Beteiligten verlangt und publiziert wurden, dachten wir nur an das „Heute". Ich selbst habe seinerzeit nicht im Entferntesten daran gedacht, dass politischer Journalismus einmal meine berufliche Lebensaufgabe werden würde.

2. Die „Sensation von Hannover" 1976

Dann ist mir vor allem die sogenannte „Sensation von Hannover" im Gedächtnis geblieben, als im Januar 1976 der bis dahin weithin unbekannte junge niedersächsische CDU-Landtagsabgeordnete Dr. Ernst Albrecht (Jahrgang 1930) mit den Stimmen von drei Abgeordneten der SPD/FDP-Koalition völlig überraschend zum Ministerpräsidenten gewählt wurde. Als Chefredakteur eines landespolitischen Korrespondenzdienstes und Vorsitzender der Landespressekonferenz Niedersachsen war es für mich natürlich eine Sternstunde des landespolitischen Journalismus, an „vorderster Front" zu beobachten und zu berichten. So fühlten wir uns in Hannover auch im Januar 1976 im Medienmittelpunkt der Republik. Denn eine solche Sensation mit weitreichenden politischen Folgen hatte es hier bis dahin noch nicht gegeben. 30 Jahre war die SPD in Niedersachsen, ausgenommen von zwei Jahren 1955/57, an der Regierung. Jetzt kam ein junger CDU-Politiker, den kaum jemand kannte, und stürzte die Sozialdemokraten vom Thron. In drei Wahlgängen, jedes Mal in geheimer Wahl, gaben ihm drei „Überläufer" ihre Stimme.

Weil ich Dr. Albrecht schon fünf Jahre zuvor auf einer Delegationsreise in Moskau kennengelernt hatte, als noch niemand ahnen konnte, was jemals aus diesem vom CDU-Landesvorsitzenden Wilfried Hasselmann von der Brüsseler Administration nach Hannover geholten politischen Quereinsteiger einmal werden würde, hatte ich natürlich gute Kontakte zum neuen Regierungschef, die mir sehr nützlich waren. Diese Wochen vom ersten Wahlgang am 14. Januar 1976, der von der regierenden SPD/FDP-Koalition noch als „Betriebsunfall" angesehen wurde, bis zum dritten Wahlgang mit dem endgültigen Aus der Regierungskoalition am 6. Februar 1976 gehörten sicher zu den spannendsten, aufregendsten und überraschendsten in der niedersächsischen Parlamentsgeschichte. So viel Hoffnung und Enttäuschung, Euphorie und Niedergeschlagenheit, Freude und Wut, Hass und Häme hatte ich in Hannovers „Hohem Haus" noch nicht erlebt. (Die Einzelheiten sind im Bericht über die Ministerpräsidenten Kubel und Dr. Albrecht festgehalten).

Immer wieder, bis heute, gab und gibt es die Frage: „Wer waren die Verräter?" Es ist nie herausgekommen. Sie haben ihr Geheimnis mit ins Grab genommen. Selbst Journalisten, die immer schon das Gras wachsen hörten und immer schon alles vorher gewusst haben wollten, tappten im Dunkeln. Ich selbst kann mir vorstellen, dass es neben einem FDP-Abgeordneten, der aus seiner Meinung keinen Hehl gemacht hatte, SPD-Landräte gewesen sind, die bei der mit der Ein-Stimmen-Mehrheit der SPD/FDP-Koalition durchgepeitschten Kreisreform für die Auflösung ihres eigenen Landkreises stimmen mussten und die damit ihr „politisches Todesurteil" unterzeichnet hatten. Nach der Verfassung gibt es nur einmal die Möglichkeit, geheim abzustimmen: Bei der Wahl eines Ministerpräsidenten. Hier war für die betroffenen Landräte die Möglichkeit.

3. Aufstieg und Fall des Gerhard Schröder

Unvergessen ist auch Gerhard Schröders Aufstieg und Fall. Als eine der schillerndsten Figuren auf dem landespolitischen Parkett in den 80er und 90er Jahren des 20. Jahrhunderts hat der junge SPD-Politiker (Jahrgang 1944) ein Dutzend Jahre die Landespolitik in Niedersachsen im wahrsten Sinne des Wortes beherrscht und dominiert. Schon mit Schröders erstem Auftreten 1985 begann auch gleich unsere nähere Bekanntschaft. Es ging um ein Ereignis, das zwischen Politikern und Journalisten eher ungewöhnlich ist – um eine öffentliche Wette. Als die SPD 1985 einen Spitzenkandidaten für die Landtagswahl 1986 in Niedersachsen suchte und der Übervater der Sozialdemokraten, Bundeskanzler Willy Brandt, uns in der Landespressekonferenz Niedersachsen seine Favoritin, die damalige SPD-Bundesgeschäftsführerin Anke Fuchs, vorgestellt hatte, kam bald darauf Schröder zu uns in die Pressekonferenz. Auf meine Bemerkung, dass Frau Fuchs nach eigenen Aussagen ihn „vielleicht mal zum Staatssekretär machen" wolle, erklärte er in seiner großspurigen Art: „Ich werde Ministerpräsident!" Auf meine Zweifel sagte er: „Wollen wir wetten?" – Abgemacht, drei Flaschen Sekt, Handschlag. Schröder wurde 1986 nicht Ministerpräsident und musste zahlen. Aber vier Jahre später, als ich ihm die Chance zur Revanche bot, war ich dran – „aber jetzt drei Flaschen Champagner", wie Schröder vorher gefordert hatte. Doch bevor er bei der Landtagswahl 1990 am Ziel seiner Träume war, hatte er zum Sturm auf den Sturz der Regierung Albrecht geblasen und dazu die schwersten Geschütze, die es verfassungsmäßig in einer Demokratie gibt, aufgefahren, von der Selbstauflösung des Parlaments bis zum konstruktiven Misstrauensvotum gegen den Ministerpräsidenten. Schröder verlor alle und musste die schwersten Niederlagen seiner noch jungen Karriere einstecken. Aber dank Albrechts Fehler und der „Journaille", die 1988 in Untersuchungsausschüssen zum sogenannten „Celler Loch" und zur Spielbankenpleite gnadenlos die Albrecht-Regierung „hinrichtete", wurde er 1990 doch noch Ministerpräsident in Niedersachsen. Er herrschte unumschränkt, stieg zu Deutschlands Medienstar auf und ließ uns Journalisten in der „popeligen Provinz" spüren, dass er zu Höherem geboren und berufen sei.

Mitte der 90er Jahre war er bei dem erbitterten Streit in der höchsten SPD-Spitze, zuletzt mit Oskar Lafontaine, als Sieger um die Kandidatur zum deutschen Bundeskanzler hervorgegangen. Er wollte sie jedoch nur mit einem Trick annehmen: Wenn er bei der Landtagswahl 1998 in Niedersachsen nicht mehr als zwei Prozent der Wählerstimmen verlöre. So kannten selbst viele eingefleischte CDU-Wähler „keine Verwandten", wie man so sagt, und wählten Schröder – damit endlich mal ein Niedersachse Kanzler wird. Danach hielt ihn nichts mehr in der Provinz. Schröder, der schon in jungen Jahren in Bonn an den Gitterstäben des Kanzleramtes gerüttelt hatte: „Ich will hier rein!", war endlich drin. Ebenso spektakulär wie er einst nach Hannover gekommen war, hat er Regierung, Presse und Land Niedersachsen verlassen.

4. Bei den „Großen dieser Welt"

Es gibt nicht nur diese drei Beispiele von Ereignissen, die mir besonders in Erinnerung geblieben sind, sondern in meinen rund 65 Jahren eines landespolitischen Journalistenlebens noch viele, viele mehr. Unvergessen sind etwa die „Causa Wulff" mit dem Aufstieg und Fall unseres niedersächsischen Bundespräsidenten Christian Wulff oder das Drama um das Ende der Ära Albrecht/Hasselmann, dann vor allem die Pressegespräche mit höchsten politischen Persönlichkeiten wie Kurt Schumacher, Konrad Adenauer oder Helmut Schmidt und die vielen Begegnungen mit den „Großen dieser Welt" bei Empfängen in Niedersachsen, von der britischen Königin bis zum Papst, oder auf Delegationsreisen ins Ausland, so mit den gekrönten Häuptern der Monarchien von England, Norwegen oder Spanien, mit bedeutenden Staatsoberhäuptern, Besuche in Moskaus Kreml, in Peking, in Argentinien oder im Sudan, ferner die spektakuläre erste und bisher einzige Weltausstellung in Deutschland, die EXPO 2000 in Hannover, usw., usw.

Schließlich wird mir noch eins ganz besonders im Gedächtnis bleiben, was mich, der ich wenigstens immer versucht habe, die Welt objektiv und nüchtern zu sehen und ebenso journalistisch darzustellen, emotional immer am meisten berührt hat, weil jedes Mal schlimmste Erinnerungen an mein eigenes Schicksal geweckt wurden: Das waren die am Anfang meines Journalistenlebens von 1950 bis 1955 eingetroffenen Heimkehrer-Transporte deutscher Kriegsgefangener aus der Sowjetunion im Grenzdurchgangslager Friedland bei Göttingen mit dem unvergesslichen Höhepunkt der Begrüßung der 1955 aus der Sowjetunion heimgeholten letzten deutschen Kriegsgefangenen durch Bundeskanzler Konrad Adenauer. Und ich war immer dabei.

Politiker der niedersächsischen Landesgeschichte – erste Generation

35 Jahre nach der Gründung des Landes Niedersachsen und aus Anlass des 30. Geburtstages der Niedersächsischen Landesverfassung 1981 trafen sich im Mai 1981 auf Einladung des Präsidenten des Niedersächsischen Landtags und ältesten Landtagsabgeordneten, Heinz Müller (CDU), (4. von rechts) die noch lebenden Gründungsväter und Politiker der ersten Stunde, die in schwierigen Zeiten die Entwicklung und Geschichte Niedersachsens maßgeblich bestimmt und geprägt haben, im Niedersächsischen Landtag. Der Landtagspräsident betonte, dass bei diesem Treffen sich ein Stück niedersächsische Landesgeschichte durch handelnde Personen lebendig repräsentiere. Man wisse nie, ob man selber Geschichte oder Geschichten mache, wenn man als Politiker handele. Umso wichtiger sei es, die Geschichte des Landes in den Personen ihrer Gestalter bei einem solchen Anlass einmal lebendig werden zu lassen. Das Foto zeigt (von links nach rechts) Karl Ravens (SPD), Oppositionsführer im Niedersächsischen Landtag, Innenminister a.D. Otto Bennemann (SPD), Ministerpräsident a. D. Dr. Georg Diederichs (SPD), Hilde Obels-Jünemann (ehemalige SPD-Landtagsabgeordnete), Prof. Winfried Hedergott (FDP), langjähriger Vorsitzender der FDP-Landtagsfraktion, Wilfried Hasselmann (CDU), Minister für Bundesangelegenheiten und CDU-Landesvorsitzender, Heinz Müller (CDU), Landtagspräsident, Egon Franke (SPD), Bundesminister und langjähriger SPD-Landesvorsitzender, Albert Post (FDP), Abgeordneter der 1. bis 6. Legislaturperiode, der bei fünf Landtagswahlen meistens als einziger FDP-Abgeordneter seinen Wahlkreis Westerstede direkt gewonnen hat.

Zu einem Gruppenbild ohne Dame fanden sich 1980 die Ministerpräsidenten
von neun deutschen Bundesländern zur Jahreskonferenz im Celler Schloss
ein. Dabei ging es u. a. um Fragen der Lehrerarbeitszeit, Probleme der Länder
wegen EG-Regelungen im Agrarbereich, um Konsequenzen aus der Bevölke-
rungsentwicklung in der Bundesrepublik Deutschland sowie um die Stellungnahme der Deutschen Gesellschaft für Friedens- und Konfliktforschung.
Ferner diskutierten die Regierungschefs den Bericht der Ministerpräsidenten
Vogel und Rau über deren Gespräch mit ARD, ZDF und dem Bundesverband
der Deutschen Zeitungsverleger über die Nutzung von Videotext. Auf dem Foto
von links nach rechts die Ministerpräsidenten Lothar Späth (Baden-Württem-
berg), Hans Koschnick (Bremen), Gerhard Stoltenberg (Schleswig-Holstein),
Dietrich Stobbe (Berlin), Werner Zeyer (Saarland), Franz-Josef Strauß
(Bayern), Dr. Ernst Albrecht (Niedersachsen) als Gastgeber, Holger Börner
(Hessen) sowie Johannes Rau (Nordrhein-Westfalen). Es fehlten Bernhard
Vogel (Rheinland-Pfalz) und Hans-Ulrich Klose (Hamburg).

KAPITEL III

EXTREMISMUS UND PROTESTBEWEGUNGEN IN NIEDERSACHSEN

1. Rechtsextremismus als Episode der Nachkriegszeit

Als nach dem Ende des letzten Kriegs 1946 das Land Niedersachsen gebildet wurde, hatte die britische Besatzungsmacht das Sagen. Sie suchte vor allem Politiker aus der Weimarer Republik, die dem Nationalsozialismus widerstanden hatten und nun für den Neuanfang gebraucht werden konnten. Dabei wollte die britische Militärregierung, als sie im November 1946 die erste Niedersächsische Staatsregierung ernannte, eine demokratische Einrichtung mit einem möglichst breiten politischen Spektrum und einer Beteiligung aller zugelassenen Parteien. So gab es im ersten gewählten Niedersächsischen Landtag noch keine extremistischen Parteien, sieht man einmal von der moskauhörigen Deutschen Kommunistischen Partei (DKP) ab. Erst in der 1951 beginnenden zweiten Wahlperiode des Landtags tauchten die ersten Rechtsparteien auf, die man mehr oder weniger als extremistisch bezeichnen konnte. Im Nachhinein betrachtet war der Rechtsextremismus in Niedersachsen eine Erscheinung der unmittelbaren Nachkriegszeit und eine relativ unbedeutende Episode der niedersächsischen Parlamentsgeschichte sowohl in seiner politischen Wirkung als auch in der damaligen Wahrnehmung der breiten Öffentlichkeit. Rechts(extremistische) Parteien waren nur dreimal im Niedersächsischen Landtag vertreten: 1951 bis 1955 mit der Sozialistischen Reichspartei und der Deutschen Rechtspartei, noch einmal 1955 bis 1959 mit der Deutschen Rechtspartei und dann sensationell 1967 bis 1970 mit der Nationaldemokratischen Partei Deutschlands (NPD). Aber jedes Mal haben sie für Aufsehen und „besondere Vorkommnisse" gesorgt.

Allerdings kann man das erste Auftreten der Freien Demokraten in der Nachkriegszeit auch mit dem Rechtsextremismus in Verbindung bringen. Der Schwerpunkt ihrer Aktivitäten lag offensichtlich in der alten Universitätsstadt Göttingen. Das ist sicher dem Umstand zuzuschreiben, dass zwei junge Politiker, Adolf von Thadden und Leonhard Schlüter, beide vom Jahrgang 1921 und Kriegsteilnehmer, beide im Presse- und Verlagswesen tätig, nach dem letzten Weltkrieg in Göttingen „hängengeblieben" waren.

Das Schicksal wollte es, dass ich, ebenfalls Jahrgang 1921, nach der Rückkehr aus der Kriegsgefangenschaft von 1949 bis 1960 ausgerechnet auch in Göttingen als Journalist tätig gewesen bin. Aber im Gegensatz zu meinen beiden Alters- und Kriegsgenossen hielt ich mich an das bekannte Sprichwort „Schuster bleib bei deinen Leisten" und ging nicht in die Politik, sondern habe das politische Geschehen in Göttingen und später in Hannover als Journalist hinter der politischen Bühne aus neutraler Sicht hautnah beobachten, beschreiben und kommentieren können.

Eine der politisch schillerndsten Personen ab Ende der 40er Jahre in Göttingen war Adolf von Thadden. Er entstammte einem alten pommerschen Adelsgeschlecht. Als ältestem Sohn der zweiten Ehe seines Vaters, des Landrats von Greifenberg und „Herr auf Trieglaff und Vahnerow", Adolf von Thadden, war ihm in die Wiege gelegt worden, einmal als Hoferbe Herr auf Vahnerow zu werden. Aber die Folgen des letzten Krieges machten einen Strich durch die Rechnung. Die Überlebenden der im Krieg aus Pommern geflüchteten Familie von Thadden trafen sich, verabredungsgemäß, nach Kriegsende bei der jüngsten Tochter aus erster Ehe des Patriarchen, Ehrengard, die in Göttingen mit dem Universitätsprofessor Percy Schramm verheiratet war. Ende 1946 kam auch Adolf von Thadden aus der Kriegsgefangenschaft nach Göttingen. Die körperlichen Folgen etlicher schwerer Kriegsverwundungen machten dem ehemaligen pommerschen Edelmann, der nun heimatlos und „arm wie eine Kirchenmaus" war, den Traum vom Landwirt auf eigener Scholle ein Ende.

Adolf von Thadden und der Rechtsextremismus

Durch Zufall geriet Adolf von Thadden, wie er einmal erzählte, in eine Versammlung von national gesinnten und von national-konservativer Einstellung geprägten Mitgliedern der „Deutschen Rechtspartei". Zu den Vorläufern der Deutschen Rechtspartei gehörten die Deutsche Konservative Partei (DKP) (nicht zu verwechseln mit der KPD = Kommunistische Partei Deutschlands), die Nationaldemokratische Partei (NDP) und die Deutsche Aufbau-Partei (DAP), die sich in Niedersachsen zur DKP-DRP Deutsche Rechtspartei zusammengeschlossen hatten.

Deren Geist entsprach offenbar von Thaddens Herkunft und der Tradition seiner Familie. Er wurde Mitglied und schnell einer der prominentesten Redner. Wo er sprach, waren die Säle überfüllt. Schon bald zählte er zum Führungskreis der Partei und übernahm den Vorsitz in Göttingen. Landesvorsitzender der DKP-DRP war ebenfalls ein Göttinger: Leonhard Schlüter. (Über Schlüter, den Kultusminister der 14 Tage, und die „Affäre Schlüter" von 1955 wurde ausführlich im Kapitel I. berichtet).

Seine ersten Sporen hatte sich Adolf von Thadden bei den Kommunalwahlen am 28. November 1948 verdient, als er gemeinsam mit Schlüter als Ratsherr in den Rat der Universitätsstadt Göttingen gewählt wurde. Ihm gehörte er zehn Jahre lang an, von 1952 bis 1958 als Senator und 1952/53 als stellvertretender Oberbürgermeister. Nach Skandalen um das Verhalten der DKP-DRP in Wolfsburg, wo der Landesvorsitzende Schlüter den Wahlkampf organisiert und wo seine Partei sensationell eine Zweidrittel-Mehrheit im Stadtrat erreicht hatte, untersagte die britische Militärregierung 1949 Schlüter jede politische Tätigkeit. 1950 trat er aus der Partei aus. Der nächste Schritt auf der Karriereleiter für Adolf von Thadden war Spitzenkandidat der Deutschen Rechtspartei für Niedersachsen zur ersten Wahl des Deutschen Bundestages 1949. Mit 28 % der Wählerstimmen in Niedersachsen gelang ihm der Einzug in das erste deutsche Nachkriegsparlament in Bonn. Mit 28 Jahren war er der jüngste Bundestagsabgeordnete. Als er in Anspielung auf sein junges Alter von einem SPD-Abgeordneten mit „Bubi" tituliert wurde, hatte von Thadden seinen Spitznamen für sein gesamtes späteres politisches Leben weg.

Doch noch im Wahljahr brachen in der bunt zusammengewürfelten DRP starke politische Gegensätze zwischen einem konservativ-nationalen Flügel unter von Thadden und einem radikal-nationalistischen, antikommunistischen Flügel unter dem Vorsitzenden der „Gemeinschaft unabhängiger Deutscher", Bundestagsabgeordneter Dr. Fritz Dorls, sowie Graf Westarp und dem ehemaligen Generalmajor Otto Ernst Remer auf. (Remer hatte beim Attentat des Grafen Stauffenberg auf Hitler an der Niederschlagung des Putschversuchs am 20. Juli 1944 als Kommandeur des Wachbataillons „Großdeutschland" in Berlin wesentlichen Anteil und trat nach dem Krieg als rechtsextremer Politiker und Publizist hervor). Die Rechtsradikalen traten aus der Deutschen Rechtspartei aus und gründeten die „Sozialistische Reichspartei" (SRP). Sie lehnte die Parlamentarische Demokratie ab und huldigte autoritären

Zielen. Die Partei wurde jedoch mit Urteil des Bundesverfassungsgerichts vom 23. Oktober 1952 als verfassungsfeindlich verboten.

Derweil war von Thadden aber außerordentlich aktiv und betrieb maßgeblich die Fusion des niedersächsischen Landesverbandes der DKP-DRP Deutsche Rechtspartei mit der Nationaldemokratischen Partei (NDP) zur „Deutschen Reichspartei", die im Januar 1950 gegründet wurde. Kurzerhand wurde aus der Deutschen Rechtspartei die Deutsche Reichspartei, und die Abkürzung DRP konnte bestehen bleiben – ohne in der Öffentlichkeit, vor allem bei den Wählern, Irritationen hervorzurufen. Außerdem sollte vor dem Hintergrund der damaligen Sehnsucht weiter Kreise der Bevölkerung nach der sofortigen deutschen Wiedervereinigung der Name „Reichs-Partei" als Fanal dienen. Das hat jedoch bei weitem nicht so funktioniert, wie sich das von Thadden und seine Mitstreiter vorgestellt und gehofft hatten. Im Gegenteil.

Denn gleichzeitig gründete Leonhard Schlüter im Januar 1951 die „Nationale Rechte" (NR) als Sammelbecken rechtsextremer politischer Kräfte und wurde deren Vorsitzender. Bei dem Versuch, gemeinsam mit von Thaddens Deutscher Reichspartei eine Gemeinschaftsliste mit den rechtslastigen niedersächsischen Freien Demokraten (FDP) für die Landtagswahl am 6. Mai 1951 aufzustellen, winkte die FDP dankend ab.

Dafür erhielt die von Dorls, Westarp, Remer und Genossen gegründete rechtsradikale Sozialistische Reichspartei unerwarteten Zulauf. Sie errang bei der niedersächsischen Landtagswahl 1951 geradezu sensationell mit 367.000 Stimmen elf Prozent der Wählerstimmen und 16 Mandate, davon sogar vier direkt in den Wahlkreisen Diepholz, Lüneburg-Land, Bremervörde und Hadeln. Die Deutsche Reichspartei musste sich hingegen mit drei Mandaten über die Landesliste begnügen. Einer ihrer Abgeordneten war Schlüter. Adolf von Thadden saß derweil noch als Abgeordneter im Deutschen Bundestag. Doch Schlüter stand nach Querelen und Machtkämpfen in seiner DRP-Landtagsfraktion, nachdem ihm die Nationale Rechte (NR) im Sommer alle Parteiämter abgenommen hatte, isoliert da, bis ihn der Vorsitzende der FDP-Landtagsfraktion, der Göttinger Oberbürgermeister Dr. Hermann Föge, zu den Liberalen holte. Er hoffte damit offensichtlich, das gemäßigte, liberale rechte Profil der niedersächsischen FDP stärken zu können. Schlüter stieg 1954 als einer der Wortführer der FDP zum stellvertretenden Landtagsfraktionsvorsitzenden auf und wurde nach der Landtagswahl 1955, als Föge in Göttingen dem jungen, aufstrebenden SPD-Kandidaten Dr. Peter von Oertzen unterlegen war und nicht wiedergewählt wurde, sogar Vorsitzender der FDP-Landtagsfraktion – vom Skandal und der „Affäre Schlüter" ganz zu schweigen.

„Steinzeitdemokraten" gegen „nationale Demokraten"

Damit sind wir schon mitten drin bei den niedersächsischen Freien Demokraten. Die Freie Demokratische Partei Deutschlands (FDP) war Ende der 40er und Anfang der 50er Jahre des 20. Jahrhunderts ohne Zweifel rechtsextrem geprägt. Die niedersächsische FDP erlebte vor allem während der zweiten Wahlperiode des Niedersächsischen Landtags ab 1951, ähnlich wie in der Bundespartei, turbulente Zeiten, die durch erhebliche Spannungen und innerparteiliche Auseinandersetzungen gekennzeichnet waren. Sie lagen in einer ausgeprägten „Rechtslastigkeit" der niedersächsischen FDP begründet, in der frühere Nationalsozialisten und Hitler-Jugend-Führer mit teilweise ehemals hohem Rang wesentliche Führungspositionen bei den Liberalen hatten besetzen können. Die eigentlichen Liberalen in der niedersächsischen FDP, für welche der Göttinger Oberbürgermeister und Vorsitzende der FDP-Landtagsfraktion, Dr. Hermann Föge, oder der Ammerländer Albert Post standen, bildeten nur eine Minderheit. Sie wurden vom rechten Flügel der Partei mit dem Landesvorsitzenden und FDP-Bundestagsabgeordneten Artur Stegner und dem Hauptgeschäftsführer Horst Huisgen verächtlich als „Steinzeitdemokraten" tituliert. Im Frühjahr 1953 spitzte sich die Entwicklung zu, als Stegner von der britischen Hochkommission beschuldigt wurde, im engen politischen Kontakt zu dem mittlerweile wegen einer Verschwörung ehemaliger Nationalsozialisten angeklagten früheren Staatssekretär im NS-Propagandaministerium von Joseph Goebbels, Dr. Werner Naumann, gestanden zu haben. Deshalb gründete eine Anzahl von liberalen FDP-Mitgliedern einen „Liberalen Bund" und unterstellte ihn dem FDP-Bundesvorstand. Sicher waren diese inneren Spannungen ein Grund dafür, dass der Stimmenanteil der FDP bei der Bundestagswahl am 6. September 1953 zurückging. In der Presse war zu lesen, die FDP schwanke zwischen „Steinzeitdemokraten" und „Superrechten".

Als der latente Konflikt zwischen „Liberalen" und „Nationalen" die FDP in Niedersachsen immer mehr erschütterte, sagte, wie in der Presse zu lesen war, der Vorsitzende der FDP-Landtagsfraktion, Dr. Föge: „Das ist eine Folge britischer Einmischung, die durch innerparteiliche Respektlosigkeit von FDP-Mitgliedern voreinander möglich wurde." Als er zum Sprecher oder Repräsentanten der „Liberalen" berufen werden sollte, weil sich weit und breit kein Gegenkandidat fand, fragte er entrüstet: „Heißt das etwa, dass ich nicht national bin?" Am 4. August 1953 hatten die Gründer des „Liberalen Bundes" Dr. Walter Hasemann (MdB), Grete Sehlmeyer (MdL), Dr. Walter Moritz, Dr. Gertrud Jaeck, Franz Henkel, Bruno Schröder (MdL), Hermann Waldau, Staatssekretär Georg Muttray, Hermann Lehnhoff, Werner Oetling und Richard Barz mit einem DIN A 4-Flugblatt als „Wichtige Mitteilung" zur ersten Versammlung nach Hannover für Donnerstag, den 13. August, um 20 Uhr, in das Künstlerhaus, Sophienstraße 2, eingeladen. Dr. Föge lehnte allerdings die für ihn vorgesehene Rede mit der Begründung ab, nur ein einziger Gründer sei jünger als 45 Jahre; der Mangel an Geld und das Fehlen organisatorischer Erfahrungen seien offenkundig. Föge empfahl den „dilettantischen Neugründern", in die FDP zurückzukehren.

Nach der Lektüre des Telegramm- und Eilbrief-Wechsels zwischen dem FDP-Bundesvorsitzenden, Vizekanzler Franz Blücher, und Bundesjustizminister Dr. Thomas Dehler einerseits und dem niedersächsischen FDP-Vorsitzenden Stegner andererseits vom 13. bis 17. Juli 1953 sagte Dr. Föge zu Stegner: „Das schadet der FDP, gehen Sie zu Blücher, haben Sie vor dem Bundesvorsitzenden wenigstens so viel Respekt, wie Sie als Landesvorsitzender von uns verlangen." Aber Stegner, der die „Nationalen" anführte, lenkte nicht ein. Dr. Föge sagte ihm mehrfach, er solle nachgeben, die FDP in Niedersachsen sei zu stark verschuldet, sie brauche Geldgeber – genau wie der „Liberale Bund". „Wir sind auf die gleichen Geldquellen angewiesen." Doch Stegner versteifte seine Haltung gegenüber dem Bundesvorstand und verlangte von der FDP-Geschäftsführung mit Hauptgeschäftsführer Horst Huisgen die Fortsetzung des unnachgiebigen Kurses. Der Landesgeschäftsführer der FDP in Niedersachsen, Herbert Freiberger, berichtete in einem maschinengeschriebenen Memorandum vom 13. Dezember 1953 „Darlegung zur Geschäftsführung und Finanzierung der Dienststelle Niedersachsen" über die Finanzlage der niedersächsischen FDP: Nach der Bundestagswahl vom 6. September 1953 gab es Gesamtverbindlichkeiten in Höhe von 154.000 D-Mark, wie „auch bei anderen Landesverbänden vorhanden". Vier Wochen später gab es einen Rückgang der Verbindlichkeiten um ca. 30.000 D-Mark durch zusätzliche Einnahmen etc. Die Förderer der FDP waren also nicht auf die Linie der „Liberalen" eingeschwenkt.

Machtproben in der FDP

Ein Schlaglicht auf die Rechtslastigkeit der niedersächsischen FDP in der ersten Nachkriegszeit werfen in diesem Zusammenhang die Autoren Helmut Beyer/Klaus Müller in ihrem Buch *Der Niedersächsische Landtag in den fünfziger Jahren* in einem Porträt über den Vorsitzenden der FDP-Landtagsfraktion, den Göttinger Oberbürgermeister Dr. Hermann Föge. (Helmut Beyer, langjähriger Pressesprecher der Verwaltung des Niedersächsischen Landtags, war ein guter alter Freund von mir. Wir haben viel über die Lage und Strömungen im Landesparlament diskutiert).

In dem Buch heißt es u. a.:

„Föge kündigte Artur Stegner den Sturz als Landesvorsitzender ‚durch Ihr eigenes Tun' an. Auch diese Warnung Föges blieb unbeachtet. Stegner stürzte als FDP-Landesvorsitzender im Januar 1955 und trat aus der FDP aus – die Geschäftsführer wurden auf Anraten von Dr. Dehler und Föge vom neugewählten FDP-Landesvorsitzenden Joachim Strömer (49), Fabrikdirektor in Braunschweig, nicht entlassen.

Die Auseinandersetzung zwischen Artur Stegner und dem FDP-Bundesvorstand (Vizekanzler Franz Blücher) war eine personelle Kraftprobe: Stegner klassifizierte den FDP Bundesvorsitzenden Blücher als ‚Schwächling'; Blücher hielt Stegner für ‚persönlich nicht geeignet', das notwendige Vertrauen bei Unternehmern und im sog. Großbürgertum Niedersachsens für die FDP zu erhalten oder zu gewinnen. Durch wechselseitige Reden und Gegenreden, begleitet von in- und ausländischen Zeitungskommentaren, wurde die personelle Auseinandersetzung zu einem Richtungsstreit hochstilisiert: Blücher – Repräsentant der Liberalen, Stegner – Repräsentant der Nationalen (und: Protektor ehemaliger Nazis oder Neonazis). Blücher zog Bundesjustizminister Dr. Thomas Dehler, seinen späteren Nachfolger als FDP-Bundesvorsitzender, äußerstenfalls als Nothelfer gegen Stegner in diesen Streit hinein; Stegner, der in Dr. Dehler ‚die künftige Potenz der FDP gegen CDU und SPD' sah, wollte seinen Streit mit ‚dem Schwächling Blücher allein ausfechten'. Föge erkannte in dieser Auseinandersetzung frühzeitiger als andere den Zentralpunkt: ‚Notwendiger Generationswechsel in der FDP' (Niedersachsens).

Er legte gegenüber Blücher dar: Sinnlos, Stegners Mitarbeiter fortdauernd wegen ihrer hervorgehobenen Stellungen in der früheren Hitlerjugend zu attackieren, ‚denn wir brauchen diese jungen Menschen' (wie andere Parteien auch). Föge verwies mehrfach auf die vom SPD-Vorsitzenden Dr. Kurt Schumacher bereits 1947 geforderte und in der SPD verwirklichte Jugendamnestie. Er wies auf die ‚von alten Herren meines Jahrgangs und jünger' in Vorständen der FDP-Kreisverbände blockierten Aufnahmeanträge hin, weil neue Mitglieder die stabilen Vorstandsgremien in lokalen und regionalen Verbänden gefährden könnten. Der FDP-Kreisvorstand Hannover-Stadt zum Beispiel hatte bis Mai/Juni 1953 etwa 450 Aufnahmeanträge jüngerer Menschen unbeachtet gelassen. ‚Herr Blücher, wir wollen keine Honoratiorenwirtschaft, wir brauchen Nachwuchs', sagte Föge. Er legte gegenüber Stegner dar, mit Ungeduld können die FDP-Gründer und deren alte Freunde nicht schlagartig beiseite gefegt werden; die jüngeren Herren sollen von Wahl zu Wahl zeigen, welche Ämter und Mandate sie berechtigterweise beanspruchen dürfen, ‚Herr Stegner, schlagartig ist seit 1945 grundsätzlich schlecht', sagte Föge. Er erzeugte mit dieser Form von Individualismus bei seinen alten Freunden und FDP-Gründern mühsam verhehlten Groll; bei der jüngeren Generation geriet er in den Ruf der Unentschlossenheit (OB – sowohl – als auch). In der SPD wurde dieser Entwicklung so wenig Beachtung wie möglich geschenkt, denn Föge hatte seit 1951 oft genug seine uneingeschränkte Gegnerschaft an alle Sozialdemokraten erklärt. Die Landesleitung der CDU in Niedersachsen erkannte zwar die Richtigkeit der Darlegungen Föges über den FDP-internen Prozess des schwierigen Generationswechsels, aber man wusste, dass Stegner (ohne persönlich mit ihm zu sympathisieren) vorerst über die Organisation der niedersächsischen FDP herrschte und Leonhard Schlüter, der seit Sommer 1953 für eine mögliche Regierungsbildung – ob als Minister oder nicht – fortschreitend wichtiger wurde, zum ‚nationalen' Flügel gehörte. Die CDU-Landesleitung folgerte: Wie es um die richtige Klassifizierung von ‚Nationalen' auch bestellt gewesen sein mag, die ‚Nationalen' waren in der niedersächsischen FDP weitaus stärker."

Der Extremismus verlor an Bedeutung

Die Bedeutung des Rechtsextremismus und das Ansehen seiner Parteien in Niedersachsen sanken in den 50er Jahren rapide. Ihre bekanntesten und aktivsten Protagonisten verschwanden in der Versenkung. Leonhard Schlüter hatte sich nach dem als „Affäre Schlüter" in die Landesgeschichte eingegangenen Drama von 1955 aus der aktiven Politik zurückgezogen und war ins Verlagsgeschäft gewechselt. Artur Stegner war als FDP-Landesvorsitzender gestürzt worden und auf Drängen des FDP-Bundesvorstands notgedrungen aus der FDP ausgetreten. In der Landespartei, in der die Rechtslastigkeit offensichtlich nicht so ausgeprägt war, wie in der Landtagsfraktion, hatten sich die Fronten beim Landesparteitag an 24. September 1955 in Uelzen geklärt. Der nationalistische Flügel hatte an Macht und Einfluss verloren, die eher gemäßigten Liberalen holten verlorene Posten zurück. Politische Beobachter stellten fest: „Die FDP driftet zur politischen Mitte zurück." Der *Spiegel* meinte, erst Ende der 50er Jahre sei die langsam abklingende rechtsradikale Vergiftung der FDP beendet gewesen.

Nur Adolf „Bubi" von Thadden, dessen Deutsche Reichspartei bei der Bundestagswahl 1953 an der durch das neue Bundeswahlgesetz eingeführten Fünf-Prozent-Sperrklausel gescheitert war und dessen Zeit als Bundestagsabgeordneter damit vorbei war, machte keine Anstalten, die politische Bühne so schnell zu verlassen. Zur Landtagswahl in Niedersachsen am 24. April 1955 trat er wieder an, und die DRP gewann sechs Mandate über die Landesliste. Adolf von Thadden lernte nun erstmals auch den Niedersächsischen Landtag, der damals noch provisorisch in der im Krieg stark beschädigten und notdürftig wieder hergerichteten hannoverschen Stadthalle untergebracht war, kennen und machte schon bald von sich reden.

Sechs DRP-Hospitanten stürzten die Regierung

Doch zunächst gab es in Niedersachsen nach der Landtagswahl 1955 einen Macht- und Regierungswechsel. CDU-Bundeskanzler Konrad Adenauer war nicht unbeteiligt daran, dass sich in Hannover die bürgerlichen Parteien unter Führung der CDU und der DP zusammenrauften und gemeinsam mit dem Gesamtdeutschen Block/Bund der Heimatvertriebenen und Entrechteten (GB/BHE) und der FDP eine bürgerliche Koalition unter dem DP-Bundesminister Heinrich Hellwege bildeten, die den bisher regierenden Ministerpräsidenten Hinrich Wilhelm Kopf und seine SPD ablöste. Die neue Regierung Hellwege stand allerdings unter keinem guten Stern. Erst gab es, wie wir schon gesehen haben, die „Affäre Schlüter", bei der der FDP-Fraktionsvorsitzende und dann Kultusminister der 14 Tage Schiffbruch erlitten hatte. Nachdem sich die Freien Demokraten von ihren „Steinzeitliberalen" getrennt hatten und nachdem auch der BHE, der, um sich ein noch größeres Wählerpotential zu sichern, seinen Namen auf Gesamtdeutscher Block/BHE erweitert hatte, ebenfalls schwächelte, suchten die beiden Parteien aneinander Halt und taten sich im Landtag zu einer Gemeinschaftsfraktion BHE/FDP zusammen. Weil das aber noch nicht genügte, nahm sie im November 1957 die sechs Abgeordneten der DRP als Hospitanten auf. Aber das brachte den Koalitionspartner DP/CDU in Rage. Für ihn war es unerträglich, dass die Rechten, selbst unter dem Deckmäntelchen von Hospitanten, an Regierungsentscheidungen teilnehmen könnten. Der Ministerpräsident, sonst als „Heinrich Cunctator" (Zauderer) bekannt, handelte ausnahmsweise einmal schnell, sprach mit Hinrich Wilhelm Kopf, und ehe sich die BHE/FDP-Fraktion versah, flogen ihre Minister aus dem Kabinett. Am 17. November 1957 wurden die BHE- und FDP-

Minister entlassen, und Hellwege holte die SPD in seine neue Regierung mit Kopf als Innenminister. FDP und BHE lösten ihre Fraktionsgemeinschaft, die an der Aufnahme von Thaddens und seiner DRP-Kollegen gescheitert war, bald wieder auf. Niemand wollte später wissen, warum sie überhaupt zustande gekommen war.

In der FDP kriselte es weiter wegen der DRP-Affäre

Intern hatte die Liaison der niedersächsischen FDP-Landtagsfraktion mit den DRP-Hospitanten noch ein interessantes Nachspiel. Der Bundesvorstand der FDP verlangte nämlich eine Überprüfung des Hospitantenverhältnisses, das zum Ausscheiden der FDP aus der Regierung und ihre Abgeordneten auf die Oppositionsbänke geführt hatte. Der Landesverband sagte eine solche Überprüfung zu. Politische Beobachter werteten den Beschluss des FDP-Bundesvorstands als eine Rüge für das Verhalten der niedersächsischen FDP.

Doch im niedersächsischen FDP-Landesverband kriselte es weiter. Der FDP-Kreisverband Emden hatte seinen Austritt aus dem Landesverband erklärt, der, wie es in einer Entschließung hieß, „nicht mehr als Vertretung der freiheitlich und rechtsstaatlich denkenden Menschen in unserem Lande angesehen" werden könne. Aber der Landesvorsitzende Carlo Graaff blieb gelassen. Er meinte: „Sie sind linksliberal, sie haben einen Linksdrall." Abspaltungen zwischen dem nationalen und liberalen Flügel der niedersächsischen FDP hatte es schon früher gegeben. Für die Liberalen war der „fatale Bruderkuss der Nationalisten in der FDP mit den Rechtsradikalen von der sogenannten Deutschen Reichspartei" keine Überraschung, sondern das zwangsläufige Ergebnis einer jahrelangen, von ihnen als unheilvoll angesehenen Entwicklung, als deren Ergebnis in Niedersachsen – aber auch, außer in Südwestdeutschland, in anderen Bundesländern – bevorzugt ehemalige Nationalsozialisten auch in höhere Ränge von Parteifunktionen der FDP einrückten. Der Höhepunkt dieser Entwicklung schien überschritten. Die Liberalen gewannen ein wenig an Stärke und Einfluss, der FDP-Bundesvorsitzende Dr. Reinhold Maier unterstützte, jedenfalls gegen Ende 1957, diesen Trend.

Die Zusage des niedersächsischen FDP-Landesvorstands gegenüber dem Bundesvorstand der FDP, das Gastverhältnis der DRP-Hospitanten in der FDP-GB/BHE-Gemeinschaftsfraktion bis zum 31. Januar

1958 zu überprüfen, war Anfang Februar 1958, als in Wolfenbüttel der FDP-Landesparteitag stattfand, noch nicht erfüllt. Die Vorstände dreier ostfriesischer FDP-Kreisverbände erklärten deshalb, sie würden ihre Parteiämter ruhen lassen, bis die DRP-Affäre bereinigt sei. Doch „wir wissen, dass wir auf verlorenem Posten stehen", meinte resignierend einer dieser Kreisvorsitzenden. Die beim Landesparteitag in Wolfenbüttel anwesenden Vertreter des Bundesvorstands vermieden, offen in die Diskussion einzugreifen. Dafür war wohl die in den Parteistatuten festgelegte „Hoheit des Landesverbandes" ausschlaggebend. Immerhin aber hatte der Bundesvorsitzende demonstrativ seine sonst übliche Teilnahme an diesem Landesparteitag der niedersächsischen FDP abgesagt; er hatte sogar eine erneute Kandidatur als Bundesvorsitzender davon abhängig gemacht, dass die DRP-Angelegenheit in Niedersachsen bereinigt werde.

In einer vom FDP-Landesvorsitzenden Carlo Graaff veranlassten Entschließung hatte der Landesparteitag in Wolfenbüttel erklärt, die FDP in Niedersachsen werde den Landtagswahlkampf für 1959 eigenständig führen. Man wartete nun, welche Konsequenzen DRP und BHE ziehen würden. Teile des BHE, an ihrer Spitze der frühere Wirtschaftsminister Hermann Ahrens, traf das schwer. Sie hatten gehofft, weil sie als Partei selbst zu schwach waren, den Landtagswahlkampf unter einem Dachverband anderen Namens zusammen mit der FDP bestreiten zu können.

Dann folgte im März 1958 ein Paukenschlag, der die niedersächsische FDP bis ins Mark traf. Heinz Müller-Osterode, einer der seit Jahren führenden „rechten" Köpfe der niedersächsischen Liberalen, trat, nachdem er seine Vorsitzenden-Funktion für die FDP in der Gemeinschaftsfraktion FDP/BHE schon im September 1957 hatte an den Abgeordneten Winfrid Hedergott abgeben müssen, aus der FDP aus und zur CDU über, „weil der FDP-Landesvorstand die Trennung von den sechs DRP-Hospitanten nicht herbeiführte". Dieser alles andere als leichte Schritt reaktivierte den Streit zwischen dem Bundes- und dem niedersächsischem Landesvorstand der FDP; alte Animositäten wurden wieder geweckt. Müllers Entscheidung blieb in der FDP nicht ohne Folgen: Mitglieder des FDP-Kreisvorstandes Osterode und andere führende Vertreter im Landkreis Hildesheim folgten ihm. Dass Heinz Müller später eine der steilsten Karrieren im niedersächsischen Parlamentarismus bis zum Landtagspräsidenten machte und mit den höchsten deutschen Auszeichnungen, u. a. mit der Niedersächsischen Landesmedaille sowie mit dem Großen Verdienstkreuz des Verdienstordens der Bundesrepublik Deutschland mit Stern und Schulterband, geehrt wurde, nun aber als „rechter" CDU-Politiker, ist ein anderes Kapitel.

Radikale hatten in Niedersachsen keine Chancen

So zeigte sich einmal mehr, dass die Radikalen von links oder rechts in Niedersachsen keine Chancen hatten. Die Sozialistische Reichspartei (SRP) war kurz nach ihrem Einzug in den Landtag vom Bundesverfassungsgericht für verfassungsfeindlich erklärt und verboten worden. Die damalige KPD traf in derselben Legislaturperiode das gleiche Schicksal. Und als die DRP als Hospitanz zur FDP/BHE-Fraktion wechselte, war es auch mit ihr vorbei. Eine Folge war, dass auch in Niedersachsen 1959 das Landeswahlgesetz geändert und die Fünf-Prozent-Sperrklausel eingeführt wurde. Damit war von Thadden der parlamentarische Boden entzogen. Seine persönliche Existenz war jedoch nicht gefährdet. Er wurde Chefredakteur der von ihm mitgegründeten Wochenzeitung *Reichsruf* und gab seine politischen Vorstellungen einstweilen publizistisch kund.

2. Nach der Flaute kam die NPD

Die nächsten Jahre dümpelte die DRP so vor sich hin. Während sie nach außen politisch keine Rolle spielte, gab es nach innen harte politische Richtungskämpfe, weil eine Gruppe von Mitgliedern die Meinung vertrat, die Stagnation sei nur durch hartes Auftreten und Extremismus zu überwinden. Adolf von Thadden hielt jedoch nichts von diesen radikalen Schwärmern. Sein politischer Instinkt sagte ihm, es sei vernünftiger, die Partei konsolidiert durch die Flaute zu bringen, in der Hoffnung auf „bessere Zeiten". Und in der Tat, sie kamen für ihn, als bei der Landtagswahl am 15. März 1963 die etablierten rechten Parteien DP mit 2,7 % und GDP mit 3,7 % der Wählerstimmen an der Sperrklausel scheiterten. Zwar hatte es die DRP auch nur auf 1,5 % gebracht und die neue Deutsche Friedens-Union (DFU) gar nur auf 0,6 %, aber von Thadden witterte eine Chance. Wie sich ein Zeitzeuge erinnerte, trafen sich noch in der Wahlnacht in von Thaddens Arbeitszimmer „hoch über den Dächern von Hannover am Steintor" Mitstreiter der national-konservativen Richtung, um über Folgerungen aus dem parlamentarischen Untergang verschiedener Rechtsparteien und Rechtsgruppen nachzudenken. Unter den Möglichkeiten einer Fusion der bestehenden rechtsextremistischen Organisationen oder dem völligen Neubeginn mit einer neuen Partei wurde letztere favorisiert.

So fand am 28. November 1964 in Hannover die Gründung der National-Demokratischen Partei Deutschlands (NPD) statt. Rund 700 Männer und Frauen hatten sich im „Döhrener Maschpark", der inzwischen längst abgerissen ist, versammelt. Etwa 500 von ihnen, die Vertreter der DRP mit Adolf von Thadden, der DP mit Friedrich Thielen, der GDP mit Wilhelm Gutmann und der Deutsch-Nationalen Volkspartei (DNVP) mit Heinrich Fassbender zählten zu den Gründungsmitgliedern. Eigentlich wäre von Thadden der „geborene" Führer für dieses Sammelbecken nationaler bzw. rechtsextremer Politiker gewesen. Aber um des lieben Friedens willen wollten er und einige andere alte Parteivorsitzende lieber eine „neutrale" Person. Als sich niemand so recht anbot, war es eher eine Verlegenheitslösung, den einzigen Landtagsabgeordneten in der Führungsriege der Gründungsmitglieder, den von der CDU zur DP übergewechselten Betonfabrikanten aus der Bremer Bürgerschaft Friedrich Thielen, als konservatives Aushängeschild zum Vorsitzenden zu wählen. Adolf von Thadden, der die Fäden gezogen hatte und sie immer noch in der Hand hielt, wurde einer der drei Stellvertreter und erhielt von Thielen unmittelbar nach der Wahl Unterschriftenvollmacht. Er übernahm gleichzeitig die Chefredaktion der ebenfalls neugegründeten nationaldemokratischen Wochenzeitung *Deutsche Nachrichten*, für die er den Leserstamm des *Reichsrufs* in das neue Verlagsunternehmen einbrachte.

Als stiller journalistischer Beobachter dieser Veranstaltung kann ich mich noch gut daran erinnern, dass es zwischen gedämpfter Euphorie und unterdrückter Aggressivität, zwischen Hoffen und Bangen „gesittet und diszipliniert" zuging und etliche meiner Kollegen vergeblich auf eine erhoffte Sensation warteten. Sie wurden enttäuscht, es gab sie nicht.

Weil es keine Fusion bestehender Parteien gegeben hatte, wurden die Mitglieder auch nicht geschlossen in die NPD überführt, sondern mussten sich einzeln anmelden. Es fiel besonders den rund 4.500 Mitgliedern der immer noch straff organisierten und auch gut geführten DRP nicht leicht, ihre kleine, aber intakte Organisation gegen das „Abenteuer" einer Neugründung aufzugeben. So warteten viele zunächst erst einmal ab.

NPD auf Anhieb dritte politische Kraft in Niedersachsen

Am 4. Juni 1967 wurde in Niedersachsen ein neuer Landtag gewählt. Zum ersten Male trat die NPD unter ihrem Spitzenkandidaten Adolf von Thadden an. Sie löste mit einem unerwarteten Paukenschlag ein Donnergrollen aus, das weit über die Landesgrenzen hinaus bis ins Ausland zu vernehmen war und das politische Alltagsleben in Niedersachsen aufschreckte. Erstmals wurde eine rechtsextremistische Partei dritte politische Kraft im Lande. Mit 249.197 Wählerstimmen = 7,0 % und auf Anhieb zehn Mandaten rangierte sie im neuen Landtag hinter der SPD mit 43,1 % und 66 Mandaten sowie der CDU mit 41,7 % und 63 Mandaten noch vor der FDP mit 6,9 % und auch zehn Mandaten. Während Ministerpräsident Dr. Georg Diederichs seine SPD/FDP-Koalition fortsetzen konnte, saß „Bubi" von Thadden, jetzt als gestandener 46-jähriger Politiker und Vorsitzender der NPD-Landtagsfraktion, wieder einmal auf den harten Bänken der Opposition im Niedersächsischen Landtag. Seine geschliffenen Rededuelle mit dem ebenso eloquenten SPD-Vordenker und niedersächsischen Kultusminister Prof. Dr. Peter von Oertzen waren besonders für die Journalisten auf der Pressetribüne des Landtags immer eine „Sternstunde" des Parlaments.

Die Züricher Zeitung *Die Tat*, bekannt für ihre skeptische Haltung gegenüber deutschen National-Demokraten, schrieb, nachdem die NPD in der zweiten Hälfte der 60er Jahre in sieben westdeutsche Landesparlamente eingezogen war, unter der Überschrift „Die Sammlung der nationalen Opposition" u. a.:

> „Viele gute deutsche Demokraten (und manche von den weniger guten) zeigen sich peinlich berührt von dem internationalen Aufsehen, das die Wahlerfolge der Nationaldemokratischen Partei Deutschlands (NPD) hervorgerufen haben. Ist es wirklich gerechtfertigt, so fragen sie, wenn die Presse des Auslands so viel Geschrei erhebt, weil eine extreme, mit nationalistischen Losungen operierende Gruppe zwischen sieben und acht Prozent der Stimmen gewonnen hat. Ist es nicht eigentlich viel bemerkenswerter, daß unter dem Eindruck einer schweren und tiefgehenden politischen Krise in der Bundesrepublik die großen demokratischen Parteien, die den westdeutschen Staat geschaffen haben, eine so außerordentliche Stabilität an den Tag legen? Auch ältere und traditionsreichere demokratische Länder haben ihren ‚lunatic fringe', ihre Randgruppen, die gerne verrückt spielen und an die Ressentiments und Komplexe der Unzufriedenen oder der Ewig-Gestrigen appellieren; warum sollte man da die Tatsache, daß solche Elemente sich in der Bundesrepublik ebenfalls formieren, zur Sensation aufbauschen?"

Nachdem *Die Tat* darauf hingewiesen hatte, dass sich in der ehemaligen DRP ehemalige NS-Parteigenossen getroffen haben, die dem Dritten Reich nachtrauerten, mit braven Konservativen, die der CDU wegen ihrer Zusammenarbeit mit den Sozialdemokraten und die der Deutschen Partei wegen ihrer „welfischen" Tradition kritisch gegenüberstanden, schrieb die Schweizer Zeitung weiter: „Dabei muß man sich über eines klar sein: Bei weitem nicht alle Bürger, die sich der NPD zuwenden, dürfen in globo als ‚rechtsradikal' oder ‚antidemokratisch' abgestempelt werden."

Viele Journalisten und politische Beobachter in Hannover bescheinigten vor allem dem NPD-Landtagsfraktionsvorsitzenden von Thadden, dass er „eigentlich in der falschen Partei" sei und dass die staatstreuen rechten Parteien hätten froh sein können, wenn sie ihn in ihren Reihen gehabt hätten. Adolf von Thadden war gewiss kein „eingefleischter Nazi", schon wegen seiner Herkunft und Erziehung als „Preuße" und als pommerscher Junker aus evangelischem Haus, dessen Halbschwester Elisabeth von Thadden wegen ihrer Ablehnung des

Nazi-Regimes 1944 von Volksgerichtshof unter seinem Vorsitzenden Roland Freisler zum Tode verurteilt und in Berlin-Plötzensee erhängt wurde. Allerdings wurde er in der deutschen Presse immer in die „braune Ecke" gestellt und kriegte, um es salopp zu sagen, „kein Bein auf die Erde". Im deutschen Fernsehen fand er überhaupt nicht statt, im Gegensatz zu ausländischen Sendern, die dem eloquenten Redner gern eine Plattform gaben. Auch in der Landespressekonferenz Niedersachsen war er kein gern gesehener Gast. So weit ging die Toleranz gegenüber Rechtsextremisten nicht.

Ich selbst habe mit „Bubi" von Thadden kein besonderes persönliches Verhältnis gehabt. Wir haben es vermutlich beide auch nicht unbedingt gesucht. Allerdings waren an Rufmord grenzende Kommentare und Angriffe auf von Thaddens Person nicht nur mit faulen Eiern und Farbbeuteln, sondern auch auf sein Hab und Gut, auch mit Pflastersteinen gegen die Fenster seiner Wohnung, eine neue Kategorie in der „Behandlung" des Extremismus in Niedersachsen.

Eine kleine Anekdote mag auch noch kennzeichnend sein:

> Es war beim Landespresseball in Hannover, dem jährlichen Höhepunkt der gesellschaftlichen Ereignisse in der Landeshauptstadt. Auch von Thadden und seine Frau, eine angesehene hannoversche Ärztin, nahmen teil. Das Schicksal wollte es, dass bei der traditionellen Tombola ein wertvoller Hauptpreis, eine Flugreise nach Südafrika, auf das Los von Thaddens fiel. Als ihre Losnummer aufgerufen wurde, meldete sich nach mehrfacher Wiederholung eine Dame im oberen Rang des Kuppelsaals der Stadthalle. Sie wurde auf die Bühne gebeten und nach ihrem Namen gefragt. Als sie in das Mikrophon Dr. Edith von Thadden sagte und hinzufügte, dass ihr Mann auch da sei, herrschte betretenes Schweigen im Saal. Es war schon peinlich. Die von Thaddens haben den Preis übrigens nicht angenommen, sondern zur erneuten Verlosung zurückgegeben.

Diadochenkämpfe in der NPD-Führung

Mit Argusaugen wurden in Hannover ebenso wie in Bonn die unerwarteten Erfolge der NPD beobachtet, die sich von einem zunächst kaum respektierten neuen Grüppchen der deutschen Rechten, von denen es schon mehr als genug gab, zu einer in Deutschland, aber noch mehr im Ausland stark beachteten Partei gemausert hatte. Ihr Motor und „heimlicher" Vorsitzender war ohne Zweifel „Bubi" von Thadden. Es blieb jedoch nicht aus, dass es mit dem „gewählten" Vorsitzenden Friedrich Thielen immer wieder zu Auseinandersetzungen kam. Zu verschieden waren diese beiden Männer von ihrer Herkunft, Bildung und ihren Zielen her. Der mit ausgeprägtem persönlichen Ehrgeiz ausgestattete Bremer Landespolitiker, dem die bundesweite Entwicklung der NPD über den Kopf gewachsen war, konnte es einfach nicht ertragen, dass sein Stellvertreter, ohne selbst etwas dazu zu tun, als eigentlicher Kopf der Partei immer mehr in den Mittelpunkt gestellt wurde. Wie politische Beobachter feststellten, fehlte Thielen die dynamisch-motorische Kraft, die von Thadden auszeichnete, und auch das Wissen um die tieferen politischen Zusammenhänge und Entwicklungen, außerdem die ausgeprägte rednerische Begabung und Verhandlungsführung. So war es kein Wunder, dass Thielen mehr und mehr das Vertrauen der Führerschaft und schließlich auch der Mitglieder der NPD verlor. Aber er verteidigte erbittert seine ins Wanken geratene Position. Fast zwangsläufig kam es zum Zerwürfnis zwischen den beiden Politikern. Am Tage seiner drohenden Abwahl durch die Mitgliedschaft trat Thielen aus der NPD aus und unternahm den Versuch, eine eigene Partei zu gründen. Aber das misslang völlig. Adolf von Thadden wurde am 10. November 1967 von den Delegierten des NPD-Bundesparteitages als Nachfolger Thielens zum neuen Bundesvorsitzenden der NPD und damit an die Spitze eines 30-köpfigen Parteivorstands gewählt.

Der rechtsradikale „Spuk" ging dem Ende entgegen

Nachdem die NPD bei der Bundestagswahl 1960 mit rund 1,2 Millionen Wählerstimmen und 4,3 % knapp gescheitert war, konzentrierte sich von Thadden mit seiner NPD voll auf die bevorstehende Landtagswahl in Niedersachsen am 14. Juni 1970. Das war schwer genug, denn die NPD steckte nach der Wahlschlappe und vor allem nach Querelen in der Partei in einer Krise. Die Folgen waren für die NPD verheerend. Bei der Landtagswahl in Niedersachsen flog sie nach noch nicht einmal einer vollen Legislaturperiode wieder aus dem Landesparlament. Mit 3,2 % der Wählerstimmen, die sich seit der letzten Wahl auf knapp 125.000 halbiert hatten, scheiterte sie, wie übrigens auch die FDP mit 4,4 %, an der Fünf-Prozent-Hürde. Im Niedersächsischen Landtag gab es nur noch zwei Parteien. Die SPD konnte mit einer Stimme Mehrheit allein regieren. „Bubi" von Thadden und die NPD leckten ihre Wunden, doch der rechtsextremistische „Spuk" in Niedersachsen war vorbei. Im November 1971 erklärte der Vorsitzende und langjährige Kopf und Motor der Partei seinen Rücktritt vom Bundesvorsitz. Adolf von Thaddens Nachfolger wurde der von ihm vorgeschlagene Tuttlinger Rechtsanwalt und Landtagsabgeordnete Martin Mußgnug, Gründer des 1961 verbotenen „Bund Nationaler Studenten". Als 1975 der Journalist, Politiker und Verleger sowie Herausgeber der rechtsradikalen *Deutschen National-Zeitung*, Dr. Gerhard Frey, Bundesvorsitzender der von ihm 1971 gegründeten „Deutschen Volks-Union" (DVU), in den NPD-Parteivorstand gewählt wurde, verließ von Thadden aus Verärgerung „seine" NPD. Er zog sich aus der Parteipolitik zurück und mit seiner Frau nach Teneriffa. Dort betätigte er sich weiterhin als Publizist und gab u. a. mit dem Göttinger Verleger Waldemar Schütz, der schon 1950 mit Leonhard Schlüter den *Plesse-Verlag* und die *Göttinger Verlagsanstalt* gegründet hatte und später Herausgeber der *Deutschen Nachrichten*, des Parteiblattes der NPD, war, die *Deutsche Wochen-Zeitung* heraus, die 1986 ebenfalls von Dr. Frey übernommen wurde. 1992 wurde von Thadden auch Mitherausgeber von *Nation und Europa*, ein Magazin, das sich besonders gegen die EU-Verträge von Maastricht richtete. Resigniert sagte von Thadden der Wochenzeitung *Junge Freiheit* in einem seiner letzten Interviews: „Die heutige NPD hat nichts mehr zu tun mit der NPD der 60er Jahre, also der Zeit, als ich Parteivorsitzender war." Am 16. Juli 1996, zehn Tage nach seinem 75. Geburtstag, ist Adolf von Thadden gestorben.

Wie recht er mit seiner Aussage im Interview hatte, zeigt die weitere Entwicklung dieser Partei. Sie schrumpfte zu einer parlamentarisch bedeutungslosen Klein-Partei, auch wenn sie nach der deutschen Wiedervereinigung vor allem in mehreren Gebieten der ehemaligen DDR in einigen Landesparlamenten in die Opposition gewählt wurde. In Niedersachsen spielte die NPD nach von Thaddens Abgang bis heute ebenso wenig eine Rolle wie die neu gegründete rechtsextremistische Partei der „Republikaner" (REP).

Nachbetrachtung eines Zeitzeugen

Um die Geschichte wirklich zu verstehen, sollte man sie nicht mit heutigen Maßstäben betrachten und messen, vor allem dann nicht, wenn sich der Zeitgeist so schnell ändert wie in der Nachkriegszeit. Deshalb sei mir eine Nachbetrachtung des Extremismus in der Zeit des Aufbaus der Demokratie nach dem Zweiten Weltkrieg in Niedersachsen gestattet. Als Zeitzeuge habe ich die Entwicklung unmittelbar vor Ort miterlebt und als Journalist beobachtet und beschrieben. Offensichtlich bin ich anderer Meinung als Historiker, die aus heutiger Sicht urteilen und dem Zeitgeist huldigen.

Natürlich hatten die rechtsextremistischen Parteigründungen und der Einzug in das Landesparlament, vor allem aber die Schlüter-Affäre, ein riesiges mediales Interesse und bundesweites Echo. Aber die Folgen für die noch junge Demokratie und für die Politik in Niedersachsen waren doch sehr gering. Deshalb war es im Rückblick auf die 70 Jahre niedersächsische Landesgeschichte meiner Meinung nach eine eher relativ unbedeutende politische Episode.

Nach meinen Beobachtungen ist der Rechtsextremismus besonders erst in den vergangenen etwa 20 bis 30 Jahren in der öffentlichen und vor allem veröffentlichten Meinung zu einer Bedrohung der Republik geworden, vielleicht auch durch eine Reihe von spektakulären Vorkommnissen nach der Wiedervereinigung in der ehemaligen DDR oder durch die große mediale Vermarktung des NSU-Prozesses, obwohl es natürlich zwischendurch auch immer wieder Verbotsbestrebungen und Verbote vieler kleinerer Gruppierungen gegeben hat.

Zunächst sollte erst einmal geklärt werden, was man heute unter Rechtsextremismus oder Rechtsradikalismus oder überhaupt unter „Rechts" versteht und wie unterschiedlich diese Begriffe damals und jetzt gedeutet werden. Als nach dem Krieg in Niedersachsen die Rechts-Parteien wie Deutsche Rechtspartei, Deutsche Reichspartei oder Nationaldemokratische Partei Deutschlands gegründet wurden, waren das nach meinen Beobachtungen sicher keine rechtsextremistische Parteien mit nationalsozialistischem Hintergrund, auch keine ehemaligen sogenannte „Bewegungen" der NS-Zeit. Dafür sorgte zunächst schon die Besatzungsmacht, die gerade auf diesem Gebiet kein Pardon kannte. Und wenn später einmal, wie bei der Sozialistischen Reichspartei, ehemalige NS-Größen altes Gedankengut wiederbeleben wollten, dann wurde durch ein Verbot kurzer Prozess gemacht. Wir Journalisten haben in den 50er Jahren „rechte" Parteien, von Extremismus oder Radikalismus war damals nicht die Rede, nicht als neue bzw. sogenannte „alte Bewegungen" aus der NS-Zeit gesehen, sondern eher als Gegengewicht gegen linke Parteien wie die Deutsche Kommunistische Partei (DKP). Doch wie schnell das geht, von der Sieger-Partei zur verdammten Partei zu werden, zeigte das schnelle Verbot der DKP wegen Verfassungswidrigkeit, nachdem der Kalte Krieg die Sichtweisen völlig verändert hatte. Die rechten Parteien waren damals eher eine Reaktion der Reste nationalen Bewusstseins gegen das alles beherrschende Be-

satzertum der Siegermächte. Die Rechtsparteien wurden nicht als ernst-
hafte Gefahr für die noch junge Demokratie angesehen.

Und welche Bedeutung haben diese Parteien dann gehabt, fragt man
sich, wenn sie ebenso schnell aus den Parlamenten wieder verschwunden sind, wie sie gekommen waren? Selbst von Thaddens NPD hat parlamentarisch wegen der vorzeitigen Parlamentsauflösung in Hannover
gerade mal eine knappe Legislaturperiode überdauert. Vielleicht inter-
pretieren heutige Historiker aus heutiger Sicht einen Radikalismus in
diese damaligen Parteien hinein, den wir damals so nicht gesehen haben,
ganz abgesehen davon, dass die Protagonisten von damals wie Schlüter
und von Thadden, die selbst, so wie ich, wir alle vom Jahrgang 1921, von
einer Diktatur missbraucht und enttäuscht worden sind, die nach den
schrecklichen Erfahrungen eines Krieges, den wir buchstäblich am eigenen Leibe erlebt haben, sicher keinen Krieg, Eroberungen und Massen-
sterben oder eine Renaissance alter Zeiten gewollt haben. Ich habe mir
auch nicht vorstellen können, dass die beiden späteren Politiker bei der
Gründung und Führung ihrer Parteien als Rechtsextremisten Verehrer
das Nationalsozialismus gewesen sind, sondern vielleicht durch Krieg
und Kriegszeit geprägte Nationalisten oder „Patrioten". Ich meine auch
heute noch, dass sie keinen großen nachhaltigen politischen Schaden an-
gerichtet haben. Mit was für Chaoten und Spinnern hatten und haben
wir es danach bis heutzutage in der Politik zu tun, die wir aushalten
mussten, ohne Schaden zu nehmen? Und immer noch aushalten.

Allerdings haben gerade die damaligen verantwortungsbewussten und
verantwortlichen Politiker begriffen, wie wichtig der Satz ist: „Wehret
den Anfängen!" Und sie haben bewiesen, dass eine gefestigte Demokratie wie die der deutschen Nachkriegszeit durchaus in der Lage ist, extremistische Bestrebungen in den Ländern auszuhalten und zu überstehen – auch wenn viele Journalisten immer wieder dazu neigen, um der
Sensation willen oder aus Geltungstrieb Randerscheinungen hochzuju-
beln und zu dramatisieren und damit oft ein völlig falsches Bild zeich-
nen, und wenn heutige Politiker und selbst Historiker mit heutigen
Maßstäben messen, was damals eine völlig andere Bedeutung hatte.

Ich selbst habe in jahrzehntelanger Erfahrung des Umgangs mit der
Politik gelernt, dass unsere Demokratie so gefestigt ist, dass sie von Ex-
tremen und Radikalen, die es immer wieder gibt, nicht erschüttert werden kann, im Gegensatz zur Weimarer Demokratie, der ersten überhaupt auf deutschem Boden, die ich als Kind in einem sehr politischen
Elternhaus erleben konnte.

3. Die Grünen in Niedersachsen

Vorkämpfer Herbert Gruhl

Wenn in diesem Kapitel vom Extremismus, neuen Parteien und Protestbewegungen berichtet wird, gehört ohne Zweifel auch die Partei „Die Grünen" dazu. Denn der Beginn der „Grünen" in Niedersachsen und die Gründung einer Grünen-Partei sind unvergessen mit dem Vorkämpfer der grünen Bewegung Dr. Herbert Gruhl verbunden. Den von einem Bauernhof in der Oberlausitz stammenden Umweltschützer hatte es 1961 nach Niedersachsen verschlagen. Als damals 40-Jähriger hatte er sich in Barsinghausen im Landkreis Hannover niedergelassen, wo er sich politisch in der CDU betätigte. Von 1965 bis 1974 war er Vorsitzender des CDU-Kreisverbands Hannover-Land, 1969 zog er als CDU-Abgeordneter in den Deutschen Bundestag ein. Dort hatte sich Gruhl schon bald als Sprecher der Unionsfraktion für Umweltfragen und als Vorsitzender der neuen parteiinternen Arbeitsgruppe für Umweltvorsorge sowie als erster Bundestagsabgeordneter, der auf das Waldsterben hinwies, einen Namen gemacht. Als Herbert Gruhl 1975 zum Bundesvorsitzenden des „Bund für Umwelt und Naturschutz" (BUND) gewählt worden war, veröffentlichte er sein Buch *Ein Planet wird geplündert – Die Schreckensbilanz unserer Politik*. Es wurde ein vielbeachteter Bestseller. Der niedersächsische Autor wurde bundesweit bekannt. Auch ich lernte ihn persönlich kennen, als er zu uns in die Landespressesekonferenz kam und seine Ideen und Visionen, aber auch seine Skepsis und seine Befürchtungen mit, wie ich mich gut erinnern kann, ungewöhnlicher Vehemenz und Begeisterung vortrug. Sein Thema war damals jedoch für die meisten Journalisten noch Neuland und offensichtlich nicht von großem Interesse.

In seiner Partei, der CDU, löste Gruhls Buch von der Plünderung des Planeten allerdings nicht eitel Freude aus. Nach der nächsten Bundestagswahl 1976, bei der er in seinem Wahlkreis ungewöhnlich viele Stimmen für die CDU dazugewonnen hatte, entzogen ihm Partei und

Fraktion dennoch seine Funktion als Sprecher für Umweltfragen. Der Umweltkämpfer war verärgert und verbittert. Die CDU war nicht mehr seine politische Heimat. Im Sommer 1978 trat er aus der Partei aus. Dem Bundesvorsitzenden Helmut Kohl warf er vor, die Zukunftsfragen völlig zu verkennen.

Nun ging Herbert Gruhl eigene „grüne" Wege. Sofort nach dem Parteiaustritt gründete er die „Grüne Aktion Zukunft" (GAZ) und wurde deren Bundesvorsitzender. Gemeinsam mit der inzwischen entstandenen „Aktionsgemeinschaft Unabhängiger Deutscher" (AUD/Die Grünen) engagierte er sich für einen politischen Zusammenschluss grüner Parteien und Wählerbewegungen. Damit gehörte Gruhl mit seinen Ideen und Aktivitäten auch unbewusst zu den Gründungsvätern der Grünen in Niedersachsen, die Mitte der 70er Jahre unter verschiedenen Bezeichnungen erste Organisationsformen bildeten. Bei den Europa-Wahlen 1979 gelang mit dem Parteienbündnis „Sonstige politische Vereinigungen – die Grünen" mit 3,2 % Wählerstimmen sogar auf Anhieb der Einzug in das Europa-Parlament. Dafür gab es 4,2 Millionen D-Mark Wahlkampfkostenerstattung. Allerdings nicht Gruhl, sondern Petra Kelly führte die Grünen als Spitzenkandidatin. Gruhl beteiligte sich mit seiner Partei „Grüne Aktion Zukunft" (GAZ) im Januar 1980 an der Gründung der Partei „Die Grünen" auf Bundesebene.

Zwischen rechten Ökos und linken Spontis, Realos und Fundis

Was hier unter dem Dach der Grünen zusammenkam, war ein Sammelsurium von Parteien und Gruppierungen, Strömungen und Bewegungen, Bürgerinitiativen und linken Kadern. Schon bald zeigten sich zwei große Blöcke. Auf der rechten Seite waren die Idealisten und Ideologen der „Ökos", konservative Naturschützer, vereinzelt auch christliche Gruppen mit Kämpfern für die Dritte Welt und selbst Deutschnationale. Auf der linken Seite gab es die linksradikalen Ideologen und die sogenannten K-Gruppen, Kommunisten mit, um ein Beispiel aus Göttingen zu nennen, der Sozialistischen Bündnisliste (SBL), ein Zusammenschluss aus dem maoistischen Kommunistischen Bund Westdeutschland (KBW) mit Jürgen Trittin, Mitgliedern der trotzkistischen Gruppe Internationale Marxisten (GIM) und weiteren linksradikalen

Studentengruppierungen mit „Sponti"-Gruppen wie Bewegung Unde-mokratischer Frühling (BUF). Zwischen diesen beiden großen Blöcken, als deren Protagonisten ich auf der einen Seite Dr. Herbert Gruhl und auf der anderen Seite den damaligen Göttinger Studentenführer Jürgen Trittin, der später jahrelang „Aushängeschild" der Grünen in Land und Bund war, kennengelernt habe, waren dazwischen noch Vertreter einer außerparlamentarischen Opposition, Feministinnen und Frauenrechtlerinnen oder auch viele, die mit den herkömmlichen Parteien und überhaupt mit dem parlamentarischen System unzufrieden waren. In einem Gespräch sagte mir Gruhl, dass er in diesem „zusammengewürfelten Haufen" keine großen Chancen für seine Ideen sehe. Dennoch wolle er kämpfen.

Als die politischen Strömungen linker Gruppierungen immer stärker wurden und Gruhl in einer Kampfabstimmung zum Bundesvorsitzenden der Grünen dem Mitbewerber Dieter Burgmann vom linken Flügel unterlag, versuchte der Niedersachse noch einmal, auch über Gründungen von Vereinigungen wie „Grüne Föderation" oder „Ökologische Föderation", mit einem wertkonservativen Flügel gegen die dominierenden Linken ein Gleichgewicht herzustellen. Doch es misslang. Gruhl und mit ihm etwa ein Drittel der Mitglieder traten nach einem Jahr aus der neu gegründeten Partei „Die Grünen" aus.

Und wieder gründete der Umweltkämpfer Gruhl eine neue Partei

1982 war es die „Ökologisch-Demokratische Partei" (ÖDP), deren Bundesvorsitzender Herbert Gruhl bis 1989 war, und 1990, nach seinem Austritt aus der ÖDP, den „Arbeitskreis ökologische Politik Deutschlands". 1993 starb Gruhl mit 72 Jahren in Regensburg. Im Organ *Ökologie* der rechtskonservativen, unabhängigen Organisation „Unabhängige Ökologen Deutschlands" (UÖD) konnte man lesen: „Drei Parteien dürfen sich rühmen, Gruhl vorzeitig erschöpft und zu seinem frühen Tod beigetragen zu haben. Trotzdem hat er nicht vergeblich gekämpft; zwar schob man ihn persönlich nicht beiseite, sondern ließ ihn fallen, aber die Tatsache, erst einmal klar ausgesprochen, war nicht mehr völlig aus dem politischen Gesichtsfeld zu schieben."

Tragische Figuren

Dr. Herbert Gruhl gehörte sicher zu den tragischsten Figuren der niedersächsischen Politiker, die sich nach dem Krieg stark engagierten und durch viele Höhen und Tiefen gegangen sind, die sicher auch viel bewegt und große mediale Aufmerksamkeit auf sich gezogen haben, aber letztlich doch gescheitert sind.

Gruhl, ein Rechtskonservativer, hat mit den „rechten" niedersächsischen Politikern Leonhard Schlüter und Adolf von Thadden das gleiche politische Schicksal erlitten. Alle drei gehörten dem Geburtsjahrgang 1921 an, wie ich übrigens auch. Alle waren bei Hitlers „Machtergreifung" 1933 zwölf Jahre alt und als Kinder und Jugendliche im Nationalsozialismus groß geworden; alle hatten im Deutschen Jungvolk oder in der Hitler-Jugend Führungspositionen inne. Alle waren 1939 nach dem letzten Friedens-Abitur als 18-Jährige in den Krieg gezogen, sicher nicht aus Begeisterung, aber aus Pflichtgefühl, weil alle Jungen, schon wie es das Gesetz befahl, „dem Vaterland dienen" mussten. Sie alle haben den Krieg mit allen seinen Schrecken und traumatischen Ereignissen auf wundersame Weise überlebt und waren, mit Ausnahme von Schlüter, in Kriegsgefangenschaft geraten, die sie auch überlebten. Und alle fühlten sich hinterher von Hitler und seiner Führungsclique schmählich verführt und missbraucht, ihre Ideale waren zerstört. Nach dem Krieg begann ein „anderes", ein neues Leben. Schlüter, von Thadden und Gruhl zog es in die Politik; für mich hielt das Nachkriegsleben einen Platz hinter der politischen Bühne zum Beobachten und Beschreiben bereit. Umso interessanter war es für mich, meine „Jahrgangsgenossen" publizistisch zu begleiten.

Es war eine Ironie des Schicksals, dass ausgerechnet die damalige niedersächsische Umweltministerin Monika Griefahn aus dem Kabinett von Gerhard Schröder, einst aktive Greenpeace-Kämpferin, zunächst noch parteilos, aber schon bald SPD-Mitglied und „grüne" Aktivistin, 1991 Herbert Gruhl, der längst der Partei „Die Grünen" den Rücken gekehrt und ihr gewiss keine große Freude bereitet hatte, das ihm vom Bundespräsidenten verliehene Bundesverdienstkreuz am Bande überreichen und dabei noch freundliche, anerkennende Worte finden musste.

Die Gründung der Partei „Die Grünen" in Niedersachsen

Auch in Niedersachsen war Mitte der 70er Jahre der Trend von einer „Grünen Bewegung", von der viele vieles und jeder etwas anderes verstand, hin zu politischen Parteigruppierungen sichtbar. Weil jedoch niemand so richtig wusste, wohin der Weg gehen sollte und was eigentlich gewollt war, wurden Gründungsversammlungen schon sehr abenteuerlich. In der Nachkriegszeit hatten schon mehrere Vereinigungen und Zusammenschlüsse Gleichgesinnter versucht, durch Parteigründungen zu politischem Einfluss zu kommen, meistens ohne Erfolg. Auch den Grünen mochten viele politische Beobachter zunächst kein besseres Schicksal voraussagen.

Ich selbst hatte im Laufe meines Journalistenlebens in Niedersachsen schon etliche Parteien kommen und gehen gesehen, schon mehrere Gründungsversammlungen von Parteien mitgemacht und auch schon mehrere Parteien „beerdigt". Bei den Grünen hatte ich von Anfang an ein eigenartiges, ungutes Gefühl. Man mag mir die emotionale Reaktion nachsehen. Denn ich habe als Zeitzeuge des nationalsozialistischen Regimes eine politisch installierte Ideologie und ihre Folgen ebenso am eigenen Leibe erlebt wie in jahrelanger sowjetischer Kriegsgefangenschaft den Bolschewismus und das marxistisch-stalinistische System mit allen seinen Schrecken. Wenn nun die Protagonisten der Grünen sowohl ideologisch als auch kommunistisch agierten, wurde ich an schreckliches Leiden und schlimme Auswüchse erinnert. Meine Generation, die von nationalsozialistischen Ideologen missbraucht worden ist, ist ein „gebranntes Kind" und sehr sensibel, wenn Politik und Gesellschaft durch die ideologische Brille gesehen werden, besonders wenn die kommunistischen Gruppen beherrschenden Einfluss haben.

Nachdem Herbert Gruhl und seine Mitstreiter 1979 auf Bundesebene die Partei „Die Grünen" gegründet hatten, wurde auch in Niedersachsen als Nachfolger der „Grünen Liste Umweltschutz" (GLU) eine Landespartei der Grünen ins Leben gerufen. Ökofreaks und Ideologen, Idealisten und „Spinner", Umweltaktivisten und Unzufriedene, Friedensmarschierer und Feministinnen, einige Politprofis, aber umso mehr politisch Ahnungslose, doch alle unzufrieden mit den etablierten Alt-Parteien, tummelten sich auf diesem Feld. Ich muss bekennen, es war nicht meine Welt. Deshalb hat mich die Gründung dieser Partei auch nicht so sehr interessiert.

Außerdem war es nicht nur abenteuerlich, sondern geradezu erschreckend und beängstigend, was damals in die Wahl- und Parteiprogramme der Grünen geschrieben wurde, was jedoch 35 Jahre lang offensichtlich niemanden interessiert hat. Aber jetzt, im zweiten Jahrzehnt des 21. Jahrhunderts, wurde es ausgegraben und ans Licht gebracht. So konnte man in Hannover in der *Hannoverschen Allgemeinen Zeitung* und in der *Neuen Presse* u. a. lesen, dass sich die hannoverschen Grünen im Wahlprogramm der „Grünen Alternativen Bürger-Liste" (GABL) für die Kommunalwahlen 1981 im Kapitel „Schwule" für eine Gleichstellung Homosexueller stark machten und eine Liberalisierung des Strafgesetzbuches forderten. So hieß es: „Auch der § 174 (Abhängigkeit) und § 176 (Sexualität mit Kindern) muss so abgeändert werden, dass einverständliches Handeln zwischen Kindern und Erwachsenen straffrei bleibt." In ähnlicher Form hatte es bereits im Grundsatzprogramm der Grünen auf Bundesebene gestanden.

Einer der damaligen verantwortlichen Mitunterzeichner des Programms, der hannoversche Unternehmensberater Alexander Rudnick, erklärte dem Zeitungsbericht zufolge, er hätte nie gedacht, „dass wir so etwas dareingeschrieben haben; aber es steht drin, und das ist schlimm." Der Basis sei die geforderte Legalisierung von Kindesmissbrauch offensichtlich in das Programm „reingeschmuggelt" worden. Das Gründungsmitglied der GABL, Silke Stokar, meinte, 90 Prozent der Verantwortlichen hätten dieses Programm nie ganz durchgelesen. Besonders Vertreter der ehemaligen K-Gruppen hätten dafür gesorgt, dass Positionen des linken Flügels in die kommunalen Wahlprogramme übernommen wurden. In Hannover war damals der sogenannte Raschplatz-Pavillon die Brutstätte der Ideen der Linken, die die Szene stark beherrschten. Aus heutiger Sicht entschuldigte sich Silke Stokar für die seinerzeitigen Entgleisungen. Die Gründergeneration trage die Verantwortung dafür, dass pädophile Positionen sich so lange in der Grünen-Partei halten konnten, sagte sie. Der 1981 ebenfalls in den Rat der Stadt Hannover gewählte Hans Hellmann von der CDU erinnerte sich, dass es damals vornehmlich um die Vergangenheit der Grünen mit den kommunistischen Gruppen gegangen sei, Kindesmissbrauch sei kein Thema gewesen. „Das Wahlprogramm hat von uns bestimmt keiner gelesen, und 90 % der Grünen sicher auch nicht."

Die Grünen erstmals im Landtag

Den ersten Anlauf, im Niedersächsischen Landtag Fuß zu fassen, hatten die Grünen mit der „Grünen Liste Umweltschutz" (GLU) unter ihrem Spitzenkandidaten Martin Mombaur 1978 unternommen. Ihr besonderes Wahlkampfthema war die Entscheidung der Bundesregierung unter dem SPD-Kanzler Helmut Schmidt und der niedersächsischen Landesregierung unter dem CDU-Ministerpräsidenten Dr. Ernst Albrecht für ein Atommüllendlager in Gorleben. Immerhin brachten es die Grünen bei der Landtagswahl auf 3,86 % der Wählerstimmen. Vier Jahre später war der nächste Anlauf erfolgreicher. Die Grünen betraten 1982 erstmals die landespolitische Bühne. Sie errangen 6,5 % und zogen mit elf Mandaten in das Landesparlament ein. Politisch waren sie bedeutungslos, zumal die CDU unter Ministerpräsident Dr. Albrecht mit 50,7 % die absolute Mehrheit erreicht hatte. Aber die Neulinge spielten doch eine besondere Rolle, weil sie immer wieder mediales Interesse erheischten – und bekamen. Ihre schillerndste Figur war ohne Zweifel Jürgen Trittin, einst in der Universität Göttingen Agitator des Kommunistischen Bundes Westdeutschland (KBW). Nach meinen Beobachtungen, auch ihn habe ich von Anfang an journalistisch „begleitet", konnte er seine politische Herkunft nie verleugnen. Er war, oft heimlich, der Wortführer der Fundis, des linken Flügels der Grünen, gegen die Realos.

Es begann mit dem verfassungsfeindlichen Rotationsprinzip

Schon der Start der niedersächsischen Grünen in das Parlamentsgeschehen begann mit einem Kuriosum, das es bis dahin im Landtag noch nicht gegeben hatte.

Kaum saßen sie zwei Jahre im Parlament, musste oder wollte die Hälfte von ihnen schon wieder ausziehen. Denn bereits bei der Aufstellung der Landesliste für die Landtagswahl 1982 hatte eine Delegiertenkonferenz eine „Total-Rotation zur Halbzeit der Legislaturperiode" beschlossen. Alle Abgeordneten der Grünen sollten nach zwei Jahren ausgewechselt werden. Anfang 1984 wurde das Prinzip der Total-Rotation jedoch abgeschwächt. Jetzt sollte nur noch die Hälfte rotieren.

Am 1. Juli 1984 teilten also fünf Abgeordnete der Fraktion der Grünen – Rudolf Grösch, Friedrich Haubold, Dr. Helmut Lippelt, Martin Mombaur und Helmut Neddermeyer – dem Landtagspräsidenten mit, dass sie auf ihr Mandat verzichten. Damit hätten fünf andere Grüne nachrücken können.

Der Niedersächsische Landtag hatte mal wieder eine Sensation und die Niedersächsische Landespressekonferenz konnte sich mit ihren Berichten erneut bundesweit ins Blickfeld setzen. Die Sensation wurde aber noch größer, als der CDU-Landtagspräsident Bruno Brandes und mit ihm die Mehrheit des Landtags das Ansinnen der Grünen wegen verfassungsrechtlicher Bedenken gegen das Rotationsprinzip ablehnten. Die fünf Biedermänner der Grünen erklärten, dass sie freiwillig ausscheiden wollten, und beantragten beim Staatsgerichtshof in Bückeburg eine einstweilige Anordnung, ihre Mandatsverzichtserklärung als wirksam zu betrachten. Das Bückeburger Gericht lehnte ab. In namentlicher Abstimmung beschloss der Landtag am 11. Oktober 1984 mit 84 gegen 77 Stimmen, dass der Mandatsverzicht der fünf grünen Abgeordneten unwirksam sei. Damit konnten die Journalisten in Hannover die einmalige Situation der deutschen Parlamentsgeschichte melden, dass fünf Abgeordnete gegen ihren Willen und gegen den Willen ihrer Partei im Landtag bleiben mussten.

Einige CDU-Abgeordnete hatten ebenfalls für die Verzichtserklärung der Grünen gestimmt. Es waren neben dem Innenminister Dr. Egbert Möcklinghoff vornehmlich die Rechtsexperten wie Dr. Edzard Blanke, späterer Landtagspräsident, oder Rechtsanwalt Heiner Herbst. Sie sahen die Angelegenheit vom reinen Rechtsstandpunkt aus. Es müsse in jedem Einzelfall bewiesen werden, dass die Erklärung des Abgeordneten nicht seinem freien Willen entspricht, meinten die CDU-Leute. Dagegen sah die Mehrheit von CDU und FDP unter der Wortführung des Landtagspräsidenten Bruno Brandes, ebenfalls Jurist, und des stellvertretenden CDU-Fraktionsvorsitzenden Ernst-Henning Jahn in der Angelegenheit ein Politikum ersten Ranges. Am deutlichsten drückte es der stellvertretende Vorsitzende der FDP-Landtagsfraktion, Dr. Friedrich-Theodor Hruška, aus: Das Rotationsprinzip sei verfassungsfeindlich. Denn dadurch solle das Prinzip der repräsentativen Demokratie ausgehöhlt und durch das der Basisdemokratie ersetzt werden. Die fünf Abgeordneten der Grünen müssten auf Grund klarer Beschlüsse ihrer Partei ausscheiden. Das erklärte Ziel der Rotation sei, die Bedeutung des Parlaments herabzusetzen. Sie sei Teil und Voraussetzung des imperativen Mandats und die Rotation widerspreche damit dem Geist und den Buchstaben unserer Verfassung.

Ministerpräsident Dr. Albrecht (links) verlieh dem Vorsitzenden der CDU-Landtagsfraktion, Bruno Brandes, für seine herausragenden Leistungen in der Politik die Niedersächsische Landesmedaille, die höchste Auszeichnung des Landes, und bezeichnete ihn als „Künstler des politischen Kompromisses", der immer wieder dazu beigetragen habe, trotz aller Meinungsverschiedenheiten zu dem Maß an Gemeinsamkeiten zu kommen, ohne das der demokratische Staat nicht leben und arbeiten könne.

Für die SPD-Fraktion sagte der Abgeordnete Horst Milde, wer durch Abgeordnete anderer Parteien gezwungen werde, gegen seinen Willen im Landtag zu bleiben, habe sicherlich seine Freiheit eingebüßt. Das Recht der Mandatsniederlegung werde im Verfassungsrecht garantiert. Milde betonte aber auch ausdrücklich, dass die SPD die Rotation politisch nicht billige. „Meine Damen und Herren von den Grünen, für uns stehlen Sie sich mit dieser Entscheidung aus der Verantwortung", rief er ihnen zu. Dagegen sagte der grüne Abgeordnete Helmut Neddermeyer, einer der „Rotierer", über sein Motiv könne man spekulieren und debattieren. „Ich sage Ihnen nur eins: Es geht Sie nichts an!" Und der Wortführer der Grünen, Dr. Helmut Lippelt, meinte, er sei betroffen, dass sich Abgeordnete des Landtags, von denen viele das Wort Freiheit dauernd im Munde führten, hier als „Kerkermeister" betätigen. Für das Wort „Kerkermeister" wurde er vom amtierenden Landtagsvizepräsidenten Helmut Bosse (SPD) mit einem Ordnungsruf belegt. Dr. Lippelt zeigte sich ferner darüber betroffen, „daß unsere Vorstellungen einer Revitalisierung der Parlamente und der Demokratie als Verfassungsfeindlichkeit diffamiert worden sind". Es kommt also immer darauf an, von welchem Standpunkt aus man die Demokratie betrachtet.

Nachdem die CDU-Abgeordneten Hartmann, Stauske und Genossen am 6. November 1984 im Landtag offiziell den Antrag gestellt hatten, er möge beschließen, dass die fünf Abgeordneten der Grünen ihren Sitz im Niedersächsischen Landtag der 10. Wahlperiode nicht verloren haben, hat erst der Staatsgerichtshof mit einem zustimmenden Beschluss dem Streit ein Ende gesetzt.

Mit den Grünen kamen eine andere Farbe und ein anderer Geist ins Parlament

Ja, die Grünen haben den Parlamentsjournalisten in relativ kurzer Zeit viel Stoff für Artikel und Kommentare geliefert. Mit den Grünen kam nicht nur eine andere Farbe in den niedersächsischen Landtag, sondern auch ein anderer Geist, vielleicht der Zeitgeist. Es war schnell klar, gegen was die Grünen waren – eigentlich gegen alles, was bisher selbstverständlich war. Aber es wurde nicht deutlich, wofür sie waren, sieht man von den allumfassenden Begriffen Umweltschutz oder „Öko" ab, den heute fast alle Parteien wie selbstverständlich auch für sich gebrauchen. Vielleicht wussten es die Grünen ja selbst nicht, weil es „die" Grünen nicht gab. Der von Anfang an vorprogrammierte innerparteiliche Streit machte es immer wieder deutlich. Es gab keinen Parteitag, keine Delegiertenkonferenz ohne endlose Debatten. Zuerst waren sie für die Journalisten, denen die Rituale der etablierten Parteien kaum einen Bericht wert waren, immer eine willkommene Abwechslung in der Berichterstattung. Und in keinem Fernsehbericht fehlte eine Strümpfe strickende Frau der Grünen. Aber wenn das über ein Dutzend Jahre so geht, erstirbt auch hier jede journalistische Neugier. Die Parteitage der Grünen sind inzwischen, wie die der anderen Parteien, zur Routine und zu Alltagsveranstaltungen geworden. Desgleichen ist der Kampf zwischen linken „Fundis" und „Realos" längst zu einem Ritual erstarrt. Sind die Grünen die „geborene" Opposition oder sollen sie endlich auch durch Regierungsbeteiligung und damit Übernahme von Verantwortung an die Macht kommen? Das war eine viel umstrittene Frage.

Atomwaffenfreie Zone – Kein Thema für die CDU.
Als die CDU-Fraktion mit ihrer Stimmenmehrheit im
Landtag einen Antrag der Grünen zur Errichtung einer
atomwaffenfreien Zone abgelehnt hatte, verließen sie
aus Protest die Plenarsitzung und protestierten vor dem
Landtag. CDU-Wissenschaftsminister Johann-Tönjes
Cassens (rechts) schaute sich die Szene interessiert an.

Welche Auffassung die Grünen von der Würde des Parlaments und
von den Pflichten eines Abgeordneten haben, hatten sie dem Landesparlament zu erkennen gegeben, als der Niedersächsische Landtag im
Mai 1987 mit einer Festsitzung sein 40-jähriges Bestehen beging. Die
Landtagsabgeordneten der Grünen Sonja Schreiber, Dr. Peter Hansen
und Jürgen Trittin, die lieber bei einer Studentendemonstration waren,
sagten kurzfristig ihre Teilnahme ab. In einer Erklärung schrieben sie:

„Es erscheint uns wichtiger, den legitimen Anliegen der Studenten durch unsere Anwesenheit vor Ort mehr Kraft zu verleihen." Es sei nicht an der Zeit, „prunkvolle parlamentarische Tradition zu ehren, wenn gleichzeitig große Teile der Bevölkerung – besonders die sozial Schwachen, gerade aber auch die Frauen – durch Streichmaßnahmen der Mehrzahl des Parlaments in ihren sozialen Minimal-Bedürfnissen beschnitten werden."

Die Anekdote „Als die Grünen den Landtag verließen", die bereits im Kapitel des Ministerpräsidenten Gerhard Schröder beschrieben worden ist, mag verdeutlichen, wie der „Zeitgeist" der Grünen auch das Klima im Niedersächsischen Landtag verändert hatte.

Die Grünen mauserten sich

Nachdem die Grünen im Landtag eher durch Eskapaden und Eigenwilligkeiten aufgefallen waren, mauserten sie sich und wurden offensichtlich „erwachsen". So kam etwa in der zweiten Hälfte der 8oer Jahre die Zeit, in der die anderen Parteien auch politisch auf die Grünen aufmerksam wurden. Dabei war vor allem die schreckliche Reaktorkatastrophe von Tschernobyl in der Ukraine im April 1986 ein unerwartetes Alarmsignal und ein Paukenschlag, der ihnen große Aufmerksamkeit bescherte. Das Unglück löste weltweit Ängste aus, natürlich auch in Niedersachsen, wo der Landtagswahlkampf auf vollen Touren lief. Der für die Wahlstrategie der regierenden CDU zuständige Staatssekretär Martin Biermann sagte dazu: „Anfangs haben wir gar nicht verstanden, was dieses Ereignis tatsächlich für uns bedeutet. Erst als wir sahen, daß die Grünen auf einer Woge des inneren Triumphes schwebten und alles, was sie jahrelang an apokalyptischen Vorstellungen über Atomenergie gepredigt hatten, nun eingetreten war, und als sich die SPD-Ministerpräsidenten in Hannover für einen Ausstieg aus der Kernenergie ausgesprochen hatten, war mir klar, daß wir unseren Wahlkampf völlig umstellen mussten." Aus der bisherigen Richtungswahl war plötzlich eine Stimmungswahl geworden. Der Slogan der CDU „Es geht uns gut – so soll es bleiben" wurde sofort geändert. Jetzt hieß die neue Parole „Stoppt Rot-Grün", sie wurde auf einem Stoppschild plakatiert. „Mit dem Angriff auf die Opposition, die wegen Tschernobyl ‚auf Wolken schwebte', war die Basis der zunächst verunsicherten CDU wieder bereit zu kämpfen", sagte Biermann.

Bei der Landtagswahl 1986 erreichten die Grünen, dank Tschernobyl, 7,1 % und elf Mandate vor der FDP mit 6,0 % und neun Mandaten und wurden drittstärkste Kraft im Lande. Für eine rot-grüne Regierung reichte es allerdings noch nicht. Doch die bei der Landtagswahl deutlich gewordene Tendenz setzte sich auch bei den folgenden Kommunalwahlen im Oktober 1986 und ein Vierteljahr später bei der Bundestagswahl im Januar 1987 fort. Die CDU verlor vor allem bei den jüngeren Wählern an Stimmen, aber die SPD konnte davon nicht mehr so viel profitieren wie früher, denn inzwischen hatten sich die Grünen als dritte politische Kraft etabliert. Mit ihrer Hilfe gelang es der SPD mehrfach, die zuletzt verloren gegangenen Rathäuser zurückzuerobern. Hier wurde auf kommunaler Ebene ausprobiert, was später auf Landesebene Wirklichkeit werden sollte: Rot-Grün.

Grüne erstmals in der Regierung

Bei der nächsten Landtagswahl 1990 in Niedersachsen waren die Grünen dann am Ziel ihrer Träume. Bis 1994, als sie vier Jahre lang mit der SPD unter Ministerpräsident Gerhard Schröder als Mehrheitsbeschaffer erstmals regiert hatten, haben sie gezeigt, dass sie es können. Es ging gut, sicher auch, weil die CDU-Opposition nach der verlorenen Landtagswahl und nach dem Sturz ins Bodenlose durch das Abtreten von Ministerpräsident Dr. Ernst Albrecht und des CDU-Landesvorsitzenden und Innenministers Wilfried Hasselmann zu schwach war und mit dem jungen, aber unerfahrenen Hoffnungsträger Christian Wulff erst wieder ganz unten anfangen musste. Eines haben die Grünen auch geschafft: Sie haben das Wort Quote zur Selbstverständlichkeit gemacht. Heute gibt es keine Partei mehr, die ohne Quote, vornehmlich für Frauen, meint, auskommen zu können.

Nach vier Jahren Regierungszeit mussten die Grünen 1994, als die SPD die absolute Mehrheit bekam und Ministerpräsident Gerhard Schröder allein regieren konnte, wieder auf den Oppositionsbänken Platz nehmen, wenn auch der Vorsitzende der SPD-Landtagsfraktion, Johann „Joke" Bruns, meinte, aus der ursprünglichen als rot-grüne Vernunftsehe geschlossenen Partnerschaft sei inzwischen Liebe geworden. Sicher hat es Ministerpräsident Schröder nicht immer leicht gehabt mit den Grünen. Aber immer war der Wille zu beweisen, dass Rot-Grün funktioniert, stärker als alle Vernunft. Nachdem es Gerhard Schröder vorbehalten war, sofort nach der Regierungsübernahme 1990 als niedersächsischer Ministerpräsident erstmals mit den Grünen eine Regierung auf Landesebene zu bilden, war er 1998 auch der erste Bundeskanzler, der die Grünen auf Bundesebene in sein Kabinett holte. Und jedes Mal war der Grüne Jürgen Trittin als Minister mit dabei. Die Landespressekonferenz registrierte es interessiert und aufmerksam. Mit den Grünen wurde es in dieser Zeit in der Landespolitik nicht langweilig.

4. Protestbewegungen in Niedersachsen

a) Gorleben

Niedersachsen ist zweifellos das deutsche Bundesland mit den meisten und größten Protestbewegungen in der Nachkriegszeit. Hier gab es vor allem den größten und längsten Widerstand gegen Atomkraft. Er dauert über vier Jahrzehnte, praktisch bis heute. Als Folge gab es die meisten und größten Polizeieinsätze gegen Demonstranten mit verursachten Kosten in Höhe von Hunderten von Millionen Euro, aufzubringen von den niedersächsischen Steuerzahlern. Zu „verdanken" ist das letztlich der in den 70er Jahre aufgekommenen Grünen Bewegung. Ihr Hauptziel war der Kampf gegen die Atomenergie. Das Synonym für den Widerstand war „Gorleben".

Gorleben, jene rund 600-Seelen-Gemeinde im Wendland im Landkreis Lüchow-Dannenberg unweit der damaligen Zonengrenze, geriet zum ersten Male in das Blickfeld der Öffentlichkeit, als der seinerzeitige niedersächsische Ministerpräsident Dr. Ernst Albrecht am 22. Februar 1977, ein Jahr nach seiner Amtsübernahme, verkündete, die von ihm eingesetzte Projektgruppe habe nach Prüfung von 26 Standorten das Gebiet um Gorleben mit seinen großen Steinsalzlagerstätten als den optimalen und geeignetsten Ort für ein nukleares Entsorgungszentrum und potentielles Endlager für radioaktiven Abfall empfohlen. Fachleute gingen damals von einem nuklearen Brennstoffkreislauf aus: Wiederaufarbeitung – Abfallbehandlung – Endlagerung.

Wenige Monate später, am 5. Juli 1977, verkündete die damalige SPD/FDP-Bundesregierung unter dem SPD-Bundeskanzler Helmut Schmidt, einem Verfechter der Kernenergie, den Beschluss zur Erkundung von Gorleben als Endlager und Entsorgungszentrum.

Die Vorstellungen von Ministerpräsident Albrecht über das damals noch relativ neue Gebiet der friedlichen Nutzung der Kernenergie und vor allem über die Beseitigung ihrer Folgen, die er vor der Landespressekonferenz in Hannover verbreitete, waren verständlicherweise noch recht vage. Ich kann mich noch daran erinnern, dass die Frage eines

Nachdem Niedersachsen als Standort für ein zentrales Entsorgungszentrum für abgebrannte Kernbrennstoffe ausgewählt worden war, ließ sich die Landesregierung im November 1976 von der Bundesregierung unterrichten. Sie schickte eine hochkarätige Delegation: (von rechts nach links) Bundesminister für Forschung und Technologie Matthöfer (SPD), Niedersachsens Ministerpräsident Dr. Ernst Albrecht (CDU), Bundesinnenminister Maihofer (FDP), Bundeswirtschaftsminister Friderichs (FDP), Niedersachsens Wirtschafts- und Finanzminister Leisler Kiep (CDU).

Journalisten, ob man den Atommüll nicht einfach im Eis des Nordpols versenken könne, als Witz verlacht wurde. Wer hatte damals überhaupt schon irgendwelche konkreten Vorstellungen?

Es ging um eine Weltanschauung

Nur in der Grünen Bewegung war von Anfang an klar: In Gorleben darf nichts gebaut, nichts gelagert und nichts versenkt werden. Das wurde schon bald zum Dogma und mit Zähnen und Klauen verteidigt. Bereits vor dem ersten Spatenstich stand für die Atomkraftgegner fest: „Gorleben ist ungeeignet" – weil es ungeeignet sein sollte. Es konnte nicht sein, was nicht sein durfte. Denn bei Gorleben ging es ums Prinzip – um eine Weltanschauung, und bei Weltanschauungen versagen meistens alle sachlichen und vernünftigen Argumente. Gorleben wurde zum Fanal des Widerstands. Und die Speerspitze waren die von den Grünen dominierte Bürgerinitiative Umweltschutz Lüchow-Dannenberg und die Bäuerliche Notgemeinschaft. Dass damit eine Lawine unvorstellbaren Ausmaßes in Gang gesetzt würde, konnten weder die Politiker noch die Journalisten überhaupt nur ahnen. Schon drei Wochen nach der erstmaligen Nennung des Namens Gorleben im Zusammenhang mit „Atom" fand die erste große Protestkundgebung mit rund 20.000 Teilnehmern statt. Und das war erst der Anfang.

Nachdem sich der Widerstand im Wendland gut organisiert hatte, kandidierte die Grüne Liste Umweltschutz (GLU) mit dem Spitzenkandidaten Martin Mombaur für die Anti-Atom-Bewegung zur Landtagswahl in Niedersachsen am 4. Juni 1978 und erzielte beachtliche 3,9 % der Wählerstimmen. Das machte Mut und gab Auftrieb. Am 25. März 1979 startete der „Gorleben-Treck" mit 500 Traktoren, wie die Bäuerliche Notgemeinschaft Lüchow-Dannenberg als Organisator erklärte; nach Schätzungen der Polizei waren es etwa hundert Fahrzeuge. Die Sternfahrt vom Wendland nach Hannover stand unter dem Motto „Albrecht, wir kommen!". Sie sollte damit dem Ministerpräsidenten Ernst Albrecht ihre Meinung sagen. Bis zum 31. März hatten sich nach Angaben der Veranstalter über 120.000, nach Schätzung der Polizei 40.000 Menschen, dem Aufruf angeschlossen und waren bei scheußlichem Regenwetter auf dem hannoverschen Klagesmarkt zusammengekommen, um gegen eine geplante Wiederaufarbeitungsanlage und ein Atommülllager in Gorleben zu protestieren. Es war die größte Demonstration in der niedersächsischen Geschichte der Nachkriegszeit. Das kurz zuvor bekanntgewordene erste schwere Reaktorunglück im Atomkraftwerk Harrisburg in den USA hatte auch in Deutschland viele Menschen aufgeschreckt und den Organisatoren des Protestmarsches in die Arme getrieben. Als „Geschenk" hatten die Initiatoren einen tonnenschweren Findling mit der Aufschrift „Gorleben ist überall – Treck 1979" als „Gorleben-Stolperstein" mitgebracht, um ihn vor der Staatskanzlei in Hannover aufzustellen.

Ministerpräsident Albrecht hatte sich einer Abordnung der Demonstranten in einer Schulturnhalle zum Gespräch gestellt. Dort erklärte der Wortführer der demonstrierenden Bauern, Heinrich Pothmer: „Wir sind gekommen, um Ihnen ganz klar zu sagen: Wir werden nicht hinnehmen, daß Sie die Anlage bei uns bauen." Neben Pothmer als Sprecher der Bäuerlichen Notgemeinschaft Lüchow-Dannenberg gehörten

Marianne Fritzen, die Gründerin der Bürgerinitiative Lüchow-Dannenberg, und Rebecca Harms, die spätere Grünen-Politikerin und Europaabgeordnete, zu den Protagonisten dieser Bewegung.

Das Gorleben-Hearing

Es war kein Zufall, sondern der Zeitpunkt der Gorleben-Trecks war bewusst gewählt. Denn seit dem 28. März 1979 fand das seit langem vorbereitete und von der niedersächsischen Landesregierung veranstaltete Gorleben-Hearing statt. Unter der Leitung von Prof. Dr. Carl Friedrich von Weizsäcker diskutierten Kernkraftexperten aus der Bundesrepublik Deutschland und 20 Staaten der Welt in „Rede und Gegenrede" unter anderem über die Wiederaufarbeitung bestrahlter Kernbrennstoffe. Sie war damals in der Bundesrepublik gesetzlich vorgeschrieben. Die Veranstaltung war ein Forum für eine Auseinandersetzung zwischen Befürwortern und Kritikern, die der niedersächsische Ministerpräsident eingeladen hatte, um erstmals unter Einbeziehung auch von kritischen Experten zu einem Meinungsbildungsprozess zu kommen und sich ein Urteil über die mit nuklearen Entsorgungszentren verbundenen Risiken bilden zu können.

Der Ministerpräsident und weitere Kabinettsmitglieder nahmen an fast allen Sitzungen des Hearings teil; ebenso wir Journalisten der Landespressekonferenz. Für uns war es ein Erlebnis, einer solchen erlauchten Expertenrunde zuhören zu dürfen, obwohl es, ehrlich gestanden, für uns als Nichtfachleute, um es salopp zu sagen, bei vielen technischen Details oft „eine Nummer zu groß" war. Dabei wurden unterschiedliche Einschätzungen in Rede und Gegenrede meistens sachlich und nüchtern und nahezu leidenschaftslos diskutiert; wie Physiker eben so sind. Zum Schluss gab es keinen Konsens, die Experten blieben bei ihren jeweiligen Ansichten. So gab es auch keine Empfehlungen. Nach dem Abschluss des Gorleben-Hearings am 3. April 1979 erklärte Ministerpräsident Albrecht: „Die Landesregierung hat sich davon überzeugt, daß die Endlagerung radioaktiver Abfälle in einem geeigneten Salzstock kein Risiko für die jetzt lebende und die unmittelbar darauf folgende Generation mit sich bringt. Auch für spätere Generationen ist das Risiko gering, wenn man es mit anderen Lebensrisiken vergleicht." Somit gab es für ihn auch keinen Grund für Massenproteste.

Unter der Leitung des renommierten Wissenschaftlers Freiherr Professor Dr. Carl-Friedrich von Weizsäcker fand Ende März 1979 das von der niedersächsischen Landesregierung initiierte und 1,5 Millionen DM teure Gorleben-Hearing „Rede – Gegenrede" auf dem Messegelände in Hannover statt. 62 Kernenergieexperten aus zehn Ländern tauschten sechs Tage lang ihre Pro- und Contra-Argumente über das von der Bundesregierung geplante nukleare Entsorgungszentrum im niedersächsischen Gorleben aus. Die Veranstaltung sollte der Landesregierung als Genehmigungsbehörde zur Meinungsbildung darüber dienen, ob die Anlage in der vorgesehenen Form unter sicherheitstechnischen Gesichtspunkten grundsätzlich realisierbar erscheint oder nicht. Das Foto zeigt in der Mitte Prof. von Weizsäcker mit seinem Assistenten (links) und Ministerpräsident Dr. Albrecht (rechts), ganz rechts Niedersachsens Sozialminister Hermann Schnipkoweit, ganz links Niedersachsens Wissenschaftsminister Prof. Eduard Pestel.

Technisch machbar, politisch nicht durchsetzbar

Am 16. Mai 1979 gab der Ministerpräsident vor dem Niedersächsischen Landtag zur Entscheidung über den Antrag auf Errichtung eines nuklearen Entsorgungszentrums in Gorleben eine Regierungserklärung ab. Er bezog sich ausdrücklich auf das Gorleben-Hearing und war offensichtlich von den Kritikern ebenso beeindruckt wie vom Protest und der Massendemonstration der Kernkraftgegner als er sagte, ein nukleares Entsorgungszentrum in seiner geplanten Form sei nach einigen technischen Modifikationen sicherheitstechnisch realisierbar, jedoch politisch nicht durchsetzbar. Deshalb solle die Erkundung für ein Endlager von der Landesregierung unterstützt werden; aber es solle keine Wiederaufarbeitungsanlage zum jetzigen Zeitpunkt in Gorleben geben.

Dauerprotest vom ersten Tag an

Nachdem die Regierungschefs von Bund und Ländern sich Ende September 1979 darauf geeinigt hatten, die Erkundung von Gorleben zügig voranzutreiben, begann dort die Arbeit – und der Protest setzte sich fort. So wurden 1980 die Probebohrungen für das Endlager von starken Demonstrationen begleitet und am Bohrloch 1004 ein Hüttendorf errichtet, genannt „Republik Freies Wendland". Der damalige Bundesvorsitzende der SPD-Jugendorganisation Jusos, der spätere niedersächsische Ministerpräsident und Bundeskanzler Gerhard Schröder, erklärte sich solidarisch mit den Besetzern. Doch der SPD-Bundeskanzler und Kernkraftbefürworter Helmut Schmidt wies die Polizei an, das Hüttendorf im Juli 1980 zu räumen. Das spornte die Kernkraftgegner wiederum umso mehr zur Gegenwehr an.

Mit einer Trutzeiche, die Atomkraftgegner aus dem Landkreis Lüchow-Dannenberg in einem Fußmarsch von über 200 Kilometern in die Landeshauptstadt Hannover gebracht und dort in der Innenstadt gepflanzt hatten, wollten sie auf den Widerstand im Wendland aufmerksam machen. Es war eine von vielen Aktionen, zu denen die Bürgerinitiative Lüchow-Dannenberg und die Bäuerliche Notgemeinschaft immer wieder aufriefen.

Es gab aber nicht nur Proteste, sondern auch Zustimmung und geradezu die Forderung nach der Nutzung der Kernenergie. Und diese Zeichen kamen ausgerechnet von den SPD-geführten Gewerkschaften, als Vertreter der Gewerkschaft Öffentlicher Dienst, Transport und Verkehr (ÖTV) Emsland und der Betriebsräte der Energieversorgungsunternehmen dieses Raumes dem niedersächsischen Ministerpräsidenten Dr. Ernst Albrecht einen Aktenordner mit 10.000 Unterschriften überreichten, die bei einer Aktion für den Bau eines Kernkraftwerks im Raum Lingen und später in Meppen gesammelt worden waren. Der Regierungschef versicherte seinen Gästen: „Sie können sich auf die Landesregierung verlassen. Wir werden dafür sorgen, dass in Niedersachsen die elektrischen Lichter nicht ausgehen." Niemand solle der Landesregierung später vorwerfen, dass sie nicht die Kraft gehabt habe, heute die Weichen für die Zukunft richtig zu stellen. Es müsse genügend und preisgünstige Energie zur Verfügung stehen, um die Arbeitsplätze auf Dauer zu sichern. Dazu sei alle deutsche Kohle und Importkohle nötig. Das reiche aber nicht aus, der Zeitpunkt, an dem Öl als Hauptenergieträger ausscheide, sei abzusehen. Daher müsse auch die Kernenergie unter Beachtung aller Sicherheitsauflagen genutzt werden. Was hier heute versäumt werde, lasse sich später nicht kurzfristig nachholen. Der ÖTV-Vorsitzende Franz Vohs und der Betriebsräte-Vertreter Heinrich Kösters begründeten die Unterschriftensammlung mit ihrer großen Sorge um die Sicherheit der Arbeitsplätze, die von steigenden Energiekosten und sich abzeichnender Energieverknappung bedroht werden könnten. „Ohne die friedliche Nutzung der Kernenergie ist die wirtschaftliche Leistungsfähigkeit der Bundesrepublik nicht gesichert. Es ist notwendig, sie maßvoll auszubauen. Dabei hat die Landesregierung die Unterstützung der Betriebsräte", sagten die Gewerkschafter.

Am Thema Gorleben kam natürlich kein Journalist vorbei. Oft waren wir vor Ort, und immer wieder wurde in Presse, Funk und Fernsehen über Protestaktionen und Widerstand berichtet. Ich hatte den Eindruck, die meisten Berichterstatter waren „mit dem Herzen" bei den Atomkraftgegnern. So wurde in der Öffentlichkeit oft der Eindruck vermittelt, „ganz Gorleben" und mit ihm das gesamte Wendland seien eine einzige Widerstands- und Protestbewegung. Doch das Gegenteil war der Fall. Bei allen Kommunal-, Landtags- und Bundestagswahlen wählte die Mehrheit der Bevölkerung im Landkreis Lüchow-Dannenberg die CDU. Es soll dabei nicht verschwiegen werden, dass es natürlich auch viele neue Arbeitsplätze und Begünstigte in Gorleben und im

Ministerpräsident Dr. Albrecht nimmt einen Aktenordner mit 10.000 Unterschriften einer Aktion der Gewerkschaft ÖTV Emsland und der Betriebsräte von Energieversorgungsunternehmen aus dem Emsland für die friedliche Nutzung der Kernenergie vom stellvertretenden ÖTV-Vorsitzenden Franz Trümper (Mitte) und Heinrich Kösters, Vertreter der Betriebsräte (rechts), entgegen.

Wendland gab. So bekamen die Gemeinde Gorleben und die Samtgemeinde Gartow vom Land Niedersachsen jährliche Ausgleichszahlungen, sogenannte Gorleben-Gelder, in Millionenhöhe. Auch die Atomenergiewirtschaft und große Teile der politischen Parteien der Union und der FDP investierten in das Projekt Gorleben.

Neue Widerstandsqualität kam mit „Castor-Transporten"

Eine völlig neue Qualität bekamen die Proteste im Wendland, als das Zwischenlager in Gorleben 1983 fertiggestellt war und ab Oktober die ersten Atommülltransporte nach Gorleben rollten. Erstmals wurden alle Zufahrtstraßen in das Wendland blockiert. Von nun an begann auch der massive Einsatz von Polizeikräften mit der Folge, dass die Auseinandersetzungen zwischen den Ordnungshütern und den Kernkraftgegnern sowie der örtlichen Bauernschaft immer mehr eskalierten.

Auch für Journalisten war jeder „Einsatz" in Gorleben natürlich gefährlich. Leicht konnte man zwischen die Fronten geraten oder im Getümmel von der Polizei mit Demonstranten „verwechselt" und verprügelt werden. Doch die Gefahr hielt sich in Grenzen, wenn die nötige Distanz gewahrt wurde, sowohl räumlich an Ort und Stelle als auch wörtlich in der Berichterstattung.

Weitaus schlimmer wurde es aber noch, als ab 1995 die sogenannten „Castor-Transporte" mit abgebrannten Brennelementen aus der französischen Wiederaufarbeitungsanlage in La Hague nach Gorleben rollten. Weil es in Deutschland keine solche Anlage gab, mussten die Brennelemente nach Frankreich transportiert werden, wo sich die dortigen Betreiber mit der Wiederaufarbeitung „eine goldene Nase" verdienten und auch die dortige Bevölkerung von der Anlage profitierte. Davon konnten wir uns bei mehreren Pressefahrten an Ort und Stelle an der französischen Kanalküste überzeugen. Deutschland musste die Wiederaufarbeitung abgebrannter Brennstäbe nicht nur teuer bezahlen, sondern den Atommüll auch wieder zurücknehmen.

Die hochradioaktiven abgebrannten Brennelemente wurden, in Glaskokillen eingeschmolzen, in sogenannte strahlungssichere Castor-Behälter verladen und auf Güterzügen von La Hague durch Nordfrankreich und Westdeutschland bis nach Lüneburg und dann zur Verladestation Dannenberg transportiert. Von dort ging es auf dem Landweg noch etwa 20 Kilometer über Landstraßen und durch die Dörfer ins oberirdische Zwischenlager Gorleben. Dabei wurden die Transporte von großen Protesten und starken Polizeikräften begleitet.

Beim ersten Castor-Transport im April 1995 waren es nur etwa 4.000 Demonstranten und 7.600 Polizisten. Im März 1997 mussten bereits 30.000 Polizisten eingesetzt werden. Denn immer wieder wurden die Transporte durch Blockaden aus Baumstämmen oder Barrikaden aus Traktoren oder anderen „Hilfsmitteln" aufgehalten. Die Protestierer machten sich geradezu einen Spaß daraus, mit der Polizei Katz und Maus zu spielen, sie waren wahre Meister in der Erfindung immer neuer Schikanen. So wurde auch „geschottert", das heißt, die Schottersteine unter den Gleisen wurden weggeschaufelt, sodass sie unbefahrbar wurden. Am schlimmsten und gefährlichsten war das Anketten, wenn sich Protestierer an die Gleise anketteten und von der Polizei erst mühsam „befreit" werden mussten. Die Hauptsache für die Protestierer war, der Transport wurde verzögert. Jede gelungene Attacke wurde als Heldentat gefeiert und mit Beifall beklatscht, oft auch von

Blockaden gegen Atommülltransporte. Zu Tausenden blockierten Atomkraftgegner die fünf Bundesstraßen zum und im Landkreis Lüchow-Dannenberg,
um gegen die geplante Lagerung vom Atommüll zu protestieren. Zu Tausenden waren Polizeibeamte aus vielen Bundesländern im Einsatz, um die
Blockaden aufzuheben und die Straßen frei zu machen – mal friedlich, mal
mit Gewalt.

der „Journaille" mit Applaus bedacht und medienwirksam verarbeitet.
Was sich dabei die Polizisten, die Hüter der Staatsmacht, grundsätzlich
geringschätzig als „Bullen" tituliert, gefallen lassen mussten an Schmä-
hungen und Beleidigungen bis zu körperlichen Angriffen, war schon
beschämend. Dabei mussten sie sich nach dem ihnen auferlegten Prinzip der Deeskalation immer wieder zurückziehen und sich verbal
entwürdigen lassen. Dass bei den meistens über 15.000 eingesetzten
Polizisten auch mal bei dem einen oder anderen „die Sicherung durch-
brannte" und der Schlagstock eingesetzt oder geprügelt wurde, war
nicht verwunderlich.

Als oftmaliger Beobachter dieser Szenen im Wendland fiel es mir
schwer, Verständnis für die meines Erachtens oft willkürlichen und
kostspieligen Protestaktionen aufzubringen. Oft genug musste der
Staat, das heißt der niedersächsische Steuerzahler, für eine Transportbe-
gleitung etwa 50.000 Euro zahlen. Letztlich landeten alle Castor-Behäl-

ter, wenn auch mit Verspätung, doch im Zwischenlager. Im Nachhinein erscheint es mir fast wie ein Wunder, dass in diesen 30 Jahren der Castor-Transporte nichts Schrecklicheres passiert ist.

Allerdings, sobald die Castor-Transporte im Zwischenlager Gorleben angekommen waren, war meistens Schluss mit den Protesten. Dass dort Hunderte abgebrannter Brennelemente in einer riesigen, doch „unbefestigten", relativ einfachen Halle lagerten, kümmerte die Gorlebener Protestbewegung nun ziemlich wenig.

In Gorleben ist „Ruhe im Schacht"

Der Protest gegen die Erkundung des Bergwerks im Salzstock, der zu Beginn zu großen Massenkundgebungen sowohl in Gorleben als auch im gesamten Wendland und selbst in Hannover geführt hatte, wurde nach und nach auf die politische Ebene verlagert. Das führte dann, wenn die Grünen in Hannover oder in Berlin mitregierten, stets zu Unterbrechungen der staatlichen Aktivitäten. Allerdings, selbst Jürgen Trittin, immer einer der Vorkämpfer für die grüne Protestbewegung, der unter Ministerpräsident Gerhard Schröders erster Landesregierung ab 1990 in Hannover und seiner ersten Bundesregierung 1998 in Berlin jeweils Umweltminister war, konnte Castor-Transporte nach Gorleben nicht verhindern, sondern musste sie genehmigen.

Jetzt ist „Ruhe im Schacht". Alle warten gespannt, ob es nach 40 Jahren eine andere Lösung als „Gorleben" gibt.

b) Atomkraftwerke

Gorleben und die Castor-Transporte standen jahrelang im Mittelpunkt der Protestbewegungen in Niedersachsen. Aber es gab auch noch eine ganze Reihe von Kernkraftwerken – die „offizielle" Bezeichnung wurde von Gegnern allein schon der Abschreckung wegen in Atomkraftwerke umbenannt – im Lande, die ebenfalls zum Protest und zu Demonstrationen herausforderten. Dabei ging es nicht minder gefährlich zu, wie ich es als beobachtender und berichtender Journalist oft genug erlebt habe.

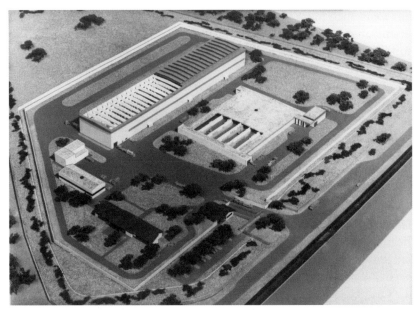

Deutschlands erstes Brennelemente-Zwischenlager für 1.500 Tonnen Uran abgebrannter Brennelemente in Transport- und Lagerbehältern sowie eine riesige Halle zur Zwischenlagerung von etwa 35.000 Gebinde schwach radioaktiver Abfälle wurde 1983 in Gorleben gebaut. Das Foto zeigt die Gesamtanlage im Modell.

Die „Schlacht von Grohnde"

So war ich im März 1977 bei einer Demonstration am Kernkraftwerk Grohnde an der Weser, an der Bundesstraße 83 zwischen Emmerthal und Grohnde, unweit von Hameln. Es war von der damaligen Preussen-Elektra in Hannover und der Gemeinschaftskraftwerk Weser GmbH, die sich 1975 zur Gemeinschaftskraftwerk Grohnde GmbH zusammengeschlossen hatten, geplant worden und hatte 1976 vom niedersächsischen Sozialministerium die erste Teilerrichtungsgenehmigung erhalten. Sofort gab es die ersten Protestaktionen mit Tausenden von Atomkraftgegnern. Den Höhepunkt erlebte ich am 3. März 1977, als 5.000 Polizisten etwa 20.000 Demonstranten gegenüberstanden. Als sie versuchten, den Bauplatz zu besetzen, kam es zu einer der bis dahin gewalttätigsten Auseinandersetzungen in der niedersächsischen Demonstrationsgeschichte. Es gab dabei viele Verletzte auf beiden Seiten. Diese blutigen Attacken sind als die „Schlacht von Grohnde" in die Annalen der Anti-Atom-Bewegung und der Polizeiakten eingegangen.

Und ich war dabei. Gemeinsam mit einigen Journalisten hatten wir uns hinter einem Kordon von Polizisten postiert, um das Treiben der Demonstranten zu beobachten. Was zunächst friedlich begann, endete schon bald in einer Katastrophe. Besonders den teilweise vermummten Gestalten des sogenannten „schwarzen Blocks" kam es in den Sinn, Randale zu machen, den für 1,8 Millionen Mark errichteten schweren eisernen Bauzaun mit Stangen und Zangen, Ankern, Tauen und Rohrsägen zu durchbrechen und den Bauplatz zu besetzen. Ehe sich Polizisten und Journalisten versahen, flogen Steine, Flaschen und andere Gegenstände. Als die teils faustgroßen Pflastersteine auch uns Beobachter erreichten, versuchten wir, schleunigst in Deckung zu gehen. Im Handumdrehen wurden die völlig überraschten Polizisten einfach überrannt. Die Sache eskalierte und wurde auch für uns mulmig. Die „Schlacht" war unausweichlich. Die Polizisten taten das, was ihr Auftrag und ihre Aufgabe war: Das Areal des Kraftwerksgeländes zu schützen. Das gelang jedoch nur mit der Anwendung von Wasserwerfern, Tränengas und Schlagstöcken. Gewalt stand gegen Gewalt. Und wir paar armen Journalisten waren plötzlich mittendrin in dem Tohuwabohu. Es gab für uns so schnell kein Entrinnen. Um uns herum wurde erbittert geschlagen und getreten, gerungen und geboxt, gebrüllt und geschimpft, Verletzte schrien um Hilfe. Wer einmal in einer solchen Situation war, schutzlos und wehrlos, als friedlicher Mensch, immer in der Gefahr, niedergetreten, niedergeschlagen oder einfach umgehauen zu werden, der ist froh, wenn er dieses Inferno einigermaßen heil überstanden hat. Für mich als alten Frontkämpfer des letzten Krieges war es eine völlig neue Erfahrung. Ich hätte nie gedacht, dass auch Journalisten in friedlichen Zeiten zur Berufsausübung einmal eine Gefahrenzulage verdient hätten.

Doch aller Streit, alle Aufregung, vor allem Angst und Schrecken waren umsonst. Die Justiz machte vorzeitig einen Strich durch die Rechnung. Im Oktober 1977 mussten die Arbeiten nach 16 Monaten Bauzeit nach einem Beschluss des Verwaltungsgerichts Hannover eingestellt werden. 600 Millionen DM waren bis dahin verbaut worden. Niedersachsens teuerste Baustelle verrottete anschließend und wurde zur gespenstischen Kulisse – bis nach Jahren unter Dauerprotest doch fertig gebaut werden und am 1. Februar 1985 das Kernkraftwerk ans Netz gehen

Nach heftigen Protesten und Demonstrationen waren die Arbeiten am Kernkraftwerk Grohnde im Oktober 1977 auf Gerichtsbeschluss eingestellt worden. Jahrelang rostete das teilweise fertiggestellte Reaktorgebäude vor sich hin und verrottete, bis es dann doch noch fertiggestellt und Ende 1985 endlich ans Netz gehen konnte.

konnte. Nach dem von der Bundesregierung im Zuge der Energiewende nach der Atomkraftwerkskatastrophe im japanischen Fukushima 2011 beschlossenen Energiewende soll „Grohnde" spätestens am 31. Dezember 2021 endgültig abgeschaltet werden.

c) *Studentenbewegung und APO*

Neben Protesten gegen alles, was mit „Atom" zu tun hat, gab es in Niedersachsen auch noch andere Protest-„Baustellen". Da waren zunächst die kommunistisch gesteuerten oder unterwanderten relativ friedlichen Ostermärsche. Sie fanden auch in Niedersachsen statt. Ihre Speerspitze war der Sozialistische Deutsche Studentenbund (SDS), von dem sich die SPD wegen unvereinbarer Dogmen getrennt hatte.

Gefährlicher war schon die ab Mitte der 60er Jahre aufkommende Studentenbewegung. Ihre Aktivitäten gingen vor allem von den Universitätsstädten aus, und sie verstand sich auch als außerparlamentarische Opposition – APO.

Ausgangspunkt war die 1966 unter dem CDU-Bundeskanzler Kurt Georg Kiesinger regierende Große Koalition aus Union und SPD, die die sogenannten Notstandsgesetze gegen die machtlose kleine FDP-Opposition durchsetzte. Hier fühlte sich offensichtlich die neue APO gefordert. Weil sie von Studenten beherrscht wurde, lag natürlich gleichzeitig das Bestreben zur Veränderung der Hochschulen nahe mit dem Schlagwort „Unter den Talaren – Muff von 1000 Jahren". Nach meinen Beobachtungen waren die Aktionen in Göttingen besonders radikal und weitaus intensiver als in Hannover. In der Landeshauptstadt konnte ich das Geschehen an Ort und Stelle beobachten. Aber an Göttingen, meiner alten Heimat, wo ich ein Dutzend Jahre als Journalist „immer dabei und mitten drin" gewesen war, das ich allerdings schon vor einigen Jahren Richtung Hannover verlassen hatte, hing mein Herz, und Göttingen galt immer noch mein besonderes Interesse.

Tränen bei Mutter Ohnesorg

Schwerpunkt der APO wurde bald Berlin. Hier spielte sich im Juni 1967 das Drama ab, als der Student Benno Ohnesorg bei einer Demonstration gegen den Staatsbesuch des Schahs von Persien, Mohammad Reza Pahlavi, von einem Polizisten erschossen wurde. Das Schicksal fügte es, dass ich persönlich in diesen Fall eingebunden wurde. Benno Ohnesorg stammte aus Hannover, seine Mutter wohnte im Stadtteil Linden. Ich musste unmittelbar nach der Todesnachricht mit ihr sprechen. Denn mein bester Freund war hannoverscher Korrespondent für die *Quick*, die nach dem *Stern* eine der damals meistgelesenen Illustrierten-Zeitungen war. Er weilte im Urlaub, und ich hatte, wie immer, seine Vertretung übernommen. Da kam von der Chefredaktion der Auftrag, unbedingt ein Gespräch mit der Mutter des erschossenen Benno Ohnesorg zu führen. Nun war ich kein Boulevard-Journalist, und normalerweise gehören solche Interviews für mich als landespolitisch tätigen Journalisten nicht zu den alltäglichen Aufgaben. So hatte ich sehr zwiespältige Gefühle. Aber dann raffte ich mich doch auf und klingelte bei Frau Ohnesorg an der Haustür. Sie öffnete, ich stellte mich vor und bat um ein

Ministerielle Flugblätter gegen Studentenprotest. Mit Flugblättern versuchte Niedersachsens Wissenschaftsminister Prof. Eduard Pestel auf dem Campus der Göttinger Universität an die politische Vernunft der Studenten zu appellieren. Er rief sie zur Distanzierung vom Sympathisanten und Propagandisten des politischen Terrors auf. In dem Flugblatt zitierte der Minister u. a. auch den erbitterten Gegner des spanischen Diktators Franco, den spanischen Schriftsteller Salvador de Madariaga y Rojo: „So wie es ohne Freiheit keine Ordnung gibt, so gibt es keine Freiheit ohne Ordnung."

kurzes Gespräch über das Geschehen in Berlin mit ihrem Sohn. Zunächst schwiegen wir beide längere Zeit. Wir hatten beide Tränen in den Augen. Ich mit meinen damals 46 Jahren hätte fast ihr Sohn sein können. Dann wurde es noch ein recht langes Gespräch, außerordentlich emotional, wie man es als Journalist nicht oft erlebt. Ich konnte ihr Trost zusprechen. Mein Text für die *Quick* fiel sehr kurz aus.

Als dann ein Jahr später Rudi Dutschke, der prominente Wortführer der APO-Bewegung, niedergeschossen und schwer verletzt wurde, radikalisierte sich die APO und wurde zunehmend militanter. Ihr besonderes Feindbild war die Springer-Presse, vor allem die *Bild-Zeitung*, die für die aufgeheizte Stimmung in der Bevölkerung verantwortlich gemacht wurde.

Ihr da oben – wir da unten. In der niedersächsischen Landeshauptstadt Hannover kam es zu großen Protestaktionen wegen einer umstrittenen Punker-Kartei in der unterirdischen Passarelle in der City gleich auf zwei Ebenen. Während die protestierenden Punker unten Krawall machten, sammelten sich oben eine große Menge von Schaulustigen an – bis die Polizei die Passarelle und die Brüstung räumte. Bei vorausgegangenen Krawallen hatte es Sachschaden von über 60.000 Mark gegeben.

Studenten gegen Bild-Zeitung

Dieser Kampf der Studentenbewegung, die man wegen des zeitlichen Zusammenhangs auch die „68er-Bewegung" nannte, gegen die *Bild-Zeitung* wurde auch in Hannover geführt, denn ein großer Teil ihrer Auflage, täglich rund eine halbe Million Exemplare, wurde damals im Pressehaus der Hannoverschen Presse am Steintor gedruckt. Ich erinnere mich noch gut an eine Begebenheit, als etwa 500 Studenten eines Abends das Pressehaus belagerten, um die Auslieferung der *Bild-Zeitung* zu verhindern. Natürlich waren wir Journalisten als „stille Beobachter" in gebührendem Abstand dabei. Als die Lage eskalierte und die Polizei rigoros gegen die Demonstranten vorging, als geknüppelt und geschlagen wurde, wurde es einem unserer Kollegen, dem hannoverschen Korrespondenten der *Frankfurter Allgemeinen Zeitung* (FAZ),

373

Wolfgang Terstegen, zu viel. Der Gerechtigkeitsfanatiker stürzte sich ins Getümmel und brüllte die Polizisten an, sie sollten menschlich mit den Demonstranten umgehen. Doch die Ordnungshüter, die den Journalisten natürlich nicht kannten, machten in dieser aufgeheizten Lage auch mit ihm kurzen Prozess, und bevor er sich versah, hatten sie ihn mit einem Dutzend vermuteter Rädelsführer in hohem Bogen auf einen bereitgestellten Lastwagen verfrachtet. Terstegens Proteste, er sei Journalist und verlange den Einsatzleiter der Polizei zu sprechen, wurden mit höhnischem Gelächter quittiert. Ab ging die Fahrt in Polizeigewahrsam. Am nächsten Morgen kam der „Irrtum" bei der Vernehmung heraus. Der Polizeipräsident persönlich hat sich bei dem Journalisten und bei der Redaktion der *FAZ* entschuldigt. Doch unserem Kollegen und auch uns Journalisten, die wir Zeugen dieses Vorfalls waren und doch nichts tun konnten, weil in der aufgeheizten Atmosphäre und bei dem Spannungszustand zwischen Studenten und Polizisten kein normaler Dialog möglich war, war es eine Lehre.

Dann kam die Zeit, in der die „68er" auch neue Formen des Zusammenlebens ausprobierten, beispielsweise die „Kommune 1" mit ihrem Wortführer Fritz Teufel. Oder es gab politische „Happenings", die nicht selten zu Gerichtsverfahren führten, die wiederum für spektakuläre Protestauftritte genutzt wurden. Im November 1968 habe ich zum ersten APO-Prozess in Hannover in einem Kommentar, der in einer Reihe niedersächsischer Tageszeitung veröffentlicht wurde, Stellung genommen. Ich darf mich selbst zitieren:

„Wenn das Tribunal zur Szene wird"

Hannover erlebte am Wochenanfang seinen ersten „APO-Demonstranten-Prozeß". Der Saal 305 des hannoverschen Amtsgerichts sah die bisher ungewöhnlichste, um nicht zu sagen beschämendste, Verhandlung. Die Verhandlungsführung wurde von den Angeklagten diktiert. Das Gericht hörte zu. Die Zuhörer, durchweg bärtig und langhaarig, klatschten ungeniert – und ungerügt – Beifall. In den Gerichtsfluren gaben die Gesinnungsgenossen den Ton an. Von der sonst üblichen, viel gepriesenen und bisher äußerst streng gehüteten Würde des Gerichts keine Spur. Die Straße bestimmte. Die KP triumphierte.

„Papa Gnädig", der weithin bekannte Fernseh-Richter, ist geradezu ein temperamentvoller Wüterich gegenüber dem 52jährigen Amtsrichter Gerald von Wick, der dem erweiterten Schöffengericht im Prozeß gegen sechs Angeklagte der Oster-Unruhen im April 1968 in Hannover vorsaß. Er begann mit Entschuldigungen, daß es ihm „beim besten Willen" nicht möglich gewesen sei, einen größeren Raum zu bekommen und mehr Platz für Zuhörer zu schaffen. In geradezu peinlich anmutenden Verhandlungen mit Angeklagten und ihren Verteidigern wurden dann noch so viel Zuhörer aus der draußen wartenden Menge hereingeholt, daß aber auch wirklich niemand mehr in den Saal paßte und die vom Vorsitzenden zu Beginn zitierten Feuerschutzbestimmungen völlig mißachtet wurden. Der Dank war die Mißachtung der Würde des Gerichts durch die Zuhörer, die sich offensichtlich in einem „Go-in" oder „Teach-in" glaubten.

Doch „Papa Gnädig" in seiner Güte und Langmut sagte nichts. Mit wahrer Engelsgeduld hörte er sich vor Eintritt in die Verhandlung die vielseitigen, abgelesenen Erläuterungen des angeklagten Kommunisten Maiwald (52) und die Anträge der drei Anwälte an, das Verfahren einzustellen, da es verfassungswidrig sei. Mit ebensolcher Großzügigkeit ließ es der Vorsitzende zu, daß ihm die Angeklagten immer wieder ins Wort fielen und das „Kommando" übernahmen. Erst nach 70 Minuten Prozeßdauer konnte der Staatsanwalt, dem der Vorsitzende mehrfach das Wort erteilt hatte, was von den Angeklagten aber mit Duldung „Papa Gnädigs" einfach ignoriert und mit Beifall aus dem Publikum – ohne die geringste Rüge – honoriert wurde, zum ersten Male wirklich das Wort nehmen und die Anklageschrift – Landfriedensbruch in Tateinheit mit Aufruhr – verlesen.

„Papa Gnädig" legte den Angeklagten immer wieder nahe: „Sie brauchen nichts auszusagen." Wenn es um die Sache ging. Dafür hörte das Gericht stundenlang die von den Angeklagten vorbereiteten und verlesenen Reden an. Auch die bisher in westdeutschen Gerichtssälen sicher nicht übliche Verlesung einer langen kommunistischen Propagandarede mit Angriffen und Anklagen gegen Gericht, Politik und Gesellschaftsordnung, wie sie besonders die einzige weibliche Angeklagte, eine 25jährige Studentin, praktizierte, brachte den Vorsitzenden nicht aus der Ruhe. Auch nicht die von Beifall und Johlen begleitete Erklärung eines Angeklagten, er halte die Fragen des Richters „für glatten Nonsens" und überhaupt, daß er angeklagt sei, sei „glattes dummes Zeug".

Man mag dem Schöffengerichtsvorsitzenden zugute halten, daß er mit seiner über die Grenzen des Erlaubten gehenden Verhandlungstaktik jegliche Provokation vermeiden wollte, daß er sich – im Gegensatz zu bisher üblichen Gerichtsverhandlungen – alles bieten ließ, um keinen Tumult hervorzurufen und somit Schlimmeres zu verhüten. Aber alle Lang- und Großmut sollte da ein Ende haben, wo die Würde des Gerichts mit Füßen getreten wird. Es bleibt nur zu hoffen, daß im nächsten Akt nicht auch das Recht ebenso ungestraft mit Füßen getreten wird und daß nach dem Verfahren die Straße nicht auch das Urteil diktiert.

Kapitel IV

POLITIK UND PRESSE

Das Interview

1. Der Weg zum Journalismus

Dr. Teresa Nentwig, Politikwissenschaftlerin und wissenschaftliche Mitarbeiterin im Institut für Demokratieforschung der Georg-August-Universität Göttingen, die durch ihre Dissertation über Niedersachsens ersten Ministerpräsidenten Hinrich Wilhelm Kopf und seine Tätigkeit als Verwalter jüdischen Vermögens in der Zeit des Nationalsozialismus zu dessen posthumer Verdammung und zur Tilgung seines Namens am Platz des Niedersächsischen Landtags in Hannover beigetragen hat, obwohl sie das nach ihren eigenen Angaben weder wollte noch beabsichtigte, hat im Auftrag der Historischen Kommission für Niedersachsen und Bremen ein Interview mit dem Autor Rolf Zick geführt. Sie hat darin die Gedanken und Erinnerung des Zeitzeugen zum Ausdruck gebracht und ihn selbst von den Anfängen seines journalistischen Lebens über sein lebenslanges Wirken für die Landespolitik hinter der landespolitischen Bühne porträtiert, wobei er den landespolitischen Journalismus und die Landespressekonferenz Niedersachsen, dessen Vorsitz er 20 Jahre inne hatte, wesentlich geprägt hat, und schließlich hat sie mit dem Interview auch das Spannungsfeld zwischen Politik und Presse dargestellt.

Herr Zick, Sie sind der älteste Zeitzeuge der niedersächsischen Landespolitik, man nennt Sie auch den „Altvater der niedersächsischen Journalisten". Wie sind Sie Journalist geworden? Wie kam es dazu?
Ich bin durch reinen Zufall Journalist geworden – quasi gezwungenermaßen. Bei meinem Abitur 1939 stand als Berufswunsch Architekt oder Ingenieur im Vordergrund. Aber der 2. Weltkrieg kam dazwischen, ich war vom ersten Tage an Soldat und wurde Offizier. Nach dem verlorenen Krieg wurden Offiziere nicht mehr gebraucht. Nach zehn Jahren Krieg und Heimkehr aus der sowjetischen Kriegsgefangenschaft stand ich ohne Beruf auf der Straße. In meinen Entlassungspapieren aus dem Heimkehrerlager Friedland stand als Beruf: „Abiturient". Weil ich aus einer Lehrerfamilie stammte – Vater, Mutter, Schwestern, Onkel,

Tante, alle waren Lehrer –, lag es nahe, auch diesen Beruf zu ergreifen. Ich meldete mich Ende 1948 bei der Universität Göttingen zur Aufnahmeprüfung. Sie wurde zum großen Fiasko. Unter 360 Bewerbern aus zehn Abitur-Jahrgängen, die meisten kamen frisch von der Schule, während ich inzwischen zehn Jahre Krieg und Gefangenschaft hinter mir hatte, gab es für mich als seelisch-geistigen und körperlichen Krüppel keine Chance. Ich fiel mit Pauken und Trompeten durch. Der Professor sagte hinterher, einen solchen Analphabeten wie mich hätte er bei einer Prüfung noch nie gesehen. Wenn er gewusst hätte …

Da schickte mir der Zufall die Nachricht, dass in der Redaktion der *Göttinger Presse* in Göttingen ein Mitarbeiter gesucht würde. Ich meldete mich, mehr aus Verzweiflung, und bekam die Stelle. So begann am 1. Januar 1949 – wie durch ein Wunder – meine journalistische Laufbahn.

Wie sah Ihre journalistische Laufbahn im Einzelnen aus?
Ich habe den Journalismus von der Pike auf gelernt – unter geradezu abenteuerlichen Zuständen und Umständen der ersten Nachkriegszeit. Ein Bleistiftstummel und ein ausrangierter Notizblock waren mein gesamtes „Handwerkszeug". Es gab keinen Schreibtisch, kein Telefon, kein Fahrzeug, nicht einmal ein Fahrrad. Mein Revier war der Landkreis Göttingen mit seinen 74 Gemeinden. Die Zeitung erschien dreimal in der Woche. Ich hatte jeweils etwa eine Drittel Zeitungsseite zur Verfügung und wurde nach Zeilenhonorar bezahlt.

So „klapperte" ich den Landkreis ab, marschierte jeden zweiten Tag zu Fuß von Dorf zu Dorf, mindestens 20 bis 30 Kilometer, sammelte beim Bürgermeister oder Parteivorsitzenden, Lehrer oder Pastor, in der Gastwirtschaft oder im Kaufmannsladen Neuigkeiten, oft zur großen Überraschung der Befragten, die mich gelegentlich für einen Spinner oder Bettler hielten. Denn die Dorfbewohner kannten doch keine freie Presse mehr. Ein Dutzend Jahre hatten sie unter der NS-Diktatur gelebt, dann mehrere Jahre ohne Zeitung unter der Besatzungsmacht. Ich, selbst ein Anfänger, musste erst einmal Aufklärungs- und Pionierarbeit für Presseinformationen leisten. Das Schicksal kann manchmal schon komisch sein. Erst als ich dann nach einigen Monaten beim zweiten oder dritten Mal kam, und ein Bericht über das Dorf hatte „im Blatte" gestanden, da war alles gleich wesentlich leichter. Ich bekam hier ein Bier oder dort eine Tasse Kaffee, oder auch einen Teller Suppe. In den Tagen zwischen meinen Fußmärschen schrieb ich meine Artikel und Berichte. An die beiden noch im Verlag erhaltenen uralten Schreibmaschinen heranzukommen, war ebenfalls ein großes Abenteuer.

Im Winter bei Eis und Schnee, im Regen oder bei brütender Hitze im Sommer war ich zu Fuß unterwegs. Es war eine sehr interessante, aber auch sehr arbeitsreiche und mühselige Zeit. Im Kreistag wurde gesagte: „Der Zick kennt den Landkreis besser als der Landrat."

Nach einem Jahr hatte ich so viel verdient, dass ich mir auf dem schwarzen Markt ein gebrauchtes Fahrrad kaufen konnte. Das war eine riesige Erleichterung. Die Touren schaffte ich in der Hälfte der Zeit. Nach einem weiteren Jahr schaffte ich mir ein Fahrrad mit Hilfsmotor, eine „98-er Sachs", an und nach drei Jahren sogar ein Motorrad, eine „250-er BMW".

Inzwischen hatte ich allerdings schon (in Anführungszeichen) „Karriere" gemacht. Ich war in die Lokalredaktion der *Göttinger Presse* aufgestiegen, hatte einen Schreibtisch und durfte das einzige Telefon im Hause gelegentlich benutzen. Mein Aufgabengebiet war vor allem die Kommunalpolitik mit Ratssitzungen und Parteiveranstaltungen. Daneben war ich Polizei- und Gerichtsreporter, auch mal Kinokritiker, schrieb täglich Meldungen, Berichte oder Reportagen.

Nach acht Jahren bekam ich ein lukratives Angebot von der Konkurrenzzeitung. Das *Göttinger Tageblatt*, das als Alt-Zeitung inzwischen wieder erscheinen durfte, bot mir den Posten des Ressortchefs für Sport an. Ich griff zu und war praktisch mein eigener Herr in der Redaktion – und bekam mehr Geld. Es war meine erste Festanstellung mit 360 Mark im Monat.

Nach 12 Jahren in Göttingen entschied sich am 1. April 1960 dann endgültig mein eigentliches journalistisches Schicksal. Mein Chefredakteur in Göttingen, Dr. Viktor Wurm, schickte mich nach Hannover, als Chef vom Dienst einer Nachrichtenagentur, an der er als Gesellschafter beteiligt war. Ein Jahr später wurde ich in Hannover Chefredakteur der Niedersachsen-Ausgabe der Bundeskorrespondenz- und Verlagsgesellschaft in Frankfurt. Von nun an „kümmerte" ich mich intensiv um die niedersächsische Landespolitik. Landesregierung, Landtag, politische Parteien waren mein Schwerpunkt.

Als der Bundes-Verlag 1972 aufgelöst wurde, machte ich mich in Hannover mit einem Redaktionsbüro selbständig und gab als Chefredakteur den landespolitischen Korrespondenzdienst *Nord-Report* heraus. Er belieferte rund 70 Zeitungen in Niedersachsen, dazu Funk und Fernsehen, die Landesregierung mit allen Ressorts, die Landtagsfraktionen, die politischen Parteien, Wirtschaft und Verbände und andere Interessenten mit landespolitischen Informationen, Nachrichten und Kommentaren, teilweise auch mit einem Bilderdienst.

In der landespolitischen und journalistischen Szene der Landeshauptstadt Hannover war ich zu Hause wie kaum ein anderer Journalist. In den 90er Jahren, als über 70-Jähriger, zog ich mich langsam aus der aktiven Berichterstattung zurück. Ich übergab meiner Tochter Anne-Maria Zick, die seit 20 Jahren ebenfalls Journalistin war, die Redaktion und meinem Sohn Rolf-Günter Zick mit seiner Frau Doris den inzwischen von mir gegründeten Zeitungsausschnittdienst, in dem täglich rund 80 Zeitungen für über hundert Kunden, vornehmlich aus Politik und Verwaltung, Wirtschaft und Verbänden, gelesen und ausgewertet wurden. Von nun an schrieb ich Bücher, Dokumentationen und Chroniken, meist landespolitischer Art, und widmete mich etwa einem Dutzend Ehrenämtern, darunter als Ehrenvorsitzender der Landespressekonferenz Niedersachsen, des Presse Club Hannover oder als Ehrenmitglied des Niedersächsischen Journalisten-Verbandes.

Haben Sie irgendwann einmal einen Parteibeitritt erwogen?
Nein, ganz bewusst nicht. Ich habe in etwa vier Jahrzehnten als Chef einer Redaktion Generationen von Journalisten ausgebildet. Wir hatten in unserem Pressebüro bei drei gedienten Journalisten immer einen Volontär, mehr noch Volontärinnen, oder Praktikanten, die mal in den Beruf hineinschnuppern wollten. Aus vielen der jungen Leute sind später „gestandene" Journalisten geworden. Weil in unserer Redaktion der Schwerpunkt journalistischer Arbeit auf der Landespolitik lag, habe ich meinen jungen Journalisten geraten: Geht als Journalist für Politik nicht in eine Partei. Wenn Ihr in eine Partei eintretet, dann müsst Ihr Euch für diese Partei engagieren, sonst brauchtet Ihr doch gar nicht erst einzutreten. Und wenn Ihr Euch parteipolitisch engagiert, dann seid Ihr journalistisch nicht mehr unabhängig; auch die Partei will natürlich etwas von Euch. Ihr seid als Parteimitglieder und landespolitisch tätige Journalisten immer in einem Gewissenskonflikt. Das bedeutet nicht, dass Ihr keine Meinung haben dürft, im Gegenteil. Als Wirtschafts-, Feuilleton- oder Sport-Journalist ist eine Parteimitgliedschaft schon etwas anderes.

Wenn Ihr Politik „machen" wollt, dann geht in die Politik, dann geht in eine Partei. Aber dann geriert Euch nicht mehr als freie, politisch unabhängige Journalisten. So habe auch ich es für mich selbst in meiner gesamten aktiven journalistischen Zeit gehalten.

2. Die Landespressekonferenz Niedersachsen

Sie wurden bald Vorstandsmitglied und dann auch Vorsitzender der Landespressekonferenz Niedersachsen. Um was für eine Institution handelt es sich dabei?

Das Verhältnis Politik – Presse ist am deutlichsten und ausgeprägtesten am Beispiel der Landespressekonferenz zu erkennen. Denn in dieser Presseinstitution haben es die Journalisten ausschließlich mit der Landespolitik und ihren Interpreten zu tun und zwar ständig und aktuell.

Die Landespressekonferenz, kurz LPK (ElPeKa) genannt, ist eine von Staat und Parteien, Wirtschaft und Gesellschaft völlig unabhängige Vereinigung von Journalisten, die vorwiegend über Landespolitik berichten. Sie wurde 1947 als erste Institution ihrer Art im Nachkriegsdeutschland in Hannover gegründet. Die LPK tagt als Arbeitsgemeinschaft gemeinsam mit den Pressereferenten der Landesregierung, des Landtags und Bundes- oder Landesbehörden zur „Routinekonferenz" dreimal bzw. zweimal in der Woche (Montag, Mittwoch, Freitag, weil nach dem Krieg die Zeitungen zunächst am Dienstag, Donnerstag und Sonnabend erschienen) immer zur gleichen Zeit, morgens um 10:30 Uhr, und immer am gleichen Ort, im Konferenzraum der Landespressekonferenz. Die Regierungsseite informiert und hat das gesamt Spektrum der Presse, die Vertreter von Zeitungen, Agenturen, Korrespondenzen, Rundfunk und Fernsehen vor sich; die Journalisten fragen und haben die Vertreter der gesamten Landespolitik mit allen Ressorts vor sich. Sehr oft nutzen hochrangige Politiker, angefangen vom Ministerpräsidenten und Ministern bis zu Staatssekretären und hohen politischen Beamten, die LPK als Forum für Mitteilungen und Ausbreitung von Gedanken.

Geleitet werden die Sitzungen der Landespressekonferenz immer von ihrem Vorsitzenden, bzw. seinem Vertreter. Er eröffnet und erteilt das Wort, auch wenn der Ministerpräsident oder ein anderer hoher Vertreter zu Gast ist. Bei den jeweiligen „Routinekonferenzen" erhält zuerst der Regierungssprecher das Wort für seine Mitteilungen. Dann stellen die Journalisten ihre Fragen. Dann werden die Pressesprecher der

Wenn Not am Mann war, durfte der Pensionär und Ehrenvorsitzende Rolf Zick auch mal wieder eine Sitzung der Landespressekonferenz leiten.

Ministerien reihum aufgerufen. Nach jeder Mitteilung gibt es das Frage-und-Antwort-Spiel. Gäste kommen zu Beginn der Pressekonferenz oder auch am Ende einer Routinekonferenz zu Wort, immer unter Leitung des LPK-Vorsitzenden.

Nachdem die Landespressekonferenz Niedersachsen bis in die 90er Jahre, bis zum Ende meiner Ära, als Arbeitsgemeinschaft von Journalisten und ihren Partnern, den Pressesprechern der Ministerien, organisiert und mit einem Jahresbeitrag von 50 D-Mark je Mitglied ausgekommen war, wobei die Arbeit ehrenamtlich im Büro des jeweiligen Vorsitzenden miterledigt wurde, wurde die LPK dann aufgelöst und als eingetragener Verein nach Vereinsrecht e. V. neu gegründet. Ein Halbtagssekretärin wurde eingestellt und der Jahresbeitrag um das Fünffache auf rund 240 D-Mark je Mitglied erhöht.

Ein Kuriosum soll nicht unerwähnt bleiben: In der Nachkriegszeit war es üblich, dass Mitglieder der Landespressekonferenz, wenn sie zu Pressekonferenzen oder in die Plenarsitzungen des Landtags oder zu sonstigen Veranstaltungen gingen, „ordnungsgemäß gekleidet" waren, also mit Anzug und Krawatte.

Diese Sonderausgaben für Kleidung konnten steuerlich pauschal abgesetzt werden. Jahrzehntelang wurde diese „heilige Kuh" der LPK-Mitglieder nicht angetastet, auch wenn Finanzminister immer wieder mal den Versuch unternahmen. So ergab es sich im Laufe der Zeit, dass etliche Journalisten nur deshalb Mitglieder der LPK werden wollten, um in den Genuss der Kleider-Pauschale zu kommen, und dass deshalb die Mitgliederzahl ständig anstieg. Der LPK-Vorsitzende hatte ihnen jeweils zum Jahresbeginn eigens für die Steuererklärung zur Vorlage beim Finanzamt eine entsprechende Mitgliedsbescheinigung auszustellen. Als diese Privilegien der LPK-Mitglieder aber zunehmend auch den Neid anderer Journalisten hervorriefen und als antiquiert und ungerecht gebrandmarkt wurden, musste die gute, alte Kleider-Pauschale sang- und klanglos zu Grabe getragen werden.

Wie ist die Landespressekonferenz entstanden?

Im Ursprung geht dieses Prinzip einer solchen Informationspolitik als institutionelle, unabhängige Einrichtung unter der Leitung eines von den Journalisten gewählten Vorsitzenden auf die 1914 beim Ausbruch des Ersten Weltkriegs in Berlin installierte Reichspressekonferenz zurück. Dort wollten sich die Hauptstadtjournalisten nicht mit der Veröffentlichung von kaiserlichen Bulletins zufriedengeben, sondern Fakten und Meinungen von der Reichsregierung erfragen. So entstand erstmals das Grundprinzip einer institutionalisierten Pressekonferenz: Immer zur gleichen Zeit und am gleichen Ort, immer unter der Leitung eines Journalisten, vor allem immer mit Vertretern der Regierung oder ihren Pressesprechern als Informanten.

Die Reichspressekonferenz wurde in der Weimarer Republik fortgesetzt und 1933 mit der Machtübernahme der Nationalsozialisten bei der völligen Ausschaltung einer freien Presse in ihr Gegenteil verkehrt: Journalisten wurden zu reinen Befehlsempfängern.

Nach dem Zweiten Weltkrieg 1947 wurde die Idee der Berliner Reichspressekonferenz in Hannover fortgesetzt. Das Schicksal wollte es, dass Dr. Walter Zechlin, der letzte Reichspressechef in der Weimarer Republik und Pressechef des ersten Reichspräsidenten Friedrich Ebert und seines Nachfolgers Generalfeldmarschall Paul von Hindenburg nach Kriegsende nach Niedersachsen verschlagen wurde. Als der Ministerpräsident des 1946 gegründeten Bundeslandes Niedersachsen, Hinrich Wilhelm Kopf, einen Regierungssprecher suchte, fand er Dr. Zechlin in Lüneburg, wo er sich als Dolmetscher durchschlug. Der mit reichen Erfahrungen ausgestattete ehemalige Reichspressechef sagte: „Wir fangen dort wieder an, wo wir bei den Nationalsozialisten aufhören mussten – mit einer freien, unabhängigen Presse, institutionalisiert durch das Instrument einer Landespressekonferenz nach dem Muster der alten Reichspressekonferenz von Berlin." Und so geschah es. Walter Zechlin fand in Hannover ein Dutzend aufgeschlossener, engagierter Journalisten, die 1947 die Landespressekonferenz Niedersachsen gründeten.

Das Instrument Landespressekonferenz hat sich seit nunmehr über 70 Jahren als wichtigste Institution der Kommunikation zwischen Presse und Politik bewährt. Die Landespressekonferenz Niedersachsen wurde als erste ihrer Art im Nachkriegsdeutschland in Hannover gegründet und wurde Vorbild für die mit der Gründung der Bundesrepublik Deutschland 1949 ins Leben gerufenen Bundespressekonferenz in Bonn sowie für die Landespressekonferenzen in den jeweiligen Hauptstädten der deutschen Bundesländer.

Ich selbst bin seit über einem halben Jahrhundert Mitglied der LPK. 30 Jahre lang, vom Anfang der 60er bis Anfang der 90er Jahre, gehörte ich ihrem Vorstand an, 20 Jahre war ich ihr Vorsitzender, seit 25 Jahren bin ich Ehrenvorsitzender bzw. Ehrenpräsident; denn im Laufe der Zeit wurde, dem Zeitgeist entsprechend, aus dem Präsidenten ein Vorsitzender.

Wer so lange der LPK angehört, besonders als Vorstandsmitglied oder sogar als Vorsitzender, wer hunderte von Berichten, Meldungen, Kommentaren aus der Landespolitik schreibt, steht natürlich im Mittelpunkt des landespolitischen Geschehens und in engem Kontakt zu den Politikern. Er sieht sie kommen und gehen. Neben den vielen Routinepressekonferenzen gibt es auch viele Gespräche und persönliche Begegnungen. Man lernt die Zusammenhänge in der Politik und die Menschen kennen, die dahinterstehen. Natürlich gibt es Sympathien und Antipathien. Doch bei aller Nähe zueinander sollte der Respekt voreinander und bei uns Journalisten vor allem die Unabhängigkeit gewahrt bleiben. Es mag verführerisch und oft auch nützlich sein, durch Nähe an mehr

Informationen heranzukommen als andere. Aber nichts ist so verwerflich, ja sogar „tödlich", wie Abhängigkeit, schlimmstenfalls sogar Erpressbarkeit, die durch Kumpanei entsteht. Gegenseitige Achtung und Fairness haben sich noch immer ausgezahlt.

Wie haben Sie die die Entwicklung der Landespressekonferenz erlebt?
In den ersten etwa vier Jahrzehnten des Bestehens der Landespressekonferenz war die politische „Farbe" der jeweiligen Landesregierung nicht von wesentlicher Bedeutung. Die Pressesprecher der Regierung, unsere ständigen Partner, informierten durchweg sachlich, politisch unabhängig über die Ereignisse und Vorhaben ihres jeweiligen Ministeriums. Auch bei den Mitgliedern der LPK spielte die Partei-Zugehörigkeit, wenn es sie denn gab, keine Rolle. Parteipolitik war in der LPK praktisch tabu. Auch die Vorstandsmitglieder wurden nie nach einem Parteibuch, sofern sie eins gehabt hätten, gewählt.

Das änderte sich etwa Ende der 8oer Jahre des vorigen Jahrhunderts. Nach meinen Beobachtungen begann es damit, dass einige, dem linken Spektrum zuzurechnende Journalisten, die sich später zur „Linken Kampfpresse" zusammenschlossen, offensichtlich der damaligen CDU/FDP-Landesregierung unter Ministerpräsident Dr. Ernst Albrecht den Kampf angesagt hatten. Weil die Köpfe dieser Gruppierung auch Mitglieder der Landespressekonferenz waren, übertrugen sich die Auswirkungen ebenfalls auf die LPK. Das offenbarte sich in Querelen und führte sogar zu Kampfabstimmungen.

Sicher hatte es auch damit zu tun, dass sich in der Landespolitik größere Veränderungen anbahnten. Mit dem Erscheinen des damaligen Vorsitzenden der Jungsozialisten Gerhard Schröder Mitte der 8oer Jahre auf der landespolitischen Bühne in Hannover änderte sich das politische Klima. Sein erster Ansturm auf das Amt des Regierungschefs ging zwar daneben, aber die nächsten vier Jahre als Oppositionsführer im niedersächsischen Landtag waren spektakulärer und dramatischer wie seit langer Zeit nicht mehr.

Die Landespressekonferenz bekam das zu spüren. Auf einmal hielt die Parteipolitik ihren Einzug. Es bildeten sich starre Fronten. Plötzlich mischten Kollegen mit, die sich jahrelang nie um die LPK gekümmert hatten, die selten oder nie zu ihren Sitzungen gekommen waren.

Das alles geschah ausgerechnet, als ich 1988 mein Amt als Vorsitzender der LPK niedergelegt hatte, um es Jahre nach Überschreitung des „gesetzlichen Rentenalters" in jüngere Hände zu legen und einem

Generationswechsel nicht im Wege zu stehen. Über drei Jahrzehnte im Vorstand, also praktisch ein ganzes Berufsleben lang, war die Landespressekonferenz, neben meinem Hauptberuf als Chefredakteur, mein journalistischer Lebensinhalt, meine Leidenschaft und – neben meiner Familie – mein Zuhause.

Bei der Wahl meines Nachfolgers – der Vorstand hatte den Leiter des ZDF-Studios Hannover, Detlef Sprickmann, vorgeschlagen – gab es zum ersten Mal in der Geschichte der LPK eine Kampfabstimmung. Sprickmann setzte sich im zweiten Wahlgang mit knapper Mehrheit gegen Jürgen Hogrefe durch, ehemals Pressesprecher der Grünen und derzeit Korrespondent des *Spiegel* in Hannover sowie einer der Wortführer der sogenannten „Linken Kampfpresse". Mit der Landespressekonferenz hatte er, außer seiner Mitgliedschaft und 50 D-Mark Jahresbeitrag, nie etwas zu tun gehabt. Es war, wie in der Landespolitik mit zwei Untersuchungsausschüssen und Gerhard Schröders vergeblichem Ansturm auf die Regierungsübernahme, ein außerordentlich turbulentes Jahr der Landespressekonferenz, gespickt mit Richtungs- und Flügelkämpfen und vielen kontroversen Diskussionen im Vorstand, dem nach den Vorstandswahlen nun auch Hogrefe angehörte. Eine kleine, aber umso aktivere Minderheit, wollte offensichtlich den Sturz des neuen Vorsitzenden Sprickmann. Er hatte mit neuen Ideen und Vorstellungen sowie großem Engagement sein Amt angetreten, aber wegen der vielen Widerstände schon bald resigniert. Erstmals in ihrer 40-jährigen Geschichte war die LPK praktisch führerlos.

Da gab ich dem Drängen vieler älterer Kollegen nach, mich nochmals als „Übergangspräsident" zur Verfügung zu stellen, um die Krise abzuwenden. In der Jahresversammlung der LPK 1989 trat ich noch einmal zur Vorstandswahl an. Mein Gegenkandidat war, wie bei meinem Vorgänger, wieder Jürgen Hogrefe. Ich wurde mit klarer Mehrheit erneut zum Vorsitzenden gewählt, und wir konnten die LPK wieder in ruhigeres Fahrwasser führen. Hogrefe beendete bald seine Vorstandsmitgliedschaft, als er sah, dass die Politisierung der LPK nicht gegen die große Mehrheit der Mitglieder durchzusetzen war. Nachdem wir nach einem Jahr mit dem Korrespondenten der *Süddeutschen Zeitung*, Ivo Frenzel, einen integren Vorsitzenden gefunden hatten, war auch meine „Mission" beendet.

Aber nach der nächsten Landtagssitzung am 13. Mai 1990 geschah etwas geradezu „Revolutionäres" im Verhältnis von Politik zur Presse: Die

SPD gewann die Landtagswahl. Gerhard Schröder wurde Ministerpräsident und konnte mit den Grünen mit drei Stimmen Mehrheit regieren. Von nun an wurden die Pressesprecher der Staatskanzlei und der Ministerien die Propagandisten und Vertrauten ihrer Minister und nicht mehr wie vorher nur objektive Informanten des Ministeriums.

Jahrzehntelang waren die Pressereferenten der Ministerien meistens parteipolitisch nicht gebunden. Auch bei Regierungswechseln blieben sie zumeist auf ihren Posten. Manche Pressereferenten haben vier oder fünf Ministern „gedient", bis sie in Pension gingen. Doch nun gab es andere Vorgaben. Fast überall hatten die Pressesprecher das gleiche Parteibuch wie ihre Minister. Da sich die LPK ohnehin in einem Umbruch befand und über einen neuen Arbeitsstil in lebhaften Diskussionen endlos gestritten wurde, hieß es in einem Sitzungsprotokoll u. a. „dass mit dem neuen Sitzungsraum im Landtag, einer neuen Sitzordnung und weitgehend neuen Pressereferenten die Chance zu einer Änderung der Rituale und damit zu einer effizienteren Arbeit der Landespressekonferenz genutzt werden sollte". Neudeutsch und hochtrabend hieß es, dem Zeitgeist entsprechend: „Neubestimmung der Arbeit der LPK im Sinne einer aktiven Selbstbestimmung" – was immer das heißen sollte. Tatsache ist allerdings, dass in einem neuen, sehr hellen, schlauchartigen Konferenzraum im Niedersächsischen Landtag die seit der Gründung der LPK bestehende Sitzordnung in Hufeisenform mit den Journalisten auf der linken und den Pressereferenten auf der rechten Seite sowie dem Vorstand vorn am Quertisch aufgegeben werden musste. Jetzt saß man sich frontal gegenüber: Zu beiden Seiten des LPK-Vorsitzenden als Versammlungsleiter die Pressereferenten und vor ihnen, in Zweierreihen, die Journalisten. Es dauerte längere Zeit, bis sich beide Seiten an die neuen politischen und räumlichen Verhältnisse gewöhnt hatten.

Während auf der politischen Bühne des Landes die Politik und die Landespressekonferenz ein gemeinsames „Ensemble" bildeten und institutionell regelmäßig miteinander verkehrten, gab es daneben natürlich noch „die Presse", das große Heer der Journalisten, die nicht unmittelbar mit der Politik zu tun hatten und nicht Mitglieder der Landespressekonferenz waren. Diesem Spektrum können wir uns an anderer Stelle zuwenden.

3. Wohin treibt der Journalismus?

Was ist die gravierendste Änderung, die der Journalismus in Ihren Augen seit der Nachkriegszeit erfahren hat?
Wenn man das Verhältnis von Presse zur Politik begreifen will, lohnt sich ein Blick in die Entwicklung der Medien in der Nachkriegszeit bis heute in der Bundesrepublik Deutschland. Generationen von Journalisten haben gelernt: Die Grundlage ist die Information, sachliche, nüchterne Information, gepaart mit Wahrheit und Klarheit, damit sich jeder selbst seine Meinung bilden kann. Ich sehe die Entwicklung allerdings, beeinflusst durch das unheilvolle, negative amerikanische „Vorbild" und später die Ideen der „68er", in drei Richtungen: Von der Information zur S e n s a t i o n , meistens negativen, effektheischenden Sensation, ferner zur I n v e s t i g a t i o n , zum Enthüllungsjournalismus, und zur A g i t a t i o n , zum Meinungsjournalismus.

Neben dieser inhaltlichen Entwicklung des Journalismus kommt die geradezu revolutionäre technische Veränderung der „Medien", also der Transportmittel der Informationen, hinzu. Das begann mit dem Fernsehen und seinen millionenfachen Verbreitungsmöglichkeiten, ging weiter mit der Digitalisierung der Informationsmedien und Zeitungen mit Online-Ausgaben und schließlich mit den sogenannten sozialen Netzwerken mit der Gründung von Google, Wikipedia, Facebook, Twitter, Instagram und vielen anderen Formaten – und hört heute noch lange nicht auf.

Als Krebsgeschwür des Journalismus in Deutschland sehe ich die unsägliche Maxime des amerikanischen Journalismus: „Bad news are good news"; oder „Hund beißt Briefträger, ist keine Geschichte – aber Briefträger beißt Hund, das ist die story". Der Hang zur negativen, oberflächlichen S e n s a t i o n wird, angeführt durch den Boulevard und die Massenblätter, aber auch ausstrahlend wie das Krebsgeschwür, im Tagesjournalismus verbreitet. Vor allem durch die elektronischen Medien, besonders das Fernsehen und die digitalen Netzwerke, werden die Sensationssendungen millionenfach vervielfältigt.

Dann kommt die Investigation oder der Enthüllungsjournalismus. Heerscharen von Journalisten hecheln der Vision hinterher, „überall ist Watergate, überall ist etwas faul im Staate, wer es entdeckt, ist der große Zampano." Ohne Zweifel hat die Presse ein Wächteramt, und sie hat auch erfreulicherweise schon viel ans Licht der Welt gebracht. Aber wenn Journalisten ein Tribunal veranstalten, also anklagen und verurteilen in einem, wenn sie sich anmaßen, die rechtmäßige Dritte Gewalt im Staat durch eine selbsternannte „vierte Gewalt" zu ersetzen, dann haben sie ihren Beruf verfehlt.

Für noch schlimmer halte ich den Gesinnungs- oder Meinungsjournalismus. Vornehmlich von der 68er-Generation geprägte Journalisten wollen die Welt – in ihrem Sinne – verändern. Sie wollen nicht über Politik berichten, sie wollen sie „machen". Sie wollen aktiv in das gesellschaftliche Geschehen eingreifen. Sie definieren die Realität und entscheiden somit, was in der Gesellschaft wichtig und richtig ist.

Alles das können die Journalisten – oder die, sie sich für solche halten oder ausgeben – in Deutschland ungeschützt tun. Die Bezeichnung „Journalist" ist nirgendwo geschützt. Jeder kann sich Journalist nennen. Im Gegensatz dazu: Jeder Handwerker macht seine Gesellen- und seine Meisterprüfung, jeder Akademiker sein 1. und 2. Staatsexamen; es gibt Kammern und Institutionen, die Kriterien für die Mitglieder aufstellen und die über die Berufsbezeichnungen wachen. Journalisten haben in Deutschland heute, vor dem Hintergrund der Erfahrungen mit einer gelenkten Presse in der Diktatur der Nationalsozialisten, keine Aufsicht und keine Kammern. Journalisten brauchen auch keine Prüfung zu machen – nur zu vergleichen mit Straßenfegern, Gauklern und Politikern. Aber für mich ist Journalist ein Beruf, der von Berufung kommt.

Doch das geht noch weiter mit der inzwischen im Journalismus eingerissenen Schludrigkeit und Schlampigkeit, angefangen mit der Kleidung über die Sprache bis zur Gesinnung. In der Kleidung ist offenbar die Turnschuh-Generation das Vorbild. Wer nicht in der phantasielosen Einheitskleidung Jeans, sondern mit Krawatte in der Pressekonferenz erscheint, ist schon ein Exot. Sprachlich grassiert vor allem der Anglizismus oder Amerikanismus. Ein gewöhnliches Faltblatt oder ein Prospekt ist ein Flyer, Public Viewing (im Amerikanischen die öffentliche Aufbahrung einer Leiche) ist bei uns die Freiluftübertragung auf einer Großleinwand. Das geht weiter mit Highlights, Events, Locations, aus der Telefonnummer wird die hotline, aus ganz natürlichen Kindern die kids, die nicht angezogen, sondern im Outfit daherkommen und sich outen müssen, um nur wenige Beispiele zu nennen. Zur Verschluderung der Sitten meine ich, dass altmodische Tugenden wie Bescheidenheit und Redlichkeit, Anstand, Fairness und Menschlichkeit bei der Entwicklung zur Sensation, Investigation und Agitation offensichtlich Worte aus der Mottenkiste der Großväter sind.

Ich weiß, dass man die Zeit und die rasante gesellschaftliche Entwicklung nicht mit der Elle des Nachkriegsjournalismus messen kann. Aber nach 70 Jahren Berufserfahrung mit vielen Höhen und Tiefen muss es doch erlaubt sein, auf Begriffe wie Anstand und Fairness, Menschlichkeit und besonders Ethik hinzuweisen. Ich halte sie immer noch für ein Fundament des Journalismus, gerade auch für politisch tätige Journalisten im Umgang mit der Politik.

Nun ist ein Pauschalurteil natürlich immer zweifelhaft. Gerade im Journalismus gibt es außerordentlich viele Individualisten. Zum Glück gehören nicht alle zu den Sensationsreportern und Miesmachern. Es gibt viele andere, die sich nicht zu schade sind, sachlich, unvoreingenommen und auch mal über Gutes in der Welt und über anständige Politiker zu berichten. So würde ich meine Berufsgenossen in Journalisten und Journaille einteilen, wobei letztere weitaus in der Mehrzahl sind.

Wie haben das Fernsehen und das Internet die politische Berichterstattung verändert?
Ebenso gravierend, in seinen Auswirkungen vielleicht noch dramatischer und schlimmer, ist die technische Entwicklung der Informationsmedien von der guten, alten, gedruckten Zeitung über das Fernsehen bis zur völlig digitalisierten und vernetzten Welt.

Als das Fernsehen in den 50er Jahren des 20. Jahrhunderts aus den Kinderschuhen herauswuchs, als Anfang der 60er Jahre, nach dem misslungenen Versuch des sogenannten „Adenauer-Fernsehens" (Bundeskanzler Konrad Adenauer wollte neben dem Monopol der Ersten Deutschen Fernsehens noch einen zweiten Sender schaffen, scheiterte aber an der Kulturhoheit der Länder) dann das Zweite Deutsche Fernsehen (ZDF) auf Sendung ging und ab 1984, als mit der Vorreiterrolle Niedersachsens als erstem Bundesland die gesetzliche Einführung des privaten Rundfunks und privaten Fernsehens die deutsche Fernsehlandschaft revolutioniert wurde, da war es möglich, Informationen, Berichte,

Meldungen millionenfach in alle deutschen Wohnzimmer und darüber hinaus in alle Welt zu bringen. Die Zeitungen waren, mit Ausnahme großer Blätter wie *Frankfurter Allgemeine Zeitung* (FAZ), *Die Welt* oder *Süddeutsche Zeitung*, wie die *Bild-Zeitung* oder auch die Polit-Magazine wie *Spiegel*, *Stern* und später *Focus*, durchweg regionale oder noch mehr lokale Blätter mit Auflagen von tausend bis zu mehreren hunderttausend Exemplaren. Die Informationsmöglichkeiten waren also noch überschaubar.

Mit dem Fernsehen konnte man dann mit einem Schlag ein Millionen-Publikum erreichen. Nicht nur, dass beispielsweise die Nachrichtensendungen, die im Laufe der Zeit in immer geringeren Zeitabständen ausgestrahlt wurden bis schließlich zum Stundentakt, teilweise sogar viertelstündlich, und selbst in der Nacht, täglich viele Millionen interessierte Zuschauer sahen, sondern auch dass ein Dummkopf, der auf der Straße interviewt wird, den größten Unsinn erzählen kann, und die unbedarfte Masse der Zuschauer ihm glaubt. Denn was im Fernsehen gezeigt wird, ist das Evangelium und stimmt. So denkt offensichtlich heute noch „das Volk".

Dass im Laufe der Zeit die Information immer mehr zum „Infotainment", also zur Unterhaltungssendung, mutierte, erhöhte nicht gerade die journalistische Qualität, im Gegenteil. Allzu oft kommen gerade jene zu Wort, die zwar „plaudern" können oder eine polarisierende Meinung vertreten, doch viel zu oft überhaupt kein Expertenwissen haben. Und dieses Halb- oder Falschwissen setzt sich in den Köpfen von Millionen Zuschauern fest.

Vor allem wurde auch die politische Berichterstattung immer mehr zur Sensationsberichterstattung. Ich stimme der Beobachtung des Bundestagspräsidenten Norbert Lammert voll zu, wenn er erklärt, dass durch die Digitalisierung und die daraus folgende Dominanz der elektronischen Medien gegenüber den Printmedien sich ein Vorrang von Schnelligkeit gegenüber Gründlichkeit in der politischen Berichterstattung entwickelt hat, von Schlagzeilen gegenüber Analysen, von Personalisierung gegenüber Sachthemen und eine grausame Dominanz der Unterhaltung gegenüber der Information. Der „fast ultimative Weg" hierfür sei die *heute-show* im ZDF.

Oder was soll man von den allabendlichen Nachrichtensendungen halten, in denen die Millionen Zuschauer nicht sachlich und nüchtern informiert werden, sondern mit einem Stakkato aneinandergereihter Horror- und Katastrophenmeldungen aus aller Welt geradezu bombardiert werden, so dass sie annehmen müssen, die ganze Welt steht in Flammen. Je nachdem, wo sich der Kameratross der journalistischen „Rattenfänger und Aasgeier" gerade aufhält, ist scheinbar der Mittelpunkt des Weltgeschehens, bevor er zur nächsten Station weiterzieht und dann diese zum derzeit größten Katastrophenschauplatz der Welt „macht". Dabei gibt es doch auch so viel Gutes auf dieser Welt, was einer Meldung wert wäre.

Nach 30 Jahren Privatfernsehen stellen Kritiker fest, dass die Quote zum Fetisch wurde, die Unterhaltung zur Primärtugend, die Lüge zur Pseudo-Doku; Tabus wurden gebrochen, Schamgrenzen gesenkt, Geschmacksbarrieren niedergerissen und das Tempo erhöht. Und die öffentlich-rechtlichen Anstalten ARD und ZDF lassen sich hilflos infizieren. Der Kniefall vor dem Geschäftlichen, bei den Privaten unvermeidbares Geschäftsprinzip, wirkt bei den Öffentlich-Rechtlichen wie eine völlig unnötige Innovationsbremse.

Aber gerade und besonders im Fernsehen geht die Entwicklung immer schneller weiter. Dazu entdecken vor allem die jungen Zuschauer die „neuesten" Medien. Sie wandern ab in die Mediatheken und zu Video-on-Demand-Diensten. Amazon, Google, Facebook, Twitter, Instagram und wie sie alle heißen sind die neuen Ziele und Ideale. Und die Journalisten? Viele sind oft ratlos und können gar nicht so schnell hinterherkommen, wie die Medienentwicklung fortschreitet, und hecheln trotzdem hinterher.

Das Schlimmste in dieser digitalisierten Welt ist die Anonymität. Jeder Dummkopf oder auch jeder Hassprediger, jeder Böswillige und Denunziant kann etwas „posten", das in Sekundenschnelle um die ganze Welt geht, und wenn es der dümmste Blödsinn ist, die größte Gemeinheit, die schlimmste Lüge oder brutaler Hass. Und niemand kennt den Absender. Vor allem: Keiner weiß, was ist Wahrheit, was ist Lüge? Wenn diese Traktate den Empfängern in den Kram passen, werden sie auch noch geglaubt und bejubelt. Je öfter eine Lüge verbreitet wird, umso mehr glauben viele Empfänger, es sei die Wahrheit. In den sogenannten sozialen Netzwerken (social networks) entstehen Parallelwelten; unbeeindruckt von Fakten und Nachfragen wird eine eigene Wahrheit konstruiert und nur mit Gleichgesinnten geteilt.

Bei der kritischen Beobachtung spielen traditionell die Medien eine wichtige Rolle. Früher, vor der Zeit dieser Anonymität der Digitalisierung war klar: Was über die Medien verbreitet wird, stammt von Journalisten. Die machen das berufsmäßig und sind dafür ausgebildet. Aber heute? Niemand kennt doch die anonymen „poster".

Was in den vergangenen fünf bis zehn Jahren im Journalismus mit der Digitalisierung geschehen ist, war geradezu ein Quantensprung. Aber das scheint mir noch lange nicht das Ende zu sein. Ich glaube, diese digitale Revolution wird alles bisher Dagewesene in den Schatten stellen. Doch das ist nicht mehr meine Welt, und deshalb will ich mir als „Steinzeit-Journalist" auch kein Urteil mehr erlauben.

4. Privatfunk erstmals in Niedersachsen

Niedersachsen ist das erste Land, in dem es Privatfunk gab. Wie kam es dazu?

Zu den Ministerpräsidenten, die die Medienlandschaft nicht nur in Niedersachsen, sondern im gesamten Bundesgebiet einschneidend verändert haben, gehört ohne Zweifel Dr. Ernst Albrecht (CDU), der von 1976 bis 1990 das Bundesland Niedersachsen regierte. Er hat als erster Regierungschef in der Bundesrepublik Deutschland den Privatfunk eingeführt. Im föderativen Staatsaufbau unserer Republik liegt die Kulturhoheit, dazu zählen bei uns auch Rundfunk und Fernsehen, bei den Bundesländern. Für Dr. Albrecht war das Staatsmonopol der öffentlich-rechtlichen Sender immer schon ein Dorn im Auge. So ist es kein Wunder, dass die lange Vorgeschichte der Einführung des Privatfunks in Niedersachsen ein Drama um die geplante Auflösung des Norddeutschen Rundfunks (NDR) war, in dem sich Niedersachsen, Hamburg und Schleswig-Holstein durch einen Staatsvertrag zusammengeschlossen hatten.

Der niedersächsische CDU-Ministerpräsident Dr. Ernst Albrecht und sein Parteifreund Gerhard Stoltenberg, Ministerpräsident von Schleswig-Holstein, ärgerten sich, dass der NDR vom SPD-regierten Hamburg dominiert und dass in der Hansestadt die Rundfunkpolitik gemacht wurde, obwohl Niedersachsen über die Hälfte des Gebührenaufkommens beitrug. Vor allem störte die CDU-Politiker die ihrer Meinung nach einseitige, linkslastige Berichterstattung des Senders, die nicht nur, aber besonders, im politischen Magazin *Panorama* zum Ausdruck kam. Außerhalb Hamburg sprach man vom „Rot-Funk".

Die erste Kündigung des NDR-Staatsvertrages wurde bereits 1977 von Schleswig-Holstein angedroht. Im Sommer 1978 wurde sie zum Jahresende 1980 ausgesprochen. Die Ministerpräsidenten Albrecht und Stoltenberg glaubten, damit sei der NDR aufgelöst. Der niedersächsische Ministerpräsident schlug deshalb eine Fortführung des NDR als Zwei-Länder-Anstalt für Niedersachsen und Schleswig-Holstein als Rechtsnachfolger der aufgelösten Drei-Länder-Anstalt NDR vor. Möglicherweise könnte es auch eine eigene Landesrundfunkanstalt „Radio Niedersachsen" geben. Als ein letzter Versuch einer Einigung mit Hamburg um die Jahreswende 1979/80 endgültig gescheitert war, legten Niedersachsen und Schleswig-Holstein einen neuen Staatsvertrag für eine Zwei-Länder-Anstalt vor, der von den beiden Länderparlamenten im März 1980 in erster Lesung verabschiedet wurde.

Hamburg zog dagegen vor das (nicht zuständige) Landesverwaltungsgericht, und Niedersachsen erhoffte mit einer Feststellungsklage vor dem Bundesverwaltungsgericht Klarheit. Aber die Richter des 7. Senats des höchsten deutschen Verwaltungsgerichts entschieden zur Enttäuschung Albrechts und Stoltenberg anders: Die Kündigung des NDR-Staatsvertrages durch Schleswig-Holstein sei eine Austrittskündigung für dieses Land und bedeute keine Auflösung des NDR, der deshalb bis zum Vertragsende 31. 12. 1985 fortzuführen sei.

Danach mussten sich die drei Vertragsländer wieder an einen Tisch setzen. Unter dem Druck des Karlsruher Urteils fanden sie dann relativ schnell einen Kompromiss. Ein neuer Staatsvertrag für den NDR als Drei-Länder-Anstalt wurde ausgearbeitet und schließlich von den Parlamenten der drei Länder als neue verfassungsrechtliche Grundlage ratifiziert.

Durch diesen „Kompromiss-Staatsvertrag" hatte Ministerpräsident Albrecht aber sein wichtigstes Ziel erreicht: Das bisher im Staatsvertrag vorgeschriebene Rundfunkmonopol des NDR wurde bis 1983 befristet. Danach sollte die Einführung privater Hörfunk- und Fernsehprogramme möglich sein. Außerdem erhielten die Funkhäuser in Hannover und Kiel wesentlich mehr Selbständigkeit, und die Berichterstattung mit besonderer Berücksichtigung der regionalen Belange in den Ländern wurde neu organisiert.

Jetzt war der Weg frei für Dr. Albrechts Vorstellungen von einem Privatfunk für Niedersachsen. „Kommerzfunk" nannten ihn die Spötter und Gegner, vor allem die SPD und die Gewerkschaften. Unterstützung kam dagegen von den Zeitungsverlegern. Sie hatten die Sorge, privatfinanzierte Sender würden ihnen Anzeigenkunden wegnehmen. Deshalb wollten die Verleger lieber gleich mit von der Partie sein.

Ministerpräsident Albrecht war „fest entschlossen", Privatfunk so bald wie möglich einzuführen. Fieberhaft wurden sogleich Vorbereitungen für dieses sicher nicht risikofreie Abenteuer getroffen. In einer Regierungserklärung vor dem Niedersächsischen Landtag kündigte der

Regierungschef an, mit der Vorlage eines Landesrundfunkgesetzes die Diskussion für die weitere Entwicklung des Privatfunks in Niedersachsen anstoßen zu wollen.

Ende 1982 wurde in der hannoverschen Staatskanzlei ein Referentenentwurf erarbeitet. Darin wurde „Veranstaltern privaten Rechts die Möglichkeit eingeräumt, ein eigenverantwortliches Hörfunk- und Fernsehprogramm in Niedersachsen unter Nutzung der bestehenden technischen Übertragungsmöglichkeiten zu betreiben". Die niedersächsische Staatskanzlei sollte oberste Instanz zur Verteilung von Lizenzen sein, ein neu zu gründender Landesrundfunkausschuss (LRA) sollte die Kontrolle übernehmen.

Der Landtagsausschuss für Medienfragen forderte, bei der Auswahl zukünftiger Privatfunklizenzträger sollten solche vorgezogen werden, die die lokalen und regionalen Belange stärker berücksichtigen. Allerdings sollte es eine Monopolbeschränkung bei der Zulieferung von Programmen für lokale und regionale Fenstersendungen geben, um einem beherrschenden Einfluss von Zeitungsverlegern vorzubeugen. Im Mai 1983 brachte Ministerpräsident Albrecht persönlich einen entsprechenden Regierungsentwurf für ein Landesrundfunkgesetz ein, der in erster parlamentarischer Beratung verabschiedet wurde.

Aber die Landtagsfraktionen von SPD und Grünen zogen vor das Bundesverfassungsgericht, vor allem, weil sie die Staatsfreiheit nicht gewährleistet sahen. Das oberste Gericht stellte in einem Normenkontrollverfahren fest, dass das niedersächsische Landesrundfunkgesetz zwar grundsätzlich verfassungsgemäß sei; es erklärte aber zahlreiche Einzelbestimmungen, die gegen die Rundfunkfreiheit verstoßen, für verfassungswidrig. Der Grundtenor war, das niedersächsische Landesrundfunkgesetz sei unbedenklich, sofern der Privatfunk nicht staatlich von der Staatskanzlei, sondern vom Landesrundfunkausschuss kontrolliert werde und der öffentlich-rechtliche Rundfunk eine Grundversorgung leiste. Im dualen Rundfunksystem sei der Privatfunk auch mit einem geringeren Grundstandard an Vielfältigkeit zulässig, solange die Grundversorgung für den öffentlich-rechtlichen Rundfunk gesichert sei.

Etwa ein Jahr dauerte es, bis Ende 1986 das veränderte niedersächsische Landesrundfunkgesetz endlich verabschiedet werden konnte.

Im November 1986 hatte sich der erste Landesrundfunkausschuss konstituiert. In dem Gremium waren die Abgesandten von 28 sogenannten gesellschaftlich relevanten Gruppierungen vertreten. Zu ihnen gehörten politische Parteien und Landtagsfraktionen, Arbeitgeber und Gewerkschaften, Journalistenorganisationen, Kirchen und eine Reihe von Verbänden und Institutionen. Ich selbst wurde als Vertreter des niedersächsischen Journalistenverbandes in den Landesrundfunkausschuss entsandt und dort zum Vorsitzenden des Programmausschusses gewählt, der für die Vergabe der Lizenzen zuständig war.

Ich hatte vorher das große Glück gehabt, mehrmals nach London reisen zu dürfen, um dort das schon seit Langem erfolgreich sendende private Rundfunkprogramm des Senders ITV zu studieren und meine Erfahrungen einbringen zu können.

Die erste Lizenz wurde ausgeschrieben. Rund ein Dutzend Interessenten bewarb sich. Es war schon abenteuerlich, wie viele Bewerber glaubten, eine Privatfunklizenz sei eine Gelddruckmaschine. Im Landesrundfunkausschuss herrschte indessen die Meinung vor, keine Betonfabrikanten oder sonstige „Exoten" zum Zuge kommen zu lassen, sondern für die erste Lizenz eine Gruppierung aus dem Medienbereich zu bevorzugen. So erhielt die „Funk und Fernsehen Nordwestdeutschland GmbH & Co KG" (*Radio ffn*) die erste Lizenz für eine landesweit privat-kommerziell genutzte Hörfunkkette für ein Vollprogramm. Zu den Gesellschaftern zählten vornehmlich, unter maßgeblicher Beteiligung des Verbandes Nordwestdeutscher Zeitungsverleger, 56 niedersächsische Tageszeitungs- und 13 Zeitschriftenverlage.

Am 31. Dezember 1986, mittags um 12 Uhr, ging als erster Privatsender in Deutschland *Radio ffn* in einer alten Villa in Isernhagen bei Hannover zum ersten Mal auf Sendung.

Der nach dem Genfer Wellenplan mögliche zweite neue niedersächsische privat-kommerzielle landesweite Rundfunksender wurde mit der Gesellschaft „Antenne Niedersachsen" aus einer noch größeren Bewerber-Gruppe als beim ersten Mal vom Landesrundfunkausschuss ausgewählt und erhielt die zweite Lizenz. Vor allem die SPD und der *Spiegel* wetterten gegen diese Favorisierung von *Antenne Niedersachsen* wegen angeblicher „Querverbindungen zur Regierung Albrecht". Schon kurz nach dem Start wurde der Name in *Antenne. Das Radio* und 1996 in *Hit-Radio Antenne* geändert. Inzwischen gibt es wieder *Antenne Niedersachsen*.

Parallel dazu verlief die Lizenzvergabe für das erste private Fernsehen in Deutschland. Niedersachsen und Rheinland-Pfalz einigten sich, die beiden großen Privatsender RTL plus und SAT 1 zu nutzen und die Lizenzen RTL plus für die sogenannte Nordschiene und SAT 1 für die Südschiene zu vergeben. Im November 1987 erteilte der niedersächsische Landesrundfunkausschuss die Lizenz für die Nutzung terrestrischer TV-Frequenzen mit einem bundesweiten Vollprogramm an RTL plus. Die Hauptaufgaben des Landesrundfunkausschusses Niedersachsen waren nun die Kontrolle der Programme, besonders hinsichtlich der Einhaltung der vorgegebenen Werbezeiten und des Jugendschutzes. Ich möchte nicht unerwähnt lassen, dass allein in den zwei Legislaturperioden, die ich für den Landesrundfunkausschuss tätig war, gegen den verantwortlichen RTL-Chef Helmut Thoma weit über 20 Klagen, meistens wegen Verstoßes gegen die Werbevorschriften, vor dem Verwaltungsgericht in Hannover verhandelt werden mussten, etliche in der nächsten Instanz, und oft erst nach Jahren entschieden wurden, fast durchweg zu Gunsten des Landesrundfunkausschusses als Aufsichtsgremium.

Der damalige Ministerpräsident Dr. Ernst Albrecht hatte auf die privaten Sender große Hoffnungen gesetzt. Haben sich diese für ihn erfüllt? Es ist eine Ironie der Weltgeschichte oder die große Tragik des Ministerpräsidenten Dr. Ernst Albrecht, dass ausgerechnet die privaten Sender, auf die er so große Hoffnungen gesetzt hatte, vermutlich auch politisch gegen den NDR, ihm nicht nur keinen „Gefallen" taten, sondern ihn im Gegenteil weitaus mehr attackierten als der öffentlich-rechtliche Sender. Keck und frech, wie ihr Programm war, gingen sie mit der Politik und ihren Repräsentanten um. Witz und Ironie, vor allem aber das „Prinzip Opposition" traten an die Stelle von Nüchternheit, Sachlichkeit und – möglicherweise erhofftem – „Regierungsfunk".

1990 kam in Niedersachsen die SPD-Regierung mit Ministerpräsident Gerhard Schröder ans Ruder. Das Landesrundfunkgesetz wurde gleich, wie im Koalitionsvertrag von SPD und Grünen festgeschrieben, wieder geändert. Neben dem dualen Rundfunksystem, das erstmals 1987 durch einen Staatsvertrag zur Neuordnung des Rundfunkwesens der Länder gesetzlich ausgestaltet worden war, mit dem öffentlich-rechtlichen NDR und den privat-kommerziellen Sendern ffn und Antenne Niedersachsen, sollte es noch privat-kommerziellen lokalen Rundfunk geben. Vor allem wurde auch der Landesrundfunkausschuss, 1994 in Landesmedienanstalt umbenannt, umgekrempelt und die Mitgliederzahl stark aufgebläht. Nun gab es für die rot-grüne Koalition eine ganze Reihe völlig anderer gesellschaftlich „relevanter" Gruppierungen, die in der Medienpolitik ein Wörtchen mitzureden hatten.

5. Die Medien und die Politik

Von Wilfried Hasselmann, dem langjährigen CDU-Vorsitzenden in Niedersachsen, ist der Spruch bekannt: „Politiker und Fliegen haben eins gemeinsam: Man kann sie mit der Zeitung erschlagen." Inwiefern musste er dies am eigenen Leibe erfahren?

Zuerst sagte Wilfried Hasselmann diesen Spruch zur Erheiterung seiner Zuhörer, später, nach der schmerzlichen Erfahrung am eigenen Leibe, mit großer Verbitterung. Denn mit dem niedersächsischen CDU-Vorsitzenden, der jahrelang zu den angesehensten und auch beliebtesten Politikern des Landes zählte, wurde zum ersten Male in der Geschichte Niedersachsens ein Minister von einer Meute von Journalisten buchstäblich „hingerichtet" – mit der Zeitung erschlagen. Am 31. Oktober 1988 war Wilfried Hasselmann als niedersächsischer Innenminister zurückgetreten, nachdem er im Spielbanken-Untersuchungsausschuss des Niedersächsischen Landtags nach der Feststellung des Ausschussvorsitzenden Wolf Weber (SPD) „objektiv" falsch ausgesagt habe.

Es war schon unglaublich, was 1988 alles im Untersuchungsausschuss im Zusammenhang mit der Pleite der Spielbank Hannover ans Licht kam. So erfuhr die Öffentlichkeit u. a., dass alle großen Parteien vom Spielbankeneigner Kaufmann Marian Felsenstein Geldspenden bekommen hatten. Der CDU-Landesvorsitzende Wilfried Hasselmann sagte als Zeuge vor dem Untersuchungsausschuss, übrigens völlig ungefragt, er habe keine Spenden von Felsenstein entgegengenommen. Aber der Spielbankenchef hatte die Spende an die CDU in Niedersachsen angegeben. Hätte Hasselmann gesagt, er erinnere sich nicht, statt ungefragt Parteispenden an ihn auszuschließen, hätte ihm niemand etwas anhaben können. Aber Wilfried Hasselmann war seiner Sache so sicher, nichts Unrechtes getan zu haben, dass er frei von der Leber weg redete, wie es seine Art war. Wahrscheinlich hat er persönlich wirklich nichts von der Felsenstein-Spende an die CDU gewusst. Aber der Vorsitzende des Untersuchungsausschusses stellte fest: Hasselmann hat „objektiv" falsch ausgesagt.

Von nun an geisterte der CDU-Politiker, zunächst vor allem bei der „Linken Kampfpresse", dann auch landesweit nur noch als „Lügner" durch die Gazetten, allen voran der *Spiegel*, der, wie der landespolitische Informations- und Hintergrunddienst *rundblick* schrieb: „Der *Spiegel* beschließt, wer die Wahrheit sagt, und wer nicht." Die mediale Hatz auf Hasselmann wurde immer stärker. Selbst sonst seriöse Journalisten beteiligten sich. Die Lawine war losgetreten, sie riss alles mit sich, was im Wege stand. So wurde Hasselmann auch angehängt, einen Gold-Jeton im Wert von 500 Mark der Spielbank Hannover entgegengenommen zu haben. Was war passiert? Zu seinem 60. Geburtstag am 23. Juli 1984 waren über tausend Gäste in seinem Heimatdorf Nienhof erschienen, um ihm zu gratulieren. Fast brachten alle kleinere oder größere Geschenke mit. Auch der ominöse Jeton der Spielbank war dabei. Hasselmanns Frau Marianne sagte mir später: „Wir haben die Schachtel, ungeöffnet, zu den vielen anderen Kästchen, die wir bekommen haben, in die Schublade getan. Und da liegen sie heute noch, die meisten sind noch nicht ausgepackt." Dennoch wertete die Journaille die Annahme des Jetons als Bestechung und, weil Hasselmann ihn vor dem Untersuchungsausschuss nicht angegeben habe, als weitere Falschaussage.

Innenminister Wilfried Hasselmann trat, unter dem Druck der immer härter werdenden Medienkampagne, am 25. Oktober 1988 von seinem Amt zurück. In seiner Erklärung hieß es, er habe vor dem Untersuchungsausschuss nach bestem Wissen und Gewissen ausgesagt. Wenn er sich bezüglich der Fakten, die zehn Jahre und mehr zurücklagen, geirrt habe, ziehe er jetzt daraus die Konsequenz.

Mit dem Vorwurf, gelogen zu haben, ist Hasselmann bis zu seinem Tode im Januar 2003 nicht fertig geworden. Viele Jahre nach seinem Rücktritt im Jahre 1988 hat ihm der damalige SPD-Oppositionsführer Gerhard Schröder, wie Hasselmann vor seinem Tod seinem einstigen engsten Vertrauten Martin Biermann noch erzählt hat, einmal gesagt, er habe von Anfang an gewusst, dass an den im Untersuchungsausschuss erhobenen Vorwürfen nichts dran gewesen sei; aber wenn die SPD in Niedersachsen regieren wollte, musste sie Hasselmann, den Sympathieträger und Inbegriff des Niedersachsen, der beliebt war, wie kein anderer, „herausschießen". Und Schröder konnte sich auf „seine" Journaille verlassen.

Vielleicht ist es die Ironie des Schicksals, dass auch Gerhard Schröder viele Jahre später, als er als Bundeskanzler abgewählt wurde, von der Presse „wie eine Fliege mit der Zeitung erschlagen" wurde.

Überhaupt scheint es das Schicksal niedersächsischer Ministerpräsidenten zu sein, zum „Abschuss freigegeben" zu werden, wenn es der Presse gefällt.

Trifft aus Ihrer Sicht auch auf Ministerpräsident Gerhard Glogowski zu, dass er wie eine Fliege von den Zeitungen erschlagen worden ist?
Auch Ministerpräsident Gerhard Glogowski wurde wie eine Fliege von den Zeitungen erschlagen, allerdings unter völlig anderen Voraussetzungen als Wilfried Hasselmann. Er hatte seiner Meinung nach nichts Ehrenrühriges oder Strafwürdiges getan. Ihm wurde vorgeworfen, vor zehn Jahren Parteispenden und einen Spielbanken-Jeton entgegengenommen zu haben, wovon er subjektiv nichts gewusst hat oder wissen konnte, oder sich nicht erinnerte. Bei Glogowski hingegen fehlte offensichtlich ein Unrechtsbewusstsein bei der Annahme von Geschenken und Wohltaten.

Gerhard Glogowski, einst Oberbürgermeister von Braunschweig, dann niedersächsischer Innenminister und seit dem 28. Oktober 1998 als Ministerpräsident von Niedersachsen Nachfolger des zum Kanzler aufgestiegenen Gerhard Schröder, wurde im Herbst 1999, praktisch in einer Woche, von der Presse hinweggefegt. Bei ihm drehte sich die Lawine der Enthüllungen und Anschuldigungen am schnellsten.

Betrachten wir noch einmal das Verhältnis von Politik und Medien: Wie sehen Sie die sogenannte „Causa Wulff"?
Der Gipfel war dann zweifellos der Sturz des Bundespräsidenten Christian Wulff, die sogenannte „Causa Wulff", um die Jahreswende 2011/2012. Zum ersten Male in der Geschichte der Bundesrepublik Deutschland war die Hexenjagd auf ein deutsches Staatsoberhaupt freigegeben. Nahezu die gesamte deutsche Presse setzte zur großen Hatz an, besonders *Spiegel*, *Stern* und *Süddeutsche Zeitung*, aber schließlich hängte sich jedes Provinzblatt von Schleswig bis nach Konstanz dran. Sie witterten Sensationen und Skandale und produzierten, skandalisierten und kriminalisierten fast täglich neue Affären und Verfehlungen, Geschichten und Geschichtchen. Einer schrieb vom anderen ab, immer wieder. Es gab bald nichts, was in Wulffs politischem Leben damals als niedersächsischer Ministerpräsident und in seinem Privatleben nicht unter die Lupe genommen und oft zu angeblichen Riesenskandalen aufgebläht wurde. Etwas blieb immer hängen. Selbst kleinste Provinzblätter, deren Redakteure noch nie ein Wort über den niedersächsischen

CDU-Politiker Christian Wulff geschrieben hatten, die noch nicht einmal seinen Namen richtig schreiben konnten, ließen es sich nicht nehmen, vernichtende, hämische Kommentare über den Bundespräsidenten abzuliefern.

Ganz zu schweigen von den elektronischen Medien. Auf allen Fernsehkanälen liefen Sendungen über Wulff, der durchweg niedergemacht wurde. Fast täglich kamen neue Enthüllungen und Anschuldigungen, jede Meldung wurde zum Skandal gemacht, aus der Mücke wurde ein Elefant. Gegen diese geballte Macht der Medien hatte Wulff keine Chance. Was die sogenannten Leitmedien vorgaben, wurde geflissentlich nachgeplappert, mit eigenen Kommentaren angereichert, aufgebauscht oder verfälscht. Was konnte der Presse schon passieren? Sie spielte sich, ohne jegliche Legitimation, als vierte Gewalt im Staate auf und eröffnete das Tribunal: Anklage, Richter und Verurteiler in einem. Der Angeklagte hatte keine Chance auf einen fairen Prozess mit unabhängigen Richtern und eigenen Verteidigern. Christian Wulff war sicher nicht unschuldig an dieser ganzen Situation. Sein Verhalten war nicht immer professionell, ebenso wenig sein Krisenmanagement.

Am Anfang stand der Vorwurf der *Bild-Zeitung*, Christian Wulff habe 2010 im Niedersächsischen Landtag eine Anfrage nicht wahrheitsgemäß beantwortet, als er geschäftliche Beziehungen zu dem mit ihm seit langem befreundeten Osnabrücker Geschäftsmann Geerken verneinte. Allerdings hatte er von Frau Geerken einen Privatkredit in Höhe von 500.000 Euro für sein Einfamilienhaus in Großburgwedel bei Hannover erhalten. Objektiv und juristisch war Wulffs Antwort wahr, aber politisch „korrekt" und klüger wäre es gewesen, den Kredit von Frau Geerken zu erwähnen. Im Dezember 2011, als sich Christian Wulff als Bundespräsident auf einer Reise in die Golfstaaten befand, erfuhr er, dass die *Bild-Zeitung* eine Geschichte über seinen inzwischen in ein langfristiges Darlehen umgewandelten Privatkredit und unkorrekte Aussagen im niedersächsischen Landesparlament veröffentlichen wollte. Wulff rief aus Kuwait persönlich beim *Bild*-Chefredakteur Kai Diekmann an, sprach, weil er nicht direkt erreichbar war, auf dessen Anrufbeantworter und sprach in offensichtlich nicht druckreifen Worten über Konsequenzen und den endgültigen Abbruch der langjährigen guten Beziehungen, wenn der Bericht nicht bis zu einem erneuten Gespräch aufgeschoben würde. Der Artikel erschien dennoch. Wulf entschuldigte sich zwar am nächsten Tag für seine Wortwahl in Ton und Inhalt am Telefon, doch Chefredakteur Diekmann ließ

Wulffs Telefongespräch auf ominöse Weise verbreiten, und die „Medien-Affäre" blieb für die Presse ein weiteres „gefundenes Fressen".

Von einem damaligen Reiseteilnehmer und Gefährten Wulffs erfuhr ich, dass sein „Ausrasten" nur durch die Ausnahmesituation einer äußerst strapaziösen Reise zu erklären sei. Während ein großer Teil der vielköpfigen Delegation wegen Termindrucks und ungewöhnlicher klimatischer Verhältnisse in den Arabischen Emiraten am Rande der Erschöpfung gewesen sei oder schon längst schlapp gemacht hatte, sei der Bundespräsident zusätzlich noch zu weiteren politischen Verhandlungen oder Gesprächen mit Studenten gegangen, immer korrekt gekleidet und äußerlich sehr diszipliniert und freundlich aufgetreten, obwohl auch ihm die Strapazen stark zugesetzt hätten. In diese Situation sei der Anruf aus Deutschland geplatzt. Danach habe der sonst so beherrschte Wulff offensichtlich für kurze Zeit die Nerven verloren.

Die nächste Affäre wurde unter dem Stichwort „Nord-Süd-Dialog" produziert. Zur Pflege der guten Beziehungen zwischen Wirtschaft, Politik und Persönlichkeiten der beiden Bundesländer Niedersachsen und Baden-Württemberg hatten in den Jahren 2007, 2008 und 2009 jeweils von Sponsoren finanzierte „üppige Treffen mit Glanz und Glamour", wie die Presse schrieb, unter der Schirmherrschaft der Ministerpräsidenten Christian Wulff und Günther Oettinger stattgefunden. Das wäre ja nichts Schlimmes gewesen, wenn nicht die Landtagsopposition in Niedersachsen hinter diesen Veranstaltungen eine versteckte und von der Landesregierung mitfinanzierte Imagewerbung für den Ministerpräsidenten und seine Partei gewittert hätte und entsprechende Anfragen im Niedersächsischen Landtag stellte. Hat Wulff von dem „dubiosen Verhältnis" seines engsten Beraters und Regierungssprechers, Staatssekretär Olaf Glaeseker, mit dem „Partymanager" Manfred Schmidt, die diese Feste organisierten, ausrichteten und finanzierten und dabei kräftig „kassiert" haben sollen, gewusst? Hat sich die Landesregierung in irgendeiner Form an der Finanzierung beteiligt? Hat der damalige Ministerpräsident Christian Wulff im Landtag die Wahrheit gesagt, als er im April 2010 nach dem Nord-Süd-Dialog gefragt wurde und eine Beteiligung des Landes verneinte? Alle diese Fragen wurden von der Presse genüsslich scheibchenweise an die Öffentlichkeit gezerrt. Sie haben zu ersten staatsanwaltschaftlichen Ermittlungen gegen Wulff und seinen Pressesprecher und Vertrauten Olaf Glaeseker mit Hausdurchsuchungen und schließlich zur Entlassung Glaesekers geführt.

Auch im neuen Jahr 2012 hörten die Medienkampagnen gegen den Bundespräsidenten nicht auf, trotz mehrfacher Erklärungen über sein Verhalten und Entschuldigungen, trotz aller Beteuerungen gegenüber den Medien, vor allem vor einem Millionenpublikum im Kreuzverhör von ARD und ZDF zur besten Sendezeit, er habe sich juristisch nichts vorzuwerfen. Die Presse und die politische Opposition in Bund und Land riefen dennoch immer wieder nach dem Staatsanwalt. Als fast täglich neue Vorwürfe über, meistens angebliche und unbewiesene, Annahmen von Geschenken und Vergünstigungen bei Urlauben und Flugreisen publik wurden, obwohl Christian Wulff eine Liste aller seiner privaten Urlaube von 2003 bis 2010 veröffentlichte und seine Anwälte rund 400 Fragen von Journalisten beantworteten, und als dann ein zunächst vom Filmkaufmann David Groenewold bezahlter Urlaub Wulfs auf Sylt, den er später in bar beglichen habe, bekannt wurde, griff die Staatsanwaltschaft in Hannover, die, wie sich später im Untersuchungsausschuss herausstellte, mit Journalisten unter einer Decke steckte und Mitteilungen ihnen zusteckte, erneut ein. Sie beantragte beim Bundestagspräsidenten Norbert Lammert in Berlin die Aufhebung der Immunität des Bundespräsidenten Christian Wulff, weil ein Anfangsverdacht der Vorteilsnahme vorliege.

Das war für das deutsche Staatsoberhaupt zu viel. Der Bundespräsident wollte dem Ansehen des Amtes nicht schaden und dieses durch ein weiteres Verbleiben im Amt nicht beschädigen, erklärte er und sagte, er könne seine Aufgaben wegen der Vorwürfe gegen ihn nach innen und außen nicht mehr richtig wahrnehmen, seine Wirkungsmöglichkeiten seien nachhaltig beeinträchtigt. Christian Wulff trat am 17. Februar 2012 in einer dramatischen Zeremonie im Amtssitz Schloss Bellevue in Berlin mit Tränen in den Augen und seiner Frau an der Seite vor der Weltöffentlichkeit zurück.

Auch der Politiker Christian Wulff wurde wie eine Fliege mit der Zeitung erschlagen.

Dass später ein langes Gerichtsverfahren folgte, ist eine andere Geschichte. Von zunächst 38 Anklagepunkten der Staatsanwaltschaft war nur ein einziger für die Verhandlung vor dem Landgericht Hannover übriggeblieben. Dabei ging es um eine Einladung zum Oktoberfest in München und um eine Summe von etwa 800 Euro. Das Gerichtsverfahren selbst mit jahrelangen Vorermittlungen und einem riesigen Aufgebot an Zeugen und Anwälten soll Millionensummen verschlungen haben. Die dem angeklagten Wulff von Gericht und Staatsanwaltschaft gegen ein Bußgeld angebotene Einstellung des Verfahrens lehnte er ab. Er war von seiner Unschuld überzeugt und wollte ein entsprechendes Urteil. Er bekam es am Ende mit einem Freispruch „erster Klasse".

Aber der einst höchste Mann im Staate war politisch tot. Die Presse hatte ihn mit der Zeitung wie eine Fliege erschlagen und ging sang- und klanglos zur Tagesordnung über.

Was sagen in diesem Fall „die Medien" über „die Presse"?
Beklagt wurde allenthalben der unheilvolle Einfluss der Medien in der Affäre Wulff. Die Rolle der Presse, deren Macht und Missbrauch sich auch in den Rücktritten der Bundespräsidenten Horst Köhler und Christian Wulff manifestierten, kam selten deutlicher zum Ausdruck als in diesen Wochen um die Jahreswende 2011/2012. Die Presse selbst beschäftigte sich mit dieser unter dem Deckmantel des investigativen Journalismus pervertierten Berichterstattung und dem bisher nicht gekannten Ausmaß von Schmutzkampagnen. So war wenige Tage nach dem Rücktritt des Bundespräsidenten beispielsweise im *rundblick* zu lesen: „Jenseits der Frage, wie es mit dem einstmals so moralfesten Christian Wulff nur so weit kommen konnte, die viele Kommentatoren beschäftigt, wird ein anderer Aspekt der Causa Wulff wohl noch eine Weile nachhallen. Er selbst hat ihn bei seiner Rücktrittserklärung angesprochen: Die Form der Berichterstattung in den Medien war in großen Teilen weit unter der Gürtellinie und offenbarte das Schauspiel einer Meute, die ein attraktives Wild zu erlegen suchte."

Was viele Zeitungen wohl als statthafte Medienschelte abtun, wird im Verbandsorgan des Deutschen Journalisten-Verbandes (DJV) *Journalist* offensichtlich geteilt, auch wenn der Verbandsvorsitzende Michael Konken sich jetzt schützend vor seine Kollegen stellt. In einer damaligen Ausgabe hat sich der *Journalist* des Themas höchst widerwillig angenommen und an massiver Kritik an der eigenen Zunft wenig gespart. „Allein das Wiederkäuen hinreichend beschriebener Fakten und Mutmaßungen, das in nahezu erkenntnisfreien seitenlangen Titelgeschichten der Politik-Magazine gipfelte, sowie die Solidarisierung von ‚Qualitätsmedien' mit einem ‚Revolverblatt' zu dessen Selbstvermarktung habe der Demokratie mehr geschadet, als das „Geschnorre Wulffs", heißt es dort. Die Bauchschmerzen, die der *Journalist* gegenüber der eigenen Branche empfindet, hat offenbar viel damit zu tun, dass die ersten Wochen der Affäre Wulff in eine Schlacht der Medien untereinander ausarteten, die als Krönung ausgerechnet *Bild* und deren Chefredakteur als „Helden der Meinungsfreiheit" hervorbrachte. „Wir reden hier nicht von der Regenbogenjournaille. Wir reden von einer Zeitung, die Einfluss hat, Existenzen vernichtet, Karrieren bastelt, Politik betreibt, Bündnisse eingeht, Bündnisse bricht. Die Macht hat, Macht spielt", schreibt der Hamburger Journalist Jan Freitag im DJV-Verbandsorgan. *Bild* habe dirigiert, und der Rest der meinungsbildenden Zeitungen und Magazine habe mitgemacht. Erinnert wird an das hehre Wort vom journalistischen Ethos, wonach die Presse „die Freiheit haben muss, alles zu tun". Das heiße aber nicht, dass „die Presse" alles wiederkäuen müsse, „was ihr von *Bild* zum Fraß vorgeworfen" werde. Am Ende hatte der *Spiegel* mehr Leserbriefe zur Causa Wulff als zum Reaktorunglück im japanischen Fukushima, und *Bild* wurde zur meistzitierten Quelle des noch jungen Jahres 2012. Noch nicht geklärt ist die Frage, ob Wulff oder die außer Rand und Band geratenen Medien der Politikverdrossenheit den größeren Dienst erwiesen haben."

Der Generalsekretär der CDU in Niedersachsen, Ulf Thiele, sprach es auch sehr deutlich aus: „Der 17. Februar 2012 wird dauerhaft Spuren hinterlassen. Der Rücktritt des Bundespräsidenten markiert das Ende einer medialen und politischen Debatte, die von Respektlosigkeit, Jagdfieber und schlechtem Krisenmanagement gekennzeichnet war. Am Ende dieser zweimonatigen Diskussion sind alle Maßstäbe im Umgang zwischen Medien und Politik, aber auch innerhalb der Politik verrutscht. Das bekommt vom ersten Tage an auch der von CDU/CSU, SPD, FDP und Grünen gemeinsam für das Amt des Bundespräsidenten nominierte Joachim Gauck mit öffentlichen Diskussionen über sein Privatleben und persönliche Meinungsäußerungen zu spüren."

Es passte ins Bild der deutschen Journaille, dass die Verleihung des Henri-Nannen-Preises mit einem Eklat endete. Der Preis, der auf Henri Nannen, den Gründer und langjährigen Chefredakteur des *Stern*, zurückgeht und vom Verlag Gruner und Jahr und dem Magazin *Stern* „für herausragende journalistische Leistungen" verliehen wird, zählt zu den renommiertesten und begehrtesten Trophäen des deutschen Journalismus. Er wurde 2012 von der Jury in der Kategorie „Investigation" zwei Reportern der *Bild-Zeitung* für ihre Berichte „Wirbel um Privatkredit – Hat Wulff das Parlament getäuscht?" verliehen. Gleichzeitig wurde auch die *Süddeutsche Zeitung* in dieser Kategorie für ihren Bericht über die Verstrickungen der BayernLB in die Formel 1

ausgezeichnet. Während die Reporter der *Bild-Zeitung*, Martin Heide-
manns und Nikolaus Harbusch, bei der Verleihungs-Gala in Hamburg
mit Stolz den Henri-Nannen-Preis samt kiloschwerer Skulptur
„Henri" entgegennahmen, verweigerten ihn Hans Leyendecker, Klaus
Ott und Nicola Richter von der *Süddeutschen Zeitung*. Sie wollten
nicht gemeinsam mit der *Bild-Zeitung* geehrt werden. Leyendecker,
den manche den „Investigations-Papst" nannten, meinte zwar, der
Henri-Nannen-Preis sei die wichtigste Auszeichnung für Journalisten,
aber er und seine Kollegen wollten ihn nicht ausgerechnet mit dem
Boulevardblatt teilen. Igittigitt. So blieb ihre Skulptur „Henri" allein
auf dem Tisch stehen.

Der dänische Philosoph Søren Kierkegaard hat einmal gesagt: „Wenn
die Tagespresse, wie andere Gewerbetreibende, verpflichtet wäre, ein
Schild auszuhängen, so müsste darauf stehen: Hier werden Menschen
demoralisiert – in der kürzesten Zeit, in größtem Maßstab, zum billigs-
ten Preis."

6. Der Neuanfang

Herr Zick, Ihr Leben für den Journalismus begann 1949. Woher hatten Sie 1948/49, nach all den schrecklichen Erlebnissen während des Zweiten Weltkrieges und der Kriegsgefangenschaft, die Kraft für einen Neuanfang?

In der Tat, ich bin sehr oft durch die Hölle gegangen und bin dem Tod immer wieder von der Schippe gesprungen. Wer als Flak-Soldat der deutschen Luftwaffe im letzten Weltkrieg das Inferno von über hundert Bombenangriffen britischer und amerikanischer Flieger auf deutsche Städte erlebt und überlebt hat, wer an der Front Mann gegen Mann bzw. Mann gegen Panzer gekämpft und auch überlebt hat, wer bei Kriegsende eine rachedürstige sowjetische und tschechische Soldateska und den Mob hat rauben, töten und schänden gesehen, wer selbst ein Opfer wurde und buchstäblich nackt, nur mit einem Hemd bekleidet, in sowjetische Kriegsgefangenschaft geriet, und vor allem, wer drei Jahre unter unmenschlichen Verhältnissen und unvorstellbaren, katastrophalen Bedingungen in sowjetischen Arbeits- und Straflagern oft schlimmer als ein Tier dahinvegetierte, wer eine jahrelange unvorstellbare physische und besonders psychische Isolation überstanden hat, abgeschieden von jeglicher Zivilisation, ohne irgendeinen Kontakt nach draußen, ohne jegliche Information, geschweige denn Verbindung mit der Familie, dazu die schrecklichsten Krankheiten wie Diphtherie, Ruhr, Flecktyphus, Dystrophie ertragen und überlebt hat, den kann auf dieser Welt eigentlich nichts mehr erschüttern. Ich war dem Schicksal dankbar, dass es mich immer wieder hat davonkommen lassen.

Körperlich ein menschliches Wrack, geistig nach jahrelanger Isolation hinter Stacheldraht ein der Verblödung naher Mensch – so bin ich nach Haus zurückgekehrt. Ich musste das neue Leben, das mir 1948 nach zehn Jahren Krieg und sowjetischer Kriegsgefangenschaft wie durch ein Wunder geschenkt war, einfach annehmen. So wie ich in den schlimmsten, oft ausweglos erscheinenden Situationen nie den Willen, vor allem aber den Glauben und die Hoffnung nicht verloren habe, so blieb mir nach der Rückkehr in die völlig ungewohnte Freiheit nun erst recht der Glaube und die Hoffnung, dass ich die Zukunft meistern kann.

Gewiss habe ich in der ersten Zeit des neuen Lebens in der Heimat alles intuitiv oder instinktiv statt bewusst getan, bis ich endlich wieder Boden unter die Füße bekam und wieder klar denken konnte. Aber das Wichtigste und Entscheidendste war, dass ich von meiner Familie aufgefangen, liebevoll und fürsorglich betreut wurde, besonders von meiner jungen Frau. Ich hatte sie noch vor dem Kriegsende geheiratet und dann haben wir beide uns drei Jahre nicht gesehen und nie etwas von einander gehört. Ich wusste nicht, ob sie noch lebend aus dem brennenden und von der Roten Armee eroberten Wien herausgekommen war, sie wusste von mir nur: „vermisst" – das im Krieg für die Angehörigen von Soldaten schlimmste und grausamste Wort. Auch meine arme, tapfere Mutter, die im Krieg den Mann verloren hatte, deren ältester Sohn an der Front gefallen war und deren Tochter im Zuge der Euthanasiegesetze der Nationalsozialisten ermordet wurde, konnte wenigstens einen Sohn in die Arme nehmen und ins Leben zurückführen. Dazu kam, dass inzwischen 1945 mein Sohn geboren worden war, so dass ich also eine eigene Familie hatte, für die ich Verantwortung übernehmen musste.

Die Zeit vom 18. bis zum 28. Lebensjahr hatte ich in Uniform oder Lumpen verbracht. Jetzt war ich Zivilist und ein freier Mensch – wenn auch krank und ohne Beruf, weil Offiziere nicht mehr gebraucht wurden. Aber ich konnte und musste selbst bestimmen, und ich habe Verantwortung übernommen. Die Erziehung in der Jugend, besonders im Elternhaus und in der Schule, die Erziehung zu Werten und Tugenden, zu Anstand und Disziplin, die mir im Krieg und in der Kriegsgefangenschaft außerordentlich geholfen hatten, waren auch jetzt wieder ein Fundament für die Kraft zum Neuanfang meines Lebens.

Und dann habe ich, wie es der Zufall wollte, im Journalismus einen Beruf gefunden, wie es gar nicht besser hätte kommen können. Der Beruf wurde meine Berufung, mein Leben und eine große Kraftquelle.

Sie sind mittlerweile seit über 65 Jahren Journalist. Was würden Sie heute einem Berufsanfänger mit auf den Weg geben?
Ich glaube, es wäre vermessen, wenn ich der heutigen Generation von Journalisten noch praktische Ratschläge erteilen würde. Mein Bild vom Journalismus ist nicht mehr von dieser Welt. Das musste ich inzwischen einsehen.

Im vergangenen halben Jahrhundert, besonders in den letzten Jahrzehnten, haben sich die Welt und die Gesellschaft so verändert, wie in Jahrhunderten vorher nicht. Das gilt ganz besonders für die Medien, für die Presse, für den Journalismus. Für die heutige technisierte und digitalisierte Welt stamme ich doch aus der Steinzeit. Mechanische Schreibmaschine, Bleisatz, Klebeumbruch, Offsetdruck sind in atemberaubendem Tempo durch Computer, Bildschirm, Online-Texte, von Laptops, Smartphones, Tablets, I-Pads, Google, Facebook, Twitter usw. usw. abgelöst worden. Meine über 70-jährige journalistische Erfahrung ist von einem völlig neuen journalistischen Berufsbild geradezu hinweggefegt worden.

Allerdings scheint mir eins für den Journalismus bei all den technischen Neuerungen geblieben zu sein oder sollte zumindest noch Gültigkeit haben: Die journalistische Moral und Ethik. Ich glaube, ich sagte es schon einmal: Die Zeit und die rasante Entwicklung der Gesellschaft kann man nicht mit der Elle des Nachkriegsjournalismus messen. Aber Anstand und Fairness, Wahrheit und Klarheit, Fleiß und Sachlichkeit, vor allem jedoch Menschlichkeit und Achtung vor der Persönlichkeit und Integrität des anderen würden auch heutigen Journalisten gut zu Gesicht stehen und sind es wert, gelebt und weitergetragen zu werden.

Und das kann ich vielleicht jungen Berufsanfängern doch mit auf den Weg geben: Verantwortungsbewusstsein und die Liebe zum Journalistenberuf, der in meinen Augen auch heute noch eine Berufung ist, sind die Voraussetzungen für einen „anständigen" Journalisten.

Wenn Sie heute erst 20 Jahre alt wären und sich für einen Beruf entscheiden müssten, würden Sie dann noch einmal Journalist werden wollen oder würden Sie einen anderen Beruf wählen?
Aus meiner heutigen Sicht und aus meinen Erfahrungen und Erlebnissen würde ich mich bedingungslos für den Beruf des Journalisten entscheiden. Es gibt nichts Schöneres auf der Welt, als Journalist zu sein! Ich habe in diesem Beruf meine Berufung erfahren und war mein Leben lang glücklich und zufrieden damit.

Ich habe allerdings auch einsehen müssen, dass der Journalismus „meiner" Zeit der vergangenen fast 70 Jahre so nicht weitergelebt werden kann. Die Sicherheit, die meine Generation bei diesem Traumberuf bis zum Lebensende gehabt hat, scheint endgültig vorbei zu sein. Schon heute überschlagen sich die ständigen Veränderungen sowohl hinsichtlich der künftigen Technik in diesem Berufsfeld als auch der Möglichkeit, für eine absehbare Zeit planen zu können. Die unaufhaltsame und einfach nicht mehr wegzudenkende und nötige Digitalisierung, Zeitverträge und immer mehr Konzentration und Zusammenlegungen zum Zwecke der Synergie-Effekte und der Wirtschaftlichkeit sowie immenser und permanenter Zeitdruck bestimmen heute das Bild in den Redaktionen. Und niemand weiß, ob es den Beruf des Journalisten in Zukunft überhaupt noch geben wird. Zumindest der Beruf bisheriger Prägung scheint mir ebenso im Schoß der Geschichte zu verschwinden wie der des Nachtwächters oder Lampenputzers. Und wer weiß, was die „Digitale Revolution", die offensichtlich jetzt noch in den Anfängen steckt, eines nicht fernen Tages noch alles hinwegreißen wird!

Personenregister

Pestel, Eduard 129, 361, 371
Pfeiffer, Christian 202
Pflüger, Friedbert 223, 229
Piëch, Ferdinand 193
Pipke, Günter 59, 61
Pistorius, Boris 144, 179, 289
Pop, Iggy 209
Pörksen, Anke 270, 283–284
Pötsch, Hans Dieter 278
Pöttering, Hans-Gert 222, 236
Poser, Hilmar von 119, 123, 147–149
Post, Albert 86, 319, 327
Pothmer, Heinrich 359
Putin, Wladimir 182, 198
Puvogel, Hans 133

Rath, Laszlo Maria von 141
Rau, Johannes 198, 320
Ravens, Karl 113–114, 159, 161, 319
Reckmann, Alfred 212
Rehwinkel, Edwin 104
Reimann, Carola 289
Reinhard, Ilsa 136
Remer, Otto Ernst 325–326
Remmers, Werner 124–125, 129, 133, 136, 149, 216–217
Renger, Annemarie 102
Richter, Nicola 410
Ripke, Friedrich-Otto 227
Rißling, Kurt 22–23
Ritz, Burkhard 136
Roloff, Ernst-August 114–115
Rudnick, Alexander 348
Rüter, Martin 284

Samii, Madjid 173
Sander, Hans-Heinrich 225
Sattler, Hans-Peter 217–218
Schabowski, Günther 151
Schapper, Claus Henning 191
Scharping, Rudolf 176
Schäuble, Wolfgang 222
Schavan, Annette 244
Scheel, Walter 82, 138
Scheibe, Reinhard 110–112
Schily, Otto 191

Schley, Cornelius 202
Schlüter, Leonhard 37, 42–49, 60–61, 312–313, 323, 325–327, 330–331, 340–342, 346
Schmidt, Helmut 94, 104, 113, 126, 130, 158–159, 318, 349, 357, 362
Schmidt, Manfred 406
Schnath, Georg 136
Schneider, Peter-Jürgen 191
Schnipkoweit, Hermann 124–125, 129, 133, 361
Schoppe, Waltraud 165, 168, 174
Schostock, Stefan 32
Schramm, Percy 324
Schreiber, Sonja 353
Schröder, Bruno 328
Schröder, Gerhard 7, 115–118, 139, 143–146, 151, 154, 156–189, 191–193, 195–198, 200–202, 205, 207–209, 215, 217–221, 223, 228, 231, 238–239, 241–242, 244, 267, 269, 291–293, 310, 316–317, 346, 354–356, 362, 367, 387–389, 400, 403–404
Schröder, Hiltrud 168, 178
Schröder-Kim, Soyeon 179
Schröder-Köpf, Doris 178–179, 182, 184, 269, 274
Schuchardt, Helga 165
Schulz, Martin 213, 283
Schumacher, Kurt 35, 91, 188, 318, 329
Schünemann, Uwe 225–226, 244
Schuster, Paul Oskar 61
Schütz, Waldemar 340
Schweer, Joseph 133
Schwind, Hans-Dieter 129
Seeber, Eckhard 215
Seebohm, Hans-Christoph 49, 52, 57
Sehlmeyer, Grete 20, 328
Seiters, Rudolf 217, 219
Selenz, Hans-Joachim 192
Seufert, Rolf 65
Sier, Christian 172
Smend, Rudolf 43
Sparwasser, Jürgen 106
Späth, Lothar 320
Spoo, Eckart 140–141, 169

Bildnachweise

Der Autor

Rolf Zick wurde am 16. April 1921 als zweites von fünf Kindern eines Lehrerehepaares in Dransfeld bei Göttingen geboren, 1939 Abitur in Braunschweig, anschließend Reichsarbeitsdienst und Wehrdienst, Reserveoffizier, Kriegsteilnehmer vom ersten bis zum letzten Tag, anschließend sowjetische Kriegsgefangenschaft bis 1948. Verheiratet seit 1945, Ehefrau 2003 gestorben, zwei Kinder.

1949 Ausbildung als Journalist, zwölf Jahre Lokal- und Sportredakteur in Göttingen, seit 1960 Journalist für Landespolitik in Hannover: Chef vom Dienst einer Nachrichtenagentur, Chefredakteur des landespolitischen Korrespondenzdienstes „Niedersachsen-Korrespondenz" (nsk), 1974 Gründung eines eigenen Pressebüros, Herausgeber und Chefredakteur der landespolitischen Korrespondenz „Nord-Report" (nrp) und Gründung des nrp-Zeitungsausschnittdienstes. Die Tochter hat in den 90er Jahren die Redaktion des „Nord-Report" übernommen und inzwischen mit dem landespolitischen Informationsdienst „rundblick" fusioniert, der Sohn führt den nrp-Zeitungsausschnittdienst weiter. Rolf Zick ist als freier Journalist und als Buchautor aktiv tätig.

Rolf Zick hat sich jahrzehntelang ehrenamtlich engagiert, u. a. 30 Jahre im Vorstand, davon 20 Jahre Vorsitzender, der Landespressekonferenz Niedersachsen, heute Ehrenvorsitzender; 1994 Mitbegründer des Presse Club Hannover, heute Ehrenpräsident; über 20 Jahre im Vorstand des Journalistenverbandes Niedersachsen, heute Ehrenmitglied; seit 1996 Mitglied des Landesvorstands der Senioren-Union Niedersachsen und Pressesprecher; zwei Legislaturperioden Vorsitzender des Programmausschusses der Landesmedienanstalt für privaten Rundfunk; Mitglied des Präsidiums des Niedersächsischen Rates der Europäischen Bewegung; Präsident des Clubs Expo 2000; Mitglied des geschäftsführenden Landesvorstands der Landesverkehrswacht Niedersachsen; Vorstandsmitglied Aktion Deutsche Sprache; u. a..

Publikationen u. a.: 25 Jahre Deutsche Verkehrswacht (1975); Die Hannover-Messe im Hohlspiegel (1978); „Ich war dabei – und habe überlebt" – Erlebnisse, Gedanken und Erinnerungen an zehn Jahre Krieg und Gefangenschaft (Eigenverlag 1995); „Die Landespressekonferenz am Puls des Geschehens" – ein halbes Jahrhundert hinter der landespolitischen Bühne (1997); 50 Jahre Landesverkehrswacht Niedersachsen – Chronik und Dokumentation (2000); „10 Jahre EXPO 2000" – eine Dokumentation (2000); „Die CDU in Niedersachsen – Eine Chronik" (2008); „60 Jahre Zahnärztekammer Niedersachsen" – Eine Chronik (2009); „Walter Hirche" – Ein Liberaler aus Niedersachsen (2014); „Ein starkes Land im Herzen Europas" – Die CDU in Niedersachsen 1945 bis 2015 (2016).

Auszeichnungen u. a. Kriegsauszeichnungen EK II, Flakkampfabzeichen, Kriegsverdienstkreuz mit Schwertern; – Niedersächsische Landesmedaille, Großkreuz des Niedersächsischen Verdienstordens, Verdienstkreuz 1. Klasse des Verdienstordens der Bundesrepublik Deutschland, Ehrenteller des Niedersächsischen Landtags, Konrad-Adenauer-Medaille der Senioren-Union Deutschlands, Ehrenzeichen der deutschen Ärzteschaft, Ehrennadel der Zahnärztekammer Niedersachsen, Christophorus-Preis für Verkehrssicherheit, u. a.